허보희

서울대학교 경제학과 학사, 미국 스탠퍼드 대학교 MBA, 전 가이저 사장, 쉐퍼드멀린 미국 로펌 고문, 뱅크오브아메리카 본부장/전무(미국 본사 근무 4년)로 근무했다. 한국 최초로 미국계 투자 은행의 여성 임원이 되면서 유리 천장을 깼다는 평가를 받으며 화제가 되었다. 현재는 교보악사자산운용의 사외 이사, 쿼드자산운용의 비상임 감사로 있으며 코칭 경영원의 경영자 코치로 임원 코칭 활동을 활발히 하고 있다.

홍재화

중앙대 무역학과를 졸업하고 대한무역진흥공사(KOTRA)에 다니다가 무역 회사를 설립, 운영하고 있다. 대학시절부터 지금까지 35년 가까이 무역 분야에서만 일하고 있다. 저서로 『박람회와 마케팅』『무역&오퍼상 무작정 따라하기』『결국 사장이 문제다』『해외무역 첫걸음 당신도 수출 쉽게 할 수 있다』『글로벌 시장은 어떻게 움직이는가?』 등이 있다.

이엽

미국 위스콘신대학교 매디슨에서 경제학과 국제 관계학, 아시아학을 전공했다. 졸업 후 공군 통역 장교로 입대해 군복무를 마쳤고, 한국금융연구원에서 연구원으로 근무한 뒤 조선비즈에서 근무했고, 현재는 한국 딜로이트 그룹에서 근무하고 있다. 옮긴 책으로 『창조적 학습사회』『마켓4.0 시대 이기는 마케팅』『성장의 문화』가 있다.

습관은 반드시 실천할 때 만들어집니다.

한 권으로 읽는
비즈니스 명저
100

경제경영서 읽는 습관

김민주, 구자룡, 한근태, 고현숙
허보희, 홍재화, 이엽 지음

좋은습관연구소

서문

21세기 현재, 우리는 자본주의 사회에 살고 있다. 세상을 자본가와 노동자의 대립으로 보는 걸 싫어하는 사람들은 좀 더 중립적인 표현으로 '시장 경제 사회'라고 부르기도 한다. 표현이야 어떻든 우리 사회에서 자본과 고용을 창출해 내는 비즈니스는 정말 중요하다. 비즈니스가 없으면 사람들이 돈을 벌 수 없고, 돈을 벌지 못하면 먹고살기가 어려워진다. 그래서 비즈니스는 개인 생존의 문제이고 더 나아가 인류 문명의 문제이기도 하다.

비즈니스는 전적으로 실천의 문제이긴 하나 처음에는 아이디어의 문제라고도 할 수 있다. 무슨 사업을 하든 그 시작에는 아이디어와 기획이 바탕이 되기 때문이다. 그리고 회사를 만들고 운영할 때에도 여러 가지 문제에 봉착하게 되는데, 이럴 때는 적절한 사례와 지식 그리고 지혜를 필요로 한다. 바로 이럴 때 우리는 경제경영서를 읽는다. 그래서 경영학자나 경제학자는 물론이고 회사의 CEO나 컨설턴트들이 자신의 경험을 집약해서 책을 쓴다.

김민주, 한근태, 황상민, 이동현, 이해익 등 5명이 2004년에 『비즈니스 명저 40』이라는 책을 에코비즈(에코리브르) 출판사를 통해서 출간한 적이 있다. 비즈니스 분야를 리더십, 경영 전략, 마케팅, 기업 문화, 트렌드로 나누고 해당 분야의 책을 엄선한 다음 서평을 쓴 책이었다. 책 후보를 고를 때 국내에서 추천한 도서 목록은 물론이고 해외의 유명 기관에서 발표한 비즈니스 추천 도서 목록 등도 살펴보며 광범위하게 조사를 했었다. 서평을 쓰는 것보다 40권 최종 선정하는 게 더 힘들었던 기억이 난다. 이렇게 해서 출간된 『비즈니스 명저 40』은 당시 나름대로 호평을 받았었다.

2004년 책 출간 이후 이제 16년이 흘러 2020년이 되었다. 그동안 비즈니스 책은 수없이 쏟아져 나왔고 사람들로부터 검증을 받았다. 마침 좋은습관연구소의 이승현 대표가 2000년부터 2019년까지 20년 동안 출간된 비즈니스 명저 100권을 골라 소개하는 책을 써보면 어떻겠냐며 나에게 제안을 해왔다. 그래서 이번에는 이전보다 두 명이 더 많은 총 일곱 명이 의기투합하여 이 책을 쓰게 되었다.

책 선정 기준

비즈니스 명저 100권은 어떻게 선정하게 되었을까? 우선 우리는 국내외 기관들이 추천한 비즈니스 도서 리스트를 수집했다. 그리고 필자들은 비즈니스 분야에 오래 몸을 담고 있었던 만큼 자신이 읽었던 책과 지인들이 추천하는 책을 모두 리스트에 모두 포함시켰다. 그러고 나서 각자 15권씩을 골랐다. 당연히 겹치는 책도 있었다. 그래서 그런 것들을 재조정하고 최종적으로 100권을 엄선했다.

이 책들은 모두 2000년부터 2019년까지 지난 20년 사이에 출간된 책들이다. 꾸준하게 읽히는 스테디셀러이면서 독창성은 물론이고 사람들 사이에서 담론을 형성하는 파워를 가지고 있는 책들이다. 책을 고를 때 여러 매체나 주요 기관에서 얼마나 자주 추천하느냐를 중요하게 보았고, 또 얼마나 여러 나라 언어로 번역되었는지도 중요하게 보았다. 일부 책은 초판 발간이 2000년 이전인 경우도 있지만, 지금까지도 중요하게 읽히고 있고 2000년 이후 다시금 개정된 책들은 목록에서 빼지않고 포함시켰다. 다만, 현재 구할 수 없는 책들은 뺐다. (종이책은 절판이지만 전자책으로 구할 수 있는 책들은 살렸다. 둘 다 구할 수 없는 책들은 어쩔 수 없이 제외했다.) 그리고 이 책을 쓰는 1년 사이에 추가로 절판된 책들이 있는데, 이런 책은 어쩔 수 없이 그대로 두었다. 마지막으로 비즈니스 책을 고르다 보면 외국인 저자가 쓰는 책들이 자연스럽게 많아질 수밖에 없다. 그래서 번역서를 읽어야 하는 우리 입장에서 번역의 가독성이 떨어지는 책들도 제외했다. 대신 한국인 저자의 책을 20% 정도로 의무적으로 채웠다. 예전에 비해 한국인 저자의 책이 좋아진 면도 있고 한국에서 비즈니스를 잘하려면 당연히 국내 상황이 배경인 책도 읽어보아야 하기 때문이다.

책의 전체 구성

이 책의 핵심은 100권에 대한 서평이다. 책 별로 이 책을 추천한 이유를 각 서평자가 간략히 쓰고 책의 주요 내용을 소개했다. 서평에는 서평자의 주관적인 경험이나 느낌도 포함된다. 그리고 서평의 말미에는 '훔치고 싶은 문장'과 '함께 읽으면 좋은 책'도 추천했다. 책을 100권이나 소개하는 책을 만들다 보니 책의 분량이나 부피 등을 고려하지 않을 수 없었다. 그래서 서평자는 심도 있게 서평을 쓰지 못했고, A4 2장 정도의 분량으로만 정리해야 했다. 그래서 독자 여러분들은 서평을 읽다가 해당 책에 관심이 생긴다면 꼭 그 책을 직접 구해서 읽어보면 좋겠다.

명저 100권을 정리하면서 여러 기관의 추천 리스트를 알게 되었는데 이번에는 책의 분량상 전부 수록하지는 못했다. (2004년에 출간된 책에서는 부록으로 책 목록을 모두 수록했었다.)

책 100권을 어떻게 분류해서 소개할까를 가지고서 고민을 많이 했다. 심사숙고한 결과 혁신 전략, 마케팅 전략, 미래 전략, CEO와 리더십, 성공과 행복, 행동과 심리, 경제, 인문 사회, 정치 사회로 분류했다. 사실 명저일수록 이 같은 분류에 딱 명확하게 떨어지는 책은 없다. 여러 분야의 관점으로 읽을 수 있고, 여러 인사이트를 우리에게 주기 때문이다. 오직 편의상의 구분이었음을 밝힌다.

서평을 소개하는 것이 이 책의 주요 내용이지만 독자 여러분들이 비즈니스 책을 읽을 때 들이면 좋을 습관도 함께 정리해 소개했다. 일곱 명의 필자는 책을 많이 읽고 책을 쓰기도 하고, 책에서 익힌 내용을 활용해서 칼럼을 쓰거나 강의나 프로젝트 일을 하기도 한다. 그래서 각자만의 책 읽기 습관이 있는데, 이를 취합해 책에 담아보았다. 책 고르는 법, 책 읽는 법, 책 활용법, 독서 경영 적용법 등이 들어 있다. 독자 여러분들이 보기에 괜찮다고 생각하면 취사선택하여 자신의 것으로 흡수하면 좋겠다.

함께 쓴 사람들

이 책의 공동 저자는 김민주, 구자룡, 한근태, 고현숙, 허보희, 홍재화, 이엽이다. 저자, 역자, 강연자, 회사 대표, 교수, 컨설턴트, 코치 등 약간씩은 다르지만 모두 비즈니스 분야에 몸을 담고 있다. 서로를 잘 알고 있어서 이 책을 쓰기 훨씬 전부터 익숙한 관계다. 내가 이 책을 쓰자고 제안했을 때 모두 흔쾌히 수락을 해주었다. 이 자리를 빌려 감사를 드린다.

2020년 1월부터 우리나라와 전 세계를 휩쓴 코로나 팬데믹은 우리가 이 책을 위한 글을 쓰는데 오히려 도움을 주었다. 외출을 자제하고 집에 칩거했기 때문이다. 이 책이 출간될 때에는 이 전염병이 모두 사라졌으면 한다.

공동 저자 7명을 대표하여

김민주 씀

2020년 11월

| 목차 |

경제경영서 읽는 습관

김민주의 경제경영서 읽는 습관

● 서울대학교와 미국 시카고대학교에서 경제학을 전공하였고 한국은행, SK그룹을 거쳐 경영컨설팅사 리드앤리더 대표로 있다. 금융, 기업, 비즈니스 경험을 바탕으로 역사, 문화, 경제 분야를 아우르는 폴리매스(Polymath, 박식가)로 활동하고 있다. 세계 문학 독서 클럽을 운영하고 있으며 걷기 여행을 즐긴다. 저서로는 『경제법칙 101』『하인리히 법칙』『자본주의 이야기』『시티노믹스』『트렌드로 읽는 세계사』『다크 투어』『북유럽 이야기』『나는 도서관에서 교양을 읽는다』 등이 있다. 번역서로는 『노벨경제학 강의』『클라우스 슈밥의 제4차 산업혁명』『깨진 유리창 법칙』『지식경제학 미스터리』가 있다.

책을 대충 한 번 읽고 마음에 들면 제대로 정독하기

사람마다 책을 읽는 방식이 다르다. 내 경우에는 비즈니스 분야의 책을 이런 방식으로 읽는다. 우선 목차와 서문 그리고 후기를 읽는다. 그다음 첫 번째 챕터나 나에게 특별히 관심이 가는 챕터를 우선적으로 읽는다. 이렇게 읽게 되면 내가 이 책을 전부 읽을지 말지가 어느 정도 판단이 된다. 읽을 만하다고 판단되면 책 전체를 제대로 읽고, 별 도움이 되지 않는다고 생각이 들면 다른 책으로 관심을 돌린다. 제한된 시간에 많은 책을 봐야 하므로 이런 방식의 책 읽기가 나에게는 효율적이다.

책의 주요 내용을 파워포인트 한 장으로 정리하기

책을 읽다 보면 좋은 문장도 접하게 되고 다른 곳에 활용하기 좋은 사례도 알게 된다. 그럴 때 제대로 기록해 놓지 않으면 정작 필요할 때 그 문장과 사례를 찾을 수가 없어 허둥대곤 한다. 어떤 책의 어떤 페이지에 그 내용이 있는지 모두를 기억할 수는 없다. 그래서 나는 책을 읽고 나면 반드시 파워포인트 한 장으로 간단히 정리를 해 놓는다. 책에 있는 사례 모두를 적으려면 분량이 많아져 부담되기 때문에 사례의 핵심과 해당 책의 페이지만 적어 놓는다. 나중에 필요할 때 그 책을 다시 찾아서 메모한 대로 체크하면 되기 때문이다. 그리고 여력이 되면 해당 사례와 관련된 것을 인터넷에서 찾아서 문서에 링크를 걸어 둔다. 이렇게 파워포인트 장표가 차곡차곡 쌓이면 나중에 필요한 내용을 찾아보기도 무척 쉬워진다.

책 관련 영화를 찾아보기

나는 책을 보다가 인터넷으로 관련성이 높은 영화가 어떤 것이 있는지 찾아서 검색을 한 다음 그 영화를 보곤 한다. 영화를 보면 책에서 희미하게 잡힌 내용이 훨씬 생동감 있게 와 닿는다. 항상 책과 딱 맞는 영화가 있는 것은 아니지만 고전 세계 문학의 경우에는 대부분 연관 영화가 있다. 비즈니스 분야는 아무래도 세계 문학만큼 책을 소재로 했거나 책과 딱 맞는 주제의 영화를 찾기는 어렵다. 하지만 비즈니스 현장을 배경으로 하는 영화는 무척이나 많다. 스타트업, 신제품 개발, 기업 문화, 기업 부패, 기업 윤리, 인수 합병, 기업 몰락, CEO, 직원 해고, 임직원 갈등, 특허 출원, 환경 파괴, 기업 관련 법정 투쟁 등 비즈니스 현장을 간접 체험하기에 좋은 영화들이 많다. 책과 영화는 생각 이상으로 멋진 콤비다.

도서관이나 서점에서 해당 서가를 둘러보기

나는 온라인 서점도 자주 둘러보지만 특히 오프라인 서점을 더 자주 가고 도서관에도 자주 간다. 나는 업무상 한 분야의 책을 많이 봐야 하므로 주제가 비슷한 책들이 몰려 있는 공간을 좋아한다. 그래서 집에서 멀지 않은 곳에 있는 남산 도서관과 서울 도서관을 자주 이용한다. 도서관의 특정 섹션에 가면 특정 주제의 책들이 많아 이 책 저 책 둘러보기가 좋다. 더구나 국공립 도서관에는 최근 책뿐만 아니라 예전 책들도 많고 보존 서고도 있어서 사서에게 신청만 하면 예전 책들을 얼마든지 볼 수 있다. 나에게는 도서관 이용은 책을 보는 데 있어 필수적인 습관이다.

자기 나름대로 서평 쓰기

가르칠 때 가장 잘 배운다는 말이 있다. 책을 읽은 다음 나름대로 정리를 한 다음 주위 사람에게 책 내용을 부담 없이 말해줄 수 있으면 좋다. "나 어떤 책 봤는데 좋더라" "이 책에 이런 이야기가 나오는데 흥미롭던데?" "너에게 이 책 '강추' 한다"고 하면서 책에 대해 자주 말해주는 것이다. 물론 페북이나 블로그 등으로 자신이 읽은 책의 표지를 올리면서 책에 대한 자신의 느낌을 올려도 좋다. 그러면 상대편으로부터 피드백이 오면서 책 내용에 대해 좀 더 생각해 보는 계기를 만들 수 있다. 물론 좀 더 본격적으로 하려면 여러 미디어에 서평을 잘 써서 올리거나 유튜브에 영상을 만들어 올릴 수도 있다. 서평의 형태나 완성도와 관계없이 어디에든 책에 대한 흔적을 남기는 것이 좋다.

구자룡의 경제경영서 읽는 습관

● 현재 밸류바인 대표 컨설턴트. 상명대학교에서 경영학 박사학위를 받았다. 칼슨마케팅그룹코리아 마케팅전략실장, 한국능률협회 상임교수, 상명대학교 겸임교수, 서울브랜드위원회 위원 등을 역임했다. 현대자동차, 삼성전자, 코레일, 한샘, 한일시멘트, JDC공항면세점 등 주요 기업 대상으로 마케팅과 브랜딩 컨설팅을 했다. 국가공무원 인재개발원, 한국생산성본부, 한국금융연수원, 멀티캠퍼스, 한국야쿠르트, 상명대학교 등에서 강의하고 있다. 저서로는 『데이터를 다루는 습관을 길러라』 『지금 당장 마케팅 공부하라』 『마케팅 리서치』 『경영의 최전선을 가다』 『한국형 포지셔닝』 등이 있다.

특정 주제와 관련된 여러 책을 함께 모아서 읽기

예를 들어, 행동경제학이나 뇌과학과 같이 특정 주제를 정하고 이와 관련된 책을 여러 권 함께 읽는다. 이런 독서는 신토피컬(syntopical) 독서법이라고 하는데 특정 주제에 대한 깊이 있는 지식과 넓은 시가을 가지게 해준다. 그리고 한 권씩 독파해 가다 보면 도장 깨기 하는 것 같은 즐거움이 따라온다. 한 주제에 대해 전문지식을 갖추기 위해서는 지식의 축적이 일어나야 한다. 최소한 다섯 권 정도는 함께 읽으면 좋다. 이때 주석이나 참고 문헌의 자료를 찾아다니면서 탐정 놀이하듯 추적하다 보면 독서의 즐거움이 배가 된다. 웹 문서의 하이퍼텍스트와 같이 꼬리에 꼬리를 무는 접근을 통해 전문 분야에 대한 식견을 넓히는 방식이다. 다만 적절한 시점에 중단하지 않으면 엉뚱한 곳으로 빠져 시간을 낭비할 수도 있다.

항상 가방에 두 권 정도의 책을 가지고 다니기

읽고 싶은 책을 두 권 정도는 항상 가지고 다닌다. 독서 시간을 특별히 확보할 수 있으면 좋겠지만 그렇지 못할 때가 많다. 갑자기 주어진 짧은 시간 그러나 제한된 시간이라면 스마트폰이 아니라 책을 펼친다. 시간을 절약하는 방법이다. 왜 두 권일까? 상황에 따라 책을 읽을 수 있는 마음가짐이 다르기 때문이다. 가볍게 읽을 수밖에 없는 상황인데 깊이 있는 전문 서적을 읽는 것은 어렵다. 그래서 가볍게 읽을 수 있는 책과 숙고하면서 읽을 수 있는 책 두 권을 항상 가방에 넣고 다닌다. 비록 가방이 무겁기는 하지만 총과 칼을 함께 가지고 다니는 군인과 같이 어떠한 상황에도 대처할 수 있어서 마음이 든든하다.

지하철에서 책 읽기

사람마다 책을 읽을 때 집중이 잘 되는 공간이 있다. 도서관이나 카페일 수도 있고 사무실이나 서재가 되기도 한다. 이때는 책을 읽을 준비가 되어있는 경우다. 그런데 아직도 독서를 어디에서 하면 집중력이 발휘될지 마땅한 곳을 찾지 못했다면, 어디가 좋을까? 지하철을 추천해주고 싶다. 지하철을 타는 목적은 지역에서 지역으로 이동을 하기 위함이다. 이때는 딱히 다른 일을 할 수도 없는 시간인데, 이 시간에 독서를 하게 된다면 시간을 효과적으로 쓸 수 있다. 스마트폰으로 내려야 할 곳까지의 예상 시간을 알람으로 설정한 다음 독서를 시작한다면 내릴 곳을 놓치는 걱정은 하지 않아도 된다.

읽고 싶은 책을 미리 찜해 놓기 혹은 구매해 놓기

읽고 싶은 책이라면 미리 구해두는 것이 중요하다. 물론 도서관 같은 곳을 통해 책을 빌릴 수도 있지만 문제는 딱, 필요할 때 책을 구하기 어려운 경우가 있다는 것이다. 특히 신간이나 전문 서적은 빌리기가 힘들다. 그리고 구매를 해야겠다고 생각하는 책들은 온라인 서점에서 미리 책을 찜해 놓거나 장바구니에 미리 넣어둔다. 읽고 싶은 모든 책을 구매한다는 것은 비용과 공간의 문제가 있다 보니, 바로 구매하기보다 꼭 읽고 싶은 책인지 아닌지 검토하는 시간을 가져보는 게 더 낫다. 그리고 반드시 읽어봐야겠다 싶은 책들은 시간 여유가 있을 때 미리 구매를 해둔다. 일단 사놓게 되면 언젠가는 읽게 된다. 바로 읽는 경우도 있지만 한참 시간이 지난 다음 읽기도 한다. 읽고 싶을 때 읽을 수 있도록 준비해 놓는게 중요하다.

책을 읽을 때 밑줄 긋고 에버노트에 기록하기

어느 순간부터 책을 읽을 때 만년필과 플래그 분류용 포스트잇을 옆에 둔다. 특히 전문 서적을 읽을 때는 필수 아이템이다. 기억에는 한계가 있기 때문에 다음을 위해 표시를 해두는 것이다. 그리고 밑줄을 긋는다. 물론 구매한 책에 한해서다. 만년필 중에서는 라미 사파리 만년필의 청색 잉크는 밑줄 그을 때 부드럽고 색으로 표시되기 때문에 눈에 확 들어온다. 책을 다 읽으면 밑줄 친 내용을 에버노트(일종의 메모장 같은 생산성 관리 앱)에 입력한다. 되새김하는 의미도 있고 다음에 특정 목적으로 인용을 할 때도 유용하다. 석박사 학위 논문을 준비하며 몸에 밴 기록하는 습관의 연장이다. 에버노트가 좋은 점은 클라우드 기능이 있어서 언제 어디서든 이용이 가능하다는 점이다. 그리고 연관 콘텐츠와 자체 검색 기능이 있어서 쉽게 내용을 찾을 수 있도록 도와준다. 이번 책 서평을 쓰면서도 책의 내용을 되새기고 인용문을 찾는데 탁월한 역할을 해주었다.

한근태의 경제경영서 읽는 습관

● 한스컨설팅 대표. 서울대학교 섬유공학과를 졸업하고 미국 애크런 대학교에서 고분자 공학 박사 학위를 받았다. 39세에 대우자동차 최연소 이사로 임명돼 화제가 되기도 했다. 40대 초반 사직서를 제출하고 IBS 컨설팅 그룹에 입사, 경영 컨설턴트의 길을 걷기 시작했다. 오랫동안 삼성경제연구소 SERI CEO의 북리뷰 칼럼을 쓰고 있으며 그 외《DBR》과《머니투데이》등 고정 서평과 칼럼을 연재하며 활발한 활동을 하고 있다. 주요 저서로는 『한근태의 재정의 사전』『한근태의 독서일기』『누가 미래를 주도하는가』『고수와의 대화, 생산성을 말하다』『일생에 한번은 고수를 만나라』『잠들기 전 10분이 나의 내일을 결정한다』『경영의 최전선을 가다』 등이 있다.

아웃풋을 전제로 한 책 읽기

내가 생각하는 독서법의 핵심은 아웃풋을 전제로 하는 책 읽기이다. 아웃풋이란 나만의 확실한 목표를 말한다. 배운 것을 습관으로 만드는 것이 될 수도 있고, 읽은 것을 직원들에게 가르쳐 직원들을 업그레이드하는데 쓸 수도 있다. 문제 해결을 위한 것일 수도 있고, 자신이 이만큼 안다는 것을 자랑하는 것일 수도 있다. 그리고 읽은 걸 바탕으로 글을 쓰는 것이 목적이 될 수도 있다. 이처럼 책 읽기를 통해 무엇을 할 것인지가 명확해지면 책 읽기도 좀 더 수월해지고 내용의 함량 여부를 떠나 남기는 책 읽기를 할 수 있다. 물론 이런 책 읽기가 경제경영서 읽기를 하는 데 있어서 정답은 아니다. 내가 그렇게 한다는 것 뿐이다.

처음부터 끝까지 읽어야 한다는 고정 관념 버리기

읽지 않은 책에 대한 죄책감도 잊어야 한다. 이게 정말로 중요하다. 만약 사놓고서 읽지 않은 책에 대해 내가 죄책감을 가지기 시작하면 대역죄인이 될 수밖에 없다. 읽히지 않는 책, 내가 원하지 않는 책은 과감히 덮어야 한다. 필요한 경우에는 발췌해서 읽고 나머지는 과감하게 잊어야 한다. 책 읽기는 맺고 끊는 게 중요하다. 이때 팁 하나! 내가 책을 읽지 않는 건 내 잘못이 아닌 저자의 잘못이라고 생각하면 마음에 평화가 찾아온다.

구매하고 1주일을 넘기지 않고 읽기

책도 음식처럼 유통 기간이 있다. 싱싱할 때 바로 읽어야 한다. 책을 구매한 이유는 분명히 있다. 그 이유가 1주일이 지나면 서서히 힘이 빠지기 시작한다. 그래서 1주일이 지나기 전에 읽어야 한다. 그런데 그렇게 읽기 시작한 책이 뭔가 석연치가 않다면? 뭐든 첫 느낌이 중요한데 책도 그렇다. 처음 아닌 건 끝까지 아닌 경우가 많다. 앞부분을 읽다가 아니다 싶으면 과감하게 덮어야 한다. 좋은 책은 강요하지 않아도 끝까지 읽게 된다.

비판적으로 읽기

저자는 전지전능한 사람이 아니다. 저자가 하는 말이 다 옳은 것도 아니다. 다 받아들일 필요가 없다. 난 늘 객관적이고 비판적인 시각을 유지하려고 노력한다. 자주 의심도 한다. 누구 입장에서 쓴 것일까? 여기에 이 사례가 적절할까? 이 사람이 전하려는 메시지는 무엇일까? 등을 생각한다. 어떤 책이든 잡혀 먹히지 말고, 잡아먹어야 한다.

읽는 것보다 기억하는 게 중요

이를 위해서는 책을 함부로 다뤄야 한다. 줄도 긋고, 접기도 하고, 포스트잇도 붙이고, 내 의견을 적기도 한다. 그래야 책을 읽은 후 그 책의 내용을 입력할 수 있다. 입력을 하는 데 있어서 필사만큼 중요한 게 없다. 필사하는 데 시간은 많이 걸리겠지만 책 내용은 더 잘 기억하게 된다. 그냥 눈으로만 읽은 책은 나중에 읽었는지조차도 기억하기 어렵다. 읽고 내용을 입력한 책은 기억이 오래간다. 읽고 내용을 입력하고 서평까지 쓴 책은 더욱 오래오래 남는 책이 된다.

읽은 책에 대해 자주 얘기하기

좋은 책은 읽은 후 여러 사람에게 자주 얘기한다. 최근에 『회계의 세계사』를 읽었을 때도 그랬다. 회계란 것이 내 관심 분야가 아니라 아무 기대 없이 읽기 시작했는데 너무 재미있었다. 그래서 나도 모르게 만나는 사람마다 이 책 얘기를 하게 되었다. 그리고 기업 대상 독서 토론회에서도 책 얘기를 자주 할 수밖에 없는데 혼자 읽을 때와는 완전 느낌이 다르다. 하나의 책을 여러 사람이 같이 읽고 거기에 대해 얘기를 나누다 보면 엄청난 지식과 정보들이 쏟아져 나온다.

사색의 시간이 필요하다.

책을 읽은 후에는 음미하는 시간이 필요하다. 음식은 먹는 것만큼 소화와 흡수가 중요한데 독서도 그렇다. 책을 읽고 새롭게 깨달은 사실이 무엇인지, 이를 어떻게 행동으로 옮길지 등등을 생각해야 한다. 그래서 수첩에 키워드를 적고, 산책을 하면서 자주 거기에 대해 생각한다. 그럼 생각이 풍요로워지는 걸 느낄 수가 있다. "독서는 단지 지식의 재료를 공급할 뿐이다. 그것을 자기 것으로 하는 것은 사색의 힘이다." 슈바이처의 말이다. 가구는 존재 자체로 효용성이 있지만 책은 그렇지 않다. 읽고 소화하고 깨닫고 실천해야 한다. "책을 산다는 것은 좋은 일이다. 이와 함께 읽을 수 있는 시간까지 살 수 있다면 더더욱 좋은 일이다. 그러나 많은 사람들은 책을 산 것만으로 그 책의 내용까지 알게 된 것으로 착각을 한다." 쇼펜하우어의 말이다.

고현숙의 경제경영서 읽는 습관

● 한국의 대표적인 경영자 코치. 리더십과 코칭 분야 전문가로 현재 국민대 경영학과 교수로 재직중이다. 서울대학교 소비자아동 학과를 졸업하고 헬싱키경제대학교에서 MBA를 서울과학종합대학원에서 경영학 박사학위를 취득했다. 한국의 CEO와 임원들이 '가장 조언을 듣고 싶어 하는 코치'로 날카로운 통찰력과 따뜻한 지지를 겸비한 코칭 스타일로 유명하다. 삼성, 현대자동차, 포스코, 아모레퍼시픽 등 대기업과 듀폰, 화이자, 세계은행 등 글로벌 기업 및 기관의 고위 리더를 코칭했다. 저서로는 『결정적 순간의 리더십』『유쾌하게 자극하라』『티칭하지 말고 코칭하라』『최고의 조직을 만드는 집단지성의 힘, 그룹 코칭』(공저) 등이 있다.

"신발 한 켤레 살 돈으로 위대한 사람의 한평생을 살 수 있다."

어렸을 때부터 읽는 걸 좋아했다. 막내인 나는 언니 오빠들 덕분에 독서에 관한 한 매우 조숙한 편이었다. 청년 시절에는 이청준과 황석영, 박완서 같은 뛰어난 한국 작가들 덕분에 큰 위안을 얻곤 했다. 직장에 다니면서부터는 자기 계발과 경영 혁신 책에 매료되었다. 피터 드러커, 스티븐 코비, 짐 콜린스 등을 통해 경영학 분야가 내가 헌신할 만한 멋진 세계임을 배웠다. 그곳에서는 혁신과 경쟁이 있었고 자기 성찰이 있었다. 경영학 학위를 따게 된 것도 리더십과 코칭을 전공하게 된 것도 수많은 독서의 결과였다. 지금은 SERI CEO에서 책을 소개하는 북리뷰 일을 8년째 하고 있지만, 이 일로 인해 가장 큰 혜택을 받은 사람은 나 자신이라고 할 수 있다. 직업이 독서가인 대만의 탕누어는 이런 말을 했다. "신발 한 켤레 살 돈으로 위대한 사람의 한평생을 살 수 있다."

책이 풍부한 환경

내가 있는 곳 어디에나 책이 가득하도록 환경을 만든다. 연구실, 거실, 침실 머리맡, 사무실, 자동차에도 책들이 있다. 약속 장소에 일찍 도착할 때 읽을 수 있는 책도 가방에 넣고 다닌다. 비행기를 탈 때도 짧은 여행을 나설 때도 책부터 챙긴다. 대학에서 경영학을 가르치고 경영자 코칭을 하는 게 직업이라 주로 경제 경영 책을 많이 읽지만 편식하는 독서를 하지 않으려고 노력한다. 종종 문학과 에세이도 읽는다. 작년에는 셰익스피어의 전 작품을 거의 다 읽었다. 좋은 책을 소개받으면 일단 주문부터 해둔다. 그래서 내 주변의 책들은 대부분 신간으로 유지된다.

책의 핵심 요약

북 리뷰 일을 오래 하다 보니 읽은 책을 요약하는 게 습관이 됐다. 보통 책 한 권을 읽고서는 A4 3~4장 정도의 분량으로 요약한다. 이 요약본은 강의나 코칭, 글쓰기에 참고 자료가 된다. 그리고 필요로 하는 사람이 있다면 요약본을 보내주기도 한다. 요약을 하다 보면 처음 읽을 때 지나쳤던 내용을 다시 정리하게 되고 중요 내용을 다시 한번 점검할 수 있어서 좋다. 요약하려고 애쓰는 과정이야말로 나에게는 지식을 체화하는 과정이라 할 수 있다.

주말에 책 한 권

독서도 하면 할수록 느는 기술이라고 생각한다. 매년 50여 권을 꾸준히 읽다 보니 예전보다 독서 속도가 많이 빨라졌다. 집중력이 높아졌다고 할 수 있다. 일부러 아껴 읽는 책이 아니면 보통 주말 동안 책 한 권 정도는 완독하는 리듬이 생겼다. 대신 시간을 투자하기 아까운 책은 빨리 포기한다. 별 내용이 없거나, 이미 여기저기 나온 내용을 짜깁기해서 낸 책도 의외로 적지 않기 때문이다.

책 코칭과 북 클럽

경영자 코칭을 하다 보면 그 사람에게 필요한 책이 딱 떠오를 때가 있다. 그럴 때면 책의 내용을 공유하면서 코칭의 소재로 삼기도 한다. 경영자들에게는 생각하는 힘이 필수이기 때문에 독서하는 시간은 반드시 필요하다. 학교 수업을 할 때에도 오프닝에는 항상 최근 읽은 책을 학생들에게 소개한다. 그렇게 정리한 내용을 전달하면 복습이 되고, 지혜를 나눌 수 있어 보람이 생긴다. 책을 더 많은 분들과 함께 읽고 싶어서 지난 2년간 북클럽을 만들어서 운영하고 있다. 경영 코치들의 북클럽, 대학원 졸업들생의 북클럽을 현재도 유지하고 있다. 나는 우리 사회에 다양한 성격의 북클럽이 많아지길 바란다.

여러 층위에서 촘촘하게 쌓아 올린 네트워크와 커뮤니티는 우리 사회를 분명 건강하고 합리적으로 만들 것이기 때문이다.

허보희의 경제경영서 읽는 습관

- 서울대학교 경제학과 학사, 미국 스탠퍼드 대학교 MBA, 전 가이저 사장, 쉐퍼드멀린 미국 로펌 고문, 뱅크오브아메리카 본부장/전무(미국 본사 근무 4년)로 근무했다. 한국 최초로 미국계 투자 은행의 여성 임원이 되면서 유리 천장을 깼다는 평가를 받으며 화제가 되었다. 현재는 교보악사 자산운용의 사외 이사, 퀴드자산운용의 비상임 감사로 있으며 코칭 경영원의 경영자 코치로 임원 코칭 활동을 활발히 하고 있다.

관심 있는 주제/분야를 쫓아서 읽기

사람마다 또는 같은 사람이라도 그때그때 관심 있는 주제나 분야가 다르기 마련이다. 내 경우에는 과거 금융 분야 경력으로 인해 주로 경제·경영·금융 분야 책에 관심을 많이 두고 있다. 이 분야의 책을 고를 때는 《파이낸셜타임스》지에서 매년 발표하는 경제·경영·금융 분야 베스트 15에 신정된 책을 선택한다. 대체로 만족스러웠다. 현재 일하고 있는 비즈니스 코칭(주로 임원 코칭) 관련 책은 주로 코칭, 리더십, 행동 심리와 관련이 되는데 이 경우에는 확실한 가이드라인이 없어서 주로 동료 코치들의 추천을 받아서 읽는 편이다.

저자를 쫓아서 읽기

관심 있는 주제나 분야를 쫓아서 책을 읽다 보면 흥미를 끄는 저자를 만나게 된다. 작가의 문체가 마음에 든다거나 작가의 주제에 대한 접근법이나 서술 방식이 흥미롭다거나, 어떤 이유에서든 저자가 나와 궁합이 맞는다는 생각이 들면 나는 그 저자의 책을 모두 구매해서 보는 편이다. 이를 전작주의(全作主義)라고 한다. 우연히 또는 타인의 추천으로 책을 보다가 이런 감정을 느낄 때도 마찬가지이다. 그리고 이런 방식으로 책을 골랐을 때는 대체로 실망한 적이 별로 없다.

목차에 유의하면서 읽기

어떤 책이든 책을 읽는 동안은 계속 목차에 주목하고 목차에 유의하면서 읽는 편이다. 나는 책에서 목차가 아주 중요한 역할을 한다고 생각한다. 그 이유는 저자가 책을 통해 어떤 주장을 하고자 할 때 저자의 논리 전개 과정이 목차에 모두 요약되어 있기 때문이다. 그래서 책을 제대로 읽고 잘 이해하기 위해서는 현재 내가 읽고 있는 부분이 전체 그림에서 어디에 해당하며 전체 전개 과정에서 어떤 역할을 하겠구나! 이렇게 짚어가면서 책을 읽는 것이 좋다. 내 경험상 잘 쓰이고 내용이 좋은 책은 대체로 목차도 좋다. 당연한 얘기겠지만 목차가 유기적으로 잘 정리된 책은 내용도 충실하다.

연속해서 읽기

관심 있는 주제와 분야를 두고 고른 책이든 흥미로운 저자를 중심으로 고른 책이든 연관성을 가지고 있는 책들을 한꺼번에 구매한 후 시리즈처럼 이어서 읽는 걸 좋아한다. 이렇게 읽게 되면 그 주제 혹은 분야에 대해 여러 저자들의 각기 다른 관점을 요약, 비교, 분석(저자의 의도와 핵심 메시지 중심으로)해 볼 수 있고 해당 주제에 대한 내 생각(어떤 부분에 동의하거나 동의하지 않는 이유)도 정리해 볼 수 있다.

읽기 전과 읽은 후를 정리해보기

책을 읽은 뒤에는 간단한 메모를 하려고 노력한다. 책을 읽기 전과 읽은 후를 비교해서 그 주제와 분야에 대한 내 사고의 지평이 어떻게 달라졌는지 깊이와 넓이 측면에서 정리해 보는 것이다. 예를 들어 농업 혁명이 인류 역사에 끼친 영향에 대한 내 관점과 생각이 유발 하라리의 『사피엔스』를 읽고 난 후 어떻게 달라졌는지 정리해 본다. 그러면 『사피엔스』 읽기가 내게 끼친 영향이 드러난다. 이 작업을 짧은 글(에세이)을 통해서 해보면 더욱 좋다. 내게는 이 작업이 가장 유의미하다.

내용을 직접 활용하고 적용해보기

현재 내가 하는 일은 기업의 CEO를 비롯한 임원들을 대상으로 하는 코칭이다. 그래서 좋은 책을 읽은 뒤에는 코칭 현장에서의 강의나 대화에 적용해보기를 즐겨한다. 이렇게 하면 책의 내용이 저절로 나에게 체화되는 과정을 겪으면서 더욱 충실하게 내 것이 된다. 즉,

가르치면서 배우는 효과를 거둘 수가 있다. 사실 이 방법이 어떤 지식을 익힐 때 쓸 수 있는 가장 좋은 방법이라고 생각한다. 그리고 감명 깊게 읽은 책은 코칭 대상이 되는 임원분들에게 추천하거나 선물을 하기도 한다.

홍재화의 경제경영서 읽는 습관

● 중앙대 무역학과를 졸업하고 대한무역진흥공사(KOTRA)에 다니다가 무역 회사를 설립, 운영하고 있다. 대학시절부터 지금까지 35년 가까이 무역 분야에서만 일하고 있다. 저서로 『박람회와 마케팅』 『무역&오퍼상 무작정 따라하기』 『결국 사장이 문제다』 『해외무역 첫걸음 당신도 수출 쉽게 할 수 있다』 『글로벌 시장은 어떻게 움직이는가?』 등이 있다.

독서 목록을 작성한다

책을 읽지 않는 이유를 말하는 핑계 중 하나가 책장을 덮으면 바로 잊어버린다는 것이다. 하지만 그건 누구에게나 마찬가지다. 심지어는 시간이 좀 지나면 그 책을 읽었다는 사실조차도 잊게 된다. 그래서 이미 읽었던 책을 다시 사보는 일도 생긴다. 그래서 사람들은 스스로 머리가 나쁘다고 생각한다. 그래서 메모하라는 말이 나오고 책을 읽고 독후감을 쓰라는 말이 나온다. 독후감보다 더 간편하게 오랫동안 할 수 있는 방법이 있다. 그것은 바로 녹서 목록을 만드는 것이다. 독서 목록을 적다 보면 비교적 기억나는 게 많아진다. 책 제목, 책을 구매한 날짜와 장소 그리고 책을 살 때의 기분까지도 생각난다. 이렇게 기록한 독서 목록이 하루 이틀이 아니고 10년을 넘어서게 되고 책이 1천 권, 2천 권을 넘어가게 되면 목록 자체만 보아도 내가 살아온 방향이 보이고 나의 관심사가 무엇이었는지 알 수 있게 된다. 목록을 보면서 내가 대충 살지 않고 열심히 살았구나 하는 안도감도 생기고 새로운 아이디어까지도 다시 솟아오르는 느낌을 받는다.

미디어의 서평을 읽는다

거의 모든 신문에는 신간을 소개하는 서평 코너가 있다. 보통 금요일이나 토요일에 실리는데, 보통 2~4면씩 정도를 할애하며 책을 소개한다. 서평에서 소개되는 책들은 무슨 베스트셀러를 점쳐서 소개하는 것도 아니고 유명한 작가라고 해서 무조건 소개하는 것도 아니다. 신문사의 문화부 소속 기자나 출판 담당 기자들이 직접 읽고 의미가 있다고 판단하는 책, 사회적으로 관심을 가질 만한 책을 소개한다. 서평 기사를 꼬박꼬박 챙겨서 읽는 이유는 흥미는 있지만 굳이 사볼 정도의 관심까지는 아닌 분야의 책을 간단하게나마 접할 수 있기 때문이다. 예를 들면 문화 예술 분야는 나와는 거리가 좀 있지만, 신간 소개 기사를 읽다 보면 약간의 지식이라도 보충받을 수가 있다. 그리고 책을 읽지 않고도 읽은 척할 수 있다는 장점도 있다.

관심 분야의 지식을 깊게 하려고 책을 읽는다

사람은 누구나 자신의 관심 분야가 있기 마련이다. 취미 때문에 혹은 업무상의 이유로 자료도 수집하고 책을 읽다 보면 자연스레 그 분야에 대한 지식이 많아지게 된다. 뭐든지 나하고 연관시키면 필요성도 생기고 흥미도 높아지기 마련이다. 그냥 재미 삼아 읽는 책도 삶을 여유롭게 하지만 목적의식을 갖고 읽는 책은 내 삶을 더욱 풍요롭게 한다. 그리고 읽은 내용을 바탕으로 독후감 또는 내 책을 쓰겠다는 목적을 갖게 되면 책을 읽는 것 자체가 새로운 차원으로 다가온다. 저자의 문제 제기, 풀어가는 방법, 문제를 해결하기 위한 생각의 범위 등. 그리고 현재 관심을 가지고 있는 주제와 관련해서도 인용하고 싶은 부분이나 새로운 아이디어가 떠오르기도 한다.

약속 장소를 책방으로 정한다

사람들은 보통 약속 장소를 정하게 되면 커피숍이나 특정 길거리의 포인트를 장소로 정한다. 그런데 약속 장소를 책방으로 바꿔보면 어떨까? 혹시 늦을 수도 있는 상대를 기다리는 지루함이 덜하게 되지 않을까. 일부러 책 구경을 위해 한 시간쯤 미리 나가 서가 사이를 슬슬 다니며 꽂혀있는 책 제목들을 읽어보는 것도 좋다. 그러다 보면 우연찮게 나를 일취월장하게 해 줄 책을 만날 수도 있다. 책을 찾아낸다기보다는 책이 알아서 나에게 '훅' 다가오는 경우다. 그렇게 다가온 책을 읽어서 후회한 적은 단 한 번도 없다. 그리고 약속을 한 상대방과 해야 할 이야기도 굳이 책방 밖으로 나갈 필요 없이 책방 안에서 할 수가 있다. 요즘 좀 큰 책빙이면 커피나 간단한 요기 거리를 파는 카페가 있기 마련이다.

이해가 안 되어도 넘어간다

책을 읽다 보면 '실수했다'는 생각이 들 때가 있다. 너무 재미가 없거나, 어렵거나, 내용이 부실하거나 등등. 작심하고 읽은 책 중에서 괜히 샀다는 생각이 드는 책도 있다. 너무 어려운 책이거나 쉬운 내용을 이해하기 어렵게 꼬았거나 하는 책이 그런 책들이다. 수준에 맞지 않는 책을 고른 내가 밉기도 하고, 별것 아닌 내용을 비비 꼬아서 나를 힘들게 한 작가가 얄밉기도 하다. 이럴 때 독자가 작가에게 해줄 수 있는 최대의 보복은 그냥 잠들어버리는 것이다. 굳이 열심히 읽으려고 하지 않고 한숨 푹 자고 나서 그 책을 계속 읽을 것인지 아니면 그냥 책꽂이에 꽂아 둘 것인지를 결정한다. 또 하나 더 나를 힘들게 하는 것은 자연 과학에 관한 책 읽기다. 자연 과학책은 사실 100% 이해가 어렵다. 일상적인 상상력과 어휘의 한계를 넘어서는 내용이 많다 보니 내 수준에서는 내용 이해가 벅찰 때가 많다. 우주와 관련된 책을 읽다 보면 빛의 속도로 10억 년 동안 가야 도달할 수 있는 거리, 현미경으로도 볼 수 없는 400억분의 1 같은 것들이 수시로 나온다. 사실 잘 상상이 안 된다. 그럼에도 이런 책은 개념만이라도 알아 두려고 한다. 그러면 내가 갖고 있던 상상력의 한계가 조금은 더 넓어진 느낌이 들기 때문이다.

이엽의 경제경영서 읽는 습관

● 미국 위스콘신대학교 매디슨에서 경제학과 국제 관계학, 아시아학을 전공했다. 졸업 후 공군 통역 장교로 입대해 군복무를 마쳤고, 한국금융연구원에서 연구원으로 근무한 뒤 조선비즈에서 근무했고, 현재는 한국 딜로이트 그룹에서 근무하고 있다. 옮긴 책으로 『창조적 학습사회』『마켓 4.0 시대 이기는 마케팅』『성장의 문화』가 있다.

좋아하는 분야를 명확히 알기

책을 많이 읽으려면 독서가 즐거워야 하고, 독서가 즐거우려면 내가 무엇을 좋아하는지 알아야 한다. 나는 역사나 경제 등 사회 과학을 좋아하기 때문에 이 분야의 책을 주로 읽지만 소설을 좋아하면 소설, 과학을 좋아하면 과학 분야의 책을 읽으면 된다. 그러다 보면 좋아하는 작가도 생기고 새로운 호기심도 생긴다. 책도 즐거워야 읽는다. 즐겁지 않으면 노동이다.

추천과 저자 확인

경험상 주변인들이 추천한 책은 좋은 책인 경우가 많았다. 여기서 주변인이란 지인은 물론이고 SNS에서 내가 팔로우하는 다양한 사람들도 포함된다. 나는 교수나 오피니언 리더 그리고 다양한 분야의 전문가들을 팔로우하는데, 그러면 이들이 언급하거나 추천하는 책을 자연스럽게 피드 받을 수가 있다. 종종 많은 사람들이 동시에 추천하는 책이 있는데 이런 책은 십중팔구 좋은 책이다. SNS가 아니더라도 출판사나 언론사의 추천이거나 직접 아는 사람들이 추천하는 책도 실패 확률이 낮다. 물론 이렇게 추천받은 책들을 다 읽을 순 없다. 그리고 그럴 필요도 없기 때문에 이 중에서 관심이 가는 책을 중심으로 읽으면 된다. 그리고 나는 저자의 전문성도 살펴본다. 저자가 해당 분야 전문성이나 경험이 부족하다면 좋은 책이라고 말하기 힘들다. 또한 전문성이 있더라도 극단적인 주장을 하는 저자라면 피한다. 세상에는 단 하나의 정답만 있는 것도 아니고 단 하나의 시각 또는 해석만 있는 것도 아니기 때문이다.

목차를 의식하면서 속독하기

목적에 따라 속독과 정독을 해야 한다고 생각한다. 큰 그림을 이해하는 것이 목적이라면 속독을 그리고 디테일한 내용을 챙기고 싶다면 정독을 한다. 나는 속독도 정독만큼이나 중요하다고 생각한다. 정독을 하게 되면 책 읽기 시간이 오래 걸려 지치는 경우도 있지만 속독을 하게 되면 지루해져서 흥미를 잃는 경우는 아무래도 적다. 다만, 속독을 하기 전에는 반드시 목차를 확인한다. 목차는 그 책의 논리 구조이기 때문이다. 목차가 잘 잡혀 있으면 이 책이 어떤 근거와 논리로 이야기하는지 쉽게 알 수 있고, 속독을 하면서도 내가 어디쯤

와있는지 알 수 있다. 목차를 의식하고 속독을 하게 되면 책의 전체적인 구조를 머릿속에 그릴 수 있게 된다. 따라서 나는 구체적인 목차를 선호한다. 목차에 나온 챕터 제목이 너무 추상적인 경우가 더러 있는데 이런 책은 아무래도 손이 잘 가지 않는다.

쓰고 적고 붙이기

나는 속독을 할 때 중요 부분에 밑줄을 긋거나 여백에 내 생각을 적는다. 그리고 포스트잇을 붙이기도 한다. 그래야 나중에 내용을 다시 확인해야 할 때 그 부분만 확인할 수 있기 때문이다. 앞에서 나는 속독을 중요하게 생각한다고 밝혔지만 정독 역시 중요하다. 나는 독서용 노트를 따로 장만해 정독을 할 때 중요 부분을 요약하고 내 말로 바꿔서 적어 놓는다. 그러면 나중에 이 노트만 읽어도 내용이 기억난다.

1부. 혁신 전략

좋은 기업을 넘어 위대한 기업으로

좋은 기업은 많지만, 위대한 기업은 많지 않다!

짐 콜린스 지음, 이무열 옮김, 김영사, 2002년
Good to Great: Why Some Companies Make the Leap and Others Don't,
James C. Collins, HarperCollins US, 2001

◆ ◆ ◆

우리들은 회사에서 일하고 생계를 유지하고 있다. 어떤 면에서 보면 직장 생활이 삶 자체일 수도 있다. 그럼 기업은 어떠해야 하는가? 이 책은 기업의 목표 지점을 정해준다. 어떤 기업이 영속할 수 있는 위대한 기업이 되는지 알려준다. 한국에도 이런 위대한 기업이 많이 등장하길 기원하며 이 책을 추천한다.

위대한 기업(Great Company)은 어떤 기업일까? 위대한 기업을 가능케 하는 요인은 무엇일까? 이 책은 짐 골린스가 지은 『성공하는 기업들의 8가지 습관』의 속편이라고 할 수 있다. 이 책은 좋은(good) 것에서 위대한(great) 것으로 도약하는 원리에 관한 책이다. 위대한 기업의 조건은 무척 까다롭다. 겨우 10개 기업만이 선정되었으니 말이다. 15년 이상 일정 수준 이상으로 이익을 내고 성장해야 하고, 주가 총액의 증가도 이루어져야 한다. 그것도 업계 전체의 성장과는 관계 없이 말이다. 그런 기업만이 선정 후보가 될 수 있다. 이 책에서는 이 같은 기준을 통과한 위대한 기업으로 킴벌리 클라크, 애벗, 필립모리스, 서킷 시티 등을 선정했다.

그러나 이 기업들은 우리가 막연히 생각했던 이상적인 기업과는 거리가 멀게 느껴진다. 카리스마적인 리더가 있는 것도 아니고, 선정적인 슬로건이나 그럴듯한 구호가 있는 것도 아니다. 하지만 본질적인 문제에서 그리고 밖에서는 보이지 않지만 정말 중요한 문제에 집중했던 기업들이다.

첫째, 이들은 5단계의 리더십을 갖고 있다. 이것은 개인적 겸양과 의지를 융합하여 지속적인 성과를 내는 과정이라 할 수 있다. 위대한 기업에서는 카리스마 강한 리더를 찾아보기 어렵다. 오히려 수줍어하고 나서길 싫어하는 조용한 리더들이 더 많이 보인다. 이 단계의 리더는 여러 가지 모습을 가지고 있다. 겸손하면서도 의지가 굳고 변변찮아 보이지만 두려움이 없어 보인다. 일이 잘 풀릴 때는 창문 밖을 내다보며 다른 요인으로 이를 설명하고 다른 요인이 없을 때는 행운의 탓으로 돌린다. 일이 어려울 때는 안에서 이유를 찾는다. 자신에게 책임을 돌리지 운을 탓하지도 않는다.

킴벌리 클라크의 다윈 스미스 사장은 암을 앓고 나서 완전히 다른 사람이 되었다. 시련이 그에게 겸손을 가르쳐 준 것이다. 그는 겸손하게 다음과 같이 말했다. "나는 직무에 적합한 사람이 되기 위해 끊임없이 노력했습니다."

둘째, 위대한 기업은 사람을 먼저 생각하고 다음에 할 일을 정했다. 사람이 가장 중요한 자산이냐는 질문에 위대한 기업 중 하나인 뉴커의 임원은 이렇게 말했다. "사람이 가장 중요한 자산은 아닙니다. 적합한 사람만이 가장 중요한 자산입니다. 적합하지 않은 사람은 가장 큰 부채이지요. 출신 학교, 기술, 전문 지식, 작업 경험보다 품성이 더 중요합니다. 다른 것은 가르칠 수 있지만 성격, 노동 윤리, 헌신적인 책임 완수, 가치관 같은 것은 타고 난다고 봐야 합니다."

적합한 사람은 일을 하면서 쉽게 변화에 적응할 수가 있다. 그렇기 때문에 변화의 필요성과 각자의 일에 대해 굳이 목청을 높일 필요가 없다. 적합한 사람들을 버스에 태우기만 하면 된다. 사람들에게 어떻게 동기 부여할 것인지 그들을 어떻게 관리할지 하는 문제도 사라진다. 하지만 부적합한 사람들은 방향의 옳고 그름은 안중에 없고, 언제나 반대만 일삼는다. 그래서 비전보다 사람이 중요하다. 버스를 타고 어디로 갈 것인지 생각하기에 앞서 적합한 사람들을 먼저 버스에 태우는 것이 중요하다. '누구'라는 문제가 '무엇'이라는 문제보다 앞서는 이슈가 되어야 한다.

셋째, 위대한 기업은 냉혹한 현실을 직시한다. 강력한 카리스마는 기업의 부채가 될 수 있다. 카리스마 때문에 냉혹한 현실을 걸러서 얘기할 가능성이 높기 때문이다. 오히려 부정적인 정보가 생생하게 전달될 수 있도록 해야 한다. 그러기 위해서는 진실이 오가는 분위기를 만들어야 한다. 자신의 부족함을 인정하고 겸손한 마음으로 질문을 던지고 대화에 참여하여 토론을 해야 한다. 위대한 회사는 시끄러운 논쟁, 열띤 토론, 유익한 논쟁이 특징이다. 사실을 사실대로 본다는 것은 정말 힘들다. 사람은 자신에게 유리한 정보만 보려 하기 때문이다.

넷째, 위대한 기업은 허세를 부리지 않는다. 엉뚱한 목표나 비전을 세우지도 않는다. 그런 허세는 구성원들의 냉소를 사기 때문이다. 무엇을 목표로 하는가보다 어떻게 목표를 선정하는가를 더 중요하게 생각한다. 열정을 갖고 있는 분야, 돈이 되는 분야, 최고가 될 수 있는 분야의 공통분모에서 목표를 정해야 한다. 한마디로 최고가 될 수 있는 분야와 최고가 될 수 없는 분야를 잘 알고 있어야 한다. 이것은 목표의 문제가 아니라 이해의 문제라 할 수 있다. 위대한 기업은 이같은 이해를 바탕으로 목표와 전략을 세운 후 그것에 미련하리만큼 집착을 한다.

위대한 기업은 하루아침에 만들어지지 않는다. 극적으로 보이는 전환도 알고 보면 끊임없는 노력의 결과가 겉으로 드러난 것에 불과하다. 그들에게 기적의 순간이란 없다. 최고의 결과를 위해 해야 할 일이 무엇인가를 생각한 다음, 플라이휠(flywheel)을 돌리듯 한 바퀴 한 바퀴 돌려 나가는 과정일 뿐이다. 오랜 기간 동안 일관되게 플라이휠을 한 방향으로 돌리다 보니 어느 시점에 돌파 점을 통과한 것뿐이다. 하룻밤 새에 일어나는 것은 없다. 서서히 자라나다 어느 순간에 확 퍼져서 실현되는 것이다. 결과적으로는 극적인 변화라고도 할 수 있겠지만 그것은 진화에 가까운 사건이다. 누구나 위대한 기업을 운영하고 싶고, 그런 기업에서 근무하고 싶어 한다. 이 책은 그런 이들에게 새로운 빛을 던져주는 책이다.

그리고 마지막으로 이 얘기를 덧붙이고 싶다. 이 책과 이 책의 전신 격인 『성공하는 기업들의 8가지 습관』이 항상 받는 비판이 있다. 그것은 책에서 언급한 기업들이 지금도 위대한 기업이냐 하는 것이다. 사실 위대함을 잃어버리고 어려움을 겪고 있는 기업도 있다. 그만큼 위대한 기업이 되는 것도 그리고 그것을 유지하는 것도 쉽지 않다. 우리는 이 책을 통해서 위대한 기업이 되기 위한 조건을 확인했다고 생각해야 한다. 영원불변하는 기업을 확인한 것은 아님을 기억해야 한다.

(서평 : 한근태)

훔치고 싶은 문장
사람이 가장 중요한 자산은 아니다. 적합한 사람만이 가장 중요한 자산이다. 적합하지 않은 사람은 가장 큰 부채이다.

함께 읽으면 좋은 책
『초우량 기업의 조건』 톰 피터스/로버트 워터맨 지음, 이동현 옮김, 더난출판사, 2005년
『위대한 기업에 투자하라』 필립 피셔 지음, 박정태 옮김, 굿모닝북스, 2005년

| 2 |

디테일의 힘

작지만 강력한

왕중추 지음, 허유영 옮김, 올림, 2020년(개정판)
細節決定成敗, 汪中求·, 新華出版社, 2004

◆ ◆ ◆

하나를 보면 열을 알 수 있다. 잘 되는 회사는 뭔가 특별한 한 가지를 잘하는 것이 아니라 여러 가지를 조금씩 잘하고 특히 디테일에 강하다. 개인도 그렇다. 하지만 대부분 사람들은 반대로 생각한다. 이 책은 그런 디테일의 중요성을 알려준다.

면접 장소에 종이 뭉치 하나가 떨어졌다. 아무도 이를 줍지 않았는데 한 사람만이 이를 발견하고 주웠다. 면접관이 종이를 펼쳐보라고 얘기했고 종이에는 이렇게 쓰여 있었다. "우리 회사에 입사한 것을 환영합니다." 몇 년 후 종이 뭉치를 주웠던 지원자는 사장이 되었다.

1961년 4월 12일, 구소련의 우주 비행사 가가린은 4.75톤의 보스토크 1호를 타고 89분간 우주를 비행하여 세계 최초의 우주 비행사가 되었다. 당시 그는 19명의 지원자와 경합을 벌였는데 그가 선발된 요인이 무엇인지 아는가? 다른 사람들은 모두 신발을 신은 채 우주선에 올랐는데, 그는 신발을 벗고 우주선에 올랐기 때문이다. 이처럼 별것 아닌 것 같은 세심함이 개인과 조직의 성패를 좌우한다.

우리는 늘 2%가 부족해 일을 그르친다. 크게 일을 잘 벌이기는 하지만 마무리가 약하고, 사소한 것 때문에 성과를 내지 못하는 경우가 있다. 그런 면에서 중국의 공산주의 혁명을 성공시킨 저우언라이는 아주 세심한 사람이다. 그는 언제나 비서와 수행원들에게 세부적인 일까지 최대한 신경을 쓰도록 했다. 그가 가장 싫어한 말은 '대충, 아마, 그럴 수도 있다'는 말이었다. 그는 외국 손님과의 만찬을 앞두고서는 늘 주방을 찾아 국수 한 그릇을 말아 달라고 부탁했다. "귀한 손님을 불러놓고 내가 배가 고프면 어떡하나? 먹는 데만 급급할 것 아닌가." 그는 이런 세심함 때문에 미중 국교 정상화 같은 큰 일을 해낼 수 있었다.

사업도 대범함만으로는 안 된다. 세심함이 필수 조건이다. 대만 제일의 갑부 왕융칭 포모사 회장도 그랬다. 그는 쌀가게로 사업을 시작했다. 위치도 안 좋았고 경쟁도 심했다. 당시에는 쌀을 도정하는 기술이 좋지 않아 쌀에 돌이 많이 섞여 있었는데 그는 두 동생을 동원해 이물질을 일일이 골라낸 후에 쌀을 팔았다. 또 노인들이 주로 쌀을 사러 오는데 이들이 쌀을 운반하는 것에 어려움을 느끼고 있다는 것을 알고 배달을 하기 시작했다. 좋은 쌀을 편하게 살 수 있으니 당연히 가게는 손님으로 북적이기 시작했다. 그는 또한 배달 과정을 활용해 손님을 파악했다. 그 집의 쌀독 크기는 어떤지, 식구는 몇 명인지, 식사량은 어느 정도인지, 언제쯤 쌀이 떨어질 것인지. 그리고 그때가 되면 미리 알아서 배달을 했다. 사업이 크게 확장된 후에도 그의 세심함은 지속되었다. "나는 거시적인 부분에도 관심을 가지지만 세부적인 관리에 더 심혈을 기울입니다. 세부적인 것을 연구하고 개선해 두 명이 하던 일을 한 명이 하게 되면 생산력은 두 배로 늘어나는 셈이고, 한 사람이 두 대의 기계를 돌리면 생산력은 네 배가 되는 것 아니겠습니까?"

요리 대국 중국에서 토종 기업 룽화지가 KFC에 밀린 이유도 디테일에서 졌기 때문이다. 룽화지는 'KFC가 가는 곳이면 룽화지도 간다'는 캐치프레이즈를 내걸었다. 처음에는 제법 선전을 했는데 어느 순간 무너지기 시작해 사업 6년 만에 종지부를 찍었다. 이유가 무엇이었을까? 룽화지를 만든 신야 그룹의 분석 결과는 다음과 같았다.

"경쟁에서 제품은 전제 조건일 뿐이다. 실제는 관리 기술에서 승패가 결정된다. KFC의 경쟁력은 제품을 둘러싼 엄격한 관리 제도에 있다. CHAMPS라는 1등 전략은 Cleanliness, Hospitality, Accuracy, Maintenance, Product quality, Speed인데 매우 상세하고 구체적이며 세계 어느 매장에서나 동일하게 적용되고 있다. 원료 입고, 제품 생산, 서비스에 이르는 모든 과정에서 엄격한 품질 기준을 적용한다. 양념의 배합 비율, 야채와 육류의 써는 순서와 크기, 조리 시간, 청소 순서와 과정을 일일이 규범화하고 계량화했다. 닭도 부화된 지 7주된 것만을 사용한다. 고객의 주문과 교환, 결제, 고객 배웅, 돌발 상황이 발생했을 때의 대처 요령까지 모든 것을 표준화하여 교육을 실시했다. 하지만 우리는 이처럼 하지 못했다. 위생 상태와 서비스의 질도 떨어졌다. 고객이 보는 앞에서 파리채로 파리를 잡고, 볶음밥과 프라이드치킨도 뚜껑을 덮지 않은 채 진열대에 놓고 팔았다. 우리는 관리에서 그들에게 진 것이다."

디테일의 중요성은 아무리 강조해도 지나치지가 않다. 노자도 비슷한 말을 했다. "큰 나라를 다스리는 것은 작은 물고기를 요리하듯 해야 한다. 양념과 불의 세기가 적당해야 한다. 초조한 마음에 물고기를 자주 뒤집으면 살이 모두 부서지고 만다. 세심함과 신중함이 필수적이다."

20세기 최고의 건축가로 손꼽히는 독일의 미스반 데어 로에도 비슷한 말을 했다. "신은 언제나 디테일 속에 있다. 아무리 거대한 규모의 설계라도 디테일한 부분이 잘못되면 좋은 작품이 될 수 없다." 원자바오 총리도 비슷한 말을 했다. "중국에는 13억의 인구가 있습니다. 아무리 작은 문제라도 13억을 곱하면 아주 커다란 문제가 됩니다."

그동안 우리는 너무 대범했다. 큰일에만 관심을 갖고 작은 일에는 소홀하게 임했다. 지금 우리에게 부족한 것은 웅대한 뜻을 품은 지략가가 아니라 꼼꼼한 관리자이다. 또 이를 엄격하게 실천하는 실행력이다.

(서평 : 한근태)

훔치고 싶은 문장

작은 일에 최선을 다해야 큰일을 할 수 있다.

함께 읽으면 좋은 책

『디테일 경영자만이 살아남는다』왕중추/우훙바오/류싱왕 지음, 허정희 옮김, 다산북스, 2011년

『퍼펙트 워크』왕중추/주신위에 지음, 이지은 옮김, 다산북스, 2014년

3

깨진 유리창 법칙

사소하지만 치명적인 비즈니스 허점

마이클 레빈 지음, 김민주/이영숙 옮김, 흐름출판, 2019년(100쇄 기념 에디션)
Broken Widows, Broken Business: How the Smallest Remedies Reap the Biggest Rewards,
Michael Levine, Grand Central Publishing, 2006

◆ ◆ ◆

잘 되는 회사는 끝내주는 한 가지를 잘한다기 보다는 여러 조그만 것들을 잘하는 회사다. 반대로 안 되는 회사는 뭔가 결정적인 실수 하나 때문이 아니라 작은 허점들이 쌓여 실패를 하는 회사다. 이 책의 부제처럼 '사소하지만 치명적인 비즈니스의 허점'을 얼마나 조기에 찾고 해결하느냐에 따라 기업 생존은 달라진다. 이 책은 그런 점을 법칙처럼 알려주는 책이다.

1990년대 초까지 뉴욕은 하염없이 추락하고 있었다. 그래서 뉴욕을 썩어가는 사과로 묘사하기노 했다. 1994년 시장이 된 루돌프 줄리아니는 이를 획기적으로 개선하기로 결심한다. 그래서 제일 먼저 지하철의 낙서와 타임스스퀘어의 성매매를 근절시키겠다고 선언했다. 강력 범죄가 아닌 사소해 보이는 범죄에 강력 대응을 하겠다는 선포였다. 과연 결과는 어땠을까? 연간 2,200건에 달하던 살인 사건은 1,000건 정도로 감소했고 시민들은 점차 뉴욕을 살 만한 곳으로 생각하기 시작했다. 사소해 보인다고 생각한 일이 결코 사소하지 않은 결과를 낳은 것이다. 만약 작은 범죄들을 그대로 내버려 두었다면 사람들은 점점 더 큰 잘못을 저질렀을 것이다. 이 책의 제목이기도 한 '깨진 유리창 법칙'은 바로 이런 이야기를 다루고 있다.

범죄학자 제임스 윌슨과 조지 켈링은 1982년 3월 월간지 《애틀랜틱》에 '깨진 유리창'이란 제목의 글을 발표했다. "깨진 유리창처럼 사소한 것들이 사람들에게 중요한 메시지를 전달한다"는 글이었다. 이는 길거리에 깨진 유리창을 방치하게 되면 사람들은 절도나 폭력 등과 같은 다른 범죄에 대한 대비 역시 미비할 것으로 생각하고 마음대로 행동한다는 주장이었다. 처음에는 한두 사람이 쓰레기를 버리지만 이를 방치하면 주변이 온통 쓰레기장이 되는 것처럼, 아무 데서나 휴지나 담배꽁초를 버리는 것이 일상이 된 사람들은 공공성을 해치는 더 나쁜 행동도 거리낌 없이 한다는 것이었다.

사소하게 깨진 유리창 하나가 사업을 위험에 몰아넣었던 사례를 하나씩 살펴보자. 100 - 1 = 99가 아니라 바로 제로가 된 사례가 있다. 1994년 미국의 K마트 매장 수는 2,323개에 달했다. 하지만 2002년 창립 40주년을 맞은 K마트가 법정 관리를 요청하며 푸에르토리코에 있는 50개의 매장 폐쇄를 결정했을 때 모든 미국인들은 충격에 빠졌다. 하지만 전문가들은 이렇게 분석했다. "K마트의 몰락은 고객 서비스 부재와 방만한 경영 때문이다. 광고와 매장 수리 비용의 10분의 1만이라도 직원 교육에 투자했다면 월마트와 같은 고공 행진을 거듭할 수 있었을 것이다." 즉, 성의 없는 고객 서비스, 불성실한 최저 가격 보장제, 이름뿐인 고객 중심 정책 같은 깨진 유리창을 방치했기 때문에 K마트가 무너졌다고 전문가들은 분석했다.

대응 미숙도 깨진 유리창이 될 수 있다. 1991년 생수 업계 1위인 페리에는 자신의 생수에 벤젠이 함유되었다는 보도에 갈팡질팡 대응을 했다. 그때까지 페리에는 천연 발포성(탄산) 생수를 깊은 지하에서 채취한다고 광고를 했다. 하지만 해명 과정에서 실제 생수에 발포 성분을 첨가하는 과정이 있다는 사실을 명확하게 밝히질 못했다. 나중에 이 사실이 알려지면서 미국 수입 생수 시장에서 1위를 차지하고 있던 페리에는 에비앙에게 1위 자리를 내주게 되었고, 결국 네슬레에 합병되는 운명을 맞게 된다. 사소해 보이는 실수 하나가 회사의 운명을 바꾼 것이라 할 수 있다.

디즈니랜드의 가장 큰 깨진 유리창은 놀이 기구를 타기 위해 한없이 기다려야 한다는 점이었다. 하지만 해결책은 간단했다. 방문객들이 자리를 예약할 수 있도록 패스트 패스 제도를 도입했다. 기계에 입장권을 넣으면 예약 시간이 찍혀 나오고 고객들은 다른 놀이기구를 먼저 즐긴 후 다시 돌아와 줄을 서지 않고 예약된 놀이기구를 탔다.

기업 경영에서 가장 심각히 깨진 유리창이라고 할 수 있는 것은 바로 무능하고 불친절한 직원이다. 3만 7천 명이 일하는 로스앤젤레스 정부는 2003년에서 2004년까지 15개월 동안 부정직한 업무의 이유로 단 6명을 해고했고, 무능력한 교사들은 단 한 명의 해고도 없이 다른 수업이나 학교로 재배치했다. 결과적으로 공교육이 무너지는 상황을 맞게 되었다. 잭 웰치는 이 같은 대응을 잘못된 친절이라고 명명했다. "많은 기업들은 직원을 지나치게 떠받들고 있다. 개인이 기업보다 중요시될 때 개인은 깨진 유리창이 되기 쉽다. 직원이 제대로 일을 하지 못할 때 당신은 어떻게 하겠는가? '당신의 문제를 이해한다. 내가 도울 수 있는 건 무엇이든 해주겠다. 그러나 당신이 업무 태도를 개선시키지 않는다면 해고할 수밖에 없다.' 이 같은 사실을 명확히 말해야 한다. 그렇지 않으면 직원들은 나태하게 일해도 괜찮다고 생각을 한다."

깨진 유리창을 고치기 위해서는 강박증이 필요하다. 개인에게 강박증은 병이지만 비즈니스에서는 반드시 필요한 습관이다. 깨진 유리창을 보고서도 아무런 조치 없이 느긋하게 보고만 있어서는 안 된다. 보는 즉시, 시정할 수 있어야 한다.

양키즈의 오너 조지 스타인브레너 3세는 인기 있는 구단주가 아니었다. 끊임없이 잔소리를 늘어놓는 사람이었다. 주차 요원부터 연봉 250억을 받는 선수까지, 끊임없이 여러 가지를 요구하고 시정하기를 바랐다. "수염을 기르지 말라" "대중 앞에 나설 때는 항상 정장을 입어라"가 대표적인 규칙이었다. 사소한 규칙이지만 그것이 양키즈에 대한 영향을 주고 결국 기업의 수익을 결정한다고 생각했다.

이병철 회장은 공장을 방문할 때 화장실 청결 상태, 공장 앞 나무의 건강 상태, 기숙사 상태 등을 보았다고 한다. 사소해 보이지만 직원에 대한 생각, 조직의 현재 상태 등을 알 수 있는 바로미터가 되기 때문이었다.

여러분 조직의 깨진 유리창은 무엇인가? 그리고 그것을 어떻게 처리하고 있는가? 이 책을 통해 새롭게 인식하길 바란다.

(서평 : 한근태)

훔치고 싶은 문장

많은 기업들은 직원을 지나치게 떠받들고 있다. 개인이 기업보다 중요시될 때 개인은 깨진 유리창이 되기 쉽다.

함께 읽으면 좋은 책

『300 : 29 : 1 하인리히 법칙』 김민주 지음, 미래의창, 2014년
『핑크 펭귄』 빌 비숍 지음, 안진환 옮김, 스노우폭스북스, 2017년

4

히든 챔피언

세계 시장을 제패한 숨은 1등 기업의 비밀

헤르만 지몬 지음, 이미옥 옮김, 흐름출판, 2008년(특별보급판)
Hidden Champions of the 21st century, Hermann Simon, Springer, 2007

◆ ◆ ◆

한동안 우리나라 산업 및 수출 정책에서 '히든 챔피언'이라는 말이 난
무했던 적이 있다. 바로 이 책에서 시작되었다. 여전히 많은 제조업
창업자들이 히든 챔피언이 되기를 희망하고 있다. 독일이 굴곡 많은
경제 상황에서도 잘 버티고 있는 이유는 바로 히든 챔피언이 많기 때
문이다. 한국의 기업 및 산업 정책의 희망 역시 바로 히든 챔피언에 있
다고 할 수 있다.

히든 챔피언은 성공적이지만 대중적으로는 비교적 덜 알려진 강소
기업을 말한다. 독일의 교수이자 경영 컨설턴트인 헤르만 지몬이 처
음 이 용어를 고안했다.

그가 말하는 21세기의 히든 챔피언은 전 세계 시장을 지배하면서
눈에 띄게 규모가 성장하고, 생존 능력이 탁월하면서도 진정한 의미

에서 다국적 기업과 경쟁하며, 성공을 거두고 있지만 결코 기적을 이뤘다고 말할 순 없는 기업들을 말한다. 이들은 대중과 언론, 학계에서는 잘 알려지지 않았지만 그렇다고 해서 업계에서 전혀 모르는 기업은 아니다. 히든 챔피언은 남들에게 자신을 알리려고 노력하는 대신 자신의 일에 더 집중하고 노력하는 기업들을 말한다.

"짐 콜린스는 '쇼하는 말'과 '쟁기를 끄는 경작용 말'에 대해 언급한 적이 있다. 쇼를 하는 말이 관객의 시선을 무엇보다 중시하는 반면에 경작용 말은 외부에 자신을 알리는 시간과 정력을 가급적 줄이고 자신의 원래 과제인 일에만 집중한다. 히든 챔피언들은 경작용 말에 더 가깝다. 물론 공공연히 나서지 않는다고 해서 히든 챔피언들이 직접적인 고객들에게조차도 알려져 있지 않다는 뜻은 아니다. 오히려 정반대다. 시장을 선도하는 이런 기업들은 대부분 업계에서 막강한 브랜드 독점권을 갖고 있다."

서평을 쓰기 위해 이 책을 다시 읽으면서 가장 눈에 들어오는 단어는 시장 지배력이었다. 처음 읽을 때에는 '히든 챔피언' 제목 자체에 끌리면서 남들 모르는 시장에서 나 홀로 조용히 성공을 거두는 기업이라는 관점에서 책을 읽었는데, 다시 읽는 과정에서는 '틈새시장에서 남들이 범접하지 못하는 확실한 시장 지배력'이 더 크게 와닿았다. 이들 히든 챔피언이 차지한 시장 지배력은 마진을 거의 남기지 않는 저가형 시장 지배력을 말하는 게 아니다. 오히려 고객에게 높은 효용을 제공함으로써 가격과 마진을 보존하고, 심지어는 마진을 올리면서도 확보할 수 있는 시장 지배력을 말한다.

이들이 달성한 시장 지배력은 시장 점유율만 늘리면 되는 게 아니라 좀 더 폭넓은 요소를 통해 얻어진다. 무엇보다 혁신, 품질, 신망과 같은 것들이 함께 어우러져야 한다. 이 말은 경쟁자들이 감히 따라오지 못할 우월한 성과를 통해서 자연스럽게 획득되는 것이지, 공격적인 가격 정책을 통해서 얻어지는 것이 아니라는 뜻이다. 그래서 히든 챔피언들에게 중요한 것은 낮은 가격이 아니라 고객에게 얼마나 유용한가이다. 즉, 그들의 파워는 탁월한 성능 때문이지 낮은 가격 때문은 아니라는 뜻이다.

히든 챔피언은 어떻게 시장 지배력을 갖게 되었을까? 전통적인 히든 챔피언들은 제품 하나에 시장도 하나인 기업들이다. 그들은 시장을 매우 좁게 정의한다. 그들이 정의하는 시장은 외부에서 또는 학계나 마케팅 업계에서 정해준 시장의 범위를 따르지 않고 자신들의 전략에 따라 시장의 범위를 정하고 또 언제든지 바꿀 수 있는 변수로 이해한다. 예를 들면 자동차 롤스로이즈의 가장 싼 모델인 팬텀이 2006년 기준으로 가격이 32만 3,700유로(약 4.9억)이다. 전체 자동차 시장을 두고 본다면 롤스로이스의 시장 점유율은 0.0001%에 불과하다. 이런 경우 시장 전략이란 게 따로 필요 없을 정도다. 왜냐하면 롤스로이스는 폭스바겐이나 현대자동차, 토요타 등과는 경쟁을 하지 않기 때문이다. '돈 많고, 잘 놀고, 세련된 이들'을 타깃으로 '이들이 타기에 부족함이 없는' 차를 만드는 게 롤스로이스 전략이다. 롤스로이스에게는 시장을 정하는 것 자체가 전략인 셈이다.

히든 챔피언들은 그러면서도 자신의 시장에 집중하고, 또 집중된 시장이 포화되었을 때 유연성 있게 다각화를 꾀한다. 당연히 마구잡이 다각화는 아니다. 히든 챔피언의 제품 전략을 보면 폭이 아니라 깊이 있는 제품이 주류를 이룬다. 이는 시장을 좁게 정의하던 습관과 연관되어 있기 때문이다.

히든 챔피언의 시장 전략 중 또 다른 하나는 지역적 확장이다. 기존 시장이 포화되었을 때 히든 챔피언은 새로운 산업 분야로 확대하는 것이 아니라 자신이 지배하고 있는 시장의 지역을 넓히고자 한다. 그래서 세계화는 히든 챔피언들이 매우 중요하게 생각하는 전략 중 하나다. 알다시피 세계화는 좁은 시장을 넓게 만든다. 좁은 타깃을 대상으로 하고 있지만 커버되는 범위를 세계로 넓히게 되면 일정 이상이 되는 규모의 경제를 실현시켜 준다.

히든 챔피언을 읽으면서 또 하나 인상적으로 다가왔던 점은 이들 기업이 아웃소싱을 하지 않는다는 점이었다. 스위스의 시계 회사인 스와치를 만든 니콜라스 하이에크는 시장 하위에 있는 저가 부문을 저임금 국가의 경쟁사들에게 양도하지 말라고 경고했다. 프리미엄 부문에 있으면서도 가장 효과적으로 경쟁사를 만들지 않는 방어 전략은 바로 하위의 저가 부문과도 경쟁을 하는 것이라 할 수 있다. 그래서 점점 더 많은 히든 챔피언들이 이 전략을 따르고 있다.

감시기 기술로 시장 지배력을 지닌 회사 중 하나인 시크는 과도하게 높은 수준의 품질을 만들기 위한 노력을 하지 않는 것으로 회사 운영 목표로 삼았다. 그렇게 하기 위해 직원들은 일반 상품 부문에서는 동일한 성능을 가진 다른 제품보다 25% 낮은 원가로 생산하고,

프리미엄 부문에 있어서는 같은 가격대비 25% 더 높은 성능을 내려고 노력했다.

똑같은 라면을 끓이더라도 좀 더 쫄깃한 면발을 만들어내는 사람이 있다. 조리 시간, 물의 온도 그리고 몇 가지 기술을 가지고서 라면의 쫄깃함을 남다르게 만드는 사람이다. 이 책을 읽으면서 같은 라면, 같은 물, 같은 재료를 쓰면서도 남들보다 더 맛있는 라면을 선사하는 멋진 요리사가 히든 챔피언이라는 생각을 해봤다.

2017년 독일 프랑크푸르트에서 개최한 제3차 히든 챔피언 행사 내용을 정리한 KOTRA 자료에 따르면 전 세계엔 총 2,734개의 히든 챔피언이 있다고 한다. 이 중 48%에 해당하는 1,307개 기업이 독일 기업이다. 이어 미국이 366개, 일본이 220개, 스위스가 131개로 뒤를 이었다. 한국은 23개에 불과하다. 우리나라에서도 더 많은 히든 챔피언이 나타나길 기대해 본다.

(서평 : 홍재화)

훔치고 싶은 문장
과도하게 높은 수준의 품질을 만들기 위해 노력하지 않는 것을 목표로 삼았다.

함께 읽으면 좋은 책
『세계 장수 기업, 세기를 뛰어넘은 성공』윌리엄 오하라 지음, 주덕영 옮김, 예지, 2007년
『헤르만 지몬』헤르만 지몬 지음, 김하락 옮김, 쌤앤파커스, 2019년

5

디퍼런트

넘버원을 넘어 온리원으로

문영미 지음, 박세연 옮김, 살림Biz, 2011년
Different: Escaping the Competitive Herd, Youngme Moon,
Crown Publishing Group, 2010

◆ ◆ ◆

우리는 요즘 브랜드 홍수 속에서 살고 있다. 비슷비슷한 브랜드들이 넘쳐나는 시장 환경에서 비주류로 저항하는 브랜드가 바로 아이디어 브랜드다. 아이디어 브랜드는 피비린내 나는 경쟁에 참여하지 않는 창조적 브랜드다. 저자는 이를 위해 역 브랜드, 일탈 브랜드, 적대 브랜드 세 가지 브랜드 전략을 제시한다.

"모두들 발전을 위해 열심히 달려가지만, 마지막에 도달하는 곳은 공동 묘지뿐이다."

진화의 역설이다. 모든 기업들이 경쟁사보다 더 차별화된 신제품을 개발하려고 애를 쓰지만, 조금만 시간이 지나도 다른 기업들이 금방 모방해버리거나 서로 비슷해져 버려 우리 회사의 상품은 어느새 평범한 상품으로 전락하고 만다. 경쟁을 통한 차별화는 말뿐으로만 남는다.

기업이 자사 제품을 진화시키기 위해 제품 확장을 하는 방법에는 두 가지가 있다. 첫 번째는 기존 제품에 기능을 추가하여 소비자에게 더 많은 가치를 제안하는 추가적 확장이다. 치약 제품에 상쾌한 향기, 치석 제거, 미백 효과를 추가하는 경우가 바로 그런 경우다. 두 번째는 소비자의 새로운 욕구를 충족시키기 위해 특화된 제품을 출시하는 증식적 확장이 있다. 콜라 회사가 기존 코크 외에 연달아 출시하는 다이어트, 체리, 레몬, 무카페인 코크가 이에 해당된다.

하지만 둘 중에 어떤 확장이든 경쟁 상황만 악화될 뿐 시간이 지나면 결국 마찬가지가 된다. 오히려 수익구조만 악화된다. 이런 진화의 역설에 빠지지 않으려면 기업은 구태의연한 시장 조사를 기반으로 상품을 개발하지 말고 불확실하더라도 창조적인 방식으로 브랜드를 만들어야 한다. 집을 약간 수리하는 것이 아니라, 집을 아예 허물고 새로 지어야 한다. 이렇게 만든 브랜드를 아이디어 브랜드라고 부른다.

이 책에서는 세 가지 브랜드 전략을 제시한다. 맨 먼저, 역 브랜드(Reverse-positioned Brand)는 다른 기업들이 '예'라고 할 때 '아니오'를 외치는 전략이다. 그것도 구차한 변명 없이 너무나도 당당하게! 야후가 웹사이트의 첫 페이지를 뉴스, 주식, 스포츠 기사로 범위를 자꾸 넓혀 갈 때 경쟁사들은 모두 야후와 비슷한 행보를 보였다. 하지만 구글은 로고와 검색창을 빼고 백지에 가까운 첫 페이지를 선보여 진짜 차별화를 해냈다. 미국 대형 항공사들이 모두 무료 기내식, 비즈니스 클래스, 왕복 티켓 할인 서비스를 앞다투어 제공할 때 2000년에 등장한 젯 블루 항공은 이런 서비스를 모두 없애고 전 좌석 최고급 가죽 시트, 개인용 LCD, 위성 TV 시스템 서비스를 파격적으로 제공했다. 이처럼 역 브랜드는 기존 가치들을 없애 버리면서 동시에 새로운 가치를 만들어 내는 방식이다. 역 브랜드는 시장으로부터 균형을 맞추라는 압박을 받지만 이를 과감히 무시하고 한쪽으로 치우쳐 자신만의 개성을 살려 사업 성공을 이끌어 낸다.

두 번째, 일탈 브랜드(Breakaway Brand) 전략은 기존의 카테고리 안에 새로운 하위 카테고리를 만들어서 확실한 존재감을 고객에게 각인시키는 전략이다. 스와치는 스위스 시계라는 기존의 카테고리 안에 '시계-패션'이라는 하위 카테고리를 만드는 데 성공했다. 킴벌리는 풀업스를 개발하여 20개월 이후의 아기들을 겨냥한 팬티형 기저귀라는 새로운 카테고리를 창조했다. 소니는 아이보를 개발하여 가정용 로봇 카테고리가 아니라 애완견 카테고리에 넣어버렸다.

세 번째, 적대 브랜드(Hostile Brand) 전략은 꿈과 희망의 메시지를 가지고 브랜드의 긍정적인 이미지를 높이는 것이라는 마케팅의 기존 관념을 부정하는 전략이다. 적대 브랜드는 '단점은 눈 감고 장점은 과대 포장하는' 기업의 광고 전략이 진정성이 없어서 소비자의 신뢰를 떨어뜨리고 있다는 것을 잘 알고 있기 때문에 소비자에게 냉소적인 태도를 보이며 오히려 안티 마케팅을 전개한다. 카페인이 많이 함유되어 있는 레드불은 '마시는 코카인' '액체 비아그라' '황소의 고환'이라는 악소문이 돌아다녀도 오히려 즐기는 모습을 보여준다.

역 브랜드는 제품 확장을 거부하고, 일탈 브랜드는 카테고리 경계를 극한으로 밀고 나가면서 새로운 하위 카테고리를 창조하고, 적대 브랜드는 손님은 왕이라는 비즈니스 세계의 절대적 진리를 아예 무시한다. 이 세 가지 유형의 아이디어 브랜드는 오늘날 소비자들이 동일함과 평범함에 지쳐 있을 때, 신선한 가치 제안으로 인식되어 죽어 있던 소비 감성을 살려낸다.

물론 한 브랜드가 이 세 가지 중 하나에만 속하지 않고 중복되기도 한다. 애플, 할리데이비슨, 도브는 세 가지 모두에 해당되고 이케아는 적대 브랜드의 특성을 지닌 역 브랜드라고도 할 수 있다. 성공하려면 세 가지 중 하나만 충족해도 된다. 만약 세 가지 모두를 충족하게 되면 대박이 된다.

(서평 : 김민주)

훔치고 싶은 문장

모두들 발전을 위해 열심히 달려가지만, 마지막에 도달하는 곳은 공동의 파멸뿐이다.

함께 읽으면 좋은 책

『나음보다 다름』 홍성태/조수용 지음, 북스톤, 2015년

6

린스타트업

지속적 혁신을 실현하는 창업의 과학

에릭 리스 지음, 이창수/송우일 옮김, 인사이트, 2012년
The Lean Startup: How Today's Entrepreneurs Use Continuous Innovation
to Create Radically Successful Businesses, Eric Ries, Currency, 2011

◆ ◆ ◆

통계청 '기업 생멸 행정 통계'에 따르면 2017년 신생 기업의 1년 생존율은 65%, 5년 생존율은 29%다. 그리고 갈수록 생존율은 점점 낮아지고 있다. 저자인 에릭 리스 역시 몇 번의 창업과 실패의 과정을 겪으며 창업에서 실패하지 않는 방법을 고민했고 이를 책으로 정리했다. 이 책은 창업을 하고자 할 때 그리고 기존 비즈니스를 혁신하고자 할 때 실패를 줄이는 방법을 알려주는 책이다.

린 스타트업 방법론을 한마디로 표현하자면 '스타트업의 과학화' 또는 '성공적인 신규 서비스를 만들어내는 과학적 방법론'이라고 할 수 있다. 여기에서 린(Lean)은 오노 다이치와 신고 시게오가 토요타에서 개발한 린 제조 방식에서 따온 말이다. 토요타의 린 제조 방식은 개별 노동자의 지식과 창의성을 끌어내고 한 번에 생산되는 제품의 양

을 줄이는 적시(Just-in-time) 생산과 재고 관리 그리고 이러한 주기를 빨리 돌리는 것을 말한다. 이처럼 공급 체인과 생산 방식을 획기적으로 바꿔 효율성을 높인 방법을 스타트업에 적용한 것이 바로 '린 스타트업'이다.

린 스타트업의 핵심은 '만들기 - 측정 - 학습 피드백'의 순환이다. 먼저 아이디어를 도출하고, 제품을 만들고, 시장에 내놓고, 고객의 반응을 측정하고, 측정된 데이터를 분석해서 그 결과를 학습하여 다시 제품 개발에 반영한다. 이 과정을 통해 고객의 욕구를 빠르게 충족시키겠다는 것이다. 이 방법은 기존의 제품 개발 방법이나 프로세스와는 크게 다르지 않다. 다만, 제품 개발을 마친 다음에 바로 상품화하던 방법과 달리 최소 기능 제품(MVP = minimum viable product)으로 가장 먼저 시장에 선을 보인 다음, 고객 의견을 계속 반영해서 완성도를 높여간다는 점에서 기존 방법론과는 다르다고 할 수 있다.

저자는 스타트업의 진짜 목표는 고객이 원하고 돈을 낼 수 있는 진짜 서비스를 최대한 빨리 만드는 데 있다고 말한다. 내가 좋아하는 제품을 만들어 두면 고객이 찾아와서 구매해 줄 것이야, 라고 생각하는 것이 아니라 고객이 어떤 불편을 겪고 있고 그 불편을 해소하는 방법을 어떤 식으로 제공하느냐를 중요하게 본다는 것이다. 제품 개발을 본격화하기 이전에 고객에게 어떤 가치를 제안할지 그것부터 빠르게 확인해야 한다는 점을 책은 계속해서 강조하고 있다. 완성도는 낮아도 좋으니 시장 테스트를 통해 가치가 있다는 것이 증명된 다음에 본격적으로 제품 개발을 해야 한다는 것이다.

사실, 대기업은 이미 안정적인 대규모 비즈니스를 하고 있기 때문에 스타트업에서 사용하는 방법론에 대해 회의적인 시각을 가지고 있다. 하지만, 린 스타트업을 일시적으로 유행이 아니라 기존의 방법론에서 제시한 좋은 점들을 받아들여 더 좋은 방법론을 찾는 방안으로 생각한다면 기존 기업들도 충분히 관심을 가져야 할 필요가 있다. 실제로 이 책이 출간된 이후 GE에서는 린 스타트업 프로젝트를 400여 개 운영했으며 삼성전자나 LG전자, 포스코, 아모레퍼시픽, 네이버 등 국내의 유명 대기업들도 해당 방법을 도입한 프로젝트를 운영했다.

1990년대에 다양한 경영 혁신 방법으로 많은 기업들이 괄목할 만한 성과를 거두었다. 그런데 2000년대에 들어와서 시장은 정체되고 기업들의 혁신은 한계에 도달했다. 빠르게 변화하는 고객들의 욕구를 충족시키는 일이 갈수록 힘들어지는 상황에서 기존 기업들은 공룡같은 거대 조직 안에서 안주하다가 위기를 자초하기 시작했다. 이를 타개하기 위해 새로운 방법을 찾고 있을 때 린 스타트업 방법론이 등장했다. 이제 막 시작한 창업 기업이든, 중소기업이든, 대기업이든 간에 중요한 것은 시장의 변화를 읽고 불편을 겪는 고객의 욕구를 재빨리 확인하고 이를 충족시키는 가치를 제안하는 것이다. 이 같은 제안에 적합한 제품을 공급할 수 있느냐 없느냐가 비즈니스 성패를 결정짓는 핵심 요인이라는 사실을 이 책은 한 번 더 확인시켜준다.

저자는 린 스타트업에서 가장 중요한 첫 번째 질문은 '어떤 행위가 가치를 창조해 내고, 어떤 행위가 낭비를 만들어 내는지 알아내는 것'이라고 말했다. 고객들은 어떤 서비스를 정말 원하는가? 사업은 어떻게 성장할 수 있는가? 누가 고객인가? 어떤 고객의 이야기에 귀기울여야 하고, 어떤 고객의 이야기는 무시해도 되는가? 이런 질문들에 답을 할 수 있는 것이 중요하다고 했다. 이 질문들은 모든 비즈니스의 성공 가능성을 높이고 가치를 만들어내는 질문들이라 할 수 있다. 성공적인 비즈니스를 하고자 한다면 이 질문들에 대한 답을 통해 새로운 가치를 창출하는 방법을 터득해야 한다. 이 책이 그 길잡이가 돼 줄 것이다.

(서평 : 구자룡)

훔치고 싶은 문장

대부분의 경우 고객들은 자신이 무엇을 원하는지 미리 알지 못한다. 고객에게 무언가를 해보게 하고, 그들의 행동을 측정하면서 우리는 실험을 할 수 있었다.

함께 읽으면 좋은 책

『린스타트업』애시 모리아 지음, 위선주 옮김, 한빛미디어, 2012년
『밸류 프로포지션 디자인』알렉산더 오스터왈더 등 지음, 조자현 옮김, 생각정리연구소, 2018년
『기업 창업가 매뉴얼』스티브 블랭크/밥 도프 지음, 김일영 등 옮김, 에이콘출판사, 2014년

7

당신은 전략가입니까

세계 0.1%에게만 허락된 특권, 하버드경영대학원의 전설적 전략 강의

신시아 몽고메리 지음, 이현주 옮김, 리더스북, 2014년
The Strategist, Cynthia Montgomery, Harper Business, 2012

◆ ◆ ◆

하버드 경영대학원에서 최고의 전략 강의로 유명한 신시아 몽고메리 교수의 수업을 들을 수 있는 특권은 전 세계 0.1% 리더들 밖에 없다. 하지만, 이 책 덕분에 누구나 그 특권을 누릴 수 있게 되었다. 최상층부 의사 결정자들의 가장 큰 고민인 전략에 대한 어려움을 덜고자 이 책은 나왔다. 그래서 이 책은 전략(strategy)이 아니라 전략가(strategist)를 다룬다. 기업 운명에 심오한 영향을 미치는 전략가가 되고 싶은 리더들에게 이 책을 추천한다.

이 책은 하버드 경영대학원에서 글로벌 기업가들을 대상으로 수업을 진행하는 것과 같은 방식으로 구성된 책이다. 교수의 질문을 받고, 기업가는 학생 입장에서 생각하고 고민한 다음 대답을 하고, 다시 교수의 피드백을 받는 과정을 통해 진정한 전략가로 거듭나는 방식이다. 총 8강으로 구성되어 있다.

만약 '당신은 전략가입니까?'라는 질문을 받게 된다면 어떤 생각부터 들까? 과연 나는 전략가가 맞는지, 왜 전략가가 되어야 하는지, 어떻게 하면 전략가가 될 수 있는지 아마도 꼬리에 꼬리를 무는 궁금증들이 일어날 것이다. 그동안 경쟁 환경을 분석하고, 기회 요인과 위협 요인을 정리하고, 여러 사업을 이끌어 성공시킨 경험을 가지고 있음에도 불구하고 스스로를 전략가로 생각해본 적이 단 한번도 없다면 당신은 이 책의 타깃 독자라 할 수 있다.

책은 실제 하버드 경영대학원에서 했던 강의대로 맨 먼저 전략이 무엇인지 전략을 어떻게 만들고 평가하는지부터 설명한다. 그런 다음 장기적이고 지속 가능한 경쟁 우위를 달성한 전략 모델을 소개한다. 그리고 수업 참가자들이 이제껏 배워온 개념과 틀을 활용하여 자신의 기업에 적용할 전략을 발표하고 동료 참가자와 교수로부터 피드백을 받아 자신의 전략을 다듬는 과정을 보여준다.

실제 수업에 참가한 기업가들은 이 마지막 단계가 특히 많이 와닿았다고 한다. 이유는 최고경영자들은 질문을 던지고 판단을 내리는 일에만 익숙했지 질문을 받고 그동안 당연하게 생각해온 전략의 일부분을 다시 재고하라는 요청에는 익숙하지 않았기 때문이다. 그래서 이 과정을 통해 진정한 전략가로 다시 태어나는 것이 몽고메리 교수의 수업 방식이고 이 책의 순서라 할 수 있다. 즉, 전략 컨설턴트 손에 들어갔던 전략을 전략가인 최고경영자의 손으로 다시 가져오는 과정이라 할 수 있다.

독자들도 책장을 넘기면서 사례가 된 기업과 업계를 분석하고 새로운 사업에 참여할 것인지 말 것인지 마음속으로 결정해볼 수 있으며 결정에 따른 결과를 바탕으로 실패 혹은 성공의 원인을 찾아볼 수도 있다. 이 과정을 통해 의사 결정에 대처하는 전략가의 능력을 기르게 된다. 사례 연구가 단지 연구로 끝나는 게 아니라 전략가가 알아야 할 교훈으로 연결되는 방식이다.

저자는 전략가가 알아야 할 세 가지 교훈으로 다음의 것들을 얘기한다. 첫째, 자신이 속한 산업의 경쟁 요인을 파악하고 경쟁 요인에 대응하는 방법을 세운다. 둘째, 업계의 경쟁 요인을 파악했다면 그것들을 처리하는 방법을 찾는다. 강력한 포지션 확보, 부정적 경쟁 요인에 대한 반격, 시기적절한 퇴장 등 자신이 처한 상황에 맞는 알맞은 해결책을 찾는다. 셋째, 당신이 무엇을 하든 경쟁 요인의 힘을 과소평가해서는 안 된다. 따라서 앞으로 당신이 전략가로서 쓰게 될 이야기는 철저하게 당신이 속한 산업을 배경으로 해야 한다.

그리고 기업 대표들이 흔히 전략의 핵심을 경쟁 기업을 물리치는 것으로 생각하는데 전략의 핵심은 꼭 그런 것이 아니라고 저자는 말한다. "전략은 충족되지 않은 욕구를 만족시키는 것, 이해 관계자들에게 특별하게 좋은 무언가를 하는 것이다." 즉, 경쟁 기업을 물리치는 것은 그 요구를 찾아 충족시킨 결과이지 목표가 아니라는 말이다. 경쟁 기업을 무너뜨리고 이익을 추구하는 목표를 제시하는 경영자들은 결코 공감할 수 없는 문장이다. 이 책의 저자이자 세계적인 경영학자인 신시아 몽고메리 교수도 그리고 『블루오션 전략』의 김위찬 교수도 고객의 욕구를 충족시키고 가치를 창출하는 것이 전략의 핵심이고 기업의 목적이라고 했다. 전략가가 되고 싶다면 명심해야 할 내용이다.

경영 환경이 복잡해지고 경쟁이 치열해지면서 전략 수립은 갈수록 어려운 과제가 되고 있다. 경영자들이 자신들의 운명을 결정하는 전략 수립에 한계를 느낄 때 전문 컨설턴트의 도움을 요청한다. 컨설턴트가 수립해 온 전략을 보고 나서 선택 혹은 수정을 요구하는 과정을 의사 결정으로 경영자가 해야 할 일로 착각하는 경영자들이 있다. 그리고 전략가가 하는 일은 오직 '생각'이라고 믿는 사람들도 있다. 전략과 전략가는 분리되는 것이 아니다. 전략을 수립하는 전략가는 생각으로만 그치는 것이 아니라 실제 실행을 통해 성과를 만들어야 한다. 그리고 목적을 명확하게 하고 구성원들의 마음을 하나로 모으는 일을 제일 먼저 해야 한다. 그래서 전략가는 본인의 전략을 직접 실행에 옮겨 성과를 만드는 사람이다.

이 책을 읽었다면 이제 당신이 전략가라는 사실을 실행으로 입증할 차례다.

(서평 : 구자룡)

훔치고 싶은 문장
아무리 신중하게 고안해내고 아무리 잘 실행한다 해도 리더가 전략을 하나의 완성된 상품으로 생각한다면 기업에서 실행되는 전략은 대부분 실패하고 말 것이다.

함께 읽으면 좋은 책

『1등의 전략』 히라이 다카시 지음, 김혜영 옮김, 다산3.0, 2017년
『당신의 경쟁 전략은 무엇인가』 조안 마그레타 지음, 김언수 등 옮김, 진성북스, 2016년

8

제로투원

스탠퍼드 대학교 스타트업 최고 명강의

피터 틸/블레이크 매스터스 지음, 이지연 옮김, 한국경제신문, 2014년
Zero to One: Notes on Startups, or How to Build the Future,
Peter Thiel/Blake Masters, Currency, 2014

◆ ◆ ◆

페이스북의 창립 과정을 보여준 영화 《소셜 네트워크》를 보면 마크 주커버그가 첫 외부 투자가에게 회사 지분을 매각하는 장면이 나온다. 이 외부 투자가가 바로 피터 틸, 이 책의 저자다. 틸은 이때 페이스북의 지분 10.2% 보유하게 된다. 페이팔 마피아(페이팔 출신의 창업가들)인 피터 틸은 2005년 창업한 파운더스 펀드를 통해 스페이스X, 링크드인, 옐프, 에어비앤비 등 수많은 스타트업에 투자해 현재 실리콘밸리에서 가장 유명한 벤처 투자가로 활약 중이다. 이 책을 통해 그의 독특한 사업 철학과 전략을 훔쳐보자.

피터 틸이 운영하고 있는 사업 하나를 알아보자. 피터 틸은 2003년 캘리포니아 팔로알토에 팰런티어 테크놀로지를 설립한다. 팰런티어는 2005년 미 중앙정보부(CIA)를 첫 고객으로 확보한 이후 정부 첩

보 기관, 금융 기업과 일반 기업 그리고 비영리단체 등으로부터 다양한 프로젝트를 맡아 성장해 왔다. 창업 초기에는 첩보 중심의 정부기관 프로젝트가 대부분을 차지했지만, 2010년 JP 모건을 민간 고객으로 처음 확보한 이후부터는 민간 기업의 프로젝트가 전체 매출의 3/4 차지하고 있다.

팰런티어가 수행한 대표적인 프로젝트는 미국 정보기관으로부터 의뢰를 받아 진행한 오사마 빈 라덴의 은신처를 추적하는 프로젝트였다. 오사마 빈 라덴이 여러 지역을 돌며 도피 생활을 해왔는데 그와 관련된 모든 데이터를 수집해 그가 숨어 있을 가능성이 높은 곳을 지도에 확률로 표시하는 일이었다. 실제로 2011년 정보기관이 오사마 빈 라덴을 잡는 데 팰런티어의 덕을 크게 얻는다. 그 밖에 팰런티어는 금융기관 내 악덕 트레이더를 적발하는 감시 소프트웨어를 개발해 큰 수익을 얻기도 했다.

방금 예를 든 몇 가지 사례들은 그동안 세상에 존재하지 않던 사업들이라 볼 수 있다. 이처럼 피터 틸은 벤처사업가들에게 수평적 진보가 아니라 수직적 진보를 해야 할 것을 매우 강조한다. 한 대의 타자기를 보고 100개의 타자기를 만들었다면 이는 수평적 진보에 해당한다. 하지만 한 개의 타자기를 보고서 워드프로세서를 만들었다면 이는 수직적 진보라고 할 수 있다. 가피를 통한 양적 성장이 수평적 진보라면 수직적 진보는 기술적 점프를 통한 질적 발전이다. 피터 틸은 수평적 진보를 1에서 100으로 가는 것, 수직적 진보는 0에서 1로 가는 것이라고 비유했다. 이 책의 제목인 '제로 투 원'은 바로 수직적 진보를 말한다.

피터 틸은 우리나라의 글로벌화나 중국의 경제 성장 역시 수평적 진보에 지나지 않는다고 평하며 기술을 통해 수직적 진보를 추구하는 벤처가 진짜 창의적인 벤처라고 평한다. 그래서 항상 경쟁자를 의식해야 하는 기업이 되지 말고 수익성이 높은 독점 기업이 되어야 한다고 강력하게 주문한다. 그리고 독점기업의 네 가지 특징으로 독자기술, 네트워크 효과, 규모의 경제, 브랜드 전략을 든다. 그리고 독자기술이 있다면 경쟁 기업이 해당 제품을 복제하기가 어렵겠지만 독점적 우위를 확보하려면 경쟁 기술보다 10배는 더 뛰어나야 한다고 강조한다.

아무리 멋진 기술로 제품을 만들더라도 그 제품을 고객에게 팔지 못하면 회사는 망하고 만다. 피터 틸이 세운 팰런티어 회사는 어떻게 마케팅을 할까? 팰런티어는 제품 판매를 담당하는 직원을 별도로 채용하지 않고 있다. 오히려 회사의 CEO인 앨릭스 카프가 한 달에 25일 동안 출장을 다니며 고객을 만나러 돌아다닌다. 거래 규모가 한 건 당 100만 달러에서 1억 달러에 이르며 기술적인 상담을 통해 상대방을 설득해야 하기 때문에 기술 담당자가 직접 고객을 찾아 나서는 것이다. 모든 기업이 이 방식을 따라할 순 없겠지만 첨단 기술 기업이라면 이러한 마케팅은 매우 유효한 방법이라고 할 수 있다.

인류의 미래에는 네 가지 패턴이 있다. 번영과 쇠퇴의 끝없는 반복이 그 하나이고, 안정적으로 발전해 어느 수준으로 수렴하는 것이 두 번째이고, 성장 후 파괴적 몰락이 세 번째다. 마지막으로 네 번째는 가속도가 붙는 폭발적 성장이다. 지금의 인류는 과거와 달리 탄탄한 기술력을 보유하고 있다. 피터 틸은 수직적 진보를 이룰 수 있는 혁신적인 기술을 만들어내는 기업이 속출하고 이 기업이 마케팅을 잘해 전 세계에 그런 기술과 제품을 확산시킨다면 인류는 지속적으로 발전할 것이라고 믿고 있다.

『제로 투 원』이 피터 틸의 자신만의 경쟁보다는 독점을 하라는 사업 원칙에 대해 말했다면, 토마스 라폴트가 쓴 『피터 틸』은 피터 틸의 개인적인 이야기를 더 많이 해주어 그를 자세히 이해하는 데 더 큰 도움을 준다. 둘 다 읽어봐도 좋겠다.

(서평 : 김민주)

훔치고 싶은 문장
천재적인 아이디어보다 더 희귀한 것은 바로 용기다.

함께 읽으면 좋은 책
『피터 틸』토마스 라폴트 지음, 강민경 옮김, 앵글북스, 2019년

9

돈, 착하게 벌 수는 없는가

깨어있는 자본주의에서 답을 찾다

존 매키/라젠드라 시소디어 지음, 유지연 옮김, 흐름출판, 2014년
Conscious Capitalism: Liberating the Heroic Spirit of Business,
John Mackey/ Rajendra Sisodia, Harvard Business Review Press, 2013

◆ ◆ ◆

기업의 목적은 단순히 돈벌이만이 아니다. 기존의 이익 추구 지상주의에 반기를 든 이 책은 자본주의와 경제, 기업을 보는 전통적인 관점을 뒤집어 놓는다. 그리고 기업의 목적은 고객, 직원, 공급자, 투자자, 주민 그리고 환경과 공존 공영하는 것이라고 주장하는 '깨어 있는 자본주의' 운동에 불을 지폈다.

자본주의가 가장 발전한 국가라 할 수 있는 미국에서는 요즘 자본주의에 대한 근원적인 변화와 반성을 촉구하는 이른바 '깨어 있는 자본주의 운동'이 활발히 전개되고 있다. 이 책은 그 정수를 보여주는 책으로 따뜻한 인간의 얼굴을 한 자본주의의 미래를 떠올릴 수 있도록 도와준다.

이 책의 저자는 홀푸드마켓의 창립자인 존 매키다. 그는 노벨 경제학상 수상자인 밀턴 프리드먼과의 논쟁으로도 유명한 CEO이다. 프리드먼이 "기업이 져야 할 사회적 책임은 이윤을 늘리는 것이다. 일자리 창출, 차별 철폐, 환경 보호 등을 기업의 책임으로 진지하게 받아들이는 경영자는 사회주의를 설파하는 것과 같다"라고 주장한 것에 대해 매키는 "사람이 먹지 않으면 살 수 없듯, 기업도 이익이 나지 않으면 존재할 수가 없다. 하지만 사람이 먹기 위해 사는 것이 아닌 것처럼 이익은 존재 조건일 뿐 목적이 아니다"라고 되받아쳤다. 더 나아가 그는 "고객 만족과 직원 행복, 지역 사회의 지지 없이 단기적 이윤 추구만으로는 기업의 지속적인 성장을 이끌어 낼수 없다"라고 주장을 했다.

사실 성공한 기업가들은 이윤 극대화만을 위해 행동하지는 않는다. 빌 게이츠는 세상에서 가장 큰 부자가 되겠다는 목표로 창업한 것이 아니라 사람들의 생활을 획기적으로 변화시킬 수 있는 컴퓨터의 잠재력을 알아보고 컴퓨터에 필요한 소프트웨어를 개발하기 위해 창업을 했다. 그에게 부는 목표가 아니라 결과인 셈이었다. 이처럼 '깨어있는 자본주의(Conscious Capitalism)'란 기업이 존재하는 이유, 기업이 세상에 미치는 영향 그리고 다양한 이해 관계자와 더 많은 가치 창출에 집중하는 것을 말한다. 하나씩 살펴보자.

깨어있는 기업은 높은 차원의 목적의식을 갖고 있다. 예를 들어 의료 기기 회사 메드트로닉의 목적은 사람들이 고통과 장애를 극복하고 평범한 행복으로 돌아갈 수 있게 돕는 것을 자신들의 존재 목적으로 두고 있다. 이 기업의 CEO는 직원들에게 '회사를 위해 돈을 버는 것이 우리의 일이 아니라, 사람들에게 충실한 삶과 건강을 되찾아주는 것이 우리의 일'임을 강조한다. 그래서 송년 파티에는 자신들의 제품으로 새 삶을 찾은 환자들을 초대해 환자의 삶이 어떻게 바뀌었는지 환자의 목소리로 직접 들어보게끔 한다. 이는 직원들이 무엇을 위해 일해야 하는지 분명하게 인식하는데 도움을 주는 행사라 할 수 있다.

디즈니는 '상상력을 발휘하여 많은 사람에게 행복을 선사한다', 존슨앤존슨은 '고통과 괴로움을 완화한다', 사우스웨스트항공은 '사람들에게 비행의 자유를 제공한다'. 이처럼 많은 기업들이 자신들의 존재 목적을 밝히고 있다.

웨이스트매니지먼트사는 미국에서 가장 큰 폐기물 회사다. 하지만 최근 들어 기업과 가정, 사회가 환경을 위해 쓰레기 배출을 줄이기 시작하자 자신들을 '쓰레기를 에너지와 자원으로 재활용하는 혁신적인 기업'으로 재정의하고, 쓰레기 절감 컨설팅 부서를 설치하거나 자원 회수 시설에 투자를 하고 폐에너지 프로젝트로 110만 가구에 공급할 수 있는 청정에너지를 생산하는 등 변신에 변신을 거듭하고 있다.

깨어있는 기업은 이해 관계자들과의 관계에서 윈-윈을 추구해야 한다. 고객, 직원, 공급자, 투자자, 공동체, 환경 이 여섯 가지 주체들에게 기업 활동이 이익이 될 수 있도록 하는 '윈-윈-윈-윈-윈-윈', 즉 '윈6'를 찾을 수 있는 노력을 해야 한다고 말한다. 저자가 CEO로 있는 홀푸드마켓은 기업의 목적 자체가 이해 관계자들을 염두에 두고 있다. 효율적이며 지속가능한 농경 방식, 건강한 식생활에 대한 대중들의 인식 재고, 극빈층에 대한 지원과 빈곤 퇴치, 깨어 있는 자본주의의 확산에 기여하기. 이 네 가지가 홀푸드마켓의 기업 활동 목적이다. 홀푸드마켓의 가장 파격적인 정책은 보상의 투명성으로 모든 직원들이 다른 직원의 보상 내역을 알 수 있도록 한다. 최고 경영진 7명은 모두 같은 연봉과 보너스, 스톡옵션을 받는다. 또한 경영진이 받을 수 있는 현금 보상 총액을 직원 평균 급여의 19배로 제한하고 있다. 비슷한 규모의 다른 대기업이 400배에서 500배에 이르는 것에 비하면 매우 작은 숫자라 할 수 있다. "우리는 권한이나 개인의 이익보다는 기업의 목적과 직원을 중시하는 리더를 원한다." 그래서 CEO부터 신입 사원까지 동일한 복리후생을 제공하고 거액을 들여 직원들의 의료비를 지원한다.

매출 이익률이 중요하다고 해서 감원과 임금 및 복리후생의 축소, 가격 인상, 공급자 착취 등으로 단기 이익을 늘리게 되면 장기적으로는 부정적인 결과를 낳는다. 공급자와의 관계가 대립적이면 각자 상대방으로부터 가능한 많은 것을 얻어내려고 하는 줄다리기를 하게 된다. 그리고 결국엔 좀 더 힘이 있는 강자가 더 많은 이익을 가져가게 된다. 제너럴모터스에서 구매 담당이었던 로페즈는 공급 단가를 무자비하게 낮추어서 40억 달러를 절감했다고 높은 평가를 받았지만, 그 결과 제너럴모터스는 뛰어난 공급자들을 잃었고 혁신의 동력을 잃어버렸다. 오히려 어려운 시기에 공급자와 함께 낭비 요소를 제거하고 상호 혁신하는 노력을 했다면 더 나은 경쟁 우위를 차지할 수 있지 않았을까?

공동체에 대한 사회적 책임 역시 깨어있는 기업의 당위이다. 인도의 타타그룹은 자사 소유의 호텔에서 테러로 인한 다수의 사상자가 발생했을 때 보상과 심리 상담 센터 설치, 지역 주민에 대한 식량 지원과 위생 관리, 응급 처치 등을 직접 제공했다. 뿐만 아니라 유족에게는 평생 지낼 주거지를 제공하고 모든 부채를 탕감하고, 직원 사망 시점부터 은퇴 시점까지의 임금 전액을 지급하는 등 파격적인 보상을 내놓았다. 호텔과 관계없는 행인에게까지도 지원금을 제공했고, 손수레를 잃은 노점상들은 새 수레를 제공받았다. 타타그룹의 회사 지분 중 3분의 2는 공익 재단이 소유하고 있다. 그리고 그룹에서 운영하는 인도 최대의 암 병원에서 환자의 절반은 무상으로 치료를 받고 있다. 타타그룹은 스스로를 이렇게 말한다. "세계 최대의 부호 명단에 우리들 리더들의 이름은 없습니다. 자신을 위해서가 아니라 사회를 위해 그리고 공동체를 위해 일하기 때문입니다."

그렇다면 이들 깨어있는 기업들의 재무성과는 어떨까? 다른 대기업보다 급여 수준이 높고 높은 세율의 세금을 부담했고 공급사를 쥐어짜지도 않았고 공동체를 위한 투자도 많았다. 하지만 이들은 놀랍게도 높은 수준의 투자 수익률을 보여주고 있다. 책에서는 1997~2011년까지 15년간 S&P 500의 기업보다 10.5배의 높은 수익률을 이들 기업이 기록했다는 사실을 보여준다. 착한 경영이 더 많은 가치를 창출하고 있다는 증거다.

자본주의로 인한 양극화와 차별이 심해지는 시기에 어떻게 나아가야 할지 그 진화의 방향이 어떠해야 하는지를 보여주는 보석 같은 책이다.

(서평 : 고현숙)

훔치고 싶은 문장
높은 차원의 목적을 추구하고, 두려움과 스트레스 대신 사랑과 배려로 기업을 운영하며, 역경을 극복하고 성장할 때 수익은 자연스럽게 따라온다.

함께 읽으면 좋은 책
『위대한 기업을 넘어 사랑받는 기업으로』 라젠드라 시소디어 등 지음, 권영설/최리아 옮김, 럭스미디어, 2008년

| 10 |

지적자본론

모든 사람이 디자이너가 되는 미래

마스다 무네아키 지음, 이정환 옮김, 민음사, 2015년
知的資本論, 増田宗昭, CCC Media House, 2014

◆ ◆ ◆

저자인 마스다 무네아키는 일본에서 츠타야 매장을 운영하는 컬쳐컨비니언스클럽(CCC)의 최고경영자다. 그는 고객이 실제로 존재하는 장소에서 그리고 고객의 입장에서 정말로 가치 있는 게 무엇인지를 생각할 수 있어야 진정 힘이 있는 기획이 된다고 했다. 이 책을 통해 좋은 기획은 어떤 것인지 어떻게 하면 좋은 기획을 할 수 있는지 도움을 얻어보자.

연간 100만 명 이상이 이용하는 인기 공공시설이 일본 전역을 통틀어 딱 세 곳이 있다. 그중 하나가 인구 5만 명 정도의 지방 자치 단체인 다케오시에 있는 다케오 시립 도서관이다. 도서관이 이렇게 인기가 있는 이유는 무엇일까?

먼저 다음과 같은 질문을 해보자. 공공도서관은 누구를 위한 시

설인가? 공무원을 위한 시설인가 아니면 사용자인 시민을 위한 시설인가? 당연히 사용자를 위한 시설이라고 생각하겠지만 일반적인 도서관의 구성과 운영을 살펴보면 사용자가 아니라 운영자 관점으로 만들어져 있다는 것을 금방 알게 된다. 예를 들면 듀이 십진법과 같은 도서 분류 방식도 대표적인 운영자 입장에서의 도서 분류라고 할 수 있다. 그렇다면 다케오시의 도서관은 어떤 분류를 따랐을까? 라이프스타일 분류라고 하는 독자적인 분류법에 따라 책을 정리했다. 사실, 도서 분류에 대해서는 논란의 여지가 있지만 도서관 이용이 어색하고 서투른 사람에게는 다케오시의 도서 분류법은 기존 분류 방식보다 훨씬 책을 접하기 쉽게 했다는 평가를 받고 있다.

다케오시는 도서관의 디자인과 설계를 츠타야 서점으로 유명한 CCC의 최고 경영자 마스다에게 맡겼다. 그는 시의 의뢰를 받아들이고 시립 도서관을 서점, 멀티미디어 이용관, 미술관, 커피숍 등이 함께 있는 복합 문화공간으로 탈바꿈시켰다. 책을 빌려주고 보관하는 역할의 도서관이 아니라 생활 속의 도서관으로 기획한 결과였다.

저자는 이 사례를 들며 단순히 플랫폼을 제공하는 것만으로는 고객의 가치를 높일 수 있는 게 아니라고 말한다. 그렇다면 어떻게 해야 할까? 바로 '제안 능력'이 있어야 한다고 말한다. 좋은 제안은 바로 고객이 진짜 원하는 것을 파악힐 때 가능하고, 기획이라는 것은 좋은 제안을 하는 것과 동일하다고 설명한다. 이처럼 없던 것을 새로 제안하기 위해서는 창의적인 사고와 고객의 욕구를 파악하는 능력이 있어야 한다. 이 능력을 '지적자본(知的資本)'이라 칭한다. 그 중심에

디자인 능력이 있는데, 여기서 '디자인'이란 그래픽 디자인을 말하는 게 아니라 고객 가치를 최대화할 수 있는 새로운 것을 제안할 수 있는 능력을 말한다. 그래서 지적 자본이 얼마나 축적되어 있는가는 그 기업의 역량과 직결된다고 볼 수 있다. 저자가 이 책의 제목을 지적 자본으로 정한 이유가 바로 여기에 있다. 다케오시의 시립 도서관을 탈바꿈시킨 것도 츠타야 서점에서 축적된 지적자본이 있었기 때문에 가능한 일이었다.

필자도 예전에 츠타야 서점을 방문한 적 있다. 서점이니 당연히 책을 판매하리라 생각했다. 물론 책을 판다. 그런데 책 이외에도 스타벅스 커피숍을 중심으로 문구, 가죽 제품, 가전제품 등 다양한 상품들이 곳곳에 진열되어 있었다. 한마디로 서점이 아니라 카페였다. 그리고 곳곳에 생활용품들이 같이 진열되어 있었다.

마스다는 "고객에게 가치 있는 것은 서적이라는 물건이 아니라, 그 안에 풍부하게 들어 있는 제안이다. 따라서 그 서적에 쓰여 있는 제안을 판매해야 한다"라고 말한다. 서점의 역할을 단순히 책을 판매하는 곳이 아니라 고객이 필요로 하는 라이프 스타일을 제안하는 곳으로 생각한다. 즉, 카페에서 우리는 "유럽 여행 계획이 있다면, 이런 문화를 접해 보는 것이 어떻습니까?"라는 제안을 받을 수 있다는 것이다. 그래서 차 한 잔을 마시면서 관심 있는 주제의 책들을 읽어가며 그 책 속에서 제안하는 제품까지도 살 수가 있다. 이것이야말로 진정 고객이 서점에서 바라는 것이 아닐까?

츠타야 서점을 벤치마킹한 서점들이 국내에서도 나타나는 것을 보고 있으면 일찍이 이런 생각을 한 저자의 통찰력이 참으로 돋보인다. 라이프 스타일을 제안하고, 라이프 스타일을 주창하는 트렌드가 만들어진 현상이 사실 새로운 것은 아니다. 라이프 스타일은 이미 심리학과 마케팅 분야에서 더 연구할 내용이 없을 정도로 많은 연구가 이루어졌다. 이런 라이프 스타일을 현장으로 불러내어 부활시킨 장본인이 바로 마스다 무네아키다.

그리고 책을 통해서는 마스다 무네아키의 경영 철학도 배울 수 있는데 "다이칸야마 츠타야서점의 내부를 돌아다니는 시간을 줄이고 사장실 책상 앞에 앉아 있는 시간을 늘린다면 사장 자리를 계속 유지하기 어려울 것이다. 아니, 그 이전에 기획 회사의 사원으로서 나는 스스로에게 실격을 선언할 것이다"라는 발언을 보게 되면 그가 현장을 얼마나 중요하게 생각하는지 알 수가 있다. 경영자가 고객의 얼굴을 볼 수 있는 현장에 있어야 한다는 너무나도 당연한 사실을 다시금 일깨워주는 말이다.

이 작은 책에는 고객의 가치를 최우선으로 하는 경영자의 경영 철학이 들어 있다. 미래를 디자인하는 기획자가 어떤 마음가짐으로 기획을 해야 하는지도 알려준다. 새로운 라이프 스타일을 창조하는 기획자의 마인드로 무장하고 싶다면, 이 책 속에서 날카로운 무기를 발견할 수 있을 것이다.

(서평 : 구자룡)

훔치고 싶은 문장

비즈니스 세계에 미리 준비된 길은 없다. 지금까지 걸어온 길은 끝났다. 이제는 새로운 길을 열어야 할 때다.

함께 읽으면 좋은 책

『취향을 설계하는 곳, 츠타야』 마스다 무네아키 지음, 장은주 옮김, 위즈덤하우스, 2017년

『아주 작은 디테일의 힘』 가라이케 고지 지음, 정은희 옮김, 비즈니스북스, 2019년

『리스판서블 컴퍼니 파타고니아』 이본 쉬나드/빈센트 스탠리 지음, 박찬웅 등 옮김, 틔움출판, 2013년

생산성

기업 제1의 존재 이유

이가 야스요 지음, 황혜숙 옮김, 쌤앤파커스, 2017년
生産性, 伊賀泰代, ダイヤモンド社, 2016

◆ ◆ ◆

우리는 지극히 낮은 생산성을 갖고 있다. 이는 기업뿐만이 아니라 정부나 공공기관도 마찬가지다. 사회 전반에 비생산적인 요소가 너무 많다. 여러분은 '생산성' 하면 무엇이 연상되는가? 혹시 마른 수건도 짜낸다는 토요타의 슬로건이 생각나는가? 보통은 제조 공장을 먼저 생각하게 되지만 생산성은 어느 특정 공간에만 국한된 말은 아니다. 기업을 중심에 놓고 생산성의 중요성과 이를 어떻게 개선할 수 있을지 살펴보자.

생산성은 무엇일까? 정의상, 아웃풋(output)을 인풋(input)으로 나눈 것이 생산성이다. 그렇다면 생산성을 올리는 방법은? 두 가지뿐이다. 아웃풋을 늘리든지, 인풋을 줄이든지.

먼저, 인사(人事)의 생산성을 살펴보자. 생산성과 인사? 뭔가 어울리지 않는다는 생각이 든다. 과연 그럴까? 그렇지 않다. 여러분은 최

우수 직원을 어떻게 발굴해서 육성하는가? 혹시 우수한 인재가 있어도 다른 직원과의 형평성 때문에 똑같이 대우하고 있지는 않은가?

기업들은 최우수 인재들을 조기에 발탁하는 것을 두려워한다. 다른 사람들의 의욕 저하가 두려워 최우수 직원을 희생시키고 있다. 최우수 직원 역시 본인 능력을 제대로 인지하지 못하고 있다. 그렇다 보니 당연히 최우수 인재들이 평범한 인재로 전락한다. 하지만 글로벌 기업은 다르다. 이들은 공공연히 우수 인재를 조기 발탁하고 승진을 시킨다. 능력 있는 사람이 빨리 성장해서 조직에 기여하는 게 생산적일까? 아니면 여러 가지를 고려해 우수 인재를 묵히는 게 생산적일까?

생산직이나 영업직에 있는 사람들과 달리 사무직 직원들은 자신의 생산성을 잘 알지 못한다. 상사들도 이들의 생산성에 별 관심이 없다. 생산성을 위해서는 자신이 어떤 일에 얼마만큼의 시간을 쓰고 있는지 인지하는 것이 중요하다. 그래서 주기적으로 어떤 일에 얼마의 시간을 쓰는지 기록해야 한다.

일이 바쁘다고 해서 무조건 직원을 뽑는 것도 안된다. 일이 바쁠수록 왜 바쁜지를 생각해야 하고, 일 자체를 근본적으로 재검토하는 것이 필요하다. 이를 위해서는 이런 질문이 필요하다. "정말 소중한 일에 시간을 쓰고 있는지, 이 일이 정말 가치가 있는 일인지, 그만둘 수는 없는지, 일하는 방식을 근본적으로 바꿀 수는 없는지." 이런 질문을 통해서 주기적으로 불필요한 업무를 폐지하는 것도 방법이다. 기존에 하던 일을 습관적으로 하는 대신 이 일에 도대체 무슨 의미가 있는지 스스로 질문할 수도 있어야 한다. 주기적으로 부서 간 역할과 범주를 재정비하는 것도 방법이다. 그러면 조직 내 벽도 허물어지고 관계도 좋아진다.

일하는 방식도 살펴보자. 여러분은 누군가를 인터뷰할 때 가장 먼저 무엇을 하는가? 만약 질문 리스트부터 만든다면 당신은 틀렸다. 질문 리스트를 만들기 전, 출력 이미지부터 만들어야 한다. 인터뷰 결과물이 어때야 하는지를 먼저 생각하고 그와 같은 결과물을 얻기 위해 어떤 질문이 필요한지부터 생각해야 한다. 일도 그렇다. 일을 시작하기 전에 일에 대한 결과물을 미리 그릴 수 있어야 한다. 하지만 보통은 그렇게 잘하지 않는다. 상사가 과제를 주게 되면 준 사람도 받은 사람도 대충 주고받기를 한다. 별다른 확인 과정도 없다. 과제를 받은 직원은 온갖 자료를 모으고 정리한 다음 한 달에 걸쳐 보고서를 작성한 후 제출한다. 하지만 보고를 받는 상사는 고개를 갸우뚱하며 자신이 원하는 건 이게 아니라고 한다. 그럼 한 달 동안 직원이 한 일은? 생산성이 제로가 된다. 주변에서 흔히 볼 수 있는 풍경이다. 이런 문제를 해결하기 위해서는 결과물에 대한 블랭크(blank) 리포트를 미리 작성해보는 방법이 있다. 블랭크 리포트란 글자 그대로 제목만 있고 내용물은 빠져 있는 리포트를 말한다. 이를 본 상사는 거기에 대해 코멘트를 한다. 이선 빼고 저건 더하라는 식이다. 컨펌이 끝난 후 제목에 필요한 정보만 골라 채우면 된다. 블랭크 리포트는 집을 지을 때 쓰는 설계도와 비슷하다. 이것이 생산성이다.

생산성을 낮추는 것 중에는 영양가 없는 회의도 있다. 생산성을 높이는 회의는 어떻게 하는 것일까? 첫 번째는 회의 목표를 분명히 하는 것이다. 결정하는 회의인지, 리스트를 만드는 회의인지, 공유를 위한 회의인지 아니면 합의를 하는 회의인지. 이처럼 일의 순서 혹은 역할을 정확히 하는 것이 중요하다. 그리고 회의에서 정말 해서 안 되는 일이 있다. 자료를 읽는데 시간을 쓰는 것이다. 혁신 기업들은 자료를 설명하지 않는다. 자료 설명은 금지다. 시작과 동시에 지금부터 2분간 자료를 읽어보세요. 이게 끝이다. 작성자가 설명하는 것보다 자료를 각자 읽는 편이 훨씬 빠르기 때문이다.

회의의 생산성을 방해하는 요인 중 또 다른 하나는 결정 장애다. 어떤 기업에서는 결정을 하지 못해 일어나는 정체 현상을 해결하기 위해 별도의 훈련을 하기도 한다. 구글의 신입사원들은 자기 입장을 표명하는 훈련을 받는다. 이를 '포지션을 갖는다(take a position)'라고 표현한다. 이 훈련을 통해서 회의 때 자신의 입장을 분명히 밝히는 연습을 한다. 이는 무책임을 없애는 훈련에 해당한다. 그렇다면 의사결정이란 무엇인가? 확실하지 않은 미지의 것에 대해 결단을 내리는 것이다. 확실하게 알고 있는 것을 결단하는 것은 누구라도 할 수 있다. 하지만 그렇지 않은 것에 대해서는 자꾸 주저하게 되고 미루게 된다.

이 책에서 말하는 생산성 개선이 필요한 이유와 생산성 개선을 위한 몇 가지 방법들을 짧게 요약해 보았다. 높은 생산성을 추구해야 혁신이 이루어진다는 것. 절대 잊지 말아야 한다.

(서평 : 한근태)

훔치고 싶은 문장

구글은 신입사원 때부터 자기입장을 표명하는 훈련을 받는다. 이를 "포지션을 갖는다, take a position"이라고 한다.

함께 읽으면 좋은 책

『원씽』 게리 켈러/제이 파파산 지음, 구세희 옮김, 비즈니스북스, 2013년
『더 골』 엘리 골드렛/제프 콕스 지음, 강승덕 등 옮김, 동양북스, 2019년(30주년 기념 개정판)

| 12 |

축적의 길

MADE IN KOREA의 새로운 도전

이정동 지음, 지식노마드, 2017년

◆ ◆ ◆

경제 성장률이 둔화되고 경기 침체가 이어지고 있다. 2015년 이정동 교수를 중심으로 한 서울대 공대 교수들은 『축적의 시간』이라는 책을 통해서 축적과 개념 설계 그리고 스케일업(scale-up)에 대해 언급했다. 한국 경제와 국내 산업 현장에 대한 냉정한 진단이었다. 그 후속 편에 해당되는 책이 바로 이 책이다. 이번 책은 진단에 이은 새로운 해법을 모색했다. 이 책으로 축적의 길을 갈 수 있다면 새로운 혁신의 원동력도 함께 찾을 수 있을 것이다.

기업들이 지속적인 성장을 이루려면 개념 설계 역량을 키우고 시행착오의 경험을 축적해야 한다.

이 책을 쓴 이정동 교수는 '개념 설계(Concept design)'를 아무것도 없는 상태에서 최초로 제품의 개념을 정의한다는 의미로 앞 단계의 밑그림을 그리는 것이다, 라고 설명했다. 이후 밑그림대로 시행하는 후속 단계는 '실행(Implementation)'이라고 말한다. 즉, 제품을 만드는 과정은 개념 설계와 실행으로 이루어져 있다는 것이다.

예를 들어, 애플이 아이폰의 개념을 설계하면 폭스콘은 실행을 통해 제품을 만든다. 이 세상에 존재하는 모든 제품은 누군가의 개념 설계와 누군가의 실행을 바탕으로 만들어진다. 그렇다면 자문해 봐야 한다. 나는 개념 설계자인가 아니면 실행자인가?

그동안 한국 기업들은 실행에서 탁월한 능력을 발휘했다. 저자는 이것을 로켓에 비유한다. 그리고 지금 우리나라는 1단 분리에는 성공을 했고, 이제 2단 점화가 필요한데 우리에게 이 역량이 부족하다는 진단을 한다. 2단 점화가 바로 개념 설계가 필요한 순간이다. 혁신적인 기업은 개념 설계를 하는 기업이다. 개념 설계 역량은 우리 기업과 산업의 발전을 한 단계 업그레이드하는 방법이다. 그렇다면 어떻게 해야 개념 설계 역량을 키워서 혁신 기업이 될 수 있을까? 도전적인 시행착오 경험을 꾸준히 축적해야 한다. 그래서 축적의 시간이 필요하다. 이는 1만 시간의 법칙에서 이야기하는 1만 시간과 같은 맥락이다. 지식과 경험의 축적을 위한 시간이 있어야 한다는 뜻이다.

그런데 이 같은 경험의 축적을 방해하는 몇 가지 잘못된 착각이 있다. "부족한 개념 설계 역량은 사 오면 된다, 창의적 아이디어가 없어서 문제다, 생산은 개발도상국에 맡기면 된다, 천재는 어디에서나 탄생한다, 중국은 우리의 생산 공장이다." 이 다섯 가지의 착각이 문제라고 저자는 지적한다. 이런 착각에서 벗어나야 축적의 길로 나아갈 수 있다는 주장이다.

그리고 개념 설계 역량을 쌓아가는 방법으로 다음의 다섯 가지를 제시한다. ①축적의 경험을 담는 궁극의 그릇, 고수를 키워라 ②아이디어는 흔하다, 스케일업 역량을 키워라 ③시행착오를 뒷받침할 제조 현장을 키워라 ④고독한 천재가 아니라 사회적 축적을 꾀하라 ⑤중국의 경쟁력 비밀을 이해하고 이용하라.

이 책의 주요 내용은 바로 이 다섯 가지 전략의 설명이다. 정리하면, 개념 설계 역량은 사 오거나 아이디어 하나를 얻는다고 금방 생기지 않고 오래도록 직접 그려보고 적용해보면서 시간을 들여 꾸준히 시행착오를 축적해야 얻을 수 있다는 것이다.

책에는 디즈니가 2006년에 창의적인 개념 설계 역량을 갖춘 픽사를 75억 달러에 인수 합병한 사례가 나온다. 디즈니가 얻고자 했던 것은 건물, 장비, 프로그램 혹은 판권이 아니라 새로운 애니메이션 스타일을 끊임없이 창조해 나가는 개념 설계 역량이었고 시행착오를 축적한 사람들이라는 게 저자의 지적이다.

우리에게도 이 같은 개념 설계 역량을 잘 보여준 사례가 있다. 오길비 앤 매더가 금강 기획을 인수한 사례다. 디즈니와 마찬가지로 오길비는 금강 기획이 구축한 한국 시장에 대한 깊은 이해와 경쟁력 때문에 인수를 결정했다. 그러나 얼마 지나지 않아 금강 기획 직원의 상당수가 현대자동차그룹에서 새로 설립한 이노션으로 자리를 옮기면서 그동안 축적되어 있던 역량이 한 번에 사라지게 되었다. 이처럼 축적의 길은 생각만큼 쉬운 것이 아니다.

현재 우리는 데자뷔(기시감, Déjà Vu)보다 자메뷔(미시감, Jamais

Vu)을 자주 경험한다. 지금의 환경은 너무나 익숙한 상황에서 갑자기 나타난 변화로 너무 빠른 변화들이 줄을 잇는 상황이다. 매일 같은 도로를 운전하는 습관적인 상황에서 어느 날 전혀 다른 상황이 전개될 때 초보 운전자는 당황할 수밖에 없다. 만약 이때 그동안의 축적된 경험을 바탕으로 개념 설계를 할 수 있다면 새로운 시도나 변화에 금방 대처가 가능할 것이다.

축적과 맥락이 닿아 있는 단어가 '문턱'이다. 문턱을 넘기 위해서는 문턱 밑까지 차오르는 축적의 시간과 노력이 있어야 한다. 그리고 경영진의 리더십이 필요하고 시행착오를 통해 경험을 축적할 고수들이 있어야 한다. 문턱을 넘을 수 있을 만큼 어떤 분야에 대한 경험의 축적을 이루어 내면 기회를 잡을 수 있다. 이 책을 통해 시행착오의 중요성, 경험을 축적할 기회를 만들어보았으면 좋겠다.

(서평 : 구자룡)

훔치고 싶은 문장
개념 설계 역량은 사 오거나 아이디어 하나 얻었다고 금방 생기지 않는다. 오래도록 직접 그려보고 적용해보면서 시간을 들여 꾸준히 시행착오를 축적해야 얻을 수 있다. 이것이 핵심이다.

함께 읽으면 좋은 책
『축석의 시간』이정동 지음, 지식 노마드, 2015년
『한국 산업의 미래 전략』카이스트 기술경영전문대학원 지음, 율곡 출판사, 2019년

13

블루오션 시프트

경쟁 없는 새로운 시장으로 이동하는 법

김위찬/르네 마보안 지음, 안세민 옮김, 비즈니스북스, 2017년
Blue Ocean Shift, W. Chan Kim/Rene Mauborgne, Hachette Books, 2017

◆ ◆ ◆

전략의 본질은 경쟁에서 이기는 것이 아니라 가치를 만들어내는 것이고 성공하기 위해서는 경쟁이 없는 새로운 시장, 즉 블루오션으로 가야 한다. 김위찬 교수와 르네 마보안 교수가 2005년에 펴낸 책『블루오션 전략』에서 주장한 바다. 전략의 패러다임을 바꾼 블루오션 열풍 이후 12년 만에 경쟁을 뛰어넘어 새로운 성장을 이끌 실천 매뉴얼로『블루오션 시프트』가 다시 제시됐다. 이미 검증된 블루오션 전략을 통해 어떻게 블루오션 시프트로 성장을 이끌 수 있을지 궁금하다면, 이 책을 통해 해결책을 찾아보자.

전략이란 도대체 무엇일까? 경영학에 '전략'이라는 개념이 들어오기 시작한 것은 마이클 포터 교수가 『경쟁 전략』이라는 책을 출간하고서부터다. 그러면서 전략에 대한 편견이 발생하기 시작한 것도 이때부터다. 포터 교수는 전쟁에서 적군을 물리치듯 기업들도 경쟁 기업

들을 물리쳐야 한다는 차원에서 경쟁 전략을 접근했다. 여기에서 한 발 더 나아가 클레이튼 크리스텐슨 교수는 『혁신기업의 딜레마』라는 책을 내면서 파괴적 기술에 의한 파괴적 혁신을 주창했다. 경쟁에서 이기기 위해서는 존속적 혁신이 아니라 파괴적 혁신이 필요하다는 접근이었다. 하지만 『블루오션 시프트』의 저자들은 이런 의문을 품게 된다. "기업 활동은 언제나 전쟁처럼 경쟁하고 파괴를 하는 것이어야 할까? 기업 경영의 목적은 경쟁사를 누르고 이기는 것이 아니라 세상에 도움이 되는 가치를 창출하는 것이 아닐까? 즉, 이기고 지는 문제가 아니라 고객을 위한 가치 창출을 어떻게 할 수 있는가의 문제가 아닐까?"

저자들이 한 질문처럼 경쟁에서 이겨야 한다는 고정 관념을 걷어 내고 저자들이 주장하는 가치 창출 전략으로 다시 생각해 보자. 어떻게 하면 고객를 위한 가치 창출에 성공할 수 있을까?

저자들은 블루오션 시프트의 대표적인 사례로 감자튀김 조리기기인 액티프라이를 개발하게 되는 과정을 책에서 소개한다. 2006년 당시 그룹 세브는 경쟁 심화로 인한 마진 압박을 받고 있었다. 당시 조리기구 사업부의 담당자는 감자튀김을 하기 위해서 반드시 식용유를 사용해야 한다는 통념에 의문을 던지고 기름 없이도 감자 튀김을 할 수 있는 방법을 찾는다. 튀기시 않고서도 군침이 돌고 건강에도 좋은 신선한 감자튀김을 만드는 방법을 모색한 것이다. 즉, 원가를 낮춰 경쟁사를 이기는 전략이 아니라 아예 경쟁 자체에서 벗어나는 새로운 발상을 한 셈이었다. 이런 통찰을 바탕으로 신제품 액티프라이를 개발했다. 그랬더니 그동안 튀김기 구매 의사가 없던 신규 고객들까지 시장에 들어오면서 기존 시장이 무려 40% 가까이 성장하며 새로운 시장을 창출하는 결과를 만들었다. 시장을 개척하고 성장시키는 과정에서 기존 시장을 파괴하지 않으면서도 새로운 가치를 창출한 사례였다.

사실 저자들은 이미 앞선 책『블루오션 전략』에서 이 같은 사례들을 연구해서 하나의 전략 패턴으로 제시한 바 있다. 그러나 당시에는 블루오션의 이론적 연구에 의한 전략 제시였기 때문에 방법적으로 따라 할 수 있느냐 없느냐에 대한 논란이 있었다. 하지만 10여 년의 시간을 거치면서 블루오션의 성공 사례들이 하나씩 나오기 시작하면서 저자들은 이 책을 쓸 수 있게 되었다고 말한다.

성공적인 블루오션 시프트를 위해서 저자들은 다음의 세 가지 핵심 요소를 고려해야 한다고 말한다. 첫째, 블루오션 관점으로 시야를 넓히고, 기회가 어디에 있는지 이해하는 것이다. 블루오션 관점은 기존의 통념을 넘어서는 것을 말한다. 앞에서 예시한 대로 기름에 튀기지 않고서도 튀김 요리가 가능한 제품이 없을까 하고 시야를 넓혀 생각하다 보니 그동안 아무도 생각하지 못했던 새로운 제품이 나올 수 있었다. 둘째, 시장을 창출할 방법론과 적절한 지침을 확보하는 것이다. 이것으로 확실하게 고객 가치를 제공할 새로운 상품으로 신규 시장을 창출할 수가 있다. 셋째, 블루오션 시프트 추진 과정에 참여하는 조직 구성원들이 인간다움을 갖도록 하는 것이다. 구성원들의 자신감을 고취시켜 스스로가 실행 과정을 이끌어갈 수 있게 하는 방법이다.

사업을 할 때 적은 비용으로 더 많은 가치를 창출하려면 근본적인 변화가 필요하다. 그렇지만 어떻게 해야 하는지 상상하지 못하고 있다면 블루오션 시프트가 유용한 전략을 제시해줄 것이다. 이 책의 저자 김위찬 교수는 『블루오션 전략』으로 전 세계 경영학계에 큰 반향을 일으켰다. 공저자인 르네 마보안 교수 역시 세계적인 석학이다. 이런 저자들이 지난 30년 동안 연구하고 분석하고 컨설팅한 결과가 바로 이 책이다. 경쟁에서 이기는 것이 아니라 비어 있는 시장을 찾아서 고객이 원하는 가치를 창출하는 것. 이 책을 통해 배워보자.

(서평 : 구자룡)

훔치고 싶은 문장
경쟁에서 이기려면 경쟁을 불식해야 한다. 기존의 사고방식과 틀에 얽매이지 않고 생각의 지평을 획기적으로 확장해야만 지금의 레드오션을 돌파할 수 있다.

함께 읽으면 좋은 책
『혁신기업의 딜레마』 클레이튼 크리스텐슨 지음, 이진원 옮김, 세종서적, 2020년(개정판)
『블루오션 전략』 김위찬/르네 마보안 지음, 김현정/이수경 옮김, 교보문고, 2015년(확장판)

14

파괴적 혁신 4.0

기업의 생존과 성장을 위한 11가지 핵심 가이드

클레이튼 크리스텐슨 지음, 김태훈 옮김, 세종서적, 2018년
The Clayton M. Christensen Reader, Clayton M. Christensen,
Harvard Business Review Press, 2016

◆ ◆ ◆

경영 전략가 클레이튼 크리스텐슨에 의하면 세상의 혁신은 두 종류
다. 존속적 혁신과 파괴적 혁신. 존속적 혁신은 수요가 충분하고 소비
자가 원하고 있다는 가정하에 기존 제품을 개선하여 출시하는 것이
다. 파괴적 혁신은 기존 역량과 매몰 비용에 얽매이지 않고 불확실한
신규 시장을 창출하거나 기존 시장을 재편하자는 공격적 혁신이다.
과거에 떵떵거리던 대기업이 몰락하는 이유는 존속적 혁신에 매달리
느라 파괴적 혁신을 외면했기 때문이라는 게 클레이튼 크리스텐슨의
주장이다. 이 책을 통해 파괴적 혁신을 위한 11가지 핵심 메시지를 확
인해보자.

비즈니스 분야에 있다면 클레이튼 크리스텐슨을 모르는 사람은 별로
없을 것이다. 『혁신 기업의 딜레마』『성장과 혁신』『미래 기업의 조
건』으로 유명하고 하버드 비즈니스 리뷰에 실린 논문들로도 유명하

다. 크리스텐슨은 경영학계의 오스카상이라 불리는 '싱커스 50'이 선정한 세계 최고의 경영 사상가 50에 수차례 이름을 올리기도 했다. 또한 《하버드 비즈니스 리뷰》에서 가장 훌륭한 논문을 써낸 저자에게 수여하는 맥킨지상도 수차례 수상했다.

그런 그가 오랫동안 주장하는 대표적인 슬로건은 '파괴적 혁신'이다. 기존의 훌륭한 경영 원칙은 혁신하려는 기업에 오히려 방해가 되므로 기존 것을 무시해야 지속적인 성장을 할 수 있다는 주장이다. 이 책 『파괴적 혁신 4.0』은 하버드 비즈니스 리뷰에 실렸던 크리스텐슨의 가장 핵심적인 글 11편을 모은 것이다. 파괴적 혁신 이론이 처음 소개된 글에서부터 이론의 진화 과정에서 있었던 주요 전환점을 되짚어보고 다시 미래에 대한 전망까지 다루고 있다. 파괴적 혁신을 좀 더 깊게 들여다보려면 이 책뿐만이 아니라 '함께 읽으면 좋은 책'까지 참고하면 좋겠다.

크리스텐슨은 먼저 네 가지 패러다임 오류가 새로운 성공적 창조를 방해한다고 역설하면서 이렇게 조언한다.

첫째, 최고 고객의 목소리에 올인하지 마라. 최고 고객의 목소리에 귀 기울이는 기업이 오히려 새로운 성장 사업을 만들 수 있는 기회를 놓칠 수 있다. 최고 고객에게 집중하다 보니 기업은 대다수 고객이 원하는 것보다 훨씬 뛰어난 제품과 서비스를 생산하게 된다. 이른바 과잉 충족 현상이 발생한다. 그렇게 되면 저가 시장 또는 주변 시장으로 여기던 비(非)소비 고객에게서 생기는 성장 기회를 다른 기업들에게 뺏기게 된다.

둘째, 시장 세분화 방식을 바꿔라. 대부분 기업이 시장을 잘못된 방식으로 세분함으로써 진정한 혁신 기회를 발견하지 못한다. 기존에 하던 세분화의 기준은 제품의 범주나 가격, 소비자의 속성(나이, 성별, 결혼 여부, 거주지, 소득 수준 등)에 따라 시장을 세분화했다. 하지만 이제는 소비자가 상품이나 서비스를 '구매'하는 것이 아니라 생활 속에서 처리해야 할 일을 하려고 '사용하거나 고용한다'라는 개념, 즉 '해결해야 할 과제(Jobs to be done)'라는 개념으로 시장을 세분화해야 한다.

셋째, 매몰 원가에 미련을 버려라. 매몰 원가란 이미 지출해서 회수할 수 없는 비용을 말한다. 통합 제철소가 미니밀(Minimill, 전기로를 활용한 철강 생산)의 출현에 대응할 방법을 찾고 있다고 해보자. 기존 설비의 여유 생산력을 활용해 가격 경쟁력이 있는 제품을 생산할 수도 있고, 공격 기업과 경쟁할 소규모 제철소를 새로 지을 수도 있다. 그런데 기업들은 보통 장기적으로 평균 비용을 줄이기 위해 새로운 공장을 짓지 않고 현재의 생산력을 최대한 활용하는 방안을 선택한다. 이런 판단이 일견 합리적으로 보이지만 결국에는 시장 상황에 탄력적으로 대응하지 못하게 됨으로써 다양한 제품을 생산하는 미니밀에게 점점 밀리게 된다.

넷째, 어제의 핵심 역량이 오늘도 통한다고 확신하지 마라. 일반적으로 기업들은 자신의 핵심 역량을 바탕으로 새로운 의사 결정을 내린다. 하지만 과거의 성공적인 프로세스가 새로운 혁신에는 오히려 방해가 되기도 하고, 기존의 경험 있는 관리자가 새로운 사람에게 필요한 역량을 전달하지 못하는 경우도 생긴다. 별로 중요하지 않다고 판단하여 외부로 조달한 영역에서 오히려 외주 업체가 역량을 키우며 미래의 기회를 만들어 갈 수도 있다.

1990년대 후반에 크리스텐슨은 인텔에 가서 관리자를 대상으로 파괴적 혁신에 대해 강의를 여러 번 했다. 교육이 끝난 후 얼마 지나지 않아 인텔은 고가 제품에만 매달리지 않고 보다 대중적인 제품으로 저사양의 셀러론 프로세서를 출시했다. 이 제품은 AMD, 사이릭스 같은 파괴적 공격자들의 시장 진입을 저지하며 인텔의 중요한 사업으로 자리 잡았다.

크리스텐슨은 2000년에 컨설팅과 임원 교육을 목적으로 이노사이트 컨설팅사를 설립하여 많은 기업들을 도왔다. 이노사이트 회사의 대표이사인 스콧 앤서니를 비롯한 회사 관계자 세 명이 함께 쓴 『파괴적 혁신 실행 매뉴얼』이라는 책도 파괴적 혁신을 직접 적용해 보려는 분들에게 많은 도움이 된다.

(서평 : 이엽)

훔치고 싶은 문장
대기업들은 이익과 매출을 계속 늘리기 위해 수준 높은 소비자들을 만족시킬 제품을 개발하는 경향을 보인다. 이 전략은 아무리 성공적이라도 나중에 훨씬 더 큰 시장을 형성할지 모르는 다른 소비자들의 수요를 총족시킬 기회를 간과한다. 그에 따라 신생 기업이 저렴한 가격으로 폭넓게 수용되는 단순한 제품을 출시한다(파괴적 혁신). 이런 제품은 점진적 혁신을 통해 개선되며 고가 시장으로 나아가 결과적으로는 독창적인 기업이 이루는 파괴를 완성한다.

함께 읽으면 좋은 책

『미래기업의 조건』 클레이튼 크리스텐슨 지음, 이진원 옮김, 비즈니스북스, 2005년

『일의 언어』 클레이튼 크리스텐슨 등 지음, 이종인 옮김, 알에이치코리아, 2017년

『파괴적 혁신 실행 매뉴얼』 스콧 앤서니 등 지음, 이성호/김길선 옮김, 옥당, 2011년

15

디커플링

넷플릭스, 아마존, 에어비앤비… 한순간에 시장을 점령한 신흥 기업들의 파괴 전략

탈레스 테이셰이라 지음, 김인수 옮김, 인플루엔셜, 2019년
Unlocking The Customer Value Chain, Thales S. Teixeira, Currency, 2019

◆ ◆ ◆

디지털 기반의 시장 변화에 대응하기 위해 비즈니스 모델, 파괴적 혁신, 디지털 트랜스포메이션 등 기업 경영 전략을 고민한다면 이 책부터 먼저 읽어 보기를 바란다. 저자인 테이셰이라 전 하버드 경영대학원 교수는 "시장 파괴의 진짜 원인은 기술이 아니라 달라진 고객이다"라고 말한다. 이제 기업은 고객이 원하는 가치를 제공하기 위해 고객가치 사슬을 분리할 수 있어야 하고, 소비 사슬을 끊어내는 '디커플링'을 통해 고객이 원하는 가치를 제공하는 혁신, 즉 비즈니스 모델의 변신이 가능하다.

이 책에서는 디커플링(Decoupling)을 기업들이 소비 사슬을 끊어내는 과정으로 설명하고 있다. 즉, 고객이 행하는 활동들 사이의 연결 고리를 분리하거나 끊는 것을 말한다. 이런 디커플링이 비즈니스에서 왜 중요할까? 그 답은 '가치'와 관련이 있다. 고객이 원하는 가치

는 고정되어 있지 않고 트렌드의 변화에 따라 바뀌기 마련이기 때문이다. 예를 들어, 어떤 지역을 처음 방문하면 주로 호텔에서 머문다. 하지만 출장이나 여행으로 여러 번 방문한 사람들은 호텔에 머물러 있기보다는 지역의 사람들 그리고 지역의 전통 및 풍습 등을 더 밀접하게 경험하고 싶어 한다. 알다시피 에어비앤비는 이렇게 변하는 트렌드를 놓치지 않고 기회로 바꿨다.

에어비앤비는 부동산의 소유와 사용을 분리하여 침실이 아니라 가족의 공간을 원하는 숙박 시장을 파괴해 버렸다. 마찬가지로 아마존은 오프라인 매장을 둘러본 후 더 싼값에 구매하길 원하는 고객들의 구매 단계를 분리해서 오프라인 유통 시장을 파괴해 버렸다. 우버는 자동차를 평가하고 선택하고 구매하는 불편을 없애고 오직 사용하는 단계만을 제공해서 택시 시장을 파괴했다.

이런 파괴의 주범은 누굴까? 기술이 아니라 고객 때문이다. 에어비앤비, 아마존, 우버가 새롭게 독자적으로 개발한 기술이 있는가? 이미 나와 있는 기술을 고객이 원하는 니즈에 접목하여 새로운 가치를 만들어냈을 뿐이다. 이런 측면에서 테이셰이라 교수가 주장하는 '파괴(Disruption)'는 크리스텐슨 교수가 주장하는 '파괴적 혁신(Disruptive Innovation)'과는 차이가 있다. 테이셰이라가 말하는 파괴는 이미 체계가 갖추어진 시장에서 원래의 참가자들이 점유율을 얻고 유지하는 과정을 방해하는 갑작스러운 단절을 의미한다. 이런 기준으로 보면 우버는 자동차 소유에 따른 불편을 끊어 내어 고객이 원하는 가치를 제공하는 디커플링으로 시장을 파괴한 기업이 맞지만,

이미 있는 기술을 활용하고 새로운 시장을 창출한 것은 아니기 때문에 파괴적 혁신 기업이라고는 할 수 없다.

전형적인 고객 가치 사슬은 '평가하기-선택하기-구매하기-소비하기'의 단계로 연결되어 있다. 기존의 대기업들은 이 모든 단계의 가치 사슬에서 최고의 가치를 제공하고자 노력했다. 그런데 시장 파괴자들은 이 단계들을 이어주는 연결 고리의 일부를 깨뜨린 후에 하나 또는 몇 개의 단계를 훔쳐 가버린다. 저자는 이와 같은 방식을 디커플링이라고 명하고, 3단계 혁신 방법을 제시한다.

첫째, 현재의 비즈니스 모델 또는 표준 비즈니스 모델을 명확하게 정리한다. 둘째, 표준 모델과 동등한 디지털 모델을 개발한다. 셋째, 디지털 모델을 바탕으로 어떻게 추가적인 혁신을 끌어낼지를 결정한다.

이런 비즈니스 모델 혁신을 국내 기업에 대입해보자. 핀테크 기업인 토스는 기존 은행들의 송금 서비스를 분석했다. 불편한 송금 서비스를 스마트폰 앱을 통해 쉽게 송금하는 디지털 모델을 개발했다. 이제는 인터넷 전문 은행인 토스 뱅크(2021년 출범 예정)까지 추진 중이다. 토스는 소비하기 단계의 불편을 앱으로 끊어내고 그 자리에 디지털의 편리함을 넣음으로써 비즈니스 모델을 혁신했다.

만약 세무 판린 업무를 하고 있다면 어떤 불편이 있을까? 디지털 시대에 종이 영수증을 아직도 증빙 서류로 첨부하는 불편이 있다. 이 문제를 각자 가지고 있는 스마트폰 앱으로 사진을 찍어 종이 영수증을 디지털로 처리하면 어떨까? 인공 지능 경리 서비스 자비스는 종이 영수증 처리라는 고객의 불편을 끊어 내고 가치 사슬을 연결한 IT 기반 비즈니스 모델로 혁신을 도모하고 있다.

비즈니스의 핵심은 기존 고객을 유지하는 것과 신규 고객을 유치하는 것이다. 어떤 비즈니스든 기존 고객을 대상으로 사업을 하고, 또 신규 고객을 유치해야 성장할 수 있다. 기존 고객이든 신규 고객이든 고객이 겪고 있는 불편을 찾아내면 새로운 가치를 창출할 기회가 만들어진다. 가치를 만들어 내는 것은 기술이 아니라 고객이다. 고객 가치 사슬의 한 부분 혹은 몇 개의 단계를 끊어 내고 새롭게 연결함으로써 새로운 가치가 만들어지게 된다. 우리만의 비즈니스 모델을 혁신하고 싶다면 이 책 속에서 답을 찾아보자.

(서평 : 구자룡)

훔치고 싶은 문장
시장 파괴의 진짜 원인은 기술이 아니라 달라진 고객들이다.

함께 읽으면 좋은 책
『혁신 기업의 딜레마』 클레이튼 크리스텐슨 지음, 이진원 옮김, 세종서적, 2020년(개정판)
『어떻게 그들은 한순간에 시장을 장악하는가』 래리 다운즈/폴 누네스 저, 이경식 옮김, 알에이치코리아, 2014년

2부. 마케팅 전략

16

판매의 심리학

세일즈맨으로부터 배우는 고도의 심리술!

브라이언 트레이시 지음, 오승훈 옮김, 비즈니스맵, 2008년
The Psychology Of Selling: How to Sell More, Easier, Faster Than You Ever
Thought Possible, Brian Tracy, Thomas Nelson Inc, 2005

◆ ◆ ◆

"상품을 판매한다는 것은 단순히 제품에 집중하는 것이 아니라 고객과의 심리 게임이고 자존심이 걸린 일이다." 저자가 경험한 다양한 판매의 성공 법칙을 담았다. 영업 담당자와 마케터 그리고 소상공인에게 모두 권할 만한 책이다. 출간 이후 지금까지도 꾸준히 팔리는 이유가 여기에 있다.

저자는 이 책의 목적을 세일즈맨들이 이전보다 더 많이, 더 빠르게, 더 쉽게 판매 실적을 올리는 데 즉시 활용할 수 있는 기법, 전략, 아이디어 제공에 두고 있다고 했다. 실제로 저자의 '판매 심리학' 프로그램은 책이 발간되던 2008년에 이미 50만 명이 넘게 수료했고, 그 효과는 전 산업 분야에서 다양하게 입증되고 있다.

저자는 어떻게 판매의 왕이 되었을까? 고등학교를 중퇴한 저자는 단순 노동직조차 구하지 못하는 어려움을 겪다가 절박한 심정으로 세일즈맨으로 나섰다고 한다. 그때의 심정을 저자는 이렇게 표현했다. "깜깜한 밤에 차를 후진하다가 뭔가를 들이받고는 밖으로 나와서야 그것이 무엇인지 확인하는 것과 같았습니다."

그가 처음 받은 세일즈 교육은 "이게 카드고 이건 팸플릿입니다. 됐죠? 자, 나가는 문은 저쪽입니다"가 전부였다고 한다. 아무런 경험도, 교육도 없이 시작한 세일즈가 쉬울 리가 없었다. 저자는 한동안 여러 어려움을 겪는다. 그러다 어느 선배를 만나면서 세일즈의 진면목을 알게 되었고 그때부터 판매 실적은 쑥쑥 올라가기 시작한다. 그러고는 자신이 터득한 세일즈 방법을 다른 세일즈맨들에게도 가르쳐주기 시작했다. 판매 실적 상위 10%에 드는 사람들도 시작은 하위 10%에서 출발했다는 점을 명심하며 읽는다면 책 속 얘기가 좀 더 가슴에 와 닿을 것이다.

저자는 우선 세일즈맨의 자아상 정립을 가장 중요하게 생각한다. "자아상은 자신에 대한 믿음의 종합 프로그램이며, 그래서 너무 높지도 너무 낮지도 않게 정하는 것이 중요하다. 예를 들어 목표가 너무 높으면 좌절하고 너무 낮으면 달성한 후 오히려 마음이 해이해져 실적이 낮아진다. 그래서 적절한 목표를 정해서 잠재 고객을 발굴하고, 만나서 기대감을 형성하고 그의 니즈를 파악해서 프레젠테이션을 한 후, 그의 질문과 반론에 응대하고 판매를 종결하는 일련의 행위를 잘 이어가는 것이 중요하다. 그리고 여기서 끝나는 것이 아니라 재판매와 추천을 확보해야 진짜 판매가 시작된다"고 저자는 강조한다.

이 책에서 영업을 막상 해보지 않은 사람들 입장에서 가장 자극이 되는 말은 '거절을 두려워하지 말라'는 말이다. "거절은 개인에 대한 거절이 아니라는 점을 깨달아야 한다. 고객은 결코 세일즈맨의 인격을 거절한 것이 아니다. 단지 고객에게 그럴 만한 사정이 있기 때문일 뿐이다. 그러므로 거절을 심각하게 받아들이려는 마음을 다스리고 억제해야 한다. 거절이란 단지 판매라는 업무 영역에서 일어나는 하나의 현상일 뿐이다."

꼭 영업 현장이 아니더라도 많은 사람들이 다른 사람들의 작은 거절에도 불쾌해하고 좌절을 한다. 하지만 이 문구를 읽는다면 거절에 대해서는 더이상 의미 부여를 하지 않아도 될 것이다. 이처럼 책은 세일즈 방법론에 관한 책이면서 동시에 인간관계를 향상시키는 책이기도 하다.

책은 또한 자기 계발과 생산적인 삶의 방법을 알려 주기도 한다. '가장 두려워하는 것부터 하라'는 글귀를 보자. 세일즈맨들이 외부 영업을 나가면 평소에 자주 만나던 고객 위주로 만나는 경향이 있다. 왜냐하면 새로운 사람이나 껄끄러운 사람은 만나기가 두렵기 때문이다. 하지만 저자는 껄끄러운 사람부터 만나 문제를 해결해보라고 주문한다. 이 말은 우리의 일상생활에서도 그대로 적용될 수 있는 말이다. 일주일의 예정표를 만들어 놓고 가장 싫은 일부터 하는 것이다. 실제로 하다 보면 그리 어려운 일도 아님을 알게 된다. 단지 귀찮아서 차일피일 미루고 있었던 것뿐이었다.

그리고 저자는 사람들과 나누는 대화에서 지켜야 할 중요한 원칙도 설명한다. 이 원칙을 설명하기 전에 사람들이 물건을 사거나 반대로 사지 않을 때 어떤 판단 기준을 가지고 있는지 살펴보자. 첫 번째 기준은 '이득에 대한 욕구', 두 번째는 '손해에 대한 두려움'이다. 즉, 어떤 제품과 서비스로 이득을 얻고자 한다면 구매 욕구는 분명 커질 것이지만 그 물건을 사지 않거나 혹은 잘못 사게 되어 입을 두려움 때문에는 구매를 주저하게 된다는 것이다. 그럼, 이런 고객들과는 어떻게 대화를 해야 할까?

저자는 다음의 네 가지를 대화의 원칙으로 제시한다. ①제품의 가장 매력적인 특성은 무엇인가? ②왜 내가 소개하는 제품을 사야 하는가? ③내 제품이 고객의 니즈를 충족시킬 특별한 특징은 무엇인가? ④다른 회사에서는 제공하지 않지만 우리 회사에서만 제공하는 것은 무엇인가? 이 네 가지를 미리 준비하고 고객들과 대화에 나서야 한다.

이에 덧붙여 세일즈맨이 고객에게 답해야 하는 네 가지도 살펴보자. ①고객이 얼마를 지불해야 하는지 ②고객이 얼마나 많은 이득을 얻게 될 것인지 ③원하는 결과를 얼마나 빨리 얻을 수 있는지 ④내가 고객에게 말한 이득을 얼마나 확신할 수 있는지이다.

모든 사람은 세일즈맨이라 할 수 있다. 누구나 자기 지식을 팔고, 자기 노동을 팔고, 자기 시간을 판다. 그런 면에서 보게 되면 이 책은 꼭 세일즈맨이 아니어도 읽어야 할 이유가 충분한 책이다.

(서평 : 홍재화)

훔치고 싶은 문장

일이란 될 때도 있고, 안 될 때도 있는 법이다. 그러니 결과에 연연하지 말고 "다음!"을 외쳐라.

함께 읽으면 좋은 책

『가격 파괴의 저주』 고든 레어드 지음, 박병수 옮김, 민음사, 2011년
『팔지 마라 사게 하라』 장문정 지음, 쌤앤파커스, 2013년

17

STICK 스틱!

1초 만에 착 달라붙는 메시지, 그 안에 숨은 6가지 법칙

칩 히스/댄 히스 지음, 안진환/박슬라 옮김, 엘도라도, 2009년(개정증보판)
Made to Stick: Why Some Ideas Survive and Others Die,
Chip Heath/Dan Heath, Random House, 2007

◆ ◆ ◆

어떤 말은 금방 잊히는데, 왜 어떤 메시지는 사람들의 뇌리에 찰싹 달라붙어 절대 잊히지 않는 걸까? 메시지가 사람들 머릿속에 달라붙는 공통적인 법칙이 있다. 이 책은 속담과 신화, 이야기, 광고 카피, 선거 캐치프레이즈 등에서 볼 수 있는 사람들이 절대 잊지 못하는 메시지를 연구해서 그 이유를 여섯가지 법칙으로 정리한 책이다. 내가 만드는 메시지의 효과성을 높이는 데 도움을 줄 수 있는 책이다.

스티커(sticker)라는 단어에서도 알 수 있듯 스틱(stick)은 '착 달라붙는다'는 뜻이다. 우리는 하루에도 엄청나게 많은 메시지를 접하게 되지만 사람들의 뇌리에 착 달라붙어 사람들에게 절대 잊히지 않는 메시지들이 있다. 예를 들어 '콜라가 치아를 부식시킨다' '인간은 평생 뇌의 10%밖에 사용하지 않는다' 등과 같은 말이다. 이 통념들은 정확하지도 않고 검증된 것도 아니지만 사람들 사이에서 계속해서 퍼지고 생명력을 얻고 있다. 반면 공들여 작성된 다른 메시지들은 아무리 열심히 전달해도 금방 휘발되어 사라져 버리는 경우가 부지기수다.

학교 수업 시간에서도 대다수 학생들은 일주일만 지나도 수업 내용을 기억하지 못한다. 마찬가지로 기업에서 혁신 전략을 정교한 메시지로 만들어서 발표해도 듣는 순간에는 다들 고개를 끄덕이지만 나중에 확인해보면 기억을 못 하는 경우가 허다하다. 이처럼 한번만 들어도 잘 기억하는 메시지와 그렇지 않은 메시지에는 무슨 차이가 있는 걸까? 듣는 사람에게 딱 달라붙어 쉽게 기억되는 전파력 있는 메시지들의 공통점은 무엇일까? 저자들은 총 여섯 가지로 그 공통점을 정리했다.

첫 번째는 단순성이다. 한마디로 메시지는 복잡하면 안 된다는 주장이다. "만일 당신이 법정에서 열 가지 주장을 펼친다면 설사 그 열 가지 모두가 더할 나위 없이 훌륭하더라도, 평결을 내리는 배심원들은 그 중 단 한 가지도 기억하지 못할 것이다"라는 변호사들의 얘기가 있다. 즉, 핵심만 남기고 불필요한 요소들을 모두 제거해야 한다는 말이다. 작가 생텍쥐페리도 '완벽함이란 더하고 더해서 더 이상 보탤 것이 없는 상태가 아니라 더 이상 뺄 것이 없는 상태'라고 했다.

두 번째는 의외성이다. 영화관에서 판매하는 팝콘은 콜레스테롤 수치가 매우 높다. 팝콘 섭취를 줄이는 캠페인을 하는데 콜레스테롤이 높으면 건강에 해롭다는 메시지를 내거나 팝콘에 들어가는 칼로리 수치를 보여주는 방식은 너무 뻔한 메시지 전달법이다. 하지만 이를 단 하나의 그림으로 표현한다면? 베이컨과 달걀을 곁들인 아침 식사 여기에 빅맥과 감자튀김이 그려진 점심 식사 그리고 사이드 메뉴를 곁들인 스테이크 저녁 식사까지 포함된 그림. 그리고 반대편에는 달랑 팝콘 한 봉지만 그려져 있는 그림. 세 끼 식사보다도 팝콘 한 봉지에 더 많은 콜레스테롤이 들어있다는 걸 보여주는 메시지이다. 이걸 본 사람들은 "와! 정말? 이 정도 일 줄이야!"라며 깜짝 놀라며 다른 사람들에게 연성적으로 이 메시지를 전파한다. 의외성을 활용한 접근이다.

세 번째는 구체성이다. 추상적이기 보다는 구체적이어야 달라붙는다는 것. 이솝 우화에 나오는 여우와 신포도 얘기는 2,500년간 이어져 온 얘기다. 더운 여름날 여우가 높은 덩굴에 달려있는 포도를 보고 이걸 따먹으려고 몇 번이나 높이 뛰기를 해보았지만 손이 닿지 않았다. 마침내 지쳐 포기한 여우는 뒤돌아서며 말했다. "어차피 시어서 못 먹을 거야." 여기에서 유래된 '신 포도'는 자기 합리화의 표현으로 여러 문명과 언어에 동일하게 등장한다. 이 사례가 이렇게 많은 곳에서 공통적으로 사용되는 이유는 이야기가 눈앞에 그려지듯 구체적이고 생생하기 때문이다. 아마 이를 '실패했을 때는 핑계를 대지 말라'는 식의 교훈적 메시지로 설파했다면 사람들은 전혀 기억도 하지 못 하는 일이 되었을 것이다.

네 번째는 신뢰성이다. 이는 메시지를 믿게 만드는 요소다. 신뢰성을 높이려면 전문가를 인용하는 방법이 유용하다. 『성공하는 사람들의 7가지 법칙』을 쓴 스티븐 코비는 조직의 목표와 이를 구성원이 얼마나 이해하고 있는지에 대한 통계를 발표한 적 있다. 37%의 구성원만이 조직의 목표를 알고 있고, 다섯 명 중 한 명만이 조직의 목적에 대해 열정을 가지고 있다는 내용이었다. 즉, 다섯 명 중 한 명만이 자신의 업무와 조직의 목표 사이의 연관성을 잘 알고 있다는 것이다. 코비는 이걸 탁월한 비유로 이렇게 설명했다. "축구팀에 비유하자면 열한 명의 선수 중 골대를 정확히 알고 있는 선수는 단 네 명 뿐. 두 명만이 자신의 포지션을 정확히 알고 있고 두 명만이 경기에서 이기기 위해 노력한다." 이 같은 비유는 한마디로 엉망진창인 축구팀이 연상되면서 조직의 목표를 구성원들에게 정확하게 이해시킨다는 것이 얼마나 어려운 일인지 우리 뇌리에 착 달라붙게 해주는 설명이라 할 수 있다.

다섯 번째는 감성이다. 아프리카 아동을 위한 기부를 요청할 때 여러 복잡한 통계 수치보다 소녀 한 명의 스토리가 더 마음을 울린다는 이치다. 요즘 TV에 자주 등장하는 각종 구호 단체들의 광고를 떠올려 보면 된다.

여섯 번째는 스토리다. 스토리로 전달하면 사람들은 머릿속으로 그림을 그리고 상상을 하며 적극적인 해석을 한다.

이상으로 지금까지 언급한 여섯 가지 원칙을 모두 설명했다. 이를 모아서 한마디로 얘기해보면 '간단하고 기발하며, 구체적이고 진실되며 감정을 불러일으키는 스토리'여야 한다는 것이다. 이 여섯 가지 원칙인 단순성(Simplicity), 의외성(Unexpectedness), 구체성(Concreteness), 신뢰성(Credibility), 감성(Emotion), 스토리(Story)의 영어

앞글자를 따게 되면 'SUCCESs'라는 단어가 된다. 이 책의 작가는 책의 핵심 메시지를 SUCCESs라는 단어로 만들어 기억하기 쉽게끔 스틱을 만들었다.

우리에게도 친근한 스틱 메시지들이 있다. 삼성 이건희 회장이 신경영을 주창하면서 했던 "마누라와 자식 빼고 다 바꿔라"는 말은 한번 들으면 절대 잊지 못할 메시지다. 현대 정주영 회장이 즐겨 썼다는 "임자, 해보기는 했어?"는 실행을 강조하는 어떤 교훈보다 짧고 임팩트 있는 메시지다. 김대중 정부의 대북 정책 상징과도 같은 '햇볕 정책'은 또 어떤가? 단 한 단어로 핵심을 탁월하게 전달한다.

이 책은 출간 즉시 미국과 세계에서 베스트셀러에 올랐고 여전히 광고 마케팅 분야의 가장 중요한 참고 도서 중 하나로 손꼽히고 있다. 450페이지에 달하는 분량이지만 재미있고 구체적이며 의외의 스토리들을 통해 주장을 펼쳐나간다. 문장의 구성도 훌륭하다. 그런 면에서 좋은 글쓰기의 본보기가 되는 책이기도 하다.

(서평 : 고현숙)

훔치고 싶은 문장
전문가들은 스스로 전문가처럼 말하고 있다는 사실을 잊어버린다.

함께 읽으면 좋은 책
『나음보다 다름』 홍성태/조수용 지음, 북스톤, 2015년
『설득의 심리학』 로버트 치알디니 지음, 황혜숙 옮김, 21세기북스, 2019년
(리커버 에디션)

18

트렌드 코리아

서울대소비트렌드 분석센터의 전망

김난도/전미영 등 지음, 미래의창, 2009~2020년

◆ ◆ ◆

매년 10~12월에 접어들면 트렌드 관련 서적들이 쏟아져 나온다. 내년 혹은 가까운 미래에 어떤 트렌드가 대세를 이룰지 예측하는 내용을 담고 있다. 어떤 책은 한 번 출간되고 마는 경우도 있지만 시리즈 형태로 매년 출간되는 책도 있다. 이 중에서는 김난도, 전미영이 주도하는 서울대 생활과학연구소 소비트렌드 분석센터가 2007년부터 출간하고 있는 『트렌드 코리아』 시리즈가 가장 인기가 높다.

좋든 싫든 세상의 흐름을 적시에 알고 있어야 기업은 물론이고 개인들두 현명하게 판단을 내릴 수가 있다. 그래서 우리는 항상 트렌드에 민감하고 트렌드와 관련된 뉴스가 나올 때마다 귀를 쫑긋 세운다. 가을이 되면 한 해를 정리하고 내년을 전망하는 트렌드 관련 서적들이 출간 러시를 이룬다. 메가 트렌드, 글로벌 트렌드, 대한민국 트렌드,

산업 트렌드, 소비 트렌드. 최근에는 IT, 미디어, 재테크, 부동산, 헬스 케어, 푸드, 패션, 문화 예술, 자영업 등 세분화된 분야별 트렌드 책들도 속속들이 등장하고 있다.

이중 가장 인기가 높은 『트렌드 코리아』를 살펴보자. 서울대소비 트렌드 분석센터가 13년 동안 매년 빼놓지 않고 출간하고 있는 책이다. 매년 다음 해에 히트 칠 만한 소비 트렌드 10개를 선정해 소개를 한다. 물론 소비 트렌드를 조사하는 트렌드 헌터그룹이 모은 자료를 토대로 소비 트렌드 분석 센터가 토의를 거쳐 엄선한다. 그리고 개인이나 회사로부터 트렌드 사례를 제보 받아 채택하기도 한다. 이렇게 취합된 10개의 트렌드는 해당 연도의 띠 이름에 맞게 영어 네이밍을 만든다. 예를 들어 2020년은 'MIGHTY MICE(마이티 마이스)'다. 2020년의 소비 트렌드인 멀티 페르소나, 라스트핏 이코노미, 페어 플레이어, 스트리밍 라이프, 초개인화 기술, 팬슈머, 특화생존, 오팔 시대, 편리미엄, 업글 인간에서 알파벳 하나씩을 따온 것이다. 책을 펼쳐보면 10개의 트렌드를 설명하고 트렌드가 적용되어 인기를 끌고 있는 사례들을 자세히 소개하고 있다.

책에서는 대한민국 10대 트렌드 상품도 선정한다. 2019년 트렌드 상품으로는 괴식 및 이색 식품, 배송 서비스, 인플루언서, 지역 기반 플랫폼, 한 달 살기, 대형 SUV, 에어프라이어와 삼신 가전, 재출시 상품, 친환경 아이템, 호캉스가 선정되었다. 여기에서 '삼신 가전'이란 가사 부담을 줄여주는 새로운 가전인 식기 세척기, 로봇 청소기, 의류 건조기를 말한다. 새로워서 삼신(三新), 신이 내려준 선물 같다고 하여 삼신(三神)이다. 이 세 가지 가전은 이제 신혼부부의 필수 가전제품으로 자리 잡았음을 알 수 있다. 그리고 제주도에서 시작된 한 달 살기는 외국에 나가서 한 달을 사는 것으로 점점 확대되어 가는 것도 알 수 있다. 이처럼 책을 보게 되면 지금 세상이 어떻게 돌아가고 유행이 무엇인지를 금방 파악할 수가 있다.

그런데 이런 방식의 트렌드 제시에 반감을 품는 사람들도 있다. 트렌드 이름에 외국어가 너무 많다는 지적에서부터 이런 트렌드 제시가 소비자들로 하여금 지금의 자신을 불행하다고 느끼게 해 새로운 소비를 늘리도록 유도한다는 비판 등이 그것이다. 그리고 참신한 트렌드를 제시하지 못하고 과거에 이미 나왔던 것을 재탕한다는 지적도 있다. 하지만 트렌드라는 게 몇 년을 이어가면서 길게 유행하는 것도 있고, 반짝 나타났다가 사라지는 것도 있고, 2020년처럼 외부 환경이 갑자기 변하여 트렌드를 정확히 예측하지 못하는 경우도 있기 때문에 이런 지적이 100% 온당하다고 보기에는 어렵다. 2020년 1월 갑자기 시작된 코로나19 바이러스는 우리의 소비 행태를 완전히 뒤바꾸었다. 모임, 쇼핑, 극장에도 가지 못하고 해외여행도 취소했다. 이로 인해 항공, 관광, 외식, 소매 분야의 매출이 업계의 생존을 걱정할 정도로 급감했다. 반대로 마스크, 세정제 등 보건 위생과 온라인 쇼핑 분야는 대박을 맞았다. 이런 일이 일어날 것을 과연 누가 정확하게 예측할 수 있겠는가? 이처럼 트렌드를 예측하고 100% 적중시킨다는 일은 말처럼 쉬운 일이 아니다.

책은 출간될 시점의 그해 분석과 다음 해에 대한 예측을 함께 담고 있다. 그리고 이전 년에서 예측한 트렌드가 어떻게 진화했는지 맞는지 틀리는지 등을 상세히 리뷰한다.

국내가 아닌 세계 트렌드를 파악하기 위해서는 KOTRA(대한무역투자진흥공사)가 지난 7년 동안 발간한 『한국이 열광할 세계 트렌드』도 추천한다. 이 책의 특징은 예측이 아닌 이미 해외에서 검증된 비즈니스를 추천하는 것을 강점으로 삼고 있다. 전 세계 84개국 129개 도시의 KOTRA 무역관에서 핫한 시장과 상품을 광범위하게 취재한 후 책으로 정리했기 때문이다. 2019년 말에 발간된 책에서는 2020년의 트렌드로 12개 키워드를 제시하고 있다. 뉴 모빌리티(New Mobility), 웹시티(Web City), 맘코노미(Momconomy), 모바일 닥터(Mobile Doctor), B급의 재발견(B Redefinition), 그린 다이닝(Green Dining), 자연의 재발견(The Rediscovery of Nature), 셰어 투게더(Share Together), GWP(Great Work Place), 스마트 소셜라이징(Smart Socializing), 스마트 리사이클링(Smart Recycling), 스마트 실버(Smart Silver)가 바로 그것이다.

우리나라 사람들은 최신 트렌드에 지나치게 민감하고 무작정 트렌드를 쫓아가기 바쁘다는 비판을 스스로들 한다. 모두가 요즘 뜬다는 방향으로만 몰려가게 되면 다들 비슷해져서 경쟁만 치열해지고 먹을 파이의 양도 줄어든다. 그래서 우리는 이 책을 보면서 최신 트렌드를 참고로만 봐야지 그것을 그대로 쫓아 무언가 중요한 결정을 한다고 할 때는 매우 조심스럽게 판단해야 할 필요가 있다. 그리고 어떤 사람은 자신의 관점이나 생각, 입장이 흔들릴까 봐 아예 트렌드를 보지 않고 외면해 버린다고도 하는데 이 역시도 올바른 태도라고 말하기는 어렵다.

(서평 : 김민주)

훔치고 싶은 문장

2020년은 경자년(庚子年) 쥐띠 해다. 쥐는 12간지 중 첫 번째 동물로 꾀가 많고 영리하며 생존력이 뛰어난 것으로 유명하다. 한 사람이 영웅이 아닌, 우리 모두가 작은 히어로가 되어 힘을 모아 현재의 어려움을 이겨내자는 의미를 표현하기 위해 원제목의 'mouse' 대신 그 복수형인 'mice'를 사용했다.

함께 읽으면 좋은 책

『한국이 열광할 세계 트렌드』 KOTRA 지음, 알키, 2016~2020년
『트렌드 모니터』 마크로밀엠브레인 지음, 시크릿하우스, 2011~2020년

19

모든 비즈니스는 브랜딩이다

브랜딩은 더이상 마케팅의 전유물이 아니다!

홍성태 지음, 쌤앤파커스, 2012년

◆ ◆ ◆

2000년대 들어 비즈니스의 핵심 영역 중 하나는 누가 뭐라 해도 '브랜드'라 할 수 있다. 기업은 물론이고 국가와 도시, 나아가 개인에 이르기까지 브랜드의 중요성은 아무리 강조해도 지나치지 않는 일이 되었다. 이 책은 모든 비즈니스에 왜 브랜딩이 필요한지 그리고 고객의 마음을 사로잡는 브랜드에는 어떤 비결이 숨어 있는지를 알려준다. 저자인 홍성태 교수는 소비자 심리와 마케팅 전략 분야에서 현실적인 통찰력을 제공해주는 대표적인 마케팅 학자다. 브랜드 콘셉트를 개발하고 브랜드 체험을 관리하여 기업의 가치를 높이고 싶은 사람이라면 누구나 꼭 읽어봐야 할 책이다.

한때 브랜드는 고도의 전문성을 필요로 하는 마케팅 영역으로 전문가가 아니면 접근이 어려운 브랜드 자산 개념으로 접근했다. 생물과 같이 살아있는 마케팅 활동인 브랜딩을 교과서의 틀 속에 가둔 꼴이었다. 이 책은 이런 문제 인식에서 출발한다. 브랜드를 실무 현장으로 끌고 와서 주변의 익숙한 사례로 편안하게 이야기를 나누듯 설명한다. 전문가만 다룰 수 있는 브랜드에서 전 직원이 함께 다루는 브랜드로 브랜딩의 방향을 제시한 책이라고 할 수 있다.

저자는 마케팅을 단순한 품질의 경쟁이 아니라 인식의 싸움으로 보고 있다. 기본적으로 품질이 좋아야 하지만 품질의 우수성이 반드시 성공을 보장하지는 않는다는 것이다. 그리고 마케팅을 잘하려면 소비자의 인식 관리를 잘해야 하는 데 이 인식은 결국 브랜드에 대한 인식이 되고 이 인식을 심어가는 과정이 브랜딩이라는 것이다. 따라서 브랜딩은 "브랜드의 좋은 '품질'을 소비자에게 제대로 전달하기 위해 '이미지'를 만들어가는 과정"인 셈이다.

그렇다면 소비자에게 브랜드를 어떤 방식으로 전달해야 하는 걸까? 이 책은 브랜딩을 두 가지 축으로 나누어 설명한다. 하나는 브랜드 콘셉트를 도출하고 활용 방법을 다루는 브랜드 탄생, 다른 하나는 브랜드를 사용하는 고객에게 어떤 체험을 하게 할 것인가를 다루는 브랜드 체험이다.

브랜드 콘셉트를 만드는 방법으로는 일곱 가지 요소(7C)를 제시한다. ①사업 콘셉트를 설정하기 위해 갖춰야 할 고객 지향성 ②브랜드의 콘셉트와 특성을 한마디로 집약한 응축성 ③브랜드 콘셉트를 가장 효과적으로 표현하기 위한 창의성 ④고객에게 콘셉트를 꾸준히 전달하는 지속성 ⑤하나의 브랜드를 구성하는 다양한 제품 간의 조화성 ⑥브랜드 내의 모든 조직을 하나의 목표로 움직이게 하는 일관성 ⑦브랜드 구성원끼리 서로의 역할을 보완하는 보완성이 그것이다.

　그리고 브랜드 체험과 관련해서는 브랜드에 재미를 부여하는 과정으로 일곱 가지 요소(7E)를 제시한다. ①제품의 물리적 속성과는 상관없이 브랜드 구매에 지대한 영향을 미치는 비본질적 요소 ②소비자의 행동에 가장 직접적인 영향을 미치는 감성적 요소 ③소비자의 마음을 읽고 다가가는 데 필요한 공감적 요소 ④브랜드 콘셉트를 지각 가능한 형태로 만드는 데 중추적인 심미적 요소 ⑤브랜드와 관련된 이야기를 통해 호감을 끌어낼 스토리적 요소 ⑥소비자의 라이프 스타일에 효과적으로 접근하는 엔터테인먼트적 요소 ⑦브랜드에 인성을 심어주는 자아적 요소가 그것이다.

　저자가 제시한 7C와 7E의 요소 중 대표적인 것 하나씩만 살펴보자. 먼저 7C의 하나인 고객 지향성이다. 마케팅의 기본은 도대체 내가 하는 비즈니스가 어떤 비즈니스인지 고객의 관점에서 규정하는 것이다. 한마디로 콘셉트를 만드는 것이라 할 수 있다. 이를 아주 단순화하면 "We Sell ____." 즉, 우리가 무엇을 판다는 것인지 이를 명확히 정의하는 것이다. 예를 들면 "우리는 희망을 팝니다" "우리는 추억을 파는 회사입니다" 등과 같이 업(業)의 개념을 정립하는 것이다. 사실 콘셉트를 정하는 것보다 더 중요한 것은 콘셉트를 고객들이 피부로 느끼고 체험하게끔 하는 것인데, 고객 지향성은 한마디로 고객이 무슨 체험을 기대하는지 살피고 이를 콘셉트로 제안하는 것이라 할 수 있다. "우리 회사는 고객의 관점에서 보면 무엇을 하는 회사인가?"는 저자가 가장 강조하는 질문 중 하나이다.

다음으로 브랜드를 체험하게 하는 요소(7E) 중 하나를 살펴보자. 제일 중요한 관점 중 하나인 비본질적 요소는 "고객은 꼭 필요한 것만 사지 않는다"는 것을 말한다. 꼭 필요한 것은 기능적 필요(needs)다. 반면 없다고 해도 살아가는데 큰 지장은 없지만 그래도 원하게 되는 것이 비기능적 욕구(wants)다. 저자는 비기능적 욕구를 충족시키는 것이 오늘날 마케팅의 핵심이라고 말한다. 원래 제품이 가진 용도나 사용의 목적성보다 자신의 개성을 나타내기 위한 욕구가 보다 더 중요한 구매 기준이 된다는 뜻이다. 기능적 필요만 생각한다면 시중에 나온 스마트폰은 동일한 수준의 품질을 제공해 주기 때문에 어떤 브랜드를 선택해도 필요(needs)가 충족된다. 하지만 실제로는 자신의 개성을 잘 표현할 수 있고, 그런 욕구(wants)를 충족시켜주는 브랜드 제품을 선택한다. 비본질적 요소가 브랜딩에서 중요한 이유인 것이다. 예를 들어 스피드를 내는 모터사이클이 아니라 할리데이비슨이어야 하는 이유, 쿠션이 좋은 운동화가 아니라 나이키이어야 하는 이유, 그것은 바로 브랜드에 대한 소속감 때문이라 할 수 있다. 바로 이 욕구(wants) 때문에 우리는 해당 제품을 구매하게 된다.

체험을 제공하는 브랜딩으로 고객의 비기능적 욕구를 충족시켜야 한다는 것은 모든 비즈니스의 기본이 되고 있다. 지금까지 저자가 제시하는 7C와 /E 중 한 가지씩만 예를 들어 설명했다. 나머지 여섯 가지 요소들도 책을 통해서 꼭 확인해보면 좋겠다.

(서평 : 구자룡)

훔치고 싶은 문장

여러분의 회사에서 다루는 제품이 무엇이든 기업의 관점에서만 보지 말고 고객이 '무슨 체험'을 기대하는지를 잘 살펴보시기 바랍니다.

함께 읽으면 좋은 책

『배민다움』홍성태 지음, 북스톤, 2016년
『디스 이즈 브랜딩』김지헌 지음, 턴어라운드, 2019년
『EQ 감성지능』대니얼 골먼 지음, 한창호 옮김, 웅진지식하우스, 2008년(10주년 특별 기념판)

20

프레임

나를 바꾸는 심리학의 지혜

최인철 지음, 21세기북스, 2016년(개정증보판)

◆ ◆ ◆

프레임은 우리가 세상을 바라보는 시각이다. 어떤 문제를 바라보는 관점, 할 수 있다거나 할 수 없다는 믿음, 고정 관념 등이 모두 프레임이다. 우리는 어떤 프레임에 갇혀서 스스로를 제한하기도 하고 혹은 리프레임을 통해 기존의 프레임을 깨뜨리는 힘을 얻기도 한다. 이 책의 저자가 전해주는 다양한 사례와 연구를 통해 생각의 틀을 되돌아보자.

우리가 보는 세계의 모습은 올바른 것일까? 누구나 자신의 창으로 세상을 본나면 창이 어디에 어떤 모양으로 있느냐에 따라 세계를 보는 시선은 달라질 것이다. 그래서 '무엇을 보느냐' 보다 '어떻게 보느냐' 하는 준거틀(frame of reference)이 훨씬 중요하다. 그리고 내 인식이 결국 내가 가지고 있는 창(프레임)의 결과라는 사실을 인정하게 되면 더욱 겸허해질 수밖에 없다. 세상이 원래 이런 거라고 우기지 않게 되며 타인의 견해도 결국 그 사람의 창으로 본 결과임을 인정하게 된다.

힘들게 거리를 청소하는 청소부가 '나는 지구의 한 귀퉁이를 깨끗하게 하고 있다'고 자기 일의 의미를 정의했다고 하자. 이는 의미와 목적, 즉 '왜(Why)'에 중심을 두는 상위 프레임이다. 반면 하위 프레임에서는 '어떻게(How)'를 묻는다. 그 일이 쉬운지 어려운지 시간은 얼마나 걸리는지 성공 가능성은 얼마나 되는지 등 구체적인 절차부터 묻는 것이 하위 프레임이다. 그런데 이런 하위 프레임에 매몰되다 보면 궁극적인 목표나 큰 그림을 놓치게 되고 주변 이슈들을 쫓느라 에너지만 허비하게 된다. 그래서 같은 일도 상위 프레임으로 보는 것이 중요하다.

인식의 오류를 범하는 프레임도 다양하다. 헤어스타일이 이상해졌거나 어색한 옷을 입으면 사람들이 다 나를 쳐다보는 것 같고 어떻게 생각할지 신경이 쓰이게 된다. '조명 효과'라는 심리 현상인데 마치 무대에 선 주인공이 내가 된 것처럼 내 머리 위에 스포트라이트가 쏟아지고 나의 일거수일투족 그리고 감정의 흐름까지 자세히 관찰당하는 것처럼 느껴진다. 하지만 진실을 보게 되면 다른 사람들은 우리에게 전혀 관심을 가지지 않는다. 즉, 우리를 바라보고 있었던 것은 다른 사람이 아닌 나 자신일 뿐일 때가 많다.

어떤 행동이나 결과의 원인을 사람으로 돌리는 '사람 프레임'은 간단히 그를 비난함으로써 우리 마음을 편하게 만드는 역할을 한다.

그런데 여기에 그렇게밖에 할 수 없었던 환경의 힘을 인정하는 '상황 프레임'까지 덧대게 되면 나쁜 행동을 한 사람에게는 조금 더 관대해질 수 있고, 좋은 일을 한 사람에게는 영웅이라는 시선을 조금 더 줄일 수가 있게 된다. 즉, 우리가 어떤 인간의 행동을 정확히 이해하기 위해서는 사람 프레임과 상황 프레임을 균형 있게 사용해야 한다는 것이다. 하지만 이게 지나쳐 남용하게 되면 개인의 책임을 과도하게 묻는 실수를 범하게 되기도 하고, 인간을 수동적 존재로 보고 문제의 개선이 오직 환경에만 달려 있다는 결정론적 시각을 갖게 되기도 한다.

이 책의 또 다른 기여 중 하나는 '나 자신이 타인에게는 상황이다'라는 인식을 갖도록 한 점이다. 나의 신념은 내가 하는 행동에 영향을 미치게 되고, 이 같은 나의 행동은 그에 반응하는 타인의 행동에 영향을 준다는 것이다. 예를 들어, 흑인이 폭력적이라고 믿는 사람은 당연히 흑인을 경계할 수밖에 없다. 이때 흑인은 자신을 경계하는 사람을 보면서 오히려 행동이 어색해지고 불친절해진다. 이를 보고 그 사람은 '아 역시 흑인은 그렇구나'하고 자신의 신념을 확증해버린다. 상대의 행동을 유발한 사람이 자신임을 모른 채 말이다. 이런 것이 '자기실현적 예언(Self-fulfilling Prophecy)'이다.

우리가 쓰는 언어(말)와 이름 붙이기도 일종의 프레임이라 할 수 있다. 구호 단체에서 기부금을 모금하는데 한 그룹에는 연간 30만 원을 제시하고, 다른 그룹에는 일일 850원을 제시했다. 전자는 30%만이 기부 의사를 밝혔지만 후자는 52%가 기부 의사를 밝혔다. 같은 금액이지만 하루 얼마라는 '푼돈 프레임'이 기부 행동을 쉽게 만들었다. 상품의 가격도 그렇다. 레스토랑 메뉴에 저렴한 A, 보통 가격의 B가 있다고 해보자. 이때 두 가지 메뉴만 있는 것이 아니라 높은 가격의 C가 함께 보인다면 사람들은 B를 더 많이 선택하게 된다. B 가격을 더 합리적으로 인식하게 하는 프레임에 영향을 받기 때문이다.

이 밖에도 책에는 자신의 프레임을 반추할 수 있는 여러 틀을 다양하게 소개하고 있다. 의미 중심의 프레임, 접근 프레임, '지금 여기' 프레임, 비교 프레임, 소유보다는 경험의 프레임, '누구와'의 프레임 등.

우리가 모든 프레임에서 벗어나서 온전한 객관성을 확보하는 것이 가능할까? 불가능하다. 인간은 경험하고 학습하는 존재이기 때문에 학습의 결과로서 얻어진 프레임은 자연스럽게 우리에게 영향을 준다. 만약 어떤 이슈가 있고 해결이 잘 되지 않는다면 우리는 그 일에 씌워져 있는 프레임을 한번 되돌아볼 필요가 있다. 당연시하고 습관적으로 생각해 온 패턴, 그 자체에 매몰되는 것이 문제의 원인이 될 수 있다. 이것이 리프레이밍(Re-framing)이다. 그래서 딱 한 번 마음먹는 것이 중요한 게 아니라 규칙적이고 반복적으로 우리의 프레임을 다시 살피는 것이 더욱 중요하다. 결국 지혜란 자신이 아는 것과 알지 못하는 것, 할 수 있는 것과 할 수 없는 것의 경계를 아는 것에서부터 출발하기 때문이다.

(서평 : 고현숙)

훔치고 싶은 문장

모든 출구는 어딘가로 들어가는 입구다.

함께 읽으면 좋은 책

『빅터 프랭클의 죽음의 수용소에서』 빅터 프랭클 지음, 이시형 옮김, 청아출판사, 2020년(개정판)

『행복에 걸려 비틀거리다』 대니얼 길버트 지음, 서은국/최인철/김미정 옮김, 김영사, 2006년

『코끼리는 생각하지마』 조지 레이코프 지음, 유나영 옮김, 김영사, 2015년(개정판)

21

필립 코틀러의 마켓 4.0

4차 산업 혁명이 뒤바꾼 시장을 선점하라

필립 코틀러 등 지음, 이진원 옮김, 더퀘스트, 2017년
Marketing 4.0: Moving From Traditional to Digital,
Philip Kotler/Hermawan Kartajaya/Iwan Setiawan, Wiley, 2016

◆◆◆

마케팅 구루 필립 코틀러는 일찍이 현대 마케팅학의 체계를 잡은 학자로서 1970년대부터 지금까지 급변하는 마케팅의 변화를 자신의 학문 체계 안에 제대로 반영하는 데 성공했다. 2010년대 들어서는 『마켓 3.0』과 『마켓 4.0』책을 잇달아 출간하면서 최신의 마케팅 트렌드를 계속해서 소개하고 있다. 이 책에서는 제품 중심 마케팅과 소비자 중심 마케팅을 넘어서 인간 중심 마케팅과 초연결성 마케팅을 강조하고 있다.

주요 비즈니스 잡지들은 매년 비즈니스 구루들을 선정한다. 그때마다 빠지지 않고 상위에 랭크되는 마케팅 학자로 필립 코틀러가 있다. 그는 시카고 대학, MIT 대학에서 경제학을 전공한 후 1960년대 초반에 마케팅 분야가 부상하자 노스웨스턴대학으로 자리를 옮기고 자신의 전공을 경제학에서 마케팅학으로 전환한다. 당시에는 마케팅이

세일즈의 하부 분야로 인식되고 있어서 학문 체계가 잡히지 않은 상태였다. 필립 코틀러는 자신에게 익숙한 경제학 체계를 마케팅에 접목하여 마케팅학의 선구자 역할을 한다. 그의 책 『마케팅 관리론』은 1967년 처음 출간된 이래로 현재까지 15판을 냈다.

1950년대까지만 하더라도 마케팅은 제품 중심인 품질 관리에 집중했다. 이때가 마켓 1.0시대다. 그러다가 1960년대 후반부터 제품 간 경쟁이 심해지자 제품 차별화를 통해 수요를 늘리는 것이 중요해졌다. 그래서 마켓 2.0 시대에서는 고객을 만족시키고 유지하기 위해 시장 세분화, 타켓 고객 선정, 포지셔닝 기법을 개발했다.

2000년대 들어와 마켓은 3.0 시대로 접어들었다. 저렴한 컴퓨터와 휴대 전화 그리고 저비용 인터넷과 오픈 소스를 핵심 요소로 하는 뉴웨이브 기술에 힘입어 소셜 미디어가 마케팅에 본격적으로 도입되기 시작했다. 3.0 시대의 소비자는 자신이 기업의 판매 대상으로 간주되는 것을 싫어했다. 소비자는 자신이 하나의 인간으로 받아들여지기를 원했다. 논리와 감성뿐만 아니라 영성(영혼)을 가진 한 사람으로서 말이다. 그래서 소비자는 기업이 추구하는 가치와 미션을 중요시하게 보았고 기업의 미션을 스토리로 듣고 싶어 했다.

2017년 들어 필립 코틀러는 『마켓 4.0』을 출간했다. 정보 통신 기술이 한 단계 더 진화하면서 하이테크 혁명이 일어나고, 가장 인간적인 감성인 하이터치를 융복합하는 단계가 바로 마켓 4.0이다. 코틀러는 이제 마케터는 사업 환경이 수직적, 배타적, 개별적에서 수평적, 포용적, 사회적으로 변화하고 있다는 사실을 받아들여야 한다고 강조한다. 그리고 주류 고객이 연장자, 남성, 시티즌에서 젊은이, 여성, 네티즌으로 바뀌고 있음을 강조했다.

마켓 1.0에서부터 4.0까지를 정리하면 아래와 같다. ①마켓 1.0: 제품 중심 마케팅, 품질 관리 집중 ②마켓 2.0: 소비자 중심 마케팅, 경쟁 불가피, 포지셔닝 도입 ③마켓 3.0: 인간 중심 마케팅, 가치와 스토리 강조 ④마켓 4.0: 하이테크+하이터치의 융복합 전략, 온-오프라인 통합 마케팅.

과거 아날로그 경제에서는 고객이 구매에 이르기까지 거치는 고객 경로가 4A였다. 인지(aware), 태도(attitude), 행동(act), 반복 행동(act again)이었다. 그런데 디지털 경제에 와서는 고객 경로가 5A로 바뀌었다. 인지(aware), 호감(appeal), 질문(ask), 행동(act), 옹호(advocate)가 바로 그것이다. 브랜드에 일단 호감을 갖게 되면 고객은 친구나 가족에게 조언을 구하고 온라인에서 제품 사용 후기를 검색하고 매장에서 제품을 사용해 보는 과정이 들어간다. 고객이 브랜드를 구매해 만족하면 고객은 브랜드를 재구매하고 다른 사람들에게 브랜드를 적극 추천하게 된다. 이 마지막 경로가 옹호 단계다. 이제 마케터는 브랜드 인지에서 출발하여 궁극적으로 브랜드를 옹호하도록 고객을 인도해야 한다.

기존 아날로그 경제에서는 MOT(Moment Of Truth)를 매우 중시했다. 고객이 상품을 구매하는 시점을 말한다. 하지만 디지털 경제에서는 ZMOT(Zero Moment Of Truth)로 바뀌었다. 소비자가 특정 상품을 살지 말지 결정하기 위해 디지털 기기를 활용해 검색하는 바로 그

순간이다. 필립 코틀러는 ZMOT를 획득하기 위한 전략으로 네 가지 추천하고 있다. ①검색을 통해 정말로 중요한 순간들을 찾아낼 수 있게 하라 ②정말로 중요한 순간에는 꼭 나타나게끔 하라 ③흥미롭기도 하면서 공유할 수도 있고 몰입할 수도 있는 것을 만들어라 ④영향력을 측정하라.

코틀러는 소비자가 브랜드에 대해 느끼는 느낌을 다섯 단계로 구분하고 있다. ①야유 수준의 우(Boo) ②실망 수준의 아악(Argh) ③중립 수준의 오케이(OK) ④마음에 드는 수준의 아하(Aha) ⑤소비자 만족의 최고 수준인 와우(Wow)가 바로 그것이다. 두말할 필요 없이 기업은 소비자의 입에서 '와우'가 터져 나오게끔 해야 한다. 그러려면 기업은 소비자에게 즐거움과 경험을 주는 것은 물론이고 소비자 맞춤형으로 개인화된 서비스를 제공해야 한다.

마켓 4.0 이후 필립 코틀러는 또 어떤 모습으로 마켓 5.0을 소개할지 궁금하다.

(서평 : 김민주)

훔치고 싶은 문장
첨단기술과 초연결성으로 대표되는 마켓 4.0 시대에 시장의 권력이 완전히 소비자에게로 이동했다.

함께 읽으면 좋은 책
『마켓 4.0 시대 이기는 마케팅』필립 코틀러 등 지음, 김민주/이엽 옮김, 한국경제신문, 2017년

22

뇌, 욕망의 비밀을 풀다

인간의 소비심리를 지배하는 뇌과학의 비밀

한스-게오르크 호이젤 지음, 강영옥 등 옮김, 비즈니스북스, 2019
Brain View: Warum Kunden kaufen, Hans-Georg Häusel, Haufe Lexware GmbH, 2016

◆ ◆ ◆

신경 마케팅 분야의 최고 권위자인 한스 게오르크 호이젤이 쓴 책으로 2016년에 개정판이 나왔다. 고객의 머릿속에서 무슨 일이 일어나는지를 이해하고 공감할 수 있도록 '림빅®맵(Limbic®Map)'이란 신경 마케팅 모델을 제시한 책이다. 여기서 '림빅'이란 무의식의 중추 역할을 하는 변연계다. 우리의 뇌는 7만 년 동안 별로 발달되지 않았다. 우리가 뇌에 대해 지속적으로 관심을 가져야 하는 이유다. 이 책을 통해 무의식을 활용한 신경 마케팅을 이해해보자.

필자는 어떤 제품을 구매할 때 스스로 '의식적으로' 구매하고 있다고 생각했다. 하지만 오늘 먹은 점심 메뉴가 5일 전 점심 메뉴와 같다는 것을 알고서야 꼭 그렇지 않다는 것을 알게 되었다. 그 식당에는 여러 다른 메뉴가 있었음에도 불구하고 항상 같은 음식만 골랐다. 마트에서도 마찬가지였다. 여러 종류의 브랜드가 있었음에도 특정 브랜드의 라면만 고르고 있었다. 넓은 식당에 갔을 때는 항상 구석 자리에 앉았다. 나도 모르는 사이에 이미 그렇게 의사 결정을 하고 있었다. 나는 의식적으로 내 행동을 선택했다고 생각했는데 나의 뇌는 무의식적으로 이미 많은 결정을 하고 있었다.

저자의 주장에 따르면 구매 결정의 70~80%는 이미 무의식에 의한 의사 결정이라고 한다. 우리는 왜 이런 의사 결정을 하고 있는 걸까? 이는 무의식이 의식보다 행동으로 전환하는데 빠르고 경험적으로 이미 검증한 해결책이고 그래서 에너지를 적게 소모하기 때문이라고 말한다. 그렇다면 소비자가 무의식적으로 우리 브랜드와 제품을 선택하도록 만들 수만 있다면? 그러면 마케팅은 식은 죽 먹기가 될 것이다. 이처럼 이 책에서는 과학적인 연구 데이터를 바탕으로 소비자의 무의식 세계를 다양한 사례와 함께 다루고 있다.

마케팅 분야에서 오랫동안 사용하고 있는 방법 중의 하나로 시장 세분화가 있다. 특정한 기준에 의해 시장을 여러 세분 집단으로 나누고 그중 한 세분 집단을 집중적으로 공략하는 마케팅이다. 이때 시장을 나누는 기준으로 성, 연령, 소득, 지역 등 인구 통계적인 특성과 함께 개성, 라이프 스타일, 가치 등 심리적인 특성을 활용하기도 한다.

이 책에서는 소비자 성격 테스트를 통해 '림빅®유형'이라는 새로운 세분 집단을 제시하고 있다. 전통주의자, 조화론자, 개방주의자, 쾌락주의자, 모험가, 실행가, 규율숭배자가 그것이다. 림빅 유형을 시장 세분화라는 방법적인 측면으로만 본다면 기존의 개성이나 라이프 스타일에 의한 시장 세분화와 유사하다. 기존의 세분화 방식이 시장을 구분하기만 했지 그 속에 어떤 동기와 감정이 있는지 알 수가 없었다면, 림빅®유형은 림빅®맵을 연결하여 그동안 알지 못했던 고객의 동기와 감정 시스템을 분석한다. 이를 바탕으로 마케팅 의사 결정을 간소화할 수 있게 도와준다. 이 부분이 바로 이 책이 베스트셀러가 된 이유이며 마케팅 분야에 대한 기여이다.

책에 따르면 뇌 연구로 지금까지 밝혀진 소비 행동과 구매 패턴만 알아도 비즈니스와 마케팅에 엄청난 변화를 가져올 수 있다고 한다. 이미 많은 기업들이 이런 연구 결과를 마케팅에 활용하고 있다. 그중에서 남성과 여성이 선호하는 스타일을 활용해서 마케팅에 성공한 사례가 있다. 같은 생수병이라도 남자가 선호하는 모양과 여자가 선호하는 모양이 다르다는 점을 이용해 오스트리아 생수 제조업체인 푀스라우어는 여성성을 강조한 부드러운 곡선을 활용한 생수병 디자인으로 엄청난 성공을 거두었다. 이후 다른 경쟁 제품들도 이를 따라 했다.

뇌과학을 활용한 국내 기업의 성공 사례도 있다. LG그룹에서 실시한 '사랑해요 LG' 캠페인은 특히 어린이들에게 집중적으로 전개한 결과 20년이 지난 지금 LG에 대한 좋은 이미지 형성에 크게 기여를 했다고 한다. 이처럼 고객의 뇌에 브랜드를 심기 위해서는 장기간에 걸쳐 브랜드를 인지시키는 활동이 중요하다. LG가 착한 기업으로 인식되는 데는 이런 장기적인 활동이 큰 역할을 했다고 볼 수 있다.

이뿐만이 아니다. 고객의 머릿속에 저장된 무의식의 지도를 매장의 동선 지도에 적용하는 사례도 있다. 대형 식료품점에서 지난주 구매했던 품목들을 떠올려보자. 처음에는 빵을 사고 다음에는 유제품을 샀다. 이어서 고기를 그리고 면과 소스를 구매했다. 마지막으로 음료와 와인을 사고 이어서 안줏거리를 구매했다. 이것은 아침-점심-저녁 순으로 진열대를 배열했기 때문이다. 우리들 대부분은 매장 입구에서 오른쪽에서 출발하여 시계 반대 방향으로 매장을 돌아다닌다. 이것도 뇌과학의 결과를 활용한 마케팅이다.

이상의 몇 가지 사례를 놓고 봐도 소비자의 뇌가 어떻게 구매 행동에 영향을 미치는지 알 수 있다. 뇌의 작동 원리만 잘 알아도 고객의 마음을 읽고 행동을 예측하는 것이 가능하다. 뇌는 되도록 에너지를 적게 소모하고 싶어 한다. 마케팅을 하기 전에 뇌가 무엇을 원하는지 잘 살펴보자.

(서평 : 구자룡)

훔치고 싶은 문장
예측 불가능한 고객들의 행동 뒤에 어떤 프로그램이 있는지 밝혀낼 수만 있다면, 고객의 마음을 읽고 행동을 예측하는 것이 가능해진다.

함께 읽으면 좋은 책
『뇌를 읽다』 프레데리케 파브리티우스/한스 하게만 지음, 박단비 옮김, 빈티지하우스, 2018년
『이모션』 한스 게오르크 호이젤 지음, 배진아 옮김, 흐름출판, 2012년
『뇌는 어떻게 세상을 보는가』 빌라야누르 라마찬드란 지음, 이충 옮김, 바다출판사, 2016년(개정판)

23

진정성 마케팅

끌리는 브랜드를 만드는 9가지 방법

김상훈, 박선미 지음, 21세기북스, 2019년

◆ ◆ ◆

상품 차별화가 정말 어려운 요즘, 기업은 제품의 장점(what)보다는 자신이 누구인가(who)를 알리는 커뮤니케이션에 더욱 공을 들여야 한다. 그리고 마케팅이 더 이상 욕을 먹지 않으려면 기업은 진심을 담은 마케팅을 전개해야 한다. 이를 위해서는 기업의 탄생 스토리, 철학, 실력, 성격, 개성, 열정, 소통 등의 능력이 필요하다.

과거에는 '마케팅은 과학이자 예술이다'라는 말을 많이 했다. 하지만 요즘은 갈수록 '마케팅은 사기다' '마케팅은 교묘한 포장술이다' '마케팅은 낚시다'라는 말을 더 많이 한다. 하기야 백남준도 '예술은 사기다'라고 말한 적 있으니 '사기'의 말뜻도 다시 따져볼 일이다.

원래 마케팅의 사명은 숭고했다. 좋은 제품을 어떻게 잘 알릴 것인가였고, 브랜드는 고객에게 하는 약속과 같았다. 하지만 마케터들이 조금의 성과라도 얻기 위해 허위와 과장, 가짜 상품과 눈속임, 지켜지지 않는 약속의 남발 등을 하면서 마케팅은 믿을 만한 게 아니라 거짓말투성이인 것으로 소비자들은 인식하기 시작했다. 마케팅의 진정성이 크게 훼손된 것이다. 제품의 낮은 품질을 마케팅으로 감추고 현란한 캠페인으로 덮었으니 마케터도 더 이상 할 말은 없다.

진정성 없는 마케팅의 사례는 정말 많다. 몇 가지만 얘기해보면 콜롬비아 커피의 상징인 콧수염 아저씨 후안 발데스는 사실 농부도 아니고 콜롬비아인도 아니다. 그리고 J.C. 페니 백화점에서 메모리얼 데이(미국의 전몰자 추도기념일)를 맞아 애국 마케팅을 한다며 '아메리칸 메이드(American Made)' 티셔츠를 판매했는데 알고 봤더니 이 티셔츠는 멕시코에서 만들어졌음이 드러났다. 샌드위치 가게인 서브웨이는 풋롱이라는 제품을 파는데 어떤 소비자가 실제로 크기를 재어보니 1피트(=12인치)에서 1인치 부족한 11인치였다.

이런 거짓말 마케팅은 소비자들이 직접 조사해서 밝힌 내용이다. 기업 입장에서 이런 상황이 닥친다면 해명에만 급급하지 말고 일단 사과를 하고 이에 합당한 보상을 해야 하는 게 맞다. 하지만 기업이 소비자의 반발에 변명으로만 일관하고 스스로가 한 잘못된 행동을 부정하게 된다면 이는 오히려 불에 기름을 붓는 격이 된다. 결국엔 '뻔한 거짓말이다' '진정성이 없다'라는 맹비난을 소비자들로부터 듣게 든다. 그래서 요즘 기업들은 마케팅에 거짓과 과장을 담기 보다는 진정성을 담아서 소비자들에게 호소하는 마케팅을 선호한다. 여기서 진정성(authenticity)이라는 말은 그리스어 어센티코스(authentikos)에서 왔다. 진짜 혹은 진품을 말하는데 진실성, 일관성을 의미한다. 한자로는 진정성(眞正性, 진실하고 바르다) 혹은 진정성(眞情性, 참된 마음)이다.

이 책의 저자 김상훈, 박선미는 진정성 마케팅은 일단 '굿 프로덕트'에서 시작된다고 말한다. 품질이 좋고 가격도 착한 좋은 제품과 서비스는 진정성 마케팅의 필요 조건이라고 지적한다. 그런데 아시다시피 이런 굿 프로덕트는 너무 많다는 게 문제다. 그리고 저자가 지적한 또 다른 포인트는 '굿 컴퍼니'가 하는 마케팅이어야 한다는 것이다. 이는 기업의 브랜드 이미지 전략이라 할 수 있는데 기업의 탄생 스토리, 철학, 실력, 성격, 개성, 열정, 소통 능력과 관련되어 있다.

저자들은 진정성 마케팅을 제대로 수행하기 위해서는 아홉 가지의 브랜드 전략이 필요하다고 주장한다. 각각에 해당되는 사례들도 풍부하게 소개하고 있다. 탄생 스토리가 있는 브랜드, 철학이 있는 브랜드, 겸손하고 정직한 브랜드, 성능 지존 브랜드, 의식 있는 브랜드, 개성 만점 브랜드, 따뜻한 감성 브랜드, 수다쟁이 브랜드, 언더독 브랜드가 바로 그것들이다.

최근에는 진정성 열풍을 틈타서 진정성인 척하는 마케팅도 많아지고 있다. 관광객용으로 개발된 전통문화, 각본대로 만들어지는 리얼리티 쇼가 바로 그것이다.

진정성 마케팅은 유행이나 트렌드가 아니다. '진짜 나다운 것'이 무엇인지 고민하고 본질에 집중하여 '실제적인 가치'를 만드는 마케팅이다. 소비자들은 이제 탄생 스토리가 있고, 실력이 있으나 겸손하고, 따뜻하고, 쿨하고, 열정이 있고, 사회적 이슈에 공감하고 소통하는 브랜드를 선호한다.

(서평 : 김민주)

훔치고 싶은 문장
진정성 마케팅은 모순 어법이 아니라 동어 반복입니다.

함께 읽으면 좋은 책
『진정성의 힘』제임스 길모어/ 조지프 파인 2세 지음, 윤영호 옮김, 21세기북스, 2020년(재출간판)
『양심 경제』스티븐 오버먼 지음, 김병순 옮김, 싱긋, 2015년
『슈퍼 브랜드의 불편한 진실』나오미 클라인 지음, 이은진 옮김, 살림Biz, 2010년

3부. 미래 전략

24

롱테일 경제학

80/20 법칙과 블루오션 전략을 뛰어넘는 새로운 경제 패러다임

크리스 앤더슨 지음, 이노무브그룹 외 옮김, 랜덤하우스코리아, 2006년
The Long Tail: Why the future of business is selling less of more,
Chris Anderson, Hyperion, 2006

◆ ◆ ◆

이 책이야말로 왜 백화점과 같은 전통적인 유통망이 축소되고 온라인 판매가 늘어나는지를 확실하게 설명해 주는 책이다. 디지털 기술혁명은 수많은 틈새시장을 만들어 냈고, 매우 작은 틈새라도 생존이 가능함을 보여주고 있다.

백화점에 가면 정말 많은 상품들이 전시되어 있다. 그것만 해도 엄청난데 실제 개발된 상품 중의 1%만이 소비자에게 판매될 기회를 얻는다니 놀라울 뿐이다. 실제로 인터넷 상점에 들어가 보면 이런 제품을 왜 만들지? 하는 헛웃음이 나오는 물건들도 많다. 하지만 그런 상품들이 날개 돋친 듯 팔려 나가기도 한다.

인터넷이 비즈니스에 활용되면서 그동안 보기 힘들었던 소수의 사람들을 위한 상품이 개발되고 판매되기 시작했다. 바로 '롱테일 경제학' 때문이다. 그동안의 시장은 수요 곡선의 머리 부분에 위치한 소수의 주류 상품들이 중심이었다. 하지만 오프라인 진열 공간의 제약과 유통의 어려움이 사라진 시대가 오면서 소수의 사람들을 위한 상품들도 주류 상품만큼이나 경제적인 매력을 갖게 되었다. 다양한 제품들을 단순히 더 많이 제공하는 것만으로도 고객의 수요를 견인할 수 있을까? 그러기 위해서는 고객들의 니즈를 읽고 적절한 추천을 통해서 고객의 작은 호기심이라도 놓치지 말아야 한다. 이때 필터링 기술은 '적절한 추천'에 있어 롱테일의 다양성을 부여하는 핵심적인 역할을 한다. 이 기술과 서비스는 광범위한 선택 사항들을 걸러냄으로써 고객에게 가장 필요한 것을 재빨리 제시한다. 매우 다양한 상품들이 있고 이를 잘 선별해서 보여주는 필터가 제 역할을 한다면, 꼬리 부분의 수요는 계속적으로 증가해 곡선은 점점 더 평평해질 것이다. 즉, 틈새시장이 늘어나고 시장의 규모는 히트 상품들과 경쟁할 만한 규모가 된다는 뜻이다. 더 이상 소수의 히트 상품(20%)이 매출액의 80%를 만들어낸다는 '80/20 법칙'으로 설명할 수 없는 새로운 경제 현상이 나타날 수 있다는 것이다.

백화점 매장은 기껏해야 수만 개에서 수십만 개의 제품만을 매장에 올릴 수 있지만, 인터넷에서는 수량의 제한이 없다. 웹에서는 오로지 더 나은 필터만이 필요할 뿐이다. 수십억 개의 상품이 올라가 있는 웹에서 내가 원하는 상품을 찾도록 도와주는 필터가 있기에 수

요자는 공급자를 찾아낼 수 있고, 틈새시장을 노리는 공급자는 전 세계에 흩어져 있는 미세한 수요자를 찾아낼 수 있다. 롱테일을 구성하는 요소들의 품질, 디자인, 가격 등은 매우 다양하다. 그리고 이 틈새시장 상품들은 모든 사람들을 대상으로 하는 게 소수의 사람들만을 대상으로 한다. 소수의 사람들이 찾는 상품을 골라내기 위해서는 필터링의 도움이 핵심이다. 고객 입장에서는 자신에게 더 맞는 제품을 추천받음으로써 만족도는 더욱 배가된다.

이 같은 롱테일 비즈니스를 창출하는 비법은 몇 가지 규칙을 따르는 것에서부터 시작한다. "모든 것을 제공하되 제공된 모든 것들이 소비자가 찾을 수 있도록 도와주어라." 실제로 이 말은 굉장히 많은 사람들에게 희망을 주는 말이다. 유명한 아나운서나 엔터테이너가 아니더라도 누구나 이들보다 더 많은 팬을 가지고 있다면 구독자로 인해 돈까지 벌 수 있다는 뜻이다. 롱테일 비즈니스의 꼬리에 해당한다고 볼 수 있다. 그래서 지금 온라인 쇼핑몰에서 제품을 파는 사람들 중 80%는 롱테일을 노리고 자기 시장을 세분화하고, 기존 시장과 차별화하려고 노력하는 사장들이다. 세분화하고 또 세분화하라. 차이를 만들어라. 네트워크에 올려라. 이런 접근법들은 세분화된 작은 시장에서만 팔리던 물건들이 어떻게 하면 전체 시장을 상대로 조금씩 자신의 영역을 확대해 가는지를 보여주는 규칙들이라 할 수 있다.

마지막으로, 롱테일 시장에서 성공하려면 어떤 전략을 구사해야 할까? 이 책에서는 총 9가지의 전략을 제시한다. ①재고를 없애라 ②고객 스스로 작업하게 하라 ③하나의 유통 방식이 모든 상품에 다 맞는 것은 아니다 ④하나의 상품이 모두에게 다 맞는 것은 아니다 ⑤하나의 가격이 모든 상품에 다 맞는 것은 아니다 ⑥정보를 공유하라 ⑦제로섬 사고방식에서 벗어나라 ⑧시장을 믿어라 ⑨무료가 갖는 힘을 이해하라.

책이 나온 지 벌써 10년이 지났지만 책에서 제시하는 여러 가지 이야기들은 지금도 상당히 설득력 있게 다가온다.

(서평 : 홍재화)

훔치고 싶은 문장

미래에 우리가 하게 될 질문은 선택의 여지가 많을수록 더 좋은 지 여부가 아니라, 그런 선택의 기회를 잡은 우리가 정말로 원하는 것은 무엇인가 하는 점이다. 선택의 기회가 무한히 펼쳐진 공간에서는 모든 것이 가능하기 때문이다.

함께 읽으면 좋은 책

『메이커스』크리스 앤더슨 지음, 윤태경 옮김, 알에이치코리아, 2013년
『프리』크리스 앤더슨 지음, 정준희 옮김, 알에이치코리아, 2009년
『이베이의 거대한 실험』데이비드 번넬/리처드 뤼커 지음, 황윤성 옮김, 영언문화사, 2001년

25

트렌드를 읽는 기술

비즈니스맨과 트렌드세터들이 반드시 읽어야 할 트렌드 입문서

헨릭 베일가드 지음, 이진원 옮김, 비즈니스북스, 2008년
Anatomy of a Trend, Henrik Vejlgaard, McGraw-Hill, 2007

◆ ◆ ◆

해마다 연말이 되면 수많은 트렌드가 등장한다. 왜 연말만 되면 트렌드가 넘쳐날까? 이 책은 아직 일반화되지 않았지만 앞으로 트렌드가 될 현상을 어떻게 하면 찾아낼 수 있는지 알려주는 책이다. 그래서 이 책에서는 이미 누군가가 트렌드라고 명명한 것을 소개하지 않는다. 물고기를 잡아 주는 것이 아니라 물고기 잡는 방법을 알려주는 책이라 할 수 있다. 직접 트렌드를 분석하여 새로운 비즈니스 기회를 잡고 싶은 사람들에게 이 책을 추천한다.

연구 기관이나 전문가가 제시한 트렌드를 앞에 놓고 분석하고 있다 보면 이런 의문이 들 때가 있다. 이미 주변에 많이 퍼져 있는 내용인데 왜 이제 와서 트렌드라고 하지? 새로운 비즈니스를 하고자 한다면 당연히 이런 생각이 든다. 만약 트렌드 분석이 목적이라면 이미

대중화된 트렌드는 쓸모가 없기 때문이다. 다른 사람들은 잘 모르고 있지만 트렌드가 될 가능성이 있는 트렌드의 씨앗을 찾는 게 신규 비즈니스를 준비하는 사람에겐 더 중요하다. 우리가 알고 싶은 것은 다가올 미래에 어떤 현상이 일어날지를 알고 싶은 것이다. 하지만 어떤 현상이 어떻게 일어날지 이를 직관적으로 파악할 수 있는 건 쉬운 일이 아니다.

저자는 직관을 대체할 만한 분석적인 접근법으로 '트렌드 사회학(Trend Sociology)'을 소개한다. 모든 트렌드에는 각각 예측 가능한 어떤 패턴이 존재하고 이런 패턴은 일정한 틀에 따라 움직이는 인간 행동에 깊이 뿌리박고 있다는 것이다. 그래서 트렌드의 확산 경로를 예측할 수 있으면 어떤 트렌드가 의미 있는 트렌드인지 반대로 어떤 트렌드가 일시적 유행으로 끝나는 트렌드인지 판단할 수가 있다. 이처럼 저자는 트렌드 이면에 감춰진 패턴을 철저히 파헤치고 트렌드 자체를 체계적으로 연구함으로써 트렌드에 대해 우리가 정말 알아야 할 것이 무엇인지를 알려 준다.

사람들이 트렌드란 단어를 어떻게 사용하는지부터 살펴보자. 트렌드를 신제품을 만드는 제품 개발로 인해 생기는 변화 과정이라고 정의한다면, 어떤 기업이 신제품을 출시하고 언론에서는 이를 최신 유행 상품으로 소개하기 시작한다. 그리고 다시 이를 다른 기업들이 모방하고 따라하기 시작한다. 이때 트렌드가 만들어진다고 할 수 있다. 변화 과정에서 살펴보면 맨 먼저 유행을 낳는 한 명의 창조자가 있고, 이들을 따라 하는 트렌드 결정자들이 있고, 그러다가 어느 순간 주류 문화로 편입되는 확산의 과정을 겪는다. 이 같은 변화의 단계가 트렌드인 것이다. 만약 당신이 새로운 비즈니스를 준비하고 있다면 당연히 변화 과정에 초점을 맞춰야 한다. 비즈니스의 기회는 대체로 여기에 있을 가능성이 높다.

이외에도 저자는 트렌드의 확산 과정을 '다이아몬드형 트렌드 모델'로 단순하게 표현하면서도 일정한 패턴으로 정리했다. 트렌드 창조자, 트렌드 결정자, 트렌드 추종자, 초기 주류 소비자, 주류 소비자, 후기 주류 소비자, 보수적 소비자 그리고 반혁신적 소비자 등으로 확산 과정에서의 트렌드 주체들을 구분하고 각각의 참여자들을 트렌드 집단이라고 했다.

이중 가장 중요한 집단이 트렌드 결정자다. 이들이 없으면 트렌드의 불씨는 살아나지 않는다. 만약 이들이 멈추면 일시적 유행으로 끝나게 되거나 더이상 트렌드로 발전하지 못하게 된다. 그렇다면 트렌드 결정자들은 주로 어떤 사람들일까? 아주 개방적이고 호기심이 왕성한 사람들이다. 변화를 기꺼이 받아들이고, 혁신적인 스타일에 열광하고, 새로운 스타일을 받아들이는데 누구보다 앞장서는 사람들이다. 새로운 트렌드는 트렌드 결정자들이 변화와 다양성을 갈망할 때 생긴다. 트렌드는 스타일이나 취향과 관계가 있으며, 이런 스타일과 취향은 관찰을 통해 가능하다. 그래서 관찰의 대상이자 관찰의 주체인 사람의 행동을 잘 관찰하면 새로운 시장을 미리 알아볼 수 있다.

만약 트렌드를 한발 앞서 읽고 싶다면 사소하지만 수많은 신호들을 관찰하고 그 결과를 종합하여 특정 패턴을 찾아내는 노력을 해야 한다. 비즈니스는 고객의 가치를 창출하고 경쟁 우위를 통해 성장한다. 이때 가장 필요한 것은 고객이 원하는 것을 파악하는 것이다. 고객은 자신과 관계를 맺고 있는 다른 사람의 행동을 관찰하고 모방하는 경향이 있다. 주목을 받고 싶은 인간의 욕망은 어디에서나 같다. 그러므로 고객이 원하는 스타일과 취향을 발견하고 이에 맞는 상품을 개발해서 고객의 가치를 창출해야 한다. 나아가 기업의 경쟁 우위를 유지하기 위해 한발 앞서 트렌드를 파악하는 수고로움도 즐겨야 한다.

(서평 : 구자룡)

훔치고 싶은 문장

트렌드는 이미 일어난 무언가가 아니라, 어떤 식으로든 일어날 무언가에 대한 '예측'이다.

함께 읽으면 좋은 책

『마이크로트렌드X』 마크 펜/메러디스 파인만 지음, 김고명 옮김, 더퀘스트, 2018년
『시그널스』 에이미 웹 지음, 박슬라 옮김, 사회평론, 2018년
『트렌드 전쟁』 윌리엄 하이엄 지음, 한수영 옮김, 북돋움, 2012년

26

뉴 노멀

디지털 혁명 제2막의 시작

피터 힌센 지음, 이영진 옮김, 흐름출판, 2014년
New Normal, Peter Hinssen, Lannoo Publishers, 2011

◆ ◆ ◆

미래학자인 피터 힌센은 디지털을 '뉴 노멀'로 예측했다. 이 책이 나온 지 벌써 9년이 지났다. 그의 예측은 현실이 되었다. 오늘날 기업 혁신의 중심에는 디지털 트랜스포메이션이 있다. 고객 환경뿐만 아니라 업무 환경도 디지털로 전환되고 있다. 이 책은 뉴 노멀 시대 새로운 원칙과 고객 전략과 혁신 전략에 대해 설명해주고 있다. 디지털이 일반화된 세상에서는 어떤 비즈니스 기회가 찾아올까? 경영 전략은 어떻게 바뀌어야 할까? 어떻게 고객의 욕망을 공략할 수 있을까? 경영자라면 반드시 읽어야 할 책이다.

저자는 새로운 비즈니스 기회기 생길 뉴 노멀(new normal)로 디지털을 얘기했다. 이 책에는 디지털 일반화로 인한 우리 삶과 일에 대한 변화를 담고 있다.

언제부터 '디지털'이 일상생활 속에 깊숙이 파고들었을까? 간단한 구분법이 제시되어 있다. 디지털 카메라를 보여주고 "이것은 무엇입니까?"라는 질문을 했을 때 만약 디지털 카메라, 라고 답을 하면 디지털 이주민이고 그냥 카메라라고 말하면 디지털 원주민이다. 여러분은 어떤가? 디지털 이주민은 아날로그를 경험한 세대로 필름 카메라와 디지털 카메라를 구분할줄 안다. 반면, 디지털 원주민은 디지털 카메라만 봤기 때문에 당연히 그냥 카메라일 뿐이다. 디지털 원주민이 살아갈 세상이 바로 뉴 노멀이다. 아마도 이 책을 읽고 있는 독자들의 자녀들이 이 세대일 것이다. 밀레니얼(혹은 Z)세대와 그 아래 미래 세대가 뉴 노멀의 주인공이다. 이 세상은 디지털 세상이 아니라 그냥 세상이다. 아마도 디지털화되었다는 말조차도 인식하지 못할 것이다.

책에서는 현재 디지털 혁명의 두 번째 여정이 시작되고 있다고 말한다. 우리의 환경이 디지털화되는 과정을 경험한 것이 첫 번째 여정이었다면 디지털이 일반화된 삶을 살아가는 것이 두 번째 여정이다.

저자는 뉴 노멀 시대를 지배할 새로운 원칙 네 가지를 제시했다. 하나씩 살펴보자.

제1원칙은 디지털 고장에 대한 허용치는 제로(0)라는 것이다. 집에서 인터넷 접속이 중단되면 가족들 모두가 일상생활에 심각한 지장을 받게 된다. 일기 예보, 음식 조리법, SNS, 쇼핑 등에 접근하지 못한다면 우리의 일상생활은 마비가 된다. 2018년 KT 아현지사의 화재 사건때 우리는 잠시지만 석기 시대로 돌아간 경험을 한 적이 있다. 디지털에 의존하면 할수록 디지털 고장은 단순한 불편을 넘어 심각한 사회 문제가 되고 공포가 된다.

제2원칙은 '충분히 훌륭한' 기술이 '완벽한' 기술에 앞선다는 것이다. 완벽성보다는 속도, 간편성, 이용 가능성이 더 중요하다는 의미다. 디지털 세계에서는 신속성이 생명이다. 스카이프가 일반 전화에 비해 아직은 통화 품질 면에서 떨어지지만 신속하고, 간편하고, 편리하고, 무료라는 점에서 사람들로부터 선택을 받고 있다. 구글의 지메일도 마찬가지다. 오류가 있는 기술이 허용된다는 뜻은 아니지만 그렇다고 항상 완벽해야 한다는 것도 아니다.

제3원칙은 완전 책임 시대를 구현한다는 것이다. 완전한 투명 사회가 되기 때문에 그 특성에 따라 완전 책임을 묻게 된다. 과거에는 광고의 효과성을 측정하기가 어려웠다. 하지만 디지털 세계에서는 실시간으로 데이터를 포착하고 저장하고 불러올 수 있으니 광고 캠페인 효과에 대해 즉각적인 피드백이 가능하고 이는 광고의 책임성을 분명히 물을 수 있게 되었다는 것을 뜻한다.

제4원칙은 완전 통제를 폐기한다는 것이다. 디지털 세계의 프라이버시는 완전히 투명하게 될 것이다. 보호되어야 한다는 프라이버시는 과거의 유물이 되고 말았다. 구글링으로 채용이 이루어지고 SNS에 올린 글로 신상털기가 되기노 한다. 그래서 뉴 노멀 시대 디지털 원주민들은 보호받을 수 없는 개인 데이터를 기꺼이 포기한다. 완벽하게 통제하는 것이 불가능하다면 아예 기계에 통제를 넘겨 버린다. 비행기는 자동 조정 장치와 자동 이착륙 장치로 조종사의 개입

없이도 운행이 가능하다. 자동차도 자율 주행 장치가 도입되면서 사람들의 개입이 줄어들고 있다. 완전 통제식의 사고로는 뉴 노멀 세계에 적응하기가 어렵다고 본다.

출간된 지 9년이 지난 책이지만 다시 읽어봐도 지금 우리 사회에 딱 들어맞는 내용들로 가득하다. 저자의 통찰이 빛나는 순간이다.

디지털로 인해 일반화된 현상들, 즉 디지털 혁명의 두 번째 여정을 살펴보았다. 책에서 다룬 내용 중 상당수는 이미 현실이 되었다. 이 책 이후로도 뉴 노멀을 주제로 한 책들이 뒤이어 출간되었다. 그만큼 강렬한 통찰을 제공해 준 책이라 할 수 있다. 이제, 디지털 혁명의 세 번째 여정이 궁금하다. 저자의 다음 책이 기다려지는 이유이다.

(서평 : 구자룡)

훔치고 싶은 문장

앞으로 디지털이 뉴 노멀, 즉 새로운 일반화가 되면 '디지털'이라는 형용사는 그 의미를 잃게 될 것이다. 그래서 '디지털'이라는 형용사를 사용하면 할수록 시대에 뒤처진 사람으로 보일 것이다.

함께 읽으면 좋은 책

『디지털과 인간』 스티븐 판 벨레험 지음, 이경식 옮김, 세종연구원, 2017년
『인에비터블 미래의 정체』 케빈 켈리 지음, 이한음 옮김, 청림출판, 2017년

27

클라우스 슈밥의 제4차 산업 혁명

전 세계 사회·산업·문화적 르네상스를 불러올 신新 혁명을 최초로 논하다!

클라우스 슈밥 지음, 송경진 옮김, 메가스터디북스, 2016
The Fourth Industrial Revolution, Klaus Schwab, Crown Publishing Group, 2016

◆ ◆ ◆

혁명은 정치 사회에만 그치지 않고 경제 경영에도 있다. 물론 과학 기술에서도 혁명이 있다. 이런 혁명은 한 번에 그치지 않고 시간을 두고 거듭 일어난다. 18세기 후반과 19세기 초반에 걸쳐 영국에서 발생한 첫 번째 산업 혁명 이후, 19세기 후반과 20세기 후반에 두 번의 산업 혁명이 더 발생했다. 2016년 세계경제포럼(다보스포럼)의 클라우스 슈밥 회장이 제4차 산업 혁명을 외친 이후 전 세계가 이 화두를 둘러싸고 시끄럽다. 4차 산업 혁명이 진짜 4.0인지, 3.1에 불과한지 이 책을 읽고 가늠해보자.

우리는 과거 세 번에 걸쳐 일어난 산업 혁명이 무엇인지 알고 있다. 증기 기관과 철도에 힘입어 1760~1840년에 걸쳐 일어난 1차 산업 혁명, 전기와 조립 생산 시스템의 출현으로 19세기 말부터 20세기 초까지는 2차 산업 혁명, 그리고 반도체(1960년대)와 컴퓨터(1970~80

년대) 인터넷(1990년대)의 확산으로 일어난 3차 산업 혁명. 그리고 21세기가 시작되면서 유비쿼터스 모바일 인터넷, 더욱 저렴해지고 강력해진 센서 등으로 인공 지능 기술이 발달하면서 일어난 4차 산업 혁명이 그것이다.

이 책의 저자 클라우스 슈밥은 컴퓨터의 하드웨어, 소프트웨어, 네트워크 중심의 디지털 기술이 전혀 새로운 개념은 아니지만 기하급수적인 발달 속도와 이로 인한 사회경제적 문화적 파급력을 생각한다면 단순히 3.1, 3.2의 수준이 아니라 아예 4.0으로 명명해야 한다고 주장한다.

책에서 클라우스 슈밥은 어떤 기술이 4.0 산업 혁명을 주도할 것인지부터 먼저 얘기한다. 우선 물리학 기술로는 무인 운송 수단, 3D 프린팅, 첨단 로봇 공학, 신소재 등을 들고 있다. 디지털 기술로는 사물 인터넷, 블록체인, 인공 지능을 들고 있고 생물학 기술로는 합성 생물학, 신경 기술을 거론한다. 이런 신기술과 빅데이터가 융합되면서 우리의 상상력을 뛰어넘는 신제품과 새로운 서비스가 속속 등장할 것이다.

4차 산업 혁명이 빠른 속도로 진전되면 전 세계적으로 국가 간, 기업 간, 개인 간의 불평등은 더욱 심화될 것이다. 뒤처지지 않으려면 우리 옆에 다가온 4차 산업 혁명에 어떻게 적응해야 할까? 클라우스 슈밥은 상황 맥락 지능인 정신, 정서 지능인 마음, 영감 지능인 영혼, 그리고 신체 지능인 몸을 잘 갈고 닦으라고 알려준다. 그리고 이 기회를 최대한 활용하기 위해서는 경제적, 사회적, 정치적 시스템을 서둘러 개편할 것을 촉구하고 있다. 칸막이식 사고방식을 경계하고 각 분야에 정통한 지식인은 물론 공공 분야와 민간 분야를 아울러 모든 이해 관계자들이 함께 모여 협력적이고 유연한 구조를 구축해야 한다는 주장이다. 이 같은 주장은 클라우스 슈밥의 4차 산업 혁명의 화두를 던진 세계경제포럼의 설립 정신과도 맞닿아 있다.

이 책의 폭발적인 반응에 힘입어 2년 뒤인 2018년 후속편이 새롭게 출간되었다.『클라우스 슈밥의 제4차 산업 혁명 더 넥스트』가 바로 그 책이다. 이 책에서는 디지털, 물리적, 바이오, 환경 기술로 크게 구분하여 12가지 주요 기술의 현황과 전망을 소개한다. 새로운 컴퓨팅 기술, 블록체인 및 분산 원장 기술, 사물 인터넷, 인공 지능과 로봇공학, 첨단 소재, 적층 기술과 3D 프린팅, 생명 공학, 신경 기술, 가상현실과 증강 현실, 에너지 확보/저장/전송, 지구 공학, 우주 기술 등이다.

이 책을 보다 보면 그래프 하나를 만날 수 있다. 1750년부터 2050년까지 1, 2, 3, 4차 산업 혁명 기술이 인류 발전에 얼마나 기여하고 있는지 한눈에 보여주는 그래프다. 1차 산업 혁명의 기여도와 2차 산업 혁명의 기여도는 엇비슷하다. 3차 산업 혁명은 1, 2차에 비해 약간 더 기여하지만 4차 산업 혁명은 훨씬 더 중요해진다. 실제로 그렇게 될지 안 될지는 우리가 겪어보아야 하겠지만 지금의 변화가 3.1이 될지 4.0이 될지는 우리의 노력에 달려 있다고 해도 과언이 아니다.

(서평 : 김민주)

훔치고 싶은 문장

날로 복잡해지고 파괴적 혁신이 일어나는 환경에서 기업을 운영하려면 고슴도치의 좁고 고정된 시각이 아닌 여우의 지적이고 사회적인 민첩성이 필요하다.

함께 읽으면 좋은 책

『클라우스 슈밥의 제4차 산업 혁명 더 넥스트』, 클라우스 슈밥 지음, 김민주/이엽 옮김, 메가스터디북스, 2018년
『3차 산업 혁명』 제러미 리프킨 지음, 안진환 옮김, 민음사, 2012년

28

일의 미래

10년 후, 나는 어디서 누구와 어떤 일을 하고 있을까

린다 그래튼 지음, 조성숙 옮김, 생각연구소, 2012년
The Shift: The Future of Work Is Already Here, Lynda Gratton, Collins, 2011

◆ ◆ ◆

자녀에게 직업을 추천하기 쉽지 않은 시대다. 미래에는 직업의 종류
도 일하는 모습도 완전히 바뀔 것이기 때문이다. 이 책은 2025년 이
후 일의 변화를 다루고 있다. 미래에 어떤 능력이 높은 평가를 받게 될
지, 가치 있는 일을 계속하기 위해서는 어떤 노력이 필요한지를 연구
한 책이다. 특히 일의 미래를 파편화, 외로움, 소외라는 부정적 모습
과 협력, 참여, 창조라는 긍정적 모습으로 균형 있게 탐구하고 있다.

린다 그래튼은 2009년부터 런던경영대학원에서 일의 미래에 대한
연구를 시작했고, 이 책은 그 연구의 종합 보고서 격이다. 책에서는
일의 미래에 가장 큰 영향을 미칠 요소로 다음의 다섯 가지를 꼽고
있다.

첫 번째는 기술 발전이다. 생산성 향상은 물론 아바타와 가상 세
계, 로봇, 집단 지성과 수많은 소기업을 출현시킬 것으로 보고 있다.

두 번째는 글로벌화의 심화다. 중국과 인도가 성장하고 개인도 글로벌 경쟁을 하며 인구의 도시 집중이 심화될 것이다. 그렇게 되면 지역별로 최하층 계급이 등장하게 될 것이다. 세 번째는 인구 구성의 변화와 수명의 증가이다. 베이비 부머들은 은퇴를 맞이하게 되고 이중 일부는 빈곤화 과정을 겪게 될 것이다. 그리고 1980년 이후 출생자인 Y세대가 부상하게 되는데, 이들의 기대 수명은 100세 이상이될 것이다. 네 번째는 사회적 요소로서 가족 형태가 다양해지고 여성의 역할이 증대되고 행복감이 감소하면서 자기 성찰 산업이 커진다는 예측이다. 마지막 다섯 번째는 화석 연료의 종말로 인해 에너지 가격이 상승하고 환경 재앙으로 인한 이주가 증가할 것이며 지속 가능한 문화가 중시될 것이라는 예측이다.

이 책은 다가올 미래의 어두운 면을 이렇게 묘사하고 있다. 몇 가지 장면만 요약해보면 아래와 같다.

"미래의 지식 근로자는 아바타와 홀로그램에 둘러싸여 전 세계와 통신을 주고받으며 업무와 이메일에 파묻혀 산다. 주말도 없고 퇴근도 없는 24시간 온라인 상황이다. 인도에 사는 의사가 원격 기술로 중국에 있는 환자의 수술을 집도한다. 누구에게나 있는 인지적 비서가 필요한 지식과 정보를 검색하고 관리해준다. 사람들은 점점 의존성이 심화된다. 이런 사회에서는 일의 속도가 빠른 대신 관심은 파편화되기 마련이다. 집중할 시간이 없고, 남과 관계를 맺고 그들을 관찰하며 그들로부터 배우는 능력도 줄어든다. 많은 사람들이 가족과 고향을 떠나 살 것이고, 에너지 가격 상승으로 장거리 여행이 어려워지고 재택근무자 비율도 늘어나게 된다. 그렇지만 집에서 일하는 게 편안하기만 한 건 아니다. 점점 인간관계가 단절되고 외로움을 느끼게 되고, 예전의 동료 의식에서 얻는 기쁨이나 위안은 사라져버린다. 과거에는 태어난 곳이 어디인지가 인생을 결정하는 큰 변수였지만, 미래에는 후진국의 후미진 시골에서 태어나도 정보와 지식에 쉽게 접속할 수 있음으로써 지리적 편차를 극복할 수 있게 된다. 하지만 이걸 이용할 수 있는 사람과 그렇지 못한 사람과의 격차는 점점 심화된다. 경쟁에서 밀려나 빈곤층으로 떨어지는 사람들은 게임으로 시간을 보내다가 아르바이트를 하며 겨우 생계를 해결해 갈 것이다. 그 결과 불안감과 수치심이 증가하고, 공동체가 약화되면서 사회 불안 요인도 함께 증가된다. 이처럼 기술이 일자리를 대체하는 사회가 되면 세대 간 갈등도 커지고, 한층 더 불안한 사회가 된다." 이 모두가 이 책이 전해주는 경고이다.

반대로 미래의 밝은 모습은 어떻게 될까? 책은 미래를 긍정적으로 끌고 나가는 힘은 협력과 참여에서 나온다고 말한다. 이노센티브라는 세계적인 문제 해결 집단이 있는데 이 곳은 20만 명의 다양한 전문가들이 웹사이트에 의뢰된 난제를 풀고 함께 해법을 제시하는 곳이다. 모르는 사람들이 협력을 통해 아이디어를 공유하거나 소셜 네트워크로 연결되이 집단 시성을 만들어내는 모습은 분명 낙관적인 미래의 모습이다. 그리고 커리어 면에서도 한 직장에 얽매이는게 아니라 몇 년간은 지구 반대편 나라에서 봉사 활동을 하다가 다시 일터로 복귀하는 등 이런 모습도 흔한 모습이 될 것이다. 삶의 균형을 중시하는 일을 할 것이며 자율성과 커리어 발전 기회를 중요하게 생각하면서 자기 성찰이 늘고 자기 계발에 대한 관심이 대폭 증대될 것이다. 여성의 고위직 진출도 늘어나며 그에 따라 남성적인 문화도 줄어들 것이다. 그리고 수억 명의 소기업가가 탄생할 것이고, 모바일 기술과 클라우드 컴퓨팅 덕분에 복잡한 프로그램 조차도 값싸게 이용할 수 있게 되어, 한편에서는 구글이나 알리바바 같은 메가 컴퍼니가 있고 또 다른 한편에서는 수억 개의 소기업들이 탄생할 것이다.

미래가 밝은 사회가 되기 위해서는 세가지 자본, 즉 지식 자본과 사회적 자본 그리고 감성 자본이 필요하다고 책은 말한다.

개인은 무엇보다 지식 자본의 축적을 게을리하지 말아야 한다. 즉, 평범한 제너럴리스트에서 여러 영역을 깊이 아는 유연한 전문가로 변신해야 한다. 이제는 지식 자체가 경쟁력이 되기 어려운 세상이고 한 분야 이상에서 깊이 있는 능력과 지식을 길러야 하는데 다른 노동자나 기계가 대체하지 못하는 능력이 가치를 가지게 되기 때문이다. 또 평범한 제널리스트가 아닌 유연한 전문가로서 경영 컨설턴트에서 다큐멘터리 제작자로, 그리고 환경 운동가로 변신한 사람들도 볼 수 있게 될 것이다. 하나의 커리어로 출발해 자신의 능력이 소멸되기 전 다른 능력을 개발하며 새로운 커리어를 계속 만들어 가는 모습은 전형적인 지식 자본을 축적한 유연한 전문가로 살아가는 모습이라 할 수 있다.

다음으로, 사회적 자본의 측면에서 다양한 사람들과 네트워크를 진행하는 혁신적 연결자가 되어야 한다. 폭넓은 네트워크를 형성하기 위해 의지를 가지고 노력해야 하고 글쓰기나 트위터, 블로그 등을 통해 자신을 오픈하는 것도 중요한 일이 될 것이다.

마지막으로는 감성 자본이다. 돈과 소비 중심에서 벗어나 자신을 성찰하고 자신의 가치관과 일을 조화시키는 것. 지금까지는 열심히 일해서 급여를 받고 그렇게 번 돈으로 소비를 했지만 이제는 소비를 통한 행복이 아니라, 자신이 중시하는 욕구와 가치관에 따른 생산적인 경험을 통해 얻는 행복과 즐거움을 더 중요하게 취급해야 한다.

일의 미래와 그 원인이 될 사회 변화를 예측하고 더 나아가 지식 노동자들이 자신의 커리어를 어떻게 준비해 나가야 할지 소중한 아이디어와 통찰을 주는 책이라고 할 수 있다.

(서평 : 고현숙)

훔치고 싶은 문장

기술, 세계화, 장수의 결합은 70세를 바라보는 슈이 리에게 자신이 좋아하는 일을 능동적으로 할 수 있는 기회를 제공한다.

함께 읽으면 좋은 책

『직업의 종말』테일러 피어슨 지음, 방영호 옮김, 부키, 2017년

29

기하급수 시대가 온다

한계비용 0, 수익은 10배 더 많은 실리콘밸리의 비밀

살림 이스마일/마이클 말론/유리 반 헤이스트 지음, 이지연 옮김, 청림출판, 2016년
Exponential Organization: Why new organizations are ten times better, faster,
and cheaper than yours (and what to do about it),
Salim Ismail/Michael S. Malone/Yuri van Geest, Diversion Books, 2014

◆ ◆ ◆

4차 산업 혁명의 시대다. 한계 비용 제로의 시대이기도 하고 수확 체
증의 시대이기도 하다. 이런 시대에 어떤 기업이 시장 지배력을 갖고
혁신에 성공할까? 그리고 개인들은 어떻게 살아야 할까? 변화의 양
이 산술급수가 아닌 기하급수적인 시대. 어떻게 움직이는게 좋은지
알려주는 책이다.

기하급수 기업이란 새로운 조직 구성 기법을 이용, 점점 더 빠르게
발전하는 기술들을 적극 활용함으로써 동종 업계의 다른 기업에 비
해 적어도 10배 이상의 큰 영향력(또는 실적)을 가진 기업을 말한다.
기하급수 기업은 대규모 인력이나 거대한 물리적 공장을 이용하지도
않는다. 기하급수 기업은 한때는 물리적 속성을 가지고 있던 것 조차

도 디지털 세상 속으로 소멸시켜 버리는 IT기술을 갖고 있다.

기하급수는 말 그대로 제곱에 제곱을 곱하는 식으로 큰 폭으로 커지는 것을 말한다. 변화하는 곡선은 초기에는 완만해도 변곡점에 이르게 되면 거의 수직으로 변하게 된다. 그래서 기하급수 기업의 성장 패턴과 속도는 거의 따라가기가 버거울 정도로 비약적이다. 이는 인류 역사상 이토록 많은 기술이 순식간에 빠르게 움직인 적이 없다는 것과 일맥상통한다. 이 과정에서 기하급수적이지 않은 산술급수적인 것들은 창조적으로 파괴된다. 파괴적 기술 혁신이 일상화된 시대에 기업은 기술 혁신만으로는 독보적 성공을 보장받을 수 없다. 빠르게 발전하는 기술만큼 빠르게 세상에 적응하고 비즈니스 기회를 포착하는 조직을 필요로 한다. 이런 조직이 바로 파괴적 변화 시대에 최적화된 '기하급수 조직'이라고 할 수 있다.

이 책에서는 산술급수적 사고를 가진 기업은 경쟁력이 없다고 단언하면서 야후의 사례를 든다. 초기 인터넷 검색 시장에서 최고의 엔진은 야후였다. 하지만 그런 야후도 2007년을 정점으로 내리막길을 걷게 된다. 웹에서의 확고한 입지에도 불구하고 야후는 그때까지만 해도 전형적인 산술급수적 조직을 운영하고 있었다. 신제품을 출시하거나 구제품을 수정할 때마다 야후의 직원들은 브랜드팀, 법무팀, 개인정보 보호팀 등 통과해야 할 관문이 많았다. 한 단계를 통과하는 데 수일에서 수주가 걸렸다. 그러다보니 어떤 제품이나 서비스는 소비자에게 전달하기에 이미 늦은 경우도 많았다.

저자인 이스마일은 야후가 IT기업이지만 조직 구조가 기하급수 시대에 맞지 않았기 때문에 고전했다고 평가했다. 반면 구글은 자동차가 움직일 때 거의 초당 1기가바이트의 데이터를 수집해 주변 도로를 해상도 1센티미터 급의 3D 이미지로 재현해내는 기술을 가진 것처럼 기학급수적인 기술과 조직을 갖고 있었다. 야후가 정적인 이미지를 서비스한다면 구글은 동적인 이미지를 저장하고 서비스한다고 볼 수 있다. 세상이 변하면 변하는 대로 구글은 바로 바로 입력하는 능력을 갖췄던 것이다. 이것이 바로 기학급수 조직이다.

이 책에서는 기하급수 기업들에게 나타나는 공통된 특징으로 '거대한 변화를 불러오는 목적'(MTP : Massive Transformative Purpose)을 든다. 기하급수 기업에게 MTP는 기본 중의 기본으로 '크게 생각하면서 빠른 성장을 이뤄줄 비즈니스 전략'을 말한다. 작게 생각하게 되면 용케 놀라운 수준의 성장을 한다고 하더라도 금새 자신들이 설정해 놓은 수준을 넘어버리는 문제가 발생하기 때문에 더 높은 수준의 비즈니스 모델을 만들고 성장을 독려해야 한다는 것이다. 그래서 기하급수 기업은 유연성, 속도, 기동성, 학습 능력을 극대화한다. 이는 다섯 가지 특성으로 잘 표현되는데, SCALE이라는 약어로 표현할 수 있다. 주문형 직원(Staff on Demand), 커뮤니티와 클라우드(Community & Crowd), 알고리즘(Algorithm), 외부 자산 활용(Leveraged Asset), 그리고 참여(Engagement). 보다시피 이 다섯 특징의 공통점은 고정적이지 않다는 것이다. 그래서 직원도, 소통도, 논리도 모두 순식간에 변할 수 있다는 것이 기하급수 기업의 모습이다.

기하급수 기업은 위의 외적 특성을 다시 몇개의 내부 메커니즘으로 관리한다. 내적 요소와 외적 요소를 연결할 때 필터링하고 매칭하는 인터페이스(Interface)와 내외부에서 입수하게 되는 막대한 양의 데이터를 측정 관리하는 지표를 실시간으로 보여줄 수 있는 대시보드(Dash Board)가 그것이다. 인터페이스의 중요성은 바로 외적인 성장 동력과 내적인 안정화 요소 사이를 이어주면서 자동화된 확장이 가능해지는 역할을 한다. 그리고 대시보드는 중요한 성장 요인을 실시간으로 추적해서 피드백 시간을 줄여 조직 내외에서 벌어질 수 있는 실수를 최소화하는 역할을 한다.

이 책은 또한 현재와 미래에 기하급수적 기업들이 탄생할 수 있는 주요 기술 분야와 트렌드를 알려준다. 이 기술이나 트렌드는 대부분 20년 전에는 알려져 있지 않았던 것들이고 30년 전에는 아예 존재하지도 않았던 것들이다. 책에서 알려주는 기술과 트렌드 이외에도 저자는 현 단계에서 상상하지 못하는 더 많은 트렌드가 앞으로 나타날 것으로 예측한다. 지난 50여 년간 컴퓨터 저장 용량이 18개월마다 두 배로 늘어난다는 '무어의 법칙'을 실감하고 목격하고 있는 것처럼 말이다. 이 같은 변화들이 인간을 행복하게 할지 풍요로운 삶으로 이끌지는 아직 모른다. 어떻게 될 것이라는 어떠한 공감대도 형성되어 있지 않다. 그러나 이 책 저자들은 한계 비용을 '0'으로 수렴시키는 기하급수 기업들이 새로운 시대의 경제 풍요를 책임질 핵심 열쇠라고 단언한다. 물론 이런 단언에 대한 안내 자료는 아직 많지 않다. 그러나 한 가지 확실한 것은 정보를 중요하게 다룰 줄 아는 기업이라면 그 어떤 기업도 기하급수 기업이 될 가능성이 있다는 점이다.

(서평 : 홍재화)

훔치고 싶은 문장

정보 기술의 도움을 받는 태양 에너지 기술의 가격 대비 성능비는 3년마다 계속 두 배가 되어 왔다.

함께 읽으면 좋은 책

『특이점이 온다』레이 커즈와일 저, 김명남/장시형 옮김, 김영사, 2007년
『마스터 알고리즘』페드로 도밍고스 저, 강형진 옮김, 비즈니스북스, 2016년

30

모두 거짓말을 한다

구글 트렌드로 밝혀낸 충격적인 인간의 욕망

세스 스티븐스 다비도위츠 지음, 이영래 옮김, 더퀘스트, 2018년
Everybody Lies: Big Data, New Data, and What the Internet Can Tell Us About
Who We Really Are, Seth Stephens-Davidowitz, Dey Street Books, 2017년

◆ ◆ ◆

매 순간 수십억 인류의 인터넷 사용 흔적이 쌓이며 만들어지는 디지
털 정보 '빅데이터'. 그 결과 드러난 우리의 민낯, 더불어 함께 열리는
새로운 정보 분석의 세계와 유용성. 이 같은 빛과 그림자를 구체적인
사례로 이해하기 쉽게 풀어냈다.

2016년 미국 대선 결과는 여론 조사 기관의 예측과는 완전히 달랐
다. 대선 직전까지도 트럼프의 당선을 예측한 여론 조사는 거의 없었
다. 여론 조사와 실제 대선 결과와의 현격한 차이는 상당수 사람들
이 여론 조사원에게 본심을 드러내지 않고 거짓말을 했다는 것을 의
미한다. 그렇다면 사람들은 왜 거짓말을 하는 걸까? 또 사람들의 진

짜 속내를 눈치챌 수 있는 단서는 과연 없었던 것일까? 저자는 이 책에서 검색 단어와 같은 인터넷 데이터를 활용하면 당선 예측이 좀 더 정확했을 것이라고 말한다.

저자는 2012년 '구글 트렌드'를 접하고서 사람들의 정보 검색 행위 자체가 정보라는 사실을 깨닫게 된다. 물론 구글 검색은 애초 검색 이용자들이 지식이나 정보를 얻도록 고안된 것이지 거꾸로 그들의 속마음 또는 행태를 이해하기 위해 만들어진 것은 아니었다. 그럼에도 사람들이 지식이나 정보를 구하면서 남긴 흔적들은 흥미롭게도 그들이 평소 어떤 생각을 하는지, 어떤 조사 방법보다도 훨씬 많은 진실한 정보를 알 수 있게 해주었다.

4차 산업 혁명 시대에 계속 늘어나는 디지털 정보, 즉 '빅데이터'는 인류에 대한 이해의 폭을 크게 확장시켜 주었다고 할 수 있다. 여기에는 빅데이터만의 독특할 '차별적 속성'이 있기 때문이다. 미국 대선 사례에서 보듯 사람들은 타인에게는 물론이고 심지어 스스로에게도 거짓말을 한다. 그것도 무려 세 번에 한 번꼴이라고 한다. 그 이유는 우리 모두는 멋지고 좋은 사람으로 보여지고 싶은 욕망('사회적 바람직성 편향')을 갖고 있기 때문이다. 그러나 인터넷 검색창 앞에서는 다르다. 사람들은 자신에게 필요한 지식이나 정보를 구하기 위해 혼자, 조용히, 자발적으로 검색어를 통해 자신들의 진짜 관심과 욕구, 속마음을 드러낸다. 이처럼 빅데이터의 진짜 힘은 데이터의 양만이 아니라 익명성의 바다에서 '디지털 자백약'을 통해 생성된 데이터의 진실성에 있다.

빅데이터가 보여주는 진짜 인간의 모습에는 넓게 퍼져 있는 외모 지상주의, 사라지지 않는 인종주의와 같은 불편한 사실도 작지 않다는 것을 책은 여러 사례를 통해 보여준다. 더불어 이러한 진실을 아는 것이 문제에 대한 올바른 해결 방법을 찾는 첫걸음이라고도 강조한다.

빅데이터의 차별적 속성은 여기에서 그치지 않는다. 그 외 빅데이터가 갖고 있는 새로운 속성으로서 단어/문장/사진 등 예전에는 데이터로 생각되지 않았던 새로운 유형의 데이터를 제공한다는 점, 주어진 문제에 대해 예전보다 작은 단위의 수준에서 분석이 가능하다는 점, 상관관계만이 아니라 인과 관계도 쉽게 찾는다는 점 등도 자세히 언급한다.

그러나 이러한 유용성에도 불구하고, '빅데이터' 분석만으로 모든 문제의 답을 찾을 수는 없다. 예를 들어 교사의 질을 측정할 경우 학생들의 시험 점수 분석에 더하여 학생 상대의 설문 조사, 교사 관찰 등 두 가지 요소가 추가될 때 가장 만족할 만한 결과가 얻어진다. 이처럼 빅데이터가 좋은 효과를 발휘하려면 수치 정보가 놓치는 것을 메울 수 있는 소규모 설문 조사와 사람의 판단은 여전히 필요하다. 즉, 빅데이터는 인간이 세상을 이해하기 위해 그간 개발해온 다른 모든 방법을 대체하는 것이 아니라 새롭고 강력한 보충 자료라고 할 수 있다.

마지막으로 저자는 데이터 혁명의 위험성에 대해서도 경고한다. 우리 삶의 많은 부분이 점점 계량화되면서 통계적 판단이 우리의 개별성과 권리를 침해하고 데이터에 의한 차별로까지 이어질 수 있다는 위험에 대해서도 주의를 환기 시킨다.

우리는 인터넷을 어떤 식으로든 매일 사용하고, 사용 시간은 점점 늘어나는 시대에 살고 있다. 이 책은 이러한 디지털시대를 살면서 우리가 남긴 흔적들로 만들어진 빅데이터가 어떤 점에서 정보 분석의 새로운 세계를 열어 주는 것인지, 그럼에도 불구하고 어떤 한계가 있는지, 그리고 경계해야 할 점은 무엇인지 알려주고 있어 매우 흥미롭고 유용하다. 또한 디지털 시대에 데이터 과학이 제공하는 영역이 상당함에도 불구하고 우리의 판단이 여전히 중요하고 필요하다는 저자의 경고는 의미 깊게 되새겨 볼 만하다.

책에는 사람들의 일상적인 거짓말, 성에 대한 태도 등 인간의 본성에 대해 시사하는 예도 풍부하여 빅데이터를 활용한 인간 심리 혹은 사회 심리 탐구서의 측면도 있다. 만약 당신이 섹스에 대한 진실, 증오와 편견에 대한 진실, 성차별이 애초에 누구로부터 만들어지는가에 대한 진실, 페이스북 친구에 대한 진실 등을 알고 싶다면 이 책은 뜻밖의 흥미로운 사실을 보여줄 것이다.

(서평 : 허보희)

훔치고 싶은 문장

빅데이터가 그토록 중요한 가장 큰 이유는 데이터가 많기 때문이 아니라 사람들이 솔직한 생각을 내놓기 때문이다.

함께 읽으면 좋은 책

『신호와 소음』 네이트 실버 지음, 이경식 옮김, 더퀘스트, 2014년

31

머신 플랫폼 크라우드

트리플 레볼루션의 시대가 온다

앤드루 맥아피/에릭 브린욜프슨 지음, 이한음 옮김, 청림출판, 2018년
Machine, Platform, Crowd: Harnessing Our Digital Future,
Andrew McAfee/Eric Brynjolfsson, W. W. Norton & Company, 2017

◆ ◆ ◆

모두가 디지털 혁명을 말하면서 사회를 움직이는 동력이 근본부터
바뀔 것이라고 말한다. 그러나 막상 말의 상찬을 넘어 체계를 제대로
잡아주면서 디지털 혁명을 설명해 주는 책은 드물다. 이 책은 새로운
시대의 흐름을 기본 원리에서 이해할 수 있도록 도와준다.

오늘날 우리는 다양한 영역에서 인공 지능의 출현을 목격하며 급속
한 발전 속도에 경악을 금치 못하고 있다. 불과 몇 년 전인 2016년
알파고가 이세돌과 마주하였을 때만 해도 대부분의 국민들은 AI 또
는 인공 지능 단어를 낯설어했다. 나아가 당사자인 이세돌을 포함하
여 대부분의 사람들은 알파고의 압승을 예상하지도 못했다. 하지만
이제는 로봇 비서가 등장하고 완전한 형태의 자율 주행차가 거리를

누빌 거라는 것에 아무도 의심을 하지 않는다. 이러한 급속한 변화는 기회이면서 도전이기도 하다. 이 책은 디지털 혁명이 가져올 창조적 파괴에 대비하려면 우리 모두가 디지털 혁명의 원리를 잘 알고 있어야 한다는 것을 강조한다. 그리고 그 키워드로 '머신-플랫폼-크라우드'를 제시한다.

먼저 '머신', 즉 기계의 부상이다. 산업 혁명 이후 기계 기술은 항상 중요했다. 과기의 기계는 수치 계산, 데이터의 기록 및 보관 등 말 그대로 기계적인 일만 담당했다. 그리고 최종 의사 결정은 언제나 인간의 몫이었다. 하지만 지금은 인간이 기계보다 더 나은 판단을 한다는 보장이 없다. 기계와 인간의 분업 관계가 근본적으로 바뀌고 있다는 것을 뜻한다. 20세기 말의 심리학과 행동 경제학은 인간의 의사 결정이 합리적이지 않으며 다양한 오류를 갖고 있다는 것을 과학적으로 보여준다. 동시에 여러 사례 연구는 경험 많은 전문가인 인간의 판단보다 데이터와 알고리즘에 의한 컴퓨터, 즉 기계의 판단이 더 우월하다는 것을 보여준다. 그 결과 인간과 기계 사이의 표준적인 분업 개념은 바뀔 수밖에 없게 되었다. 이제는 데이터와 알고리즘에 판단과 예측을 맡기는 기업이 그렇지 않은 기업보다 경쟁력을 더 갖췄다고 할 수 있다.

다음은 새로운 경제 환경으로서의 '플랫폼'의 등장이다. 현재 세계 경제는 마이크로소프트, 구글, 페이스북 등 인터넷 기반 기업이 주도를 하고 있다. 지난 20년간 모든 일상 활동들이 오프라인에서 인터넷 공간으로 이동하고 있는데, 이를 저자는 '플랫폼'이라고 지칭한다. 플랫폼은 과거의 경제 시스템과 달리 '무료 정보, 완전한 복제, 다수가 동시적이고 즉각적으로 이용 가능'이라는 과거의 경제 환경과는 근본적으로 다른 세 가지 속성을 가지고 있다. 기업들이 앞으로 이 속성들을 얼마나 잘 활용하느냐에 따라 기업의 성패가 달라질 것이다. 이전에는 대단하게 보지 않았던 배달(배달의 민족), 운수 교통(우버), 숙박(에어비앤비)의 서비스업이 플랫폼을 적절히 활용하면서 엄청난 성장성을 지닌 글로벌 기업으로 등장했다.

디지털 혁명의 마지막 요소는 '크라우드'로 지칭되는 새로운 군중의 출현이다. 군중은 예전에도 있었지만 플랫폼에서 활동하는 크라우드는 21세기에 나타난 현상이다. 플랫폼의 크라우드는 디지털 흔적, 즉 집적 가능한 정보를 남긴다. 그 결과 전 세계의 다양한 사람들이 남긴 데이터로부터 온갖 지식이 축적되는데 이것이 바로 빅데이터이다. 빅데이터로 비로소 기계의 자기 학습, 즉 머신 러닝이 가능해졌고 나아가 기계가 직접 인공 지능이 되는 길도 열렸다. 게다가 플랫폼의 크라우드는 빅데이터를 남기는 것에만 머물지 않고 손쉬운 협업 공간을 제공하기도 한다. 그리고 과거에는 상상도 못 했던 군중의 누군가가 만들어낸 전혀 새로운 형태의 신생 기업들이 등장하는 것도 디지털 혁명 시대의 또 하나의 새로운 모습이라고 할 수 있다. 전 세계가 네트워크로 연결되는 디지털 플랫폼 시대에는 군중들도 강력한 힘을 발휘할 수 있는 잠재력을 갖게 된 것이다.

아무리 탁월한 기술도 그 자체로는 도구일 뿐이다. 마찬가지로 아무리 많은 정보도 꿰어야 보배가 된다. 군중은 목적이 없다면 그저

일개 무리일 뿐이다. 인공 지능, 빅데이터, 디지털 환경 등의 용어는 셀 수 없이 많이 회자되지만 이들의 연관성을 주목하고 이를 하나의 관계로 정리한 책은 없었다. 이 책은 '머신-플랫폼-크라우드'의 삼각관계라는 개념 틀로 이를 해석하고, 이렇게 모일 때 비로소 디지털 혁명이 완성된다는 독창적인 혜안을 제시했다. MIT 경영대학원의 교수들이 쓴 이 책은 디지털 혁명 시대에 기업이 직면하는 다양한 도전 사례를 풍부하게 소개하고 있다. 그리고 개인의 관점으로 보게 되면 인간과 기계가 앞으로 미래에 어떤 분업 관계를 가지게 될지 살펴볼 수 있는 기회를 제공해주기도 한다.

많은 사람들이 예측하듯 기계는 우리들을 실업 상태로 몰아갈까? 만약 실업으로부터 안전한 직업군이 있다면 어떤 분야일까? 강력한 디지털 플랫폼은 우리의 모든 경제적 결정을 좌우할까? 누구도 확답할 수 없는 질문들이다. 하지만 이 책을 통해 최소한의 실마리는 얻을 수 있다.

(서평 : 허보희)

훔치고 싶은 문장
'기술이 우리에게 무엇을 할까'라고 묻지 말고 '우리가 기술을 갖고 무엇을 하고 싶을까'라고 물어야 한다.

함께 읽으면 좋은 책
『호모 데우스』유발 하라리 지음, 김명주 옮김, 김영사, 2017년

32

신뢰 이동

관계·제도·플랫폼을 넘어, 누구를 믿을 것인가

레이첼 보츠먼 지음, 문희경 옮김, 흐름출판, 2019년
Who Can You Trust?: How Technology Brought Us Together and
Why It Might Drive Us Apart, Rachel Botsman, Public Affairs, 2017

◆ ◆ ◆

정치인의 말은 믿지 못하면서 전혀 모르는 사람은 어떻게 믿고서 우
버 택시를 이용하고 자기 집을 에어비앤비에 내놓을까? 시대에 따라
누구를 신뢰하고 누구를 신뢰하지 않는지가 달라져 왔다. 이 책은 인
류 역사를 통해 사람들이 신뢰하는 대상은 크게 바뀌어져 왔으며 지
금이 세 번째로 중대한 신뢰 혁명의 출발점이라고 말한다.

이 책에 따르면 신뢰의 측면에서 인간의 역사를 크게 세 부분으로 나
눈다. 첫 번째는 지역적 신뢰(Local Trust), 모두가 서로를 아는 소규
모 지역 공동체의 시대다. 두 번째는 제도적 신뢰(Institutional Trust),
신뢰가 계약과 법정 그리고 상표 형태로 작동한다. 이는 산업 사회로
발전하기 위한 토대가 되었던 일종의 중개인 신뢰의 시대라고도 할

수 있다. 세 번째는 분산적 신뢰(Distributed Trust), 지금이 그 초기 단계이다.

농경 사회에서는 지역적 신뢰에 의해서 그리고 그 이후에는 당국과 판사, 전문가 등 제도적 신뢰에 의해서 문제가 해결돼 왔다. 이제는 개인, 플랫폼, 프로그램을 통해 신뢰가 흐르는 분산적 신뢰 사회다. 공유 경제가 폭발적으로 발전하고 음식점이나 특정 기사에 평점을 남겨 평판을 공유하는 시대가 되었다는 뜻이다. 다른 무엇보다도 대중은 그런 다수의 개인들이 보고 경험한 것을 믿고 있다. 심지어 마리화나나 구소련의 자동 소총을 파는 정상적으로는 신뢰하기 어려운 판매자들에게조차도 평점을 매겨 놓는다. 비트코인 같은 암호 화폐, 블록체인 거래 등도 분산적 신뢰의 현상들이라고 할 수 있다. 우리는 지금 시대를 기술 발전이라는 현상으로 보는 경향이 있지만 진짜 중요한 것은 기술 자체가 아니라 기술 발전에 따른 대대적인 신뢰 이동이라는 것이 이 책이 말하는 핵심 메시지이다.

중국에서 사업을 하려면 관시(關係), 즉 관계가 핵심이라는 얘기를 많이들 한다. 이렇게 아는 사람들끼리만 신뢰를 공유하던 중국 사회에서 거대한 인터넷 상거래 비즈니스를 성공시킨 사람이 바로 알리바바의 마윈이다. 그는 2014년 기업 공개 당시 "신뢰하세요. 시장을 신뢰하고, 젊은이들을 신뢰하고, 새로운 기술을 신뢰하세요. 세계는 나날이 투명해지고 있습니다"라고 강조했는데, 지금이 바로 그런 신뢰 이동의 시기라는 것을 간파한 말이라고 할 수 있다.

신뢰의 대상도 바뀌고 있다. 갤럽이 1970년대에 은행, 언론, 학교, 의회 등에 대한 신뢰도 조사를 했을 때 미국인 10명 중 7명이 이들 주요 기관을 신뢰했지만 40년이 지난 2016년 같은 조사에서는 주요 제도에 대한 신뢰도가 평균 32%에 불과했다. 가장 아래로 떨어진 것이다. 특히 밀레니얼 세대의 불신도가 매우 높았다. 이 세대에서는 88%가 금융 기관을 불신하고, 4명 중 3명은 연방 정부가 옳은 일을 한다고 믿지 않는다. 전 세계적으로 기존 제도나 시스템에 대한 신뢰도 하락 현상이 나타났다고 할 수 있다.

전문가들이 반대했지만 브렉시트가 영국에서 통과되었고, 정치 엘리트계의 아웃사이더였던 도널드 트럼프가 미국 대통령으로 선출되는 현상은 더 이상 전문가들을 믿지 않는다는 것을 보여주는 사례라고 할 수 있다. 제도적 신뢰가 무너지고 개인들에게 신뢰가 옮아가는 현상, 저자는 이를 두고 신뢰의 독점이 무너진 것이라고 표현했다.

그렇다면 '신뢰'란 무엇일까? 독일의 사회학자 니클라스 루만은 '신뢰는 기대치에 대한 확신'이라고 정의한다. 한마디로 내가 기대하는 것을 가져다줄 것이라는 믿음이다. 그렇기 때문에 모르는 대상을 신뢰한다는 건 위험을 감수하는 '신뢰의 도약'이라고 할 수 있다. 예를 들어 물물교환을 하다가 화폐로 바뀔 때 나중에 제값을 쳐줄 것이라는 믿음이 필요했던 것처럼 디지털 화폐를 쓰거나 자율 주행차를 이용하는 데에는 신뢰의 도약이 필요하다는 뜻이다. 책에서는 우버 이용자들이 낯선 사람의 차를 탈 수 있는 신뢰의 도약을 '신뢰 더미 오르기'라는 개념으로 설명한다. 우선 차량 공유 개념이 안전하고 해볼 만하다고 느껴야 하고 플랫폼과 그 회사를 신뢰할 수 있어야 한다는 뜻이다. 그런 다음 내가 빌릴 차의 소유주가 믿을 만한 상대인지를 판단하고, 이렇게 신뢰 더미를 쌓아 올려야 중국에 가서는 미지의 것을 신뢰하게 되는 프로세스를 지닐 수 있게 된다.

이처럼 새로운 기술이나 서비스를 신뢰하려면 세 가지 원리가 필요하다.

첫 번째는 '캘리포니아 롤'의 원리다. 날생선 먹는 걸 낯설고 위험하게 여기는 미국인들에게 초밥을 받아들이게 만든 징검다리가 바로 캘리포니아 롤이었다는 것. 로스엔젤레스의 초밥집 요리사 마시타 이치로는 밥을 겉으로 드러냄으로써 손님들이 이를 친숙하게 느끼게끔 하는 신뢰 장치를 만들었다. 에어비앤비도 홈페이지에 자신들의 서비스 신뢰성을 자세히 설명하지 않는다. 대신 이용자에게 어디로 가는지 묻고, 여행가는 지역을 검색해 보게 하고, 동네 모습을 보여주면서 원하면 이런 곳에서 머물 수 있다는 걸 직관적으로 보여준다. 친밀함을 통해 안심을 만드는 것이다.

둘째는 'WIIFM(What's in it for me?)', 즉, '나한테 좋은 게 무엇인가?'를 되묻는 원리다. 자율 주행차가 낯설긴 하지만 그걸 사용하면 시간을 더 효율적으로 쓸 수 있다는 사실, 그리고 사람이 운전하는 것보다 훨씬 교통 사고율이 낮다는 사실, 이런 것들이 나에게 도움이 된다고 강조되어야 자율 주행차에 대한 부정적이고 회의적인 시선이 극복된다.

셋째는 '신뢰 인플루언서'다. 신제품을 미리 써본 얼리어답터들의 사용 후기가 대중들의 사용을 견인하는 원리다. 예를 들어 P2P 자금 전환 서비스인 트랜스퍼와이즈는 정기적으로 파운드를 유로로 송금받는 연금 수급자를 초점으로 서비스를 시작했다. 이들이 트랜스퍼와이즈를 편리하고 좋다고 평가했기 때문에 다른 사람들도 덩달아 신뢰하게 되었다. 현재 이 기업은 기업가치 11억 달러 이상에 영국의 해외 송금 시장에서 5%를 점유할 정도로 성장했다.

하지만 이같은 신뢰 이동은 예전과 다른 복잡한 책임 소재의 논란을 가져올 여지도 있다. 예를 들어 2016년 우버의 차량 기사가 벌인 충격 사건, 2011년 에어비앤비를 통해 아파트를 빌려줬다가 집이 난장판이 된 사건 등이 그렇다. 이런 사건이 발생했을 때 누구에게 책임을 물어야 할까? 신뢰 문제가 발생했을 때 각 플랫폼이 보이는 태도는 또 다른 신뢰의 원천이 되기 때문에 소비자와 플랫폼이 서로 책임감을 가지고 고민해야 할 문제다. 이를 보면 신뢰 이동이 큰 트렌드이긴 하지만 신뢰에 기반이 되는 책임감에는 법적 제도적 뒷받침이 반드시 필요하다는 것을 알 수 있다.

이 책은 사회 변화의 요인을 기술적 측면에서 찾은 것이 아니라 기술이 작동되는 근본 동인인 신뢰에 초점을 맞추었다는 점에서 훨씬 크고 넓은 의미의 사회 변화를 볼 수 있게 해주는 책이다. 그런 점에서 신선한 통찰을 주는 책이라고 말할 수 있다.

(서평 : 고현숙)

훔치고 싶은 문장
우리의 신뢰를 받을 자격이 있는 상대가 누구인가, 라는 질문의 해답을 찾는 주체는 우리 자신이다.

함께 읽으면 좋은 책

『플랫폼 제국의 미래』 스콧 갤러웨이 지음, 이경식 옮김, 비즈니스북스, 2018년

『플랫폼 레볼루션』 마셜 밴 앨스타인/상지트 폴 초더리/제프리 파커 지음, 이현경 옮김, 부키, 2017년

| 33 |

포노 사피엔스

스마트폰이 낳은 신인류

최재붕 지음, 쌤앤파커스, 2019년

◆ ◆ ◆

4차 산업 혁명의 변화를 기술적인 관점이 아니라 포노 사피엔스라는 새로운 주류 소비자의 등장이라는 관점에서 설명한 책이다. 스마트폰을 항상 손에 쥐고 살며 일과 소비의 모든 장면에서 스마트폰을 사용하는 이들은 과거의 인류가 아니라 포노 사피엔스다. 이들이 손가락으로 누르는 기업은 번성할 것이고, 거기에 따라가지 못하는 기업은 쇠락할 것이다. 이는 새로운 시대의 단순하지만 강력한 번성의 법칙이다.

'포노 사피엔스(Phono Sapiens)'라는 용어는 2015년 영국의 《이코노미스트》지에 실린 '스마트폰이 행성'이라는 기사에서 비롯되었다. 이 기사는 스마트폰 없이는 단 하루도 살 수 없는 새로운 인류 문명의 시대가 왔음을 알리는 기사였다. 실제로 스마트폰 이용자가 증가하면서 현실 세계에는 많은 변화가 있었다. 미국의 대형 백화점이 문을 닫았고 100년 전통의 《타임》지가 파산하는가 하면 모든 은행들이 너나 할 것 없이 지점을 폐쇄하거나 줄이기 시작했다. 사람들은 더 이상 물건을 사기 위해 마트나 백화점을 가지 않고, 종이 신문을 보지 않으며, 입출금을 위해 은행에도 가지 않는다. 이 모든 것을 가만히 앉아서 스마트폰으로 해결해 나가고 있다. 이런 변화는 결국 스마트폰을 마치 신체의 일부처럼 여기게 되는 신인류, 포노 사피엔스를 탄생시켰다.

2007년 아이폰 탄생 이후 불과 10년 사이에 전 세계 36억 명이 스마트폰을 사용하기 시작했고, 우리나라도 2018년부터 1인 1스마트폰 시대를 열었다. 4차 산업 혁명의 한 현상이기도 한 이런 변화는 라이프 스타일의 변화를 촉발시켰고 이에 따라 비즈니스의 경쟁 법칙도 재편시켰다. 저자는 이를 포노 사피엔스가 만든 문명의 교체, 바야흐로 '혁명의 시대'라고 정의한다.

지난 10년간 TV와 신문의 광고 수익은 거의 절반으로 떨어졌고, 네이버 같은 검색 포털과 유튜브의 점유 비율은 폭발적으로 증가했다. 금융은 2018년 기준 무인화 서비스 업무 비중이 80%를 넘어섰고 지점 창구 처리 비중은 9.5%까지 내려갔다. 미국에서는 3분의 1이나 되는 백화점이 문을 닫았고, 중국은 모든 상거래에서 알리페이, 위챗페이와 같은 스마트폰 결제를 표준으로 하고 있다. 상하이에서는 거지마저도 QR코드 목걸이를 걸고 다니며 구걸을 하는 일이 일어나고 있다. 우리나라 역시 2018년에 온라인 소비 매출이 연 100조 원을 돌파했다. 이러한 변화들은 거대 권력이나 자본의 이동 때문에 생겨난 현상이 아니라 포노 사피엔스의 자발적 선택의 결과에 따른 현상이라 할 수 있다. 저자는 이러한 변화를 두고 과감히 '진화'라고 이름 붙였다. 인류 역사상 진화는 단 한 번도 역변이 없었으니 이는 돌이킬 수 없는 인류 문명이 나아갈 방향이라는 것이다.

차량 공유 서비스 중 하나인 우버는 아직 한국 사회에서는 불법이다. 기존의 택시 사업자들을 보호하고 그들과 공존하기 위해 어느 정도의 규제를 유지하고자 하기 때문이다. 그리고 사회적으로도 공유 경제에 대한 가치를 조금씩 경험하는 시기라고도 할 수 있다. 하지만 이런 완충의 시간도 결국에는 오래가지 못할 것이다. 스마트폰이 퍼지고 온라인 거래가 확산되는 추세를 보게 되면 결국 소비자들은 좀 더 편리하고 좀 더 효율적인 서비스로 옮겨갈 수밖에 없기 때문이다.

『이기적 유전자』의 저자 리처드 도킨슨은 자신의 책에서 '밈(Meme)'을 문화 유전자라고 정의하고 생물학적 유전자 DNA와 비교해서 설명했다. 인간은 뇌를 통해 정보를 복제하고 다른 사람에게 전달 확산하는 방식으로 문명을 창조해왔다. 과거에 '사람 대 사람'에서 일어났던 문화 복제가 현대에서는 대중 매체를 통한 대규모 복제로 변해온 것이다. 여기에서 인류가 한발 더 나아가 스마트폰을 손에 쥐자 밈의 복제와 전파는 그야말로 퀀텀 짐프를 하게 되었다. 단기간에 수십억 조회 수를 올리는 음악이나 동영상이 흔해진 시대가 된 것이다.

이중 음악 소비 패턴은 이런 변화를 가장 잘 보여주는 사례라 할 수 있다. 이제는 같은 음악을 듣고 전 세계적인 동시 팬덤을 만들어 낸다. 최근 BTS의 세계적인 인기 역시 이런 팬덤 소비에 기초했다. 그 결과 빌보드 차트에서 1위를 차지하는 기염을 토해냈다. 역사적으로 빌보드 차트에서 외국어 노래가 1위를 차지한 것이 열 번이 안 되는데 BTS가 그 성벽을 완벽하게 허물어 버린 것이다. 이런 결과를 낳을 수 있었던 이유는 그들의 접근법이 포노사피엔스에게 맞는 방법이었기 때문이다. BTS는 기존 음악 비즈니스 유통망 없이도 유튜브에 자신들의 스토리와 뮤직비디오를 올리는 것으로 이런 결과를 만들어냈다. 천만 명이 넘는 BTS 팬클럽 ARMY는 신곡 뮤직비디오가 발표될 때마다 전 세계로 영상을 실어 나르며 무려 70개국에서 아이튠즈 다운로드 1위를 차지해 버린다. 이들의 전파력은 기존 유통망에 비해 훨씬 빠르고 강력했다. 그 결과 BTS 뮤직비디오는 10대들이 꼭 봐야 하는 콘텐츠로 각인되었고, 다시 음반 판매와 관련 제품 판매로 이어졌다. 강력한 글로벌 팬덤이 음악 시장에 미치는 가공할만한 위력을 보여준 사례라 할 수 있다. 결국, 포노 사피엔스의 시대에는 품질도 중요하지만 포노 사피엔스들과 소통하며 공감을 얻는 게 엄청난 결과로 돌아온다는 걸 증명해냈다.

팬덤 소비는 중국의 광군제에서도 엄청난 에너지를 보여준다. 2018년 광군제에서는 무려 35조 원의 매출을 단 하루 만에 기록했다. 우리 기업의 예도 살펴보자. 온라인 패션기업 스타일 난다는 2004년 창업을 했고, 옷을 파는 것이 아니라 스타일을 판다는 모토로 팬층을 형성했다. 이들의 인기는 중국으로 넘어가 자체 화장품 브랜드를 출시하는 등 연 매출 1,600억 원의 기업으로 탈바꿈하는데, 결국 글로벌 화장품 기업인 로레알이 2018년에 6천억 원에 회사를 인수했다. 그렇다면 로레알 같은 거대 기업은 왜 이 작은 이 기업을 인수했을까? 핵심은 매출 규모가 아니라 스타일 난다에 형성된 팬덤을 산 것이라 볼 수 있다.

기성세대들은 스마트폰 중독을 우려해왔다. 젊은이들이 스마트폰만 들여다보며 인간관계가 단절된다고 하고 게임과 쇼핑에 매달린다고 못 마땅해했다. 하지만 이 책은 그와 반대로 기성세대에 대한 경고의 메시지를 담고 있다. 변화해야만 생존할 수 있다고 말하며 새로운 문명을 거부하는 집단은 쇠퇴할 수밖에 없고 변화는 선택이 아닌 필수라고 강조한다. 이게 포노 사피엔스를 진화로 보는 진정한 의미이다.

(서평 : 고현숙)

훔치고 싶은 문장

자본의 메시지는 분명합니다. 포노 사피엔스 소비 문명을 따라가는 기업들에게 투자하겠다는 것입니다.

함께 읽으면 좋은 책

『90년생이 온다』 임홍택 지음, 웨일북, 2018년

34

직장이 없는 시대가 온다

경제적 자유인가, 아니면 불안한 미래인가

새라 케슬러 지음, 김고명 옮김, 더퀘스트, 2019년
Gigged: The End of the Job and the Future of Work,
Sarah Kessler, St. Martin's Press, 2018

◆ ◆ ◆

잔소리도 없고 눈치 볼 필요도 없이 원하는 일을 원하는 만큼만 하면서 돈을 버는 시대. 긱 경제(Gig Economy)의 리더들이 하는 말이다. 미국과 유럽에서는 많은 사람들이 긱 경제에 참여하고 있다. 긱 경제란 기업이 정규직을 채용하는 대신 노동력을 필요로 할 때 그때그때 공급받는 형태의 새로운 노동 시장을 말한다. 그렇다면 긱 경제는 모두에게 환영받는 것인가? 정말로 '직장 없는 시대'가 오는 것일까? 긱 경제를 꿈꾸거나 프리랜서를 생각하고 있다면 한 번은 읽어봐야 할 책이다.

긱 경제는 이미 우리에게 친숙하다. 우버가 대표적이다. 우버 기사들은 '독립 계약자'들이지 정식 직원이 아니다. 여윳돈이 필요한 '투잡러'들은 퇴근 후나 주말에 일하기도 하고 또 어떤 이들은 하루 종일 우버 앱을 켜 놓고 손님들을 태우기도 한다. 이같은 사업 모델로 센

세이션을 일으킨 우버는 승승장구하면서 긱 경제의 선구자가 되었다.

사실 긱 경제는 완전하게 새로운 노동 시장은 아니다. 이미 독립계약자들은 우리 주변에 많다. 미국의 임시 노동자 수는 꾸준하게 증가해 역대 최고치를 계속 달성하고 있다. 이 책의 저자인 새라 케슬러는 말한다. "미국 노동자 중 풀타임 직장인이 아닌 경우가 40%에 달한다는 추정치도 있다. 우버는 되도록 직원을 고용하지 않으려 하는 경영계의 풍토를 스마트폰 시대에 접목했을 뿐이다." 긱 경제 노동자들은 더 많은 자유를 원하는 전문직에서부터 교육 수준이 낮은 사람까지 다양하다.

누군가에게 긱 경제는 분명 기회다. 특히 전문 기술이나 전문 지식을 보유한 사람들에게는 그렇다. 이들의 노동력은 공급보다는 수요가 많기 때문에 계속해서 일이 몰린다. 저자가 소개한 커티스라는 청년은 프로그래밍을 배운 후 긱 경제의 노동자가 되었다. 회사에서 받던 수준의 연봉을 받으면서 원하는 때에 원하는 만큼만 일하고, 나머지 시간에는 자유를 즐긴다. 하지만 모든 긱 경제 노동자들이 커티스 같지는 않다. 실제로는 원해서라기 보다 어쩔 수 없이 긱 경제의 노동자가 되는 경우가 훨씬 많다. 이들은 전통적인 기업에서 제공해주던 안정과 복지를 누리지 못했던 사람들이다. 대표적인 사례가 우버 기사로 활동하는 에이브다. 우버는 차를 제공하지 않기 때문에 에이브는 차를 사야만 했다. 더욱이 경쟁이 치열해지면서 수익성이 떨어지자 우버는 기사들에게 돌아가는 수수료를 인하하거나 손님들이 몰리는 시간대에 일하지 않으면 페널티를 주기 시작했다. 이는 긱 경제가 강조했던 자유라는 유연성과 거리가 멀다. 에이브와 같은 '독립계약자'들은 기름값도 스스로 해결해야만 했다. 결국 손에 쥐는 건 최저 임금보다도 낮은 시급이었고, 그마저도 일반적인 직장이 제공하는 휴식까지 포기해야 얻을 수 있는 급여였다. 보장된 연봉이 없는 긱 경제 노동자들에게 휴식이란 사치일 뿐이었다.

그렇다면, 왜 긱 경제 노동자들은 최저 임금과 최소한의 복지조차도 제공받지 못하는 것일까? 기업이 복지와 보호막을 제공하는 순간 간접 고용이 아니라 직접 고용이 되기 때문이며, 직접 고용을 하는 순간 긱 경제는 더 이상 긱 경제가 아니고 인건비는 다시 상승할 수밖에 없기 때문이다. 즉, 노동자들은 이제 최소한의 복지는커녕 기업으로부터 어떠한 보호를 기대할 수 없게 되었다.

크라우드소싱 노동 중개소에서 일하는 크리스티는 종종 혐오감을 느끼는 업무를 의뢰받지만 이를 거부할 방법이 없었다. 일감을 거부하면 더 이상 새로운 일을 받기 힘들기 때문이었다. 문제가 발생해서 이의를 제기해야 하는 상황에서도 기업은 독립 계약자들에게 "회사로는 전화하지 마세요"라고 말할 뿐이다. 이처럼 긱 경제가 약속하는 자유와 유연성은 노동자들 입장에서 무조건적인 이득이 아니다. 오히려 인건비를 줄이고 법적 규제를 피하는 장치로서 기업들에게 더 큰 이득이 돌아간다. 커티스처럼 희소성이 큰 기술 보유자들은 어느 정도의 수입을 벌겠지만 대다수의 사람들은 최소한의 보호막도 없이 무한 경쟁에 던져진 것이라 할 수 있다.

긱 경제는 자유가 아니라 결핍에 더 가깝다. 실리콘밸리의 이상주의자들은 인터넷과 스마트폰이 더 많은 일자리와 기회를 줄 것처럼 말했으나 실제로는 일자리를 놓고 국제적인 경쟁이 벌어지다 보니 내 일거리가 다른 지역이나 다른 나라에 사는 사람에게 주어지는 일도 다반사가 되었다. 일거리가 있어도 날로 치열해지는 경쟁으로 수입이 최저 임금 이하로 줄어드는 경우도 생기고 있다. 인터넷이 없는 사람들에게도 긱 경제는 있으나 마나 하다. 특별한 기술이 없는 사람들에게도 그림의 떡이다. 그리고 어렵사리 긱 경제에 참여하게 된다 하더라도 최저 임금보다도 못한 수입을 얻는 저숙련 긱 노동자들은 가난을 벗어나지 못한다. 결국 긱 경제를 창출한 기업가들이 말하던 자유와 유연성은 일반 노동자들이 아니라 소수의 고숙련 노동자들과 기업들을 위한 말장난일 뿐이다.

긱 경제는 직접 고용이 사라지는 추세를 극단적으로 보여주는 사례로 불안한 경제와 불안한 중산층을 보여준다. 저자는 아직까지 사람들이 자유와 유연성보다는 안정과 꾸준한 수입을 더 선호한다고 말한다. 그럼에도 긱 경제 노동자들이 늘어난다는 것은 그만큼 직업이 없는 절실한 사람들이 많거나 안정적인 직장을 갖고 있음에도 불안감을 버리지 못하는 중산층이 많다는 것을 방증하기 때문이다. 아미 긱 경제가 확대되면 위험 부담과 개인의 복지가 기업에서 개인으로 더욱 전가될 것이다.

그럼에도 '직장이 없는' 긱 경제의 시대는 우리의 미래일까? 저자는 "긱 경제는 이제 한물간 것이나 다름없다"고 말한다. 긱 경제의 일원이라고 주장했던 많은 기업들 대다수가 사업 모델을 버리거나 변경을 했다. 2014년 이후 긱 경제 참여율은 줄어들고 있으며, 긱 경제에서 일을 시작하는 사람 중 절반 이상이 1년 내에 긱 경제를 이탈했다. 하지만 긱 경제가 완전하게 사라지지는 않을 것이다. 직접 고용을 회피하는 고용 방식은 이전부터도 존재해왔기 때문이다. 우버를 포함한 긱 경제 기업들은 스마트폰과 앱을 활용한 것뿐이다.

긱 경제의 문제점이 분명하지만 긱 경제는 유지될 것이다. 그래서 나쁘게만은 볼 수 없다. 다만 실리콘 밸리 기업들이 긱 경제의 문제점을 해결한다고 해서 그것이 진보나 혁신이 되는 것은 아니라는 것을 꼭 기억해야 한다.

(서평 : 이엽)

훔치고 싶은 문장

나는 일자리를 개편하려던 실리콘밸리의 시도가 틀렸다고 생각하지는 않는다. 기존의 일자리 시스템이 제대로 작동하지 않으니 스타트업의 실험 정신이 필요했던 것이다. 하지만 (…) 관련된 지원 구조를 개선하지 않는 것은 진보라고 칭하기 어렵고 당연히 혁신으로 보이지도 않는다.

함께 읽으면 좋은 책

『직업의 지리학』엔리코 모레티 지음, 송철복 옮김, 김영사, 2014년

35

구독과 좋아요의 경제학

플랫폼을 뛰어넘는 궁극의 비즈니스 솔루션

티엔 추오/게이브 와이저트, 박선령 옮김, 부키, 2019년
Subscribed: Why the Subscription Model Will Be Your Company's Future
- and What to Do About It, Tien Tzuo/Gabe Weisert, Portfolio, 2018

◆ ◆ ◆

저자인 티엔 추오는 구독 경제(Subscription Economy)라는 용어를
처음 사용했고, 구독 모델에 대한 서비스를 제공하는 주오라를 창업
했다. 구독 모델의 최고 전문가라고 할 수 있다. 구독 경제에 대해 궁
금하다면 현재 이 책보다 더 좋은 책을 찾기 어려울 것 같다. 구독 모
델을 채택한 다양한 기업들의 사례도 살펴볼 수 있다.

저자는 특정 고객 기반의 니즈를 바탕으로 고객들에게 지속적인 가
치를 제공하는 서비스를 만드는 것이 모든 비즈니스의 목표가 되어
야 한다고 말한다. 즉, 제품 판매가 아니라 서비스 제공을 통한 반복
적 수익의 창출을 위해 고객을 '구독자'로 전환시키는 변화가 '구독
경제'라는 주장이다.

책에 나온 여러 사례 중 국내 사례는 없지만 현실 세계에서는 많은 사람들이 이미 구독 모델 기업의 제품이나 서비스를 이용하고 있다. 필자 역시도 어도비의 라이선스 제품을 사용하다가 얼마 전부터 어도비 크리에이티브 클라우드 포토그래퍼 플랜이라는 구독 서비스로 바꾸었다. 어도비는 왜 라이선스 모델에서 구독 모델로 사업을 전환했을까? 이 책에서도 대표적인 구독 경제 사례로 어도비를 들고 있다.

기존의 어도비의 라이선스 제품은 고객이 한 번 구매하면 다시 구매할 필요가 없다. 업그레이드 제품을 다시 구매하는 경우가 있긴 하지만 가격 부담이 만만치가 않다. 기업에서도 한번 구매하는 고객으로 추가적인 판매가 없기 때문에 고객 정보를 모으거나 이해할 필요성이 그리 높지는 않다. 하지만 구독 모델의 경우에는 다르다. 월 혹은 년 단위로 구독 연장, 즉 재구매를 하도록 고객을 유도해야 하기 때문에 고객을 잘 이해하는 것이 무엇보다 중요하다. 그리고 구독 가격이 제품을 사는 비용보다는 낮기 때문에 고객 입장에서는 업그레이드 비용 부담 없이 저렴하게 서비스를 이용할 수 있다는 특징도 있다. 이는 결과적으로 제품이 아니라 서비스를 통해 고객에게 경험을 제공하는 계기를 마련해 준다. 그런 관점에서 어도비는 소프트웨어 개발 판매 회사에서 디지털 경험을 제공하는 마케팅 클라우드 서비스 기업으로 자신을 탈바꿈하면서 성공적인 혁신을 했다고 할 수 있다.

그렇다면 구독 경제의 핵심 요소는 무엇일까? 바로 구독자의 ID

다. 다시 말하면, 구독 경제의 핵심은 개인의 기록이고 그 데이터를 다시 모은 빅데이터이며 이를 분석해서 반복적인 구매로 연결하는 능력이라 할 수 있다. 즉, 구독자 정보를 제대로 활용하는 기업은 구독 경제의 시대에 살아남을 것이고 그렇지 못한 기업은 사라질 가능성이 높다. 넷플릭스의 성공과 블록버스터의 실패가 이를 극명하게 보여준 사례라 할 수 있다.

넷플릭스는 1999년부터 월간 구독 서비스를 시작했다. 매월 일정액을 내고 보유 중인 영화를 무제한 빌려보는 방식이다. 처음부터 인터넷 기반의 온라인 비즈니스였기 때문에 고객의 데이터를 쉽게 수집할 수 있었고, 고객이 보는 콘텐츠의 장르와 특징을 분석해서 취향에 맞는 콘텐츠 추천 시스템을 개발할 수 있었다. 일회성 고객이 아닌 반복적인 구독자를 만든 셈이다. 구독자의 데이터가 쌓이면 쌓일수록 추천에 대한 정확성은 높아진다. 넷플릭스는 현재 전 세계 190여 개국에서 1억 4천만 명의 유료 가입자를 가지고 있으며 국내에서도 이미 200만 명을 넘는 회원을 보유하고 있다. 이 회원들이 시청한 영화의 75%는 넷플릭스 추천 시스템에 의한 것이라고 한다. 그리고 넷플릭스의 성공 요인 중 또 다른 한 가지는 자체 제작 콘텐츠다. 그 첫 번째 작품이 2013년 공개된《하우스 오브 카드》라는 드라마다. 이미 1990년에 영국에서 제작된 적이 있고 감독인 데이비드 핀처, 주연 배우인 케빈 스페이시와 로빈 라이트가 시청자들에게 인기가 많다는 분석 결과에 근거해서 드라마가 기획되어 대성공을 거두었다. 최근 국내에서 제작된《미스터 션샤인》《킹덤》도 같은 맥락에서 만들어진 작품이다.

누구나 구독 모델로의 변신에 성공할 수 있을까? 성공할 수 있는 기업은 따로 있다. 제품 중심에서 서비스 중심으로 전환할 수 있는 기업은 기본적으로 조직의 마인드 셋이 고객 중심으로 전환되어야 한다. 그리고 디지털 트랜스포메이션을 할 줄 알아야 한다. 그 중심에 데이터가 있기 때문이다. 데이터를 수집하고 분석하기 위해서 디지털 구독은 필수적이다. 따라서 구독 마케팅의 최우선 요소는 구독자 ID를 확보하는 것이다. 애플도 ID 하나로 모든 서비스를 연동시켜 구동할 수 있도록 했고, 스타벅스도 ID를 기반으로 고객 서비스를 제공하고 있다.

이제는 전통적인 제조 중심 기업들도 구독 모델에 관심을 가지기 시작했다. 이 책에 소개되지 않은 국내 기업의 사례를 살펴보자. 현대자동차는 2018년 미국 시장에서 아이오닉 하이브리드를 구독하는 시범 사업을 진행했다. 2019년 1월에는 국내 시장에서도 자동차를 구독하는 '현대 셀렉션'을 출시했다. 월 구독료만 내면 누구나 원하는 차를 마음대로 골라 탈 수 있고 차량 소유에 필요한 세금이나 보험, 기타 소모품 비용 등을 신경 쓰지 않아도 되는 프로그램이다. 이처럼 대형 제조 기업들도 고객이 원하는 것을 고객이 원하는 방식으로 제공하기 위해 고민하고 있다. 고객의 무의식적인 구독 습관을 먼저 만드는 자가 승리할 것이라는 생각이 이미 보편화된 인식이 되었다.

저자는 "기업은 마침내 고객을 이해하기 시작했다"라고 말한다. 고객의 ID가 있고 구독에 따른 누적된 데이터가 있으면 진정으로 고객을 이해할 수 있다고 했다. 구독 경제에 관심이 있는 경영자라면 이 책을 통해 새로운 비즈니스 모델을 고민해 볼 수가 있다.

(서평 : 구자룡)

훔치고 싶은 문장

기업은 마침내 고객을 이해하기 시작했다.

함께 읽으면 좋은 책

『플랫폼의 미래 서브스크립션』 앤 잰저 지음, 이미숙 옮김, 예문, 2018년
『구독경제는 어떻게 비즈니스가 되는가』 닛케이 크로스 트렌드 지음, 조사연 옮김, 한스미디어, 2020년
『구독경제 마케팅』 존 워릴로우 지음, 김영정 옮김, 유엑스리뷰, 2020년

4부. CEO와 리더십

36

사장으로 산다는 것

사장이 차마 말하지 못한

서광원 지음, 흐름출판, 2012년(개정판)

◆ ◆ ◆

세상에 사장은 정말 많지만 의외로 '사장학'이라고 해서 사장을 본격적으로 다루는 책은 흔치 않다. 경영이나 리더십에 초점을 맞추다 보니 사장이라는 개인에 관해 조망하는 책은 더더욱 드물다. 하지만 이 책이 출간되면서 사장으로 산다는 것에 대한 관심이 크게 늘었다. 사장이 되고 싶은 사람들에게 권하고 싶은 책이다.

2005년 출간돼 20만 독자들로부터 사랑을 받은 『사장으로 산다는 것』의 개정판이 2012년에 나왔다. 한 책이 이렇게 오랫동안 독자들의 사랑을 받는다는 것은 그만큼 많은 분들로부터 공감대를 얻고 있다는 것을 뜻한다. 그 이유는 무엇일까? 아마도 저자 스스로 다양한 방법으로 사장 공부를 실천해왔기 때문일 것이다.

저자는 경향신문 기자로서 수많은 사장을 만났고 스스로 18평짜리 프랜차이즈 식당의 점주가 되어 보기도 하고 벤처기업을 세워 경영도 해보면서 사장을 경험했다. 사장을 직접 해보면서 인터뷰로 만난 사장과 사업을 하면서 경험한 사장은 차원이 다르다는 것을 알게 되었다. 저자는 '올인'이라고 할 만큼 모든 것을 투자했던 사업이 실패하고 나서야 비로소 사장이라는 자리를 이해하게 되었다고 말한다. 그리고 많은 것을 잃었지만 세상을 어떻게 바라봐야 하는지도 알게 되었다고 말한다. 이처럼 책은 진짜 사장 경험에 의해 쓰여졌고, 그래서 어느 책보다도 사장들의 마음을 잘 대변한다. 그래서 앞으로 자기만의 사업을 꿈꾸고 있는 이들이나 꼭 사장이 아니더라도 시간이 흐르면 조직의 리더가 될 사람이라면 이 책을 반드시 읽어봐야 한다.

흔히 사람들은 사장이라는 직책에 대해 이렇게들 생각한다. 결재만 하고 일은 별로 안 하는 것 같고, 조직의 성과를 위해선 극도로 매정하며 잘릴 걱정 없는 맘 편한 사람. 하지만 이런 생각은 틀려도 한참은 틀렸다. 부모가 되지 않고서는 부모의 마음을 모르듯, 사장이 되어보지 않고서는 사장의 마음을 모른다. 사장이라는 자리는 그 자리에 있어 보지 못한 사람에겐 동경의 대상이지만 알고 보면 가장 처절하게 외롭고 힘든 자리이다. 사장은 자기 감정마저 마음대로 표현하지 못한다. 한 조직의 리더는 그 조직의 얼굴이며 마음이기 때문이다. 만일 리더가 얼굴을 찡그리면 조직 전체가 찡그리게 되고, 반대로 리더가 웃으면 조직 전체가 웃는다. 사장의 얼굴은 본인의 감정이나 성격에 따라 정해지는 것이 아니다. 거래처를 만나면 부드러워야 하고 또 한편으로는 냉철하게 계산하는 얼굴을 지녀야 한다. 사장은 갖고 있는 영향력은 크지만 자신의 감정도 자유롭게 표현할 수 없는 사람이 사장이다.

이 책은 이런 리더들의 숨겨진 내면, 그것도 대한민국에서 사장을 하고 있는 분들의 내면을 처음으로 조명한 책이라는 점에서 의미가 깊다. 지금껏 리더에 관한 책들이 그들의 리더십이나 업적에 대해서만 이야기한 데 반해 이 책은 리더라는 자리에 앉은 그들이 어떤 고민을 하는지, 어떤 마음 앓이를 하고 있는지, 리더라는 자리가 주는 무게가 얼마인지, 그동안 가려져 있던 사장의 고충은 무엇인지를 진솔하게 보여준다.

"시작은 우리가 했지만 그다음부터는 세상 모든 사람들이 사업을 이끌고 갔다. 전에는 조금 잘못하면 소주 한잔 마시면 그만이었다. 그런데 주식이 뜬 뒤로 나는 동물원의 원숭이처럼 묘기를 부려야 하는 신세가 되었다. 사람들로부터 어느 정도 나를 격리시켜야 했다. 내가 나를 몰랐다. 너무도 외로웠고, 그 외로움을 어떻게 풀어야 할지도 몰랐다. 열심히 산다고 생각했는데, 지금 돌이켜 생각해보니 되는 대로 열심히 살았을 뿐이다. 유명세와 함께 찾아온 외로움을 이겨냈어야 했다. 사람들과 어울리면 되리라고 생각했는데, 그게 아니었다. 더 처절하게 내게 찾아왔던 고독을 혼자서 견뎌냈어야 했다. 나는 그러질 못했다. 외로움에 진 것이다."

사업이 잘될 때야 세상을 다 가진 듯하지만, 조금이라도 매출 곡선이 고개를 숙이면 죄지은 것도 아닌데 괜히 움츠러들고 숨 한 번 크게 못 쉬는 게 사장이다. 저자도 사업을 시작한 후 몸에 이상 징후가 생겨서 음식을 먹으면 심리적으로 늘 소화가 안 되고 체한 것 같은 기분으로 지냈다고 한다. 아마도 그 이유는 늘 긴장과 위기감 속에서 살고 있기 때문일 것이다. 자신이 하는 사업을 누군가 더 잘 그리고 더 싸게 해서 지금 고객을 빼앗아 가지 않을까 하는 걱정, 기술 발달 속도가 빠르다 보니 언제 어디서 새로운 경쟁자가 등장할지 모른다는 걱정 등. 그 경쟁에서 뒤처지지 않기 위해서 남보다 더 빨리 신제품을 내놓아야 하고 경쟁자들이 쫓아오면 가격을 대폭 내리든지 더 시장 친화적인 개량품을 출시하든지 해야 한다. 경쟁에서 이기려면 언제나 사력을 다해 달려야 하고 자신이 현재 하고 있는 방향에 집중해야 한다. 문제는 그 경쟁의 시작점이 언제 어떻게 나타날지 모른다는 점이다.

사장이 갖는 위기의식을 직원들에게 심어주는 것은 보통 일이 아니다. 그들은 발밑을 보고 걸어가면서 저 앞에 수렁이 있는지도 모른다. 아니 알려고도 하지 않는다. 사장들은 자기의 위기의식을 공감해줄 수 있는 직원이 있었으면 한다. 그리고 사장에게 객관적인 이야기를 해주며 자신을 일깨워주는 그런 사람과 같이 일하고 싶어 한다. 그리고 사장은 그런 사람들로 이루어진 '나만의 조직'을 갖고 싶어 한다. 자신이 편하게 움직일 수 있고 컨트롤할 수 있는 조직, 그래서 승리를 낚아채는데 견인차가 될 조직 말이다. 그러나 회사 안에는 그런 능력을 갖춘 직원들보다 발목부터 잡는 직원들이 더 많다. 그런 직원을 만나면 사장들은 속이 터진다. 모든 것은 결국 사람으로 시작되고 사람으로 끝난다. 그런데 그런 사람을 구하기란 하늘의 별 따기이다.

사장은 세상의 모든 것과 싸우고 자신과도 싸운다. 그 싸움에서 지치거나 포기하는 순간 사업은 끝이 난다. 싸움을 끝없이 해가는 사람, 그 사람이 바로 사장이다.

(서평 : 홍재화)

훔치고 싶은 문장
CEO도 산 너머에 무엇이 있는지 모른다는 말이 있다. 산 너머에 무엇이 있는지도 모르면서도 수많은 생명을 이끌고 가야한다면 마음이 어떨까?

함께 읽으면 좋은 책
『당신은 사업가입니까』 캐럴 로스 지음, 유정식 옮김, 알에이치코리아, 2014년
『이나모리 가즈오 사장의 그릇』 이나모리 가즈오 지음, 양준호 옮김, 한국경제신문, 2020년

37

스티브 잡스

스티브 잡스의 육성이 담긴 유일한 공식 전기

월터 아이작슨 지음, 안진환 옮김, 민음사, 2011년
Steve Jobs, Walter Isaacson, Simon & Schuster, 2011

◆ ◆ ◆

2011년 스티브 잡스는 결국 췌장암을 극복하지 못하고 세상을 떠났다. 벌써 9년이 흘렀다. 20세기부터 혁신의 아이콘으로 그렇게 자주 회자되던 그의 이름도 이제는 뜸해질 대로 뜸해졌다. 이 책은 900페이지나 되는 방대한 양이지만 전기 전문 작가가 쓴 책이라 잘 읽힌다. 40여 차례나 진행한 잡스와의 인터뷰 그리고 함께 일했던 동료들과의 인터뷰 등을 통해 진짜 스티브 잡스에 근접한 이야기를 들려준다.

2004년 스티브 잡스는 월터 아이작슨에게 전화를 걸어 자신에 대한 전기를 써보면 어떻겠냐고 제안을 한다. 하지만 월터는 제안을 거절한다. 기업가의 흥망성쇠가 비일비재하기 때문에 아직 전기를 쓰기에는 시기상조라고 생각했기 때문이다. 그로부터 5년 후 스티브 잡스의 부인인 로렌 파월이 월터에게 다시 제안을 한다. 남편이 췌장암에 걸려 살날이 얼마 남지 않았기 때문에 전기를 지금 쓰지 않으

면 안 된다는 것이었다. 이 책은 그렇게 시작되었다. 전기 집필이 이루어진 해로부터 정확히 2년 뒤 스티브 잡스는 세상을 떠났다. 그게 2011년이다. 그리고 그해 책은 세상에 나왔다.

어떤 사람의 일생을 다루는 전기나 자서전은 잘못하면 자화자찬이 되기 쉽다. 참회록이나 고백록이 아닐 바에야 일생을 살면서 자신의 밝은 면, 자랑스러운 면만 드러내고 싶어 하기 때문이다. 그러나 이렇게 되면 진실성이 부족하여 전기나 자서전의 가치는 훨씬 떨어지게 된다. 인터뷰 과정에서 스티브 잡스는 월터에게 자신의 수치스러운 일까지 모든 것을 드러냈고, 자신의 적이나 옛 애인 모두를 만나도 좋다고 허락했다. 또 출간될 내용을 미리 보려는 요구도 하지 않겠다고 했다.

우리는 스티브 잡스가 생부모에게서 버림을 받아 양부모 밑에서 자랐기 때문에 성격이 괴팍하다고 많이 알고 있다. 사실 그동안 많은 미디어에서 그렇게 묘사했다. 그러나 이 책을 읽어보면 꼭 그렇지만은 않다는 것을 알게 된다. 입양된 것은 사실이지만 양부모는 그에게 많은 신경을 썼고 스티브에게 선한 영향력을 많이 끼쳤다. 예를 들면 의붓아버지 폴 잡스는 기계를 잘 다루었고 실리콘밸리에 살면서 아들에게 전자 산업에 대해 알게 해주었고 스티브 워즈니악 같은 천재와 친하게 지내는 계기를 마련해 주었다.

잡스에게 워즈니악은 최고의 친구였다. 둘은 죽이 잘 맞아 공짜로 전화를 걸 수 있는 블루 박스를 만들어 교황청에까지 전화를 걸어 헨리 키신저 흉내를 내며 교황과 대화를 나누고 싶다며 장난을 치기도 했다. 훗날 이런 장난들이 모여 애플 컴퓨터를 만드는 데 크게 기여했음은 물론이다.

그리고 이 책을 보면 스티브 잡스가 사업을 시작하기 전에 선불교, 힌두교, 명상, 깨달음, 단순성, 금욕, 채식 등 동양 사상에 매우 심취했다는 것도 알 수 있다. 그는 실제로 인도에서 살았고 구루를 찾아 길거리를 헤매기도 했다. 그는 인도 사람이 지력이 아니라 직관력을 사용하는 것을 대단하게 보았는데, 서구에서 중시하는 이성적 사고가 인간 본연의 특성 전부가 아니었음을 잡스는 이때 깨닫는다. 이런 깨달음이 잡스에게 큰 영향을 미쳤음은 두말할 나위가 없다.

창의적 기업가인 스티브 잡스는 여섯 개 산업 부문에 혁명을 일으켰다. PC, 애니메이션, 음악, 휴대 전화, 태블릿 컴퓨팅, 디지털 출판이 바로 그것이다. 우리에게 익숙한 애플, 매킨토시, 넥스트, 픽사, 아이튠즈, 아이팟, 아이폰, 아이패드가 모두 혁신의 결과물이다. 그의 야심 찬 사업들은 애플의 CEO 팀 쿡으로 이어져 여전히 순항 중이다.

마지막으로, 이 책의 재미있는 부분은 스티브 잡스의 사생활에 대한 기록이다. 그동안 잘 드러나지 않았던 그의 사생활이 소상히 기록되어 있다. 생부모와 양부모는 물론이고 여자 친구와 결혼에 대한 이야기, 10대 후반에 사귀었던 크린스앤 브레넌과 그 사이에서 낳은 리사 브레넌 이야기 그리고 포크송 가수로 잡스보다 14살 많았던 존 바에즈를 비롯하여 여자 친구 제니퍼 이건 그리고 잡스의 청혼을 받아들이지 않은 티나 레지 등도 등장한다. 그리고 당연히 1991년 결혼해 20년을 함께 살면서 마지막 임종까지 지켰던 로렌 파월과의 첫 만남과 결혼 이야기도 나온다.

잡스는 역사와 전설이 되었고 이제는 신화가 될 일만 남았다. 태양에 바래지면 역사가 되고 달빛에 물들면 신화가 된다는 말이 있다. 스티브 잡스의 이야기가 앞으로 어떻게 변모될지 관심을 가지고 이 책을 읽어보면 좋겠다.

(서평 : 김민주)

훔치고 싶은 문장
만약 어떤 일이 일어나야 한다는 확신을 굳히면, 그는 반드시 그 일이 일어나게 만드는 사람입니다.
완전히 장악하고 있는 것처럼 굴어라. 그러면 사람들은 그런 줄로 알 것이다.

함께 보면 좋을 영화
《스티브 잡스》마이클 패스벤더 주연, 대니 보일 감독, 2015년

38

린 인 Lean In

200만이 열광한 TED강연! 페이스북 성공 아이콘의 특별한 조언

셰릴 샌드버그 지음, 안기순 옮김, 와이즈베리, 2013년
Lean In: Women, Work, and the Will to Lead, Sheryl Sandberg, Knopf, 2013

◆ ◆ ◆

오토 레이싱에서 경주자는 커브를 돌며 질주할 때 경기장 가운데를
향해 몸을 기울인다. 그래야 트랙에서 벗어나지 않으면서 최대한 짧
은 반경으로 커브를 돌 수 있기 때문이다. 직장에서의 여성도 마찬가
지이다. 여성이 성공하려면 중심축에 내 몸을 올리고 기회에 온전히
달려들어야 한다. 이 책의 제목이 'Lean In(기울이다)'인 이유다. 페이
스북 최고운영책임자인 셰릴 샌드버그가 자신의 경험에서 나온 이야
기를 펼쳐 놓는다.

우리는 셰릴 샌드버그에 대해서 잘 안다. 2008년부터 2020년 현재까
지 페이스북의 최고운영책임자(COO)로 장기근속을 하며 페이스북
의 성장에 지속적으로 기여한 여성 기업가다. 포춘지가 매년 50명의
가장 파워풀한 여성 기업인을 발표하는데 2016~2019년에는 5~6위

를 차지하기도 했다. 셰릴은 1991년에 경제학 전공으로 학부를 마치고 4년 후 경영대학원을 졸업한다. 직장으로는 맥킨지, 세계은행, 미국 재무성을 다녔고 구글(2001~2008년)에서는 글로벌 온라인 판매를 맡아 크게 성공시킨 후 페이스북으로 자리를 옮겼다.

셰릴이 학교를 다닐 때만 하더라도 사회에 나갈 무렵이 되면 여성들 위에 있던 유리 천장쯤은 사라질 것이라고 했다. 하지만 막상 직장에서의 현실은 그렇지가 않았다. 말단 직원으로 일할 때에는 남녀 비율이 비슷했지만 시간이 지나 직급이 올라가면 갈수록 여성의 비율이 현격히 떨어졌다. 그래서 셰릴은 왜 이런 현상이 나타나는지 자신의 경험과 주위 사람(상사, 부하)을 통해서 정리해 보았는데, 그 결과물이 바로 이 책이다. 일찍이 셰릴은 〈여성 리더가 소수인 이유〉라는 제목으로 2010년 테드(TED)에서 강연을 한 적도 있다.

남성은 잠재력을 기준으로 승진하지만 여성은 과거에 달성한 성과를 기준으로 승진한다며 셰릴은 직장 내 차별적인 승진 기준을 꼬집었다. 셰릴은 남녀 불평등에 대한 사회 제도와 편견, 습관도 지적하지만 여성 스스로 '리더가 되겠다는 의지'의 중요성을 훨씬 더 강조한다. 제도적 장애물 보다 내면의 장애물을 없애는 것이 더 중요하다고 보았다. 그래서 이 책 서문의 제목이 '혁명을 내면화하자'이다.

유능한 사람이지만 자기 회의로 괴로워하는 있는 모습을 '가면 증후군(Imposter Syndrome)'이라 한다. 이런 증후군에 취약하기는 남녀 모두가 마찬가지지만 여성이 훨씬 더 취약하다. 이유는 여성은 자신을 끊임없이 과소평가하는 경향을 가지고 있기 때문이다. 셰릴은 책을 통해 제발 그러지 말자고 강력하게 주문한다. 그리고 셰릴은 여성의 '왕관 증후군(Tiara Syndrome)'도 언급한다. 여성은 자신이 직무를 충실히 제대로 수행하고 있으면 누군가가 나를 알아보고 자기 머리에 왕관을 씌워줄 것이라고 기대한다는 것이다. 그리고 여성은 업무 성과가 좋으면 당연히 보상을 받으리라고 믿으면서도 충분히 자격이 될 때조차도 승진하겠다고 지원하는 것을 남성보다 꺼리는 경향이 있다고 말한다.

새로운 일이 떨어질 때에도 자신이 전공한 분야가 아니라고 해서 포기하지 말라고 셰릴은 주문한다. 처음에는 잘 모르더라도 빨리 배워 일을 처리하면 된다. 리더에게 중요한 자질은 배우는 능력이다. 직장에서 정말로 일을 그만둘 때까지는 미리 그만두는 제스추어를 취하지 말라고 셰릴은 역설한다. 여성은 통상 일과 가정의 균형을 맞추는 문제에 관심이 많기 때문에 회사에서도 이 문제에 대해 신경을 많이 쓰게 되는데, 아직 아이를 갖지도 결혼을 하지도 않았는데 벌써 그런 고민을 하고 미래를 걱정한다면 결론적으로 일을 하는 데에 장애를 줄 수밖에 없다는 주장이다.

셰릴은 일을 마치고 가정으로 돌아가서도 슈퍼우먼이 될 필요가 없다고 말한다. 한마디로 완벽주의를 피하라는 것이다. 남편이 가사노동을 제대로 못 하더라도 개입하지 말고 그냥 두고만 보고 있어야 한다고 말한다. 남편이 처음에는 못하더라도 계속하다 보면 언젠가는 잘하게 되기 때문이다.

선진국의 여성들은 과거 어느 때보다 잘살고 있지만 진정한 평등은 여전히 이루어지지 않고 있다. 어떻게 해야 할까? 더욱 많은 여성이 정부와 산업계의 정상에 올라서야만 남녀평등이 이루어질 수 있다. 그러니 여성들은 자신을 위해 또 사회를 위해 정상에 올라설 수 있도록 열심히 일해야 한다. 여성의 진정한 성장은 가정에서 책임을 분담하는 배우자와 직장에서 여성을 지지해주는 고용주와 동료가 함께 생길 때 비로소 가능해진다. 그래서 이 책은 여성에게 필요한 책이지만 남성도 함께 읽어봐야 하는 책이다. 남녀 성차별은 여성만의 노력으로는 해결되지 않기 때문이다. 셰릴 샌드버그는 자신을 자랑스럽게 페미니스트라고 부른다.

(서평 : 김민주)

훔치고 싶은 문장
직위가 높을수록 여성의 수가 적어지는 이유는 여러 가지 때문이지만 무엇보다도 리더가 되려는 야망이 작기 때문이다.

함께 읽으면 좋은 책
『OPTION B 옵션 B』 셰릴 샌드버그/애덤 그랜트 지음, 안기순 옮김, 와이즈베리, 2017년

39

나와 마주서는 용기

하버드대 10년 연속 명강의

로버트 스티븐 캐플런 지음, 이은경 옮김, 비즈니스북스, 2015년
What You're Really Meant to Do: A Road Map for Reaching Your Unique Potential,
Robert S. Kaplan, Harvard Business Review Press, 2013

◆ ◆ ◆

성공이란 무엇인가? 행복이란 무엇인가? 부, 지위, 권력 등 세속적인 성공을 이루면 행복한가? 22년간 골드만삭스에서 근무하면서 그룹 부회장이라는 세속적 성공의 정점에 도달했던 저자가 가장 중요하지만 평범할 수도 있는 주제에 대해 자신의 경험과 주변의 사례들로 말한다. 타인의 기준이 아닌 자신만의 기준으로 성공과 행복에 이르는 길에 대해 생각하게 해 준다.

모든 사람은 자질과 기량 면에서 다르다. 또한 각자 처한 환경도 다르다. 따라서 당연히 삶의 이상적인 경로도 달라야 한다. 그럼에도 불구하고 사람들은 왜 종종 다른 사람을 따라 하고 틀에 박힌 성공의 정의 속에 자신을 구겨 넣으려고 하는 걸까? 저자는 이를 일반 통념과 또래 압력 때문이라고 한다. 그렇다면 자신만의 경로를 훌륭히

개척한 사람들은 어떤 특징을 지니고 있을까? 그들은 어떤 경우에도 성공할 만한 천재적 재능을 타고났기 때문일까? 아니다. 그들은 자신이 가고자 하는 길에 도움이 되는 자신만의 특별한 습관과 사고방식만을 가지고 있을 뿐이다.

모든 사람에게는 자신만의 삶의 경로가 있어야 하고, 자신만의 잠재력을 실현시키기 위해 습득해야 할 각자의 사고방식과 취해야 할 행동이 있다. 타인의 시선과 관점에 얽매여 자신의 성공을 정의해서는 안 되고 부모, 친구, 선배 등 타인의 나침반이 아닌 자신만의 나침반이 있어야 한다. 냉철한 자기 인식과 코치 또는 타인의 피드백으로 자신의 핵심 강점과 약점을 정확히 파악하고, 핵심 강점은 업무와 연결하여 최대한 발휘하면서 지속적으로 개발하여 특화시키되 약점도 외면하지 말고 관리해야 한다. 세상은 끊임없이 변하고 자신이 처한 상황도 변하니 지속적으로 자기 성찰과 분석으로 자신의 기량을 업데이트할 수 있어야 계속 성장하고 성공할 수 있다.

자신만의 나침반을 가지고 자신의 기량을 파악하는 것이 머리로 하는 일이라면 진정한 열정은 가슴이 시키는 일이다. 힘든 시기는 찾아오기 마련이고, 어려운 시기를 헤쳐나갈 수 있는 힘은 열정에서 나온다. 그러므로 진정으로 열정을 느낄 수 있는 일을 찾아야 한다. 열정은 잠재력을 폭발시키는 에너지이고, 열정적으로 일을 즐길수록 자신의 약점과 어려움을 극복하고 주도적인 기량을 개발하기 위해 노력할 가능성이 높아진다.

그렇다면 자신만의 열정을 발견하는 방법은 무엇인가? 저자는

'최고의 나'라는 훈련을 통해 자신의 열정을 탐구하고, 과거의 나와 솔직한 대화를 나눔으로써 두려움, 의심, 피해 의식을 치유하고, '어떻게' 보다는 '무엇'에 대한 꿈을 꾸라고 제안한다. 그럼 이렇게 파악하고 발견한 자신만의 기량과 열정을 업무에 어떻게 연결시킬 것인가? 업무에 반드시 필요한 최신 흐름과 주요 성공 요인을 파악한 후 최우선 업무에 집중하고, 자신이 무슨 일을 하고 있고 어떤 사람이며 무엇을 원하는지 회사 또는 상사와 적극적으로 소통하고 공유하라고 한다. 또한 힘들 때 의지할 수 있는 정서적 지원그룹이 필요하므로 다양한 채널로 긴밀한 인간관계를 형성하는 것도 중요하다고 말한다.

저자는 일반 통념과 또래 압력에 저항하여 자신만의 나침반을 가지고 자신의 기량과 열정으로 자신의 잠재력을 실현시키는 것만이 행복한 삶에 이르는 길이라고 강조한다. 타인의 나침반에 휘둘리기 마련인 우리들에게 경각심을 일깨우고 외재적인 가치보다 내재적인 가치가 행복한 삶을 사는 데 더 중요하다는 것을 저자 자신의 경험과 여러 사례를 통해서 설득력 있게 전해준다. 성공의 길을 고민하는 사람들, 성공의 길을 걷고 있다고 믿었으나 공허함에 시달리는 사람들 등 결국은 우리 모두에게 나를 마주하는 용기를 가질 것을 소리친다.

책의 말미에 저자는 리더십을 '자신만의 신념을 가지고 조직에는 가치를, 타인에게는 긍정적 영향을 줄 수 있는 용기'라고 정의하면서 관리자를 넘어 리더가 되는 것의 의미와 방법에 대해 말한다. 그리고 좋은 리더들은 주인 의식을 가지고 업무 범위를 넓게 정의하고 자신의 이익 여부와는 관계없이 다른 사람을 돕고 공적은 다른 사람에게 책임은 자신이 지는 사람이라고 했다. 또한 이들은 모든 답을 다 아는 사람이 아니라 상황에 맞게 적절한 질문을 할 줄 아는 사람이라고 했다.

훌륭한 조직일수록 자기 의견을 확실히 밝힐 배짱이 있는 사람들이 모인 조직이다. 하지만 우리는 친구, 후배들에게 대체로 이렇게 조언한다. 최대한 튀지 말고 할당받은 업무만 묵묵히 하면서 상사가 무엇을 원하는지 눈치 빠르게 파악하고 그에 맞추라고. 그리고 자신의 의견을 명확하게 소리 높여 밝혀서 좋을 게 하나도 없으며 조직에서 한 번 찍히면 큰일이니 그냥 조용히 입을 다물고 살라고. 우리나라에는 얼마나 많은 훌륭한 조직과 진정한 리더가 있을까? 또 훌륭한 리더가 있는 조직을 만들기 위해 우리는 무엇을 해야 하는 할까?

세상에 괜찮은 관리자는 많은데 훌륭한 리더는 드물다. 당신은 둘 중 어디에 가까운가? 또 리더십을 어떻게 정의해 왔는가? 만약 당신이 우수한 관리자를 넘어 따르고 싶은 리더, 즉 진정한 리더가 되고 싶다면 이 책을 읽어야 하는 또 다른 이유는 이미 찾은 셈이다.

(추천 : 허보희)

훔치고 싶은 문장

대부분의 사람은 자신이 나침반이 아니라 다른 누군가의 나침반에 기대어 길을 찾아가는 습성이 있다.

함께 읽으면 좋은 책

『진정한 나로 살아갈 용기』 브레네 브라운 지음, 이은경 옮김, 북라이프, 2018년

40

워런 버핏과의 점심 식사

가치투자자로 거듭나다

가이 스파이어 지음, 이건 옮김, 이레미디어, 2015년
The Education of a Value Investor: My Transformative Quest for Wealth,
Wisdom and Enlightenment, Guy Spier, St. Martin's Press, 2014

◆ ◆ ◆

워런 버핏과의 점심 식사 경매는 엄청난 고가임에도 경쟁이 치열하다. 단 한 번의 점심이 그만한 가치가 있을까? 이 책의 저자 가이 스파이어는 '오마하의 현인'과 함께 한 세 시간의 대화가 자신의 인생을 바꿔놓았다고 말한다. 이 책은 그의 경험을 통해 버핏의 인생관과 비즈니스관을 간접적으로 소개해주는 책이라고 할 수 있다. 그리고 독자들에게 어떻게 사는 것이 좋은지를 되묻는 책이다.

이 책은 한 재능 있는 수재가 탐욕이 가득한 월스트리트의 풋내기에서 어떻게 투기꾼으로 추락했는지 그리고 버핏과의 만남을 통해 어떻게 가치 투자자로 다시 태어났는지를 보여주는 책이다.

저자 가이 스파이어는 2008년 워런 버핏과의 점심 식사를 무려 65만 달러(약 7억 6천만 원)를 주고 낙찰받는다. 그는 왜 그토록 비싼

값을 주면서까지 절박하게 지혜를 구하게 되었을까?

이 책의 저자 가이 스파이어는 옥스퍼드대학교 경제학과를 수석 졸업하고 하버드 경영 대학원을 나온 수재로서 월스트리트의 한 투자 은행에서 일을 했다. 누구나 부러워하는 멋진 직업을 갖고 있었지만 실상은 고객을 기만하는 판매 행위, 즉 부실한 기업을 좋은 것처럼 포장해서 개미들의 투자금을 모으는 비즈니스를 했다. 그러나 그는 결국 금융 비리의 공범자가 되었고, 경력과 평판에 큰 오점을 남기며 그 자리에서 물러나게 된다. 그 사건 이후 그는 그동안의 투자 방식을 바꾸고 버핏의 사업 보고서를 반복해서 읽으며 버핏처럼 생각하려고 애를 쓰기 시작한다. 버핏과의 점심 식사 경매에 참여하기로 한 것도 바로 이 때문이었다.

버핏과의 점심 식사는 버핏의 단골집인 뉴욕의 어느 작은 스테이크 하우스에서 세 시간 정도 진행되었다. 저자가 버핏과의 대화를 통해 배운 교훈은 다음과 같다. 이 책의 핵심 대목이라고 할 수 있다.

"고객의 이익과 나의 이익을 일치시켜라." 당시 월스트리트의 전형적인 투자 방식인 분산 투자로 펀드를 운영하던 저자에게 버핏은 "달걀을 모두 한 바구니에 넣어 관리하라"고 조언한다. 한마디로 얘기해 분산 투자가 아니라 집중 투자를 하라는 것이었다. 그렇다면 그동안은 왜 달걀을 여러 바구니에 넣는 분산 투자를 월스트리트에서는 고수하고 있었던 걸까? 거기에는 약간의 기만적인 요소가 있다. 운용사들은 여러 가지 펀드를 판다. 결과를 봐서 그중 실적이 좋은 펀드는 광고를 통해 더 많은 자금을 끌어들이고 실적이 나쁘면 폐쇄하거나 다른 펀드와 합친다. 즉, 실패는 감춰버리고 성공은 돋보이게 만드는 것이다. 이것은 일종의 미묘한 기만 같은 것이라 할 수 있다. 투자 뉴스 레터도 보낼 때도 고객을 여러 집단으로 나눠서 각기 다른 예측 자료를 내보낸다. 그 후 예측 자료가 적중한 고객 집단을 마케팅으로 활용한다. 즉, 잘된 것은 드러내고 실패한 투자는 감춰 고객들이 투자 운용사가 권유하는 것을 점점 신뢰하게끔 하는 것이라고 할 수 있다.

버핏은 이런 투자 방식을 혐오했다. 저자는 버핏의 얘기를 듣고 하나의 펀드만 운용해서 실적을 남기겠다고 결심을 한다. 그리고 더 나아가서 자신의 돈까지도 함께 집어넣는다. 진짜로 고객의 이익과 자신의 이익을 일치시킨 구조였다. 어떤 기만도 없이 자기 이익 역시도 철저히 고객의 이익으로부터 나오는 구조를 만든 것이었다. 저자는 몰입할 수밖에 없었다. 그 결과 시장 평균 수익률을 훨씬 뛰어넘는 성과를 올리면서 유명한 가치 투자자로 다시금 성장을 하게 된다.

버핏이 알려준 두 번째 교훈은 "외면적 평가가 아닌 내면적 평가에 따라 인생을 살아라"였다. 실적이 늘 공개되고 펀드 매니저간 비교가 되는 월스트리트 같은 곳에서는 동료의 평가나 시장의 평가는 모든 걸 좌우한다. 저자는 최고의 펀드매니저로 평가받고 싶고 동기들 중 가장 앞선 자신의 모습을 그렸지만, 결과적으로는 금융 사기꾼이 된 모습을 보며 그것에 휘둘리지 않으려면 자신의 핵심 가치를 분명히 할 수 있어야 한다는 깨달음을 얻게 된다. 버핏은 알다시피 내면적 평가에 따라 살아온 인물이다. 가식도 없고 억지로 하는 일도 없었으며 자신의 기준과 신념을 고수한 인물이었다. 자신이 운영하는 투자사의 규모와 수익성을 더 키울 수도 있었지만 굳이 그렇게 하지 않았다. 본사를 조세 회피처인 버뮤다로 이전해 세금을 절감하라는 주변의 권유도 있었지만 그 말도 듣지 않았다. 다른 투자가들이 거품에 빠져 있을 때도 버핏은 가치 투자의 원칙을 고수했고 실적이 시장보다 뒤처질 때도 두려움에 빠지지 않았다. 저자는 이처럼 버핏이 세계적인 가치 투자자가 된 것은 자신만의 인생철학과 투자 철학이 확고했기 때문이라는 걸 깨닫는다.

버핏이 알려준 세 번째 교훈은 "환경을 바꾸라"였다. 탐욕과 유혹이 넘쳐나는 뉴욕에서는 금융계의 소용돌이에 휘말리기가 쉽다. 당시 저자는 멋진 사무실을 임차하고 운영 책임자, 분석가, 변호사 등을 고용하고 있었으며 멋져 보이는 외형적인 것에만 신경을 쓰느라 투자 종목을 연구하는 진짜 생산적인 일에서는 점점 멀어지고 있었다. 저자는 버핏의 조언을 듣고 버핏이 뉴욕에서 오마하로 돌아간 것처럼 자신도 뉴욕을 떠나 스위스의 취리히로 이주를 한다.

금융만이 아니라 많은 사업이 그렇다. 고객의 가치와 이익을 중요하게 생각하면서도 경쟁과 질투, 불안감에 휩싸이게 되면 무엇이 중요한지를 놓치게 된다. 시장의 신호와 남과의 비교, 평판에 흔들리는 것은 내면의 나침반이 없거나 있어도 스스로를 믿지 않기 때문이라고 할 수 있다. 그런 점에서 이 책은 워런 버핏이라는 대가와의 만남을 통해 한 젊은 투자 전문가가 어떻게 인간적으로 성숙해지고 또 가치 투자자로 성장하는지를 보여주는 책이라고 할 수 있다. 그리고 더 나아가 인생과 비즈니스에 대한 우리의 자세를 다시 한번 가다듬을 수 있게 도와주는 책이기도 하다.

(서평 : 고현숙)

훔치고 싶은 문장

평판을 쌓는 데는 20년이 걸리지만 무너뜨리는 데는 5분이 채 안 걸립니다. 이 사실을 생각해 보면 행동 방식이 달라질 것입니다.

함께 읽으면 좋은 책

『워런 버핏 바이블』워런 버핏/리처드 코너스 지음, 이건 옮김, 에프엔미디어, 2017년
『워런 버핏의 주주 서한』워런 버핏 지음, 이건 옮김, 서울문화사, 2015년

41

사람을 남겨라

인재를 키우고 성과를 올리는 리더의 조건

정동일 지음, 북스톤, 2015년

◆ ◆ ◆

직원들은 회사를 보고 들어왔다가 상사를 보고 떠난다는 말이 있다. 용기의 크기는 뚜껑의 크기를 뛰어넘을 수 없는 것처럼 조직의 성과는 리더의 그릇을 뛰어넘기가 어렵다. 그만큼 리더십이 중요하다는 뜻이다. 성과나 실무적 역량은 리더로서 필요한 조건일지언정 결코 충분조건은 될 수 없다. 조직의 지속적인 성장을 위해서는 사람을 다루고, 키우고, 남기는 리더십이 필요하다. 이 책은 여기에 대한 답을 논의하고 정리하는 책이다.

리더십에도 트렌드가 있다. 스티브 잡스나 잭 웰치의 리더십도 한 시대를 풍미했지만 이제는 이들의 리더십을 따라 하진 않는다. 체형에도 맞지 않는 명품 양복을 걸치는 것과 같기 때문이다. 이제는 자신에게 맞는 자신만의 리더십을 찾아 갈고 닦아야 하는 시대다. 그런 면에서 보면 리더십 개발의 첫 단추는 내가 어떤 가치를 지닌 사람인지 그리고 어떤 리더인지 겸허하고 객관적으로 자기 자신을 확인하는 것에서부터 출발한다.

리더가 자기 가치관에 기초하지 않고 외형적인 성공을 추구하고 주위의 기대에 부합하려는 행동만 하게 되면 진정성이 없는 화려한 가짜처럼 보인다. 포장을 걷어버리고 자신의 약점과 상처까지 보여줄 수 있는 용기가 있어야 진짜 리더다. 이 책에서는 리더가 가져야 힐 목표가 사랑받고 존경받는 것이 아니라고 말한다. 자칫 그것이 궁극적인 목표가 되면 소위 '착한 사람 병(Good Guy Syndrome)'에 걸리기 쉽기 때문이다. 인기가 없더라도 조직의 성과를 위해 옳은 결정을 내릴 수 있는 것이 진짜 리더의 모습이라고 말한다.

리더십을 효과적으로 발휘하기 위해서는 구성원들에게 긍정적인 영향력 줄 수 있는 능력과 사업을 꿰뚫어 보는 전략적 사고가 필요한데, 특히 직급이 올라갈수록 전략적 사고와 방향 설정 역할이 중요해진다. 그렇다고 일을 중심으로 모든 것을 바라보라는 뜻은 아니다. 오히려 조직을 이끄는데 자발적인 추종이 없으면 감시 비용이 발생하기 때문에 일 중심의 관리가 아닌 사람 중심의 관리를 해야 한다. 그리고 전략적 사고와 통찰력을 기르기 위해서 다양한 현상들을 관찰하고 새로운 지식을 습득하며 질문하는 습관을 가져야 한다. 리더십 학자인 워렌 베니스와 버트 나누스가 성공한 리더들의 비결이 끊임없이 배우는 평생 학습자라고 한 이유가 이 때문이다.

저자는 완벽한 카리스마형 리더를 추구하는 시대는 끝났다고 말한다. 사람의 마음을 얻는 최고의 방법은 논리가 아닌 진정성이며 약점을 공유하고 도움을 요청하는 인간적인 매력을 가진 리더가 오히려 더 성공적일 수 있다고 말한다. 진정성은 자기 이익만을 추구하지 않을 것이라는 믿음, 말과 행동이 일치할 거라는 믿음을 구성원들에게 심어주는 것을 말한다.

요즘 젊은 세대들은 자신을 성장시켜줄 수 있는 리더를 바란다. 한 연구소의 조사 결과에 따르면 젊은 직장인들이 존경하는 리더의 첫 번째는 직원의 성장을 돕는 리더, 두 번째는 직원을 배려하는 리더, 세 번째는 직원의 의견을 존중하고 인정하는 리더라고 한다. 이 책은 직원의 역량 개발을 위해 시간과 노력을 기꺼이 내어주는 '인에이블러(enabler)'를 바람직한 리더상으로 제시한다. 일례로, 골드만삭스는 임원을 평가할 때 70%는 업무 결과를, 30%는 직원을 얼마나 잘 길러냈는지 본다.

"리더란 다른 사람을 통해 목표를 달성하는 사람이다." 즉 다른 사람을 통해 목표를 달성해야 하기 때문에 비전을 보여주고 그들이 왜 따라야 하는지 이유를 제시할 수 있어야 하고, 의미를 고취할 수 있는 목적의식을 제시할 수 있어야 하고, 마지막으로 직원을 인정하고 존중함으로써 자존감을 높이고 관심과 배려로서 직원들과의 관계를 다질 수 있어야 한다.

갤럽이 전 세계적으로 조사하는 성과 몰입도 지표라는 게 있다. 몰입도는 성과를 예측할 수 있는 직접적이고도 정확한 변수로서 성과 몰입도가 높으면 생산성이 43% 더 높고, 영업 이익이 19% 증가한다는 결과가 있다. 성과 몰입도를 가져오는 요인인 갤럽의 Q12의 일부를 보면 다음과 같다. ①직장에서 내게 무엇을 기대하는지 알고 있는가? ②내가 가장 잘할 수 있는 일을 할 기회가 있는가? ③지난 일주일간 일을 잘했다고 인정과 칭찬을 받은 적이 있는가? ④상사가 나에게 인간적으로 관심을 가지고 있는가? ⑤직장에 나의 발전을 격려해주는 사람이 있는가? ⑥배우고 성장할 기회가 있는가? 인간적인 관심과 성장 기회가 얼마나 중요한지를 말해주는 리스트다. 결국 리더는 직원의 몰입도를 높이기 위해서 격려하고 개인적 관심을 보여주며 성장을 지원하는 역할이라 할 수 있다.

저자는 직원을 육성하는 현실적인 원칙을 다음과 같이 제시한다. 첫째, 모두를 성장시키겠다는 생각을 버리라는 것. 공정함이란 모든 직원을 똑같이 대하라는 의미가 아니라 직원의 성장 가능성과 의지에 상응하도록 시간과 노력을 투자하는 것을 말한다. 둘째, 유형에 맞게 키우라는 것. 역량도 뛰어나고 태도도 좋은 A급 직원에게는 믿고 맡기는 위임형 리더십을 발휘하고 역량과 태도 둘 다 문제가 있는 직원에게는 상황을 명확히 인식시키고 구체적인 지침을 주는 지시적 리더십을 발휘해야 한다는 것이다. 역량은 낮지만 태도가 좋은 직원을 성장시키려면 리더는 시간을 투자해서 코칭 리더십을 발휘해야 하고, 반대로 역량은 높으나 태도가 부족한 직원은 의사 결정에 적극 참여시키면서 주인 의식을 높이는 참여적 리더십을 발휘해야 한다.

책에서 언급하는 선진 기업의 인재 육성법으로 P&G의 사례를 보게 되면 직원을 제1의 자산으로 여기고 360도 다면 평가를 통해 개인별로 리더십 개발 계획을 수립하게끔 한다. 임원급 3,000명의 특성과 경력과 장단점이 데이터베이스에 저장되어 있으며 24시간 이내로 필요한 포지션에 투입할 수 있는 상시 준비 시스템을 갖추고 있다. 사례 하나만 더 살펴보자. 일하고 싶은 1위 기업으로 해마다 뽑히는 골드만삭스는 코칭으로 인재를 육성하는데 최고 이사진으로 구성된 리더십 개발 자문 위원회가 존재하고 이곳에서 핵심 인재를 일대일 코칭으로 액션러닝과 피드백 등으로 육성한다.

우리 기업들에도 이 같은 핵심 인재 풀은 반드시 필요하다. 선발은 객관적이고 공정하게 하되, 매년 평가를 통해서 들어오고 나가는 시스템을 운영해서 긴장감을 불어넣는다. 리더십은 이벤트가 아닌 습관이므로 한 번의 이벤트보다는 꾸준한 피드백을 받고 개선을 해나가는 것이 필요하다.

리더들이 빠지기 쉬운 함정이 자기 고양적 편향(self-serving bias)이다. 좋은 결과에 대해서는 스스로를 과대평가하고 부정적인 결과에 대해서는 상황이나 타인 탓으로 돌리는 오류다. 이런 편향은 조직을 위험에 빠뜨린다. 리더가 잊지 말아야 할 것은 리더는 주인공이 아니라는 것이며 훌륭한 리더일수록 공은 직원에게 돌리고, 과는 자신에게 돌려야 한다는 것이다.

리더십에 관한 많은 신화와 통념이 지배하는 시대다. 이 책은 균형 잡힌 시각을 제시하면서 실제로 적용해 볼 아이디어를 많이 담고 있는 유용한 지침서라 할 수 있다.

(서평 : 고현숙)

훔치고 싶은 문장

리더십은 결국 직원들과 어떤 관계를 맺고 어떻게 이들의 자발적 협조와 추종을 불러 일으킬 것인가로 귀결된다.

함께 읽으면 좋은 책

『원칙중심의 리더십』 스티븐 코비 지음, 김경섭/박창규 옮김, 김영사, 2001년

42

슈독

나이키 창업자 필 나이트 자서전

필 나이트 지음, 안세민 옮김, 사회평론, 2016년
Shoe Dog: A Memoir by the Creator of Nike, Phil Knight, Scribner, 2016

◆ ◆ ◆

나이키를 모르는 사람은 아마도 없을 것이다. 필 나이트가 1964년에 설립한 나이키는 2018년 매출 364억 달러의 대기업으로 커졌다. 더불어 그의 재산도 376억 달러로 2019년 포브스가 선정한 세계 부자 28위에 랭크되었다. 2004년 회장 자리에서 물러나 현재는 자선가로 활동하고 있다. 이런 그가 2016년에 『슈독』(Shoe Dog)이라는 자서전을 출간했다. 슈독이라는 말은 필 나이트처럼 온통 신발만 생각하는 사람을 말한다.

책의 다양한 장르 중 자서전이 있다. 독자는 자서전을 통해 필자의 성장 과정과 심적 갈등을 엿보고 생활의 지침으로 삼는다. 물론 필자가 자신을 자랑하고 과시하려고 쓴 경우도 있다. 하지만 우리가 말하는 좋은 자서전은 적나라하게 자기 내면을 토로하는 일기 같은 자서전이라 할 수 있다. 나이키 창업자 필 나이트가 쓴 이 책은 바로 좋은 자서전의 전형을 보여준다.

책은 1962년부터 1980년까지 매년을 각각의 챕터로 구성하고 있다. 자서전을 왜 1962년에 시작하여 1980년에 끝냈을까? 1962년은 필 나이트가 운동화 사업을 처음 구상하기 시작한 해이고, 1980년은 주식 공모를 통해 나이키를 상장시킨 해이기 때문이다. 그래서 이 책은 초창기 나이키의 성장 과정을 보여준다.

창업자인 필 나이트는 대학 시절 육상 코치이자 자신의 우상이었던 빌 바우어만과 의기투합하여 1964년에 회사를 공동 창업한다. 처음부터 회사 이름이 나이키는 아니었다. 처음에는 블루리본스포츠였고 이후 회사 이름을 나이키로 바꾼다.

필 나이트는 오리건 대학에서 학부를 마치고 스탠퍼드 대학 경영 대학원에서 MBA 과정을 밟는 중 '기업가 정신'이라는 수업에서 '러닝화를 가지고 사업을 해본다면'이라는 가정의 보고서를 쓴 것이 계기가 되어 신발 사업에 관심을 가지게 된다. 당시는 일본 기업들이 비약적으로 성장하던 시기였다. 니콘 같은 일본 카메라가 라이카로 대표되는 독일 카메라를 위협하던 상황이었다. 필은 운동화 시장도 조만간 일본이 아디다스 같은 독일제 운동화를 제칠지도 모른다는 생각을 하고, 일본 카메라가 독일 카메라를 위협했던 것처럼 일본 운동화가 독일 운동화를 넘어설 수 있을까? 라는 보고서를 썼던 것이다. 이 수업에서 그는 A 학점을 받는다.

필은 경영 대학원을 마치고 아버지로부터 재정적 지원을 받아 세계 여러 곳으로 여행을 떠난다. 하와이를 거쳐 일본, 필리핀, 태국, 인도에 가고 유럽으로 건너가 이탈리아, 독일, 오스트리아, 영국, 그리스까지 여행을 다닌다. 그는 세계를 여행하며 각 나라에서 사람들은 어떤 신발을 신고 있는지 유심히 관찰을 한다. 그리고 신발 사업에 대한 꿈과 열정을 점점 더 키워간다. 실제로 여행차 들른 일본에서는 미국에서 온 기업인 행세를 하며 신발 제조 기업을 직접 찾아가기도 한다. 필은 일본 고베시에 있는 오니츠카를 찾아가 자신은 블루리본 스포츠라는 기업에서 온 사람이라고 소개하고서는 대학원 시절 작성한 보고서를 활용해 미국 신발 시장에 대해 브리핑을 하고 미국에 오니츠카의 신발을 수입해서 팔고 싶다는 제안을 한다. 그리고 오니츠카의 타이거 운동화가 마음에 드니 운동화 샘플을 미국으로 보내 달라며 50달러를 지불한다. 이후 그의 여행은 인도를 거쳐 그리스로 이어진다. 향후 회사 이름으로 채택할 '나이키'에 대한 영감도 이 여행을 통해 얻는다. 25살의 젊은 나이에 떠난 세계 여행이 이토록 생산적일 수 있을까?

세계 여행을 마치고 돌아온 집에서 그를 기다리고 있었던 건 태평양을 건너온 일본의 운동화였다. 필 나이트는 신발을 맨 먼저 자신의 육상 코치였던 빌 바우어만에게 보여주고 사업 가능성을 타진했다. 바우어만은 선수들의 기록을 향상시키는 결정적인 도구는 신발이라고 항상 믿고 있던 코치였다. 그래서 선수들의 기량을 높이기 위해 선수의 신발을 직접 뜯어고치는 일을 서슴지 않던 인물이었다. 필이 최고의 육상 선수는 아니었지만 빌 바우어만은 그를 아꼈고, 필역시 바우어만을 천재적인 코치이자 동기 부여가로 존경하고 있었다. 둘은 자연스레 운동화 판매에 대한 공동 사업을 꿈꾸게 되었고 결국 회사를 같이 창업하게 된다.

바우어만은 육상계의 전설이어서 회사 이미지를 높이는데 크게 기여를 한다. 그는 1964년 도쿄 올림픽과 4년 후 멕시코시티 올림픽에서 미국 육상팀이 금메달을 따는 데 일조를 한다. 그리고 『조깅』이라는 책도 써서 미국 전역에 일반인들의 달리기 열풍을 만들기도 했다.

이처럼 나이키의 전신인 블루리본스포츠는 육상을 직접 했던 선수 출신들이 모여서 만든 회사였다. 육상 전문가들이 모여서 회사를 운영하고 운동화를 판다는 입소문에 힘입어 운동화 매출은 급격히 늘기 시작한다. 유명 선수들의 선택도 이어지면서 점점 사세는 커지게 된다. 하지만 급격한 매출 증가에도 불구하고 항상 현금 부족에 시달렸고 몇 번의 부도 위기를 겪고서는 신발 공급처를 일본에서 멕시코로 바꾸게 된다. 필은 이때부터 자신의 브랜드를 단 운동화의 필요성을 느끼게 되고 일본과의 관계를 정리한 후 직접 운동화 개발에 뛰어든다. 이때부터 우리가 익히 알고 있는 나이키 로고 스우시가 등장한다.

이후 유명 스포츠 스타들을 활용한 마케팅 활동은 나이키를 도약시키는 데 큰 힘이 된다. 드디어 1980년 나이키는 뉴욕 주식 시장에 상장이 된다. 당시 나이키의 주식 공모가는 애플과 같은 가격인 주당 22달러였다.

이 책은 이 모든 과정을 한 편의 드라마처럼 보여주고 있다. 달리기 선수였던 한 청년이 운동화 사업을 하기 위해 어떤 도전을 해왔는지 그리고 그 과정에서 어떤 어려움과 고초를 겪었는지를 한 편의 영화처럼 보여준다. 이 책은 큰 꿈을 품고 사업을 시작하려는 청년 사업가에게 매우 적합한 책이라고 할 수 있다.

(서평 : 김민주)

훔치고 싶은 문장

기업가는 결코 포기해서는 안 된다고 말하는 사람들이 있다. 그들은 한마디로 사기꾼이다. 기업가는 때로 포기할 줄도 알아야 한다. 때로는 포기해야 할 때를 알고, 다른 것을 추구해야 할 때를 아는 지혜가 필요하다. 포기는 중단을 의미하지 않는다. 기업가는 결코 중단해서는 안 된다.

함께 읽으면 좋은 책

『10대를 위한 슈독』필 나이트 지음, 안세민 옮김, 사회평론, 2018년

| 43 |

위대한 나의 발견 강점혁명

도널드 클리프턴/톰 래스 지음, 갤럽 옮김, 청림출판, 2017년(개정판)
Strengths Finder 2.0: A New and Updated Edition of the Online Test from Gallup's Now,
Discover Your Strengths, Don Clifton & Tom Rath, Gallup Organization, 2007

◆ ◆ ◆

열심히 노력만 하면 무엇이든 할 수 있다고 생각하는가? 성공하려고 약점을 고치는 것은 과연 효과적인가? 어떤 역할을 잘 해내려면 탁월한 사람과 똑같이 행동해야 하는 게 맞는가? 이런 질문들은 인간 개발에 대한 전제를 다시 생각해보게 한다. 세계적인 리서치 회사 갤럽은 강점과 재능에 대한 연구를 거듭한 결과, 약점 보완은 실패를 막아줄 뿐이며 우리가 원하는 탁월성은 강점을 더 의식적으로 활용하는 데 달려있다는 결론을 냈다.

선(good)은 악(bad)의 반대라고 생각하는 게 통념이다. 그렇다고 악한 일을 하지 않는 것이 선을 행하는 것을 의미하는 것도 아니다. 마찬가지로 질병을 치료한다고 건강해지는 것도 아니고, 약점을 고친다고 강점이 더욱 발현되는 것도 아니다. 책은 이처럼 우리가 그동안 가져왔던 통념 즉, 유능한 사람이 되기 위해서는 약점을 찾아 개선하고 보완해야 한다는 주장에 반론을 제기하는 것으로부터 시작한다. 다시 얘기하자면 약점에 대한 진단과 실패가 강점을 발견하고 개발하는 데 크게 도움이 되지 않는다는 주장이다.

저자는 강점에는 강점만의 독특한 패턴이 있다고 말한다. 세계적인 투자자 워런 버핏은 네브라스카 대학의 학생들 앞에서 이런 얘기를 했다. "나는 여러분과 전혀 다르지 않습니다. 진정한 차이는 단, 한 가지. 나는 매일 아침 일어나서 하고 싶은 일을 할 기회를 가진다는 것뿐입니다." 타고난 재능에 맞게 개인의 강점을 발휘할 수 있는 일을 하는 게 성공의 핵심이라는 주장이다.

이 책은 먼저 재능과 강점의 차이를 명확히 이해할 것을 강조한다. 재능은 무의식적으로 반복되는 사고, 감정, 행동의 패턴이고 재능 자체에 강점이 있는 것이 아니라 여기에 지식과 기술이 투자될 때 강점으로 발휘된다는 것이다. 예를 들어 호기심 강한 기질, 사람들에게 스스럼없이 다가가는 행동, 어려움 속에서도 침착성을 유지하는 능력, 복잡한 상황에서도 핵심을 끄집어내는 능력, 고객이 무엇을 원하는지 쉽게 알아차리고 남과 쉽게 공감대를 형성하는 능력. 이런 것들은 모두가 타고난 재능이다. 반면 강점은 항상 완벽에 가까운 성과를 낼 수 있는 능력을 말한다.

강점을 기반으로 삶을 구축하는 데에는 재능만이 아니라 지식과 기술이 필요하다. 지식과 기술은 학습과 경험을 통해 얻을 수 있지만 재능은 태어나서 약 3세까지의 어린 시절에 구축된다. 한마디로 타고난다고 볼 수 있다. 재능을 파악하는 방법으로는 동경, 학습 속도, 만족감의 경험을 들 수 있다. 어렸을 적부터 무언가를 동경하거나 마음에 끌리는 것은 재능을 가진 영역일 가능성이 높다. 또한 무언가를 남들보다 쉽게 배운 경험도 재능으로 볼 수 있다. 만족감도 재능을 드러내는 잣대가 될 수 있다. 어떤 활동을 할 때 기분이 좋아진다면 타고난 재능을 사용하고 있을 가능성이 높다. 어떤 사람은 상황을 질서정연하게 만들었을 때 만족감을 느끼며, 어떤 이는 아이디어를 떠올리는 일을 매우 사랑할 수도 있다. 이런 것들이 재능의 단서가 된다.

우리가 무언가를 잘하기 위해 약점 개선이라는 통념 외에 강점을 개발하는 데 방해가 되는 것이 또 하나 있다. 그것은 두려움이다. 자신에게 결여된 어떤 것 때문에 결국 성공하지 못할 것이라는 두려움과 실패하게 되면 비웃음거리가 될지도 모른다는 두려운 마음을 말한다. 진정한 자아에 대한 두려움은 외부적인 성취가 있어도 그건 운이나 환경 탓이지 나의 강점 때문이 아니라고 생각한다. 자신에게는 너무나 자연스럽게 내재화되어 있어서 그것이 자신에게 있는 독특하고 특별한 것으로 받아들이지 못하고 당연한 것으로 생각하거나 유별난 것으로 받아들이는 태도 역시 자신의 강점을 개발하는데 방해물이 된다.

갤럽 연구에 의하면 구성원이 일에 대한 몰입도가 높을수록 높은 성과가 난다고 한다. 이 말은 강점에 몰입할 때 좋은 결과를 만들어낸다는 것을 의미한다. 몰입도를 좌우하는 가장 중요한 질문이 "당신은 매일 직장에서 가장 잘하는 일을 할 수 있는 기회를 얻고 있습니까?"이다. 갤럽의 조사에 따르면 이 질문에 대해 "매우 그렇다"라고 대답한 직원은 20%에 불과하다고 한다. 이 비율을 33%, 45%로 높인 기업들이 결과적으로 차별적인 성과를 기록한다.

산업 사회 이후 표준화된 획일적인 관리 방식이 그동안의 상식이 었다면 이 책은 그런 상식에도 도전한다. 조직의 관리자들이 구성원 을 대할 때 맞춤 된 개별 접근법이 더 효과가 크다고 말한다. 나아가 구성원의 강점을 파악하고 활용하는 것이 성과에 큰 차이를 가져온 다고 말한다. 즉, 평균적인 접근이 아니라 직원 한 사람 한 사람마다 의 맞춤형 관리 방식이 필요하다는 주장이다. 전통적으로 직원들의 단점에 초점을 맞추어 교정하는 방식에 의문을 제기하고, 인간 개발 을 잠재력 개발이라는 관점으로 생각하게끔 해주는 책이라고 할 수 있다.

(서평 : 고현숙)

훔치고 싶은 문장
모든 사람은 자신만의 독특한 재능을 갖고 있으며, 그것은 결코 변하지 않는다.

함께 읽으면 좋은 책
『강점으로 이끌어라』 짐 클리프턴/짐 하터 지음, 고현숙 옮김, 김영사, 2020년

44

히트 리프레시

마이크로소프트의 영혼을 되찾은 사티아 나델라의 위대한 도전

사티아 나델라 지음, 최윤희 옮김, 흐름출판, 2018년
Hit Refresh: The Quest to Rediscover Microsoft's Soul and Imagine
a Better Future for Everyone, Satya Nadella, Harper business, 2017

◆ ◆ ◆

마이크로소프트의 세 번째 CEO인 사티아 나델라. 그는 인도 출신 엔지니어로 22년 만에 최고경영자가 된 인물이다. 그는 관료주의와 사내 정치에 빠져 정체되어 있던 마이크로소프트를 재도약 시킨 인물로 평가받는다. 이 책은 비주류인 그가 어떻게 마이크로소프트를 새로 고침(히트 리프레시)하고, 혁신을 추진할 수 있었는지를 보여주는 책이다.

독점 기업이라는 시장 지위가 계속되면서 점점 정체와 쇠락을 경험하며 공룡이 되어버린 마이크로소프트. 그들은 자신들을 치유할 수장으로 인도 출신의 조용한 부사장 사티아 나델라를 발표했다. 나델라는 외부에 존재감이 강한 경영자가 아니었다. 그래서 그의 발탁이 외부에 알려지자마자 빌 게이츠가 경영에 복귀하려는 것 아니냐는

얘기가 파다하게 퍼지기도 했다. 하지만 그는 어느 때보다도 어려운 시기에 조직을 맡고서, 마치 오래전부터 회사를 어떻게 이끌어 갈지 분명한 목표를 가지고 있었던 것처럼 차분하고 강력하게 마이크로소프트를 바꾸어갔다.

2015년 개발자 컨퍼런스인 빌드(BUILD)는 흥분 그 자체였다. 3일간의 컨퍼런스가 끝난 뒤에도 다들 자리를 떠나지 않을 정도로 뜨거운 에너지가 가득했다. 그동안의 마이크로소프트가 윈도우와 오피스를 담은 디스크로 돈을 버는 독점 기업이었다면 앞으로의 마이크로소프트는 제품과 서비스로 부가 가치를 파는 기업으로 바뀌었다는 걸 선언하는 자리였다. 피 터지게 경쟁하고 끝없이 소송을 하던 파트너들과는 협력을 하고 경쟁자들의 플랫폼에 서비스를 제공하는 혁신적인 방식을 도입한다는 결정이었다. 나델라가 이끄는 마이크로소프트는 이제 개방, 협업, 대화 같은 가치를 내세우는 기업이 되었다.

나델라가 등장하기 전까지의 마이크로소프트는 어떠했을까? 과거 마이크로소프트의 비전은 "모든 가정과 모든 책상에 PC를!"이었다. 이제 이 비전은 현실이 되었다. 하지만 사람들은 PC 대신 스마트폰을 사용하기 시작했고 모바일에서 기회를 놓친 마이크로소프트는 엄청난 시련을 겪었다. PC 판매는 줄어들고 안드로이드와 애플 운영체제에 대한 수요는 치솟기 시작했고 검색과 게임 분야도 점점 경쟁력을 점점 잃어갔다. 그리고 오랫동안 경쟁 상대가 없는 독점을 해온 탓에 조직에는 관료주의가 자리를 잡았고 팀워크가 사라지고 사내 정치가 만연했다.

CEO 나델라는 가장 먼저 "마이크로소프트의 존재 이유는 무엇인가?"라는 질문을 던지는 데서 출발했다. 이 질문에 구성원들이 답을 찾지 못한다면 과거의 실수가 계속될 것으로 보았기 때문이다. 그는 많은 논의와 경청을 통해 자신들의 존재 이유를 '고객들이 우리 제품으로 인해 더 힘을 갖게 되는, 즉 임파워 되게 하는 것'이라고 정의를 했다. 또한 "우리 업계는 전통을 존중하지 않습니다. 혁신을 존중합니다"라는 말로 내부를 설득하기 시작했다. 그리고 현장을 돌아보고 사람들을 만나며 질문을 하고 의견을 들으며 CEO 부임 첫해에 회사의 혁신을 위해 어떤 일을 해야 하는지 다음과 같이 정리를 해냈다.

그것은 "회사의 사명과 혁신에 대한 포부를 명확히 알리는 일, 조직 문화를 변화시키는 일, 파이를 키우는 새롭고 놀라운 파트너십을 만드는 일, 모바일 퍼스트 그리고 클라우드 퍼스트 세상을 장악하기 위한 기회를 찾는 일, 모두를 위한 생산성과 경제 성장을 회복하는 일"이었다.

나델라의 첫 아이는 뇌성마비 장애를 가지고 있었다. 아이의 상태가 '영구적'이라는 말에 처음에는 '왜 이런 힘든 일이 우리에게 일어났는가'를 한탄했다고 한다. 하지만 그 과정에서 부모의 책임으로서 이 일을 받아들이고, 진짜 힘든 사람은 자신이 아니라 아이라는 걸 더 가슴 깊이 공감했다고 한다. 이런 나델라의 경험은 장애인이나 생활이 어려운 사람, 저개발국가의 사람들, 피부색이나 종교 등의 이유로 증오의 대상이 되는 사람들의 고통과 아픔을 더 깊이 이해하는 데 밑거름이 되었다. 사실 '공감'이라는 말은 최첨단 기업인 마이크로

소프트의 정신으로는 잘 어울리지 않았다. 하지만 그는 대담하게 직원과 파트너들에 이르는 모든 사람들에게 공감이라는 말을 가슴에 심고 공감이 영감으로 이어질 수 있도록 조직을 혁신해 갔다.

그렇지만 현실은 녹록치 않았다. 비즈니스 혁신을 위해 클라우드 서비스를 주력 분야로 방향 설정을 하긴 했지만 그 분야에선 이미 아마존이 상당한 시장 점유를 하고 있는 상태였다. 그리고 내부적으로도 한쪽에서는 이제 클라우드 시대로 가야 한다고 주장하고, 다른 한쪽에서는 아직 서버 사업에 집중해야 한다고 말하는 등 사업 방향이 통일되지 않아 생기는 문제점들도 나타나기 시작했다. 과거의 성장을 이끌던 사업부가 지금은 혁신을 방해하는 존재가 돼버린 것이다. 이런 상황에서 나델라는 불만으로 가득 찬 사업부 리더들을 일일이 만나 개별적으로 면담을 하고 그들의 의견에 귀 기울이면서 클라우드 퍼스트 전략을 따를 수 있도록 끈질기게 설득을 했다. 리더는 명확한 비전을 갖추고 구성원들에게 강한 동기 부여를 해야 한다는 생각을 그대로 실천한 것이라고 할 수 있다.

혁신은 사업의 방향 전환뿐만 아니라 문화적인 변화도 요구한다. 그동안 신제품 출시는 화려하게 쇼를 하는 마냥 돈을 엄청나게 쓰면서 언론의 과잉 반응을 이끌어내는 식이었다. 나델라는 신제품 윈도우10을 아프리카 케냐의 시골 마을에서 출시하면서 이를 전 세계 사람들이 지켜보는 방식으로 런칭 행사를 했다. 이 세상 어디든 자유롭게 디지털 트랜스포메이션이 가능하다는 것을 보여줌으로써 기술이 빈곤과 희망의 간극을 메울 수 있음을 보여준 퍼포먼스였다. 이 행사는 전 세계 많은 사람들에게 마이크로소프트에 대한 새로운 인상을 심어주었다.

이제 마이크로소프트는 완전히 새로운 기업이 되었다. 고정형 마인드가 아닌 성장형 마인드를 갖추고 개방성을 포용하는 문화로 조직이 완전히 탈바꿈되었다. 오랜 경쟁자들과 파트너십을 맺게 된 것도 그 일환이었다. 구글과 협력해서 오피스를 안드로이드 플랫폼에 동작시키도록 했고 페이스북, 애플과도 파트너십을 맺어 더 좋은 서비스를 공급하도록 했다.

이처럼 책은 공룡같이 비대해진 독점 기업이 과거의 성공에 갇혀 정체된 상황속에서 어떻게 새로 고침 버튼을 눌러 혁신을 할 수 있는지를 보여준다. 구호만이 아닌 실질적인 혁신을 원하면서도 그렇게 되지 못한 수많은 조직에게 리더의 진정성이 얼마나 중요한지 그리고 목적성과 공감 능력이 얼마나 효과적인지를 보여주는 책이다.

(서평 : 고현숙)

훔치고 싶은 문장

우리가 존재하는 이유는 사람들이 우리 제품으로 더 많은 힘을 얻게 하는 데에 있었다.

함께 읽으면 좋은 책

『리더의 용기』 브레네 브라운 지음, 강주헌 옮김, 갤리온, 2019년

45

결정적 순간의 리더십

매 순간 현명한 판단을 내리는 리더, 위기를 기회로 바꾸는 리더

고현숙 지음, 쌤앤파커스, 2017년

◆ ◆ ◆

조직 성과에 결정적 역할을 하는 세 가지가 있다. 첫째도 리더십, 둘째도 리더십, 셋째도 리더십이다. "한 명이 천 명을 이끌 수 있는 방법이 있을까?" 프랑스 대입 시험 바칼로레아 시험에 나온 질문이다. 정답은 리더십이다. 리더십은 사람을 이끄는 능력이다. 조직은 그 조직을 이끄는 리더의 그릇 사이즈만큼 발전할 수 있는데, 여기서 말하는 그릇의 사이즈가 바로 리더십이다. 그렇기 때문에 우리는 계속해서 우리들의 리더십을 키워나가야 한다.

리더십의 핵심은 무엇일까? 소통이다. 소통이란 주의 깊게 경청하며 필요한 메시지를 명확하게 전달하는 능력이다. 그런데 소통에 장애가 되는 몇 가지 잘못된 가정이 있다.

첫째, 일만 잘하면 된다는 생각이다. 도대체 일이란 무엇일까? 바로 소통이다. 꼭 필요한 말만 하고 꼭 필요한 보고만 하는 임원이 있다. 상사를 지나치게 어려워하여 무의식적으로 피한다. 그걸로 충분할까? 그게 본인에게 도움이 될까? 이럴 때는 스스로 이렇게 질문을 해봐야 한다. "만약 당신이 상사라면 묵묵히 있다가 결과만 가져오는 직원과 일하는 과정에서 어려운 점과 그렇지 않은 점 등을 공유하는 직원. 둘 중 누구의 일에 더 관심과 애정을 가지게 될까?" 당연히 후자다. 상사를 어려워하는 것도 자기중심적 시각이라고 할 수 있기 때문이다. 그래서 늘 상사 입장에서 생각해야 한다.

둘째, 보고는 비생산적인 일이라는 생각이다. 보고는 과연 쓸데없는 일일까? 그렇지 않다. 특정 분야에 전문성이 높은 임원이 있다. 그는 상사와 이야기를 잘하려고 하지 않는다. 잘 모르는 상사를 대상으로 미주알고주알 업무를 알려주는 것을 시간 낭비라고 생각하기 때문이다. 하지만 과연 그럴까? 그렇지 않다. 회사는 혼자 일하는 곳이 아니고 혼자서 할 수 있는 일도 거의 없다. 그렇기 때문에 늘 상사를 설득하고 상사의 이해를 얻기 위해 노력해야 한다.

셋째, 먼저 접근하는 것은 아부이고 정치적인 행동이라는 생각이다. 난 정치하지 않는다, 난 내성적이다, 왜 내가 상사 앞에 아부를 하느냐며 마치 독립투사처럼 행동하는 임원이 있다. 과연 이게 올바른 행동일까? 그럴 듯하게 포장은 했지만 실은 자신의 안전지대를 벗어나는 걸 싫어하는 것이라고 할 수 있다.

이 책에서 말하는 리더십의 핵심은 코칭이다. 지시하고 통제하는 대신 코칭을 통해 사람을 리드하는 리더십이다. 코칭의 핵심은 '의식과 책임'이다. 질문을 통해 어떤 것에 대해 통찰하도록 생각과 의식을 갖도록 하고 스스로 해법을 찾아내 그에 대한 책임감을 갖게 하는 것이다. 일방적인 지시를 받은 직원은 머리를 사용하지 않고 손발만 사용한다. 당연히 직원의 의식은 개발되지 않고 책임감도 부족해진다. 하지만 코칭은 다르다. 스스로 생각하게 하고, 스스로 결정하고 책임지게 하는 것이다. 이를 위해서는 가장 먼저 마음의 문부터 열어야 한다. 상대를 인정하고 격려하고 칭찬해야 한다. 그다음으로는 경청해야 한다.

리더는 듣는 사람이다. 들어야 상대를 알 수 있고 그가 무슨 생각을 하는지, 그 사람의 가치관이 무엇인지 알 수 있다. 경청은 두 귀로 상대를 설득하는 방법이라 할 수 있다. 다음은 질문이다. 좋은 질문을 던져 상대로 하여금 생각을 하도록 해야 한다. 대부분 상사들은 질문 대신 훈계를 한다. 상사가 훈계할 때 직원들은 무슨 생각을 할까? 내가 지금 그걸 몰라서 그러는 게 아니에요, 라고 생각을 한다. 그런 면에서 일방적 조언은 하수나 하는 행동이다. 중수는 "어떻게 하면 실수를 줄일 수 있을까? 그동안 어떤 노력을 해왔나? 효과가 있었던 건 무엇이고 없던 것은 무엇인가?" 같은 질문을 한다. 방법론에 대한 질문이다. 고수는 중수보다 좀 더 의미에 가치를 둔 질문을 한다. "우리 회사에서 어디까지 올라가고 싶은가? 이 직장에서 성공하는 것이 어떤 의미가 있는가? 이 일이 당신에게 어떤 의미를 갖나?" 이런 질문들이 바로 의미에 관한 질문이다. 즉, Why를 아는 것이 가장 중요하고, 다음이 What이고, 마지막이 How이다. 여러분이 리더라면 그동안 어떤 질문을 해왔는지 한번 자세히 생각해보길 바란다.

코칭의 핵심은 피드백이다. 잘하는 건 잘한다고 말하고, 하지 말아야 할 것은 하지 말라고 얘기하는 것이 피드백이다. 사람은 피드백을 주고받으면서 성장한다. 그래서 피드백이 없다는 건 스코어를 모르면서 계속해서 경기를 뛰는 것과 같다. 어떻게 피드백하는 것이 좋을까? 우선, 피드백 환경을 조성해야 한다. 공개적으로 하는 대신 둘만의 공간을 만들어야 한다. 그리고 무엇을 피드백해야 할지 구체적으로 정해야 한다. 주제를 꺼내고 주제에 대한 생각을 상대방에게 물어보아야 한다. 스스로 실행 계획을 세우게 하고 후속 미팅을 정해야 한다. 가급적이면 짧게 하는 것이 좋다.

리더십의 출발점은 주제 파악에서 시작된다. 내 생각이 아닌 다른 사람의 눈에 비친 자신의 객관적인 모습을 아는 것이다. 그런데 이게 꽤나 어렵다. 대부분의 사람들은 나르시시스트이기 때문이다. 임원 선발에서 가장 피해야 할 사람은 지나친 나르시시스트다. 자신을 알기 위한 도구로 '해리슨 어세스먼트(Harrison Assessment)'란 평가 도구가 있다. 조직 심리학자 단 해리슨 박사가 개발한 개인 역량 평가 도구다. 이 평가 도구는 자기 수용과 자기 개선의 두 축으로 구성되어 있는데, 가장 바람직한 리더의 모습은 자기 수용과 자기 개선 두 가지 모두가 높게 나오는 사람을 말한다. 자기 수용은 높지만 개선 의지가 약하면 방어적이 되고, 개선 의지는 높지만 수용이 약하면 자기 비판적이 된다. 자기 수용도 낮고 자기 개선도 낮으면 구제 불능이다. 이 책을 읽는 여러분은 스스로 어디에 해당된다고 생각하는가? 자기만 특별하다고 생각하는 건 미성숙한 생각이고 반대로 나는 아무것도 아니라는 생각은 자기 파괴적이 된다. 진정한 성숙은 치기 어린 자기중심성과 나르시시즘을 내려놓는 과정에서 나온다.

다시 처음 했던 질문으로 돌아가 보자. 리더십이란 무엇인가? 이 책을 읽고 내가 생각한 리더십은 다른 사람을 통해 조직의 목표를 달성하는 것이다. 그렇다면 리더십의 반대말은 무엇일까? 개별 성과자다. 혼자서만 일을 잘하는 사람이다. 혼자 잘하는 것과 다른 사람을 잘 이끄는 것은 완전 별개의 문제라는 것을 꼭 강조하고 싶다.

(서평 : 한근태)

훔치고 싶은 문장
코칭의 핵심은 의식과 책임이다. 질문을 통해 어떤 것에 대해 통찰과 의식을 갖게 하고, 스스로 해법을 찾아내 그에 대한 책임감을 갖게 하는 것이다.

함께 읽으면 좋은 책
『에고라는 적』라이언 홀리데이 지음, 이경식 옮김, 흐름출판, 2017년
『리더는 어떻게 성장하는가』맨프레드 케츠 드 브리스 지음, 김현정/문규선 옮김, 더블북, 2017년

46

초격차

넘볼 수 없는 차이를 만드는 격

권오현 지음, 쌤앤파커스, 2018년

◆ ◆ ◆

삼성의 반도체 신화를 일군 권오현 회장의 경영 철학과 경험을 담은 책이다. 현장에서 실행하고 적용했던 경영 전략과 리더십을 다룬 이 책은 쉽게 읽히지만 내용의 깊이는 결코 얕지가 않다. 삼성전자를 세계 1등으로 만든 경험과 지혜를 담고 있다. 그의 조언은 리더는 물론이고 그렇지 않은 사람에게도 유용하다. 우리 모두는 우리 인생의 경영자요 리더이기 때문이다.

초격차는 '비교 불가한 절대적 기술 우위와 끊임없는 혁신, 그에 걸맞은 구성원들의 격'을 높여 모든 부문에서 2등을 압도하는 차이를 만들어 내는 전략이다. 점진적인 발전과 개선만으로는 초격차를 만들 수 없기에 절대적인 경쟁력을 얻기 위해서는 모든 부문에서 혁신을 다 해야 한다. 이처럼 초격차 전략은 적자에 허덕이던 반도체 사업의 새로운 돌파구를 만들기 위해 실행되었던 혁신이었다. 하지만 초격차는 단순히 기술적 우위만을 의미하지는 않는다. 기술력 외에도 인재, 조직, 문화 등 다방면에서의 혁신을 함께 포함한다.

저자 권오현 회장은 '경영은 고객과 직원이라는 인간 자체를 이해해야 하는 감성의 영역'이라고 했다. 따라서 리더십이란 인간에 대한 이해를 바탕으로 조직을 이끄는 능력이라고 할 수 있다. 그는 이 책의 대부분을 리더십과 인재에 대한 얘기로 할애했다. 권오현 회장에게 리더십이란 지위나 권위가 아니라 삶의 방식에 더 가까웠다. 사람을 이해하는 감성의 영역으로 보았기 때문이었다. 그래서 그의 경험과 조언은 인간미가 넘친다. 이 책에는 그가 명문 고등학교 진학에 실패했던 학창 시절과 승진이 늦어 힘들었던 시기, 적자 사업부를 맡아 낙담하고 있는 후배에게 용기를 불어넣던 이야기 등이 담겨 있다. 그러면서 실패 경험이 있는 사람이 크게 성장할 수 있다는 말도 잊지 않고 강조한다.

책을 읽다 보면 저자가 사람에게는 따뜻하지만 업무적으로는 확실하고 냉철한 모습을 보여준다는 것을 알 수 있다. 회사의 장기적인 목표를 지속적인 성장과 새로운 가치 창출로 보고, '리더는 항상 미래를 바라보며 내 임기 내에 모든 것을 해치운다는 생각을 버려야 한다'고 강조한다. 리더에게는 선천적 본성과 후천적 능력이 모두 필요한데 선천적 본성은 신술함, 겸손함, 무사욕이며 후천적 능력은 통찰력, 결단력, 실행력, 지속력이라고 말하며 만약 선천적 본성과 후천적 능력 이 둘 중 하나라도 없으면 리더가 되어서는 안 된다고 강조한다.

권오현 회장의 '인재 관리' 철학은 무엇일까? 저자는 '우리가 경영 현장에서 직면하게 되는 가장 큰 문제는 결국 사람과 연관된 것'이라며 사람 관리만큼 중요한 일이 없다고 말한다. 그러면서 반드시 피해야 할 사람을 제거하는 것이 가장 우선적으로 해야 하는 일이라고 강조한다. 저자가 말하는 반드시 피해야 할 사람은 어떤 사람일까? 남의 말을 경청하지 않는 무례한 사람, 부정적이고 소극적인 사람, 그리고 뒤에서 딴소리하는 사람 등을 말한다. 하지만 이런 사람들을 처음부터 정확하게 보고 채용한다는 것은 쉽지가 않은 일이다. 그래서 인재의 선발보다 양성이 더 중요하다고 조언한다.

권오현 회장이 생각하는 최고의 인재는 어떤 사람일까? 바로 호기심이 많은 사람이다. 이런 인재들은 빠르게 변하는 세상에 맞춰 적절하게 대처할 수 있는 사람이다. 새로운 업무도 호기심과 도전 정신으로 호기롭게 시도하는 사람이다. 권오현 회장은 이런 선제적이고 적극적인 사람을 가장 훌륭한 인재라고 말한다. 지금은 특정 분야의 지식이 너무 빨리 변하는 상황이라 인재를 찾고 배치하는데 너무 많은 시간을 쏟을 수가 없다. 그래서 호기심이 많고 배우려는 의지가 무엇보다 중요하다고 강조한다. 과거의 지식에 매몰된 사람보다는 긍정적인 사고와 순발력으로 문제를 해결하는 사람이 더 낫다고 보는 것이다. 그리고 탁월한 인재들이 계속 등장할 수 있는 시스템을 만드는 것이 리더의 중요한 몫이라고 강조한다.

탁월한 인재들을 선발해서 양성한 다음에는 공정한 평가를 해야 한다. 공정한 평가에 대한 저자의 원칙은 'Pay by Performance, Promotion by Potential'이다. 매출이 증가하면 대규모 승진이 이어지지만, 매출의 증가가 시장 상황 덕분인지 아니면 부서장 능력 덕분인지를 잘 구별해야 한다. 만약 시장 상황으로 매출이 증가했다면 보너스나 성과급을 올리는 방식으로 보상을 해야 한다. 반면 승진은 철저하게 능력 위주로 해야 한다. 매출이 증가했다고 부서장을 무턱대고 승진시키게 되면 자칫 능력 없는 부서장이 운이 좋아 승진할 수 있는 케이스가 만들어진다.

부서장의 능력을 평가하기 위해서는 객관성이 필요하다. 이런 평가 방식에는 '집중해서 효과를 극대화할 항목 두세 개'만 포함시켜야 한다. 부서의 역량이 가장 중요한 업무에 집중되어야 하기 때문이다. 그리고 목표는 도전적이어야 한다. 즉, 부서의 목표를 가장 중요하고 도전적인 업무 두세 개로 한정시켜야 한다는 것이다. 이런 식으로 평가 항목을 철저하게 관리하게 되면 특정 부서의 성과를 객관적으로 판단할 수가 있다.

그는 사일로 현상을 타개하는 방안도 제시했다. 실적이 저조한 회사에는 이기심과 사내 정치 등의 이유로 다른 부서와 대화하지 않는 현상인 '사일로(silo)'가 공통적으로 발견되는데 사일로가 심해지면 소통과 협업은 사라지고 노하우와 지식, 경험이 전수되지 않는다. 그래서 주기적이고 그리고 극직인 부서장 교체를 통해 사일로 타파에 노력해야 한다고 말한다. 당사자들도 전혀 예상하지 못하게 극적으로 그리고 전광석화처럼 빠르게 부서장들을 서로 교차 배치하는 방식이다. 그렇기 때문에 부서장들은 언제 어떻게 교체될지 모르기 때문에 좋든 싫든 평상시에 상대방과 소통을 적극적으로 할 수밖에 없는 상황이 된다. 이 같은 소통은 결국 아이디어의 공유로 이어지고 지식과 노하우의 축적으로 연결된다.

이 책은 경영 전략과 리더십에 관한 책이다. 하지만 단순히 성공적인 직장 생활을 위한 팁이라고만은 할 수가 없다. 권오현 회장은 이 책을 통해 리더십은 사람을 경영하는 것이라고 계속해서 강조한다. 성공을 꿈꾸는 직장인이라면, 아니 성공적인 인생을 원하는 사람이라면 이 책을 항상 옆에 두고 계속 읽는 것이 좋다. 결국 사람에 관한 책이기 때문이다.

(서평 : 이엽)

훔치고 싶은 문장

지금까지의 경험과 교훈을 통해서 저는 리더의 삶이란 규정할 수 있는 어떤 '지위'나 '권위' 같은 것이 아니라, '삶의 방식' 그 자체라고 생각하게 되었습니다.

함께 읽으면 좋은 책

『전쟁의 기술』 로버트 그린 지음, 안진환 옮김, 웅진지식하우스, 2007년
『사업의 철학』 마이클 거버 지음, 이제용 옮김, 라이팅하우스, 2015년
『사장의 원칙』 신현만 지음, 21세기북스, 2019년

47

멀티플라이어

어떻게 사람들의 역량을 최고로 끌어내는가

리즈 와이즈먼 지음, 이수경 옮김, 한국경제신문, 2019년(개정증보판)
Multipliers, Revised and Updated: How the Best Leaders Make Everyone Smarter,
Elizabeth Wiseman, HarperCollins Publishers, 2017

◆ ◆ ◆

어떤 사람은 나를 기운 나게 하는 반면, 어떤 사람은 나를 주눅 들게 한다. 누구나 한 번쯤은 해보았을 경험이다. 그런데 만약 직속 상사나 바로 옆의 동료가 매일 나를 주눅 들게 한다면? 그것만큼 힘 빠지고 고통스러운 일이 또 있을까? 이런 상황에서 빠져나올 방안을 알고 싶거나 나 스스로가 상대를 기운 나게 하는 사람이 되고 싶다면 이 책이 도움을 줄 것이다.

이 책은 다음의 단순한 명제를 내세우며 시작한다.

"조직 내에는 실세 활용되는 것보다 더 많은 인적 능력이 존재하며 리더의 태도에 따라 두 배 세 배까지도 조직의 잠재 능력을 끌어올릴 수 있다."

저자는 조직에는 두 종류의 리더가 있다고 말한다. 먼저 조직 전체로 지적 능력을 좋은 향기처럼 퍼지게 하고 다른 이들의 능력을 이끌어 내어 천재로 만드는 멀티플라이어 리더가 있고, 반대로 다른 사람들에게는 관심이 없고 오직 자신의 능력 과시에만 급급한 나머지 마치 유독 가스처럼 사람들의 능력을 질식시켜 조직의 중요한 역량을 고갈시키는 디미니셔 리더가 있다고 말한다.

다른 이들을 천재로 만드는 멀티플라이어(Multiplier)는 어떤 리더인가? 이 유형의 리더는 누구에게나 각자의 재능이 있고 잘 관찰하기만 해도 이를 발견할 수 있으며 자신의 임무는 사람들 각자가 자신의 재능을 잘 발휘하도록 도와주는 것이다, 라고 믿는 리더다. 이들은 상대방에 대한 존중과 의견 경청을 통해 부하 스스로 자신의 강점을 찾고 스스로 자신의 강점을 활용할 수 있도록 도와줘야 한다고 생각한다. 또한 이 리더는 사람들이 도전 앞에서 더 큰 능력을 발휘할 수 있게 적절한 질문을 하고 안전지대를 박차고 나올 수 있도록 어려운 도전을 장려한다. 그리고 집단 지성의 우월성을 신뢰하고 활발한 토론을 통해 의사 결정을 할 수 있게 함으로써 구성원들의 주인 의식을 자극하고 적극적인 실행 참여를 유도한다. 무엇보다 이 유형의 리더는 사람들은 똑똑하므로 충분히 해낼 수 있다는 관점을 가지고서 벤처 캐피탈리스트처럼 사람들의 재능에 투자하고 설령 실수나 실패가 있더라도 이를 용인하고 그로부터 배울 수 있는 분위기를 조성하고 재도전하도록 격려한다.

반면 디미니셔(Diminisher) 리더는 사람들은 내가 없으면 아무것도 제대로 해내지 못한다는 전지전능자의 관점을 가지고 있다. 따라서 사람들은 모든 것을 내게 보고해야만 하고 그래야만 일이 제대로 돌아갈 수 있다고 믿는다. 사람들을 자신보다 열등한 존재로 보기 때문에 사람들을 압박하고 쥐어짜면서 늘 긴장된 분위기를 만들고 그럴수록 좋은 성과가 나온다고 믿는다. 그 결과 사람들은 미래에 대한 도전 대신 리스크를 피하고 리더가 좋아할 만한 아이디어만 내고 조심스럽게 일하는 습성만 키우려 한다. 또한 디미니셔 리더 아래에서는 실수나 실패를 통해 성장하고 배우기는커녕 서로 책임을 떠넘기거나 변명하기에 바쁘다. 디미니셔는 매사 자신의 우월한 지식을 보여주기 위해 자신의 생각과 자신이 아는 것을 말하기 바쁘고 일하는 방식에 대해서도 일방적으로 명령하고 지시한다. 그 결과 이런 조직에서는 인재를 제대로 활용하지 못하고 늘 상사의 결정 사항이 내려오기만을 기다리는 게으른 사이클이 만들어진다.

누구나 자신의 일터에서 능력을 최대한 발휘하여 의미 있는 기여를 하고 유능한 인재로 인정받기를 원한다. 그리고 자기 의견에 누군가가 귀 기울여주기를 기대하며 한 인간으로서 존중받으며 성장하고 발전할 수 있기를 기대한다. 즉 모두가 멀티플라이어 리더와 함께 일하기를 바란다. 그런데 실제로는 어떨까? 갤럽이 142개국 근로자들을 대상으로 조사한 바에 따르면 업무에 몰입하며 보람을 느끼는 사람은 조사 대상 전체의 13%에 불과하고, 대부분의 경우 업무에 제대로 몰입하지 못한 채 건성으로 시간만 때우고 있다고 한다. 그렇다면 우리 대다수는 디미니셔인 것인가?

저자는 우리 대다수는 100% 멀티플라이어도 아니고, 100% 디미니셔도 아니라고 한다. 다만 의도치 않게 디미니셔가 된다고 말한다. 위계질서가 강한 문화 또는 성취 지향 주의와 완벽 주의로 인해 뜻하지 않게 디미니셔가 되거나 스스로 이를 자각하지 못하는 경우가 더 흔하다는 것이다. 이처럼 책은 어떻게 우리가 의도치 않게 디미니셔가 되는지를 잘 보여준다. 그리고 여기에만 그치지 않고 어떻게 이를 극복해서 멀티플라이어로 전환할 수 있는지도 상세히 알려준다. 또한 디미니셔 상사를 만났을 때 어떻게 대처하면 더 좋은 관계를 만들수 있는지에 대해서도 알려준다.

사실 우리는 멀티플라이어와 디미니셔 중 어떤 리더로 행동할 것인지를 매일 매일 선택한다. 당신의 선택이 주변 사람들에게 어떤 영향을 미치는지 한번 생각해보라. 이 책은 우리의 선택이 하나의 문화로 정착되어 사회는 물론이고 다음 세대에게까지도 영향을 미칠 수있다고 말한다. 조직뿐만이 아니라 학교와 가정에서 교사와 부모들이 각각 멀티플라이어가 된다면 우리 사회의 현재와 미래는 어떻게 달라질까? 위계 질서가 강한 한국 사회에서 한번쯤 짚고 넘어갈 문제다.

(서평 : 허보희)

훔치고 싶은 문장
디미니셔는 상대방에게 자신이 세상에서 가장 똑똑하다는 인상을 주지만, 멀티플라이어는 상대방에게 상대방이 세상에서 가장 똑똑하다는 느낌을 준다.

함께 읽으면 좋은 책

『두려움 없는 조직』에이미 에드먼드슨 지음, 최운영 옮김, 다산북스, 2019년

『최고의 팀은 무엇이 다른가』대니얼 코일 지음, 박지훈 옮김, 웅진지식하우스, 2018년

『무엇이 성과를 이끄는가』닐 도쉬/린지 맥그리거 지음, 유준희/신솔잎 옮김, 생각지도, 2016년

5부. 성공과 행복

48

WHO 후

내 안의 100명의 힘

밥 보딘 지음, 김명철/조혜연 옮김, 웅진지식하우스, 2009년
The Power of Who: You Already Know Everyone You Need to Know,
Bob Beaudine, Center Street, 2009

◆ ◆ ◆

뭐든 밑천이 있어야 한다. 그런데 보통 밑천 하면 돈이나 땅, 지식 같은 것을 생각하는데 사실 가장 중요한 것은 인적 재산이다. 다른 것과 달리 이것은 만드는 데 시간이 많이 걸린다. 이 책은 인적 네트워킹의 중요성을 강조한 책이다. 저자인 밥 보딘은 헤드헌터인데 미국의 《월 스트리트 저널》은 그를 '미국 최고의 중매쟁이'라고 평가했다.

세월이 흐를수록 인맥의 중요성을 절감한다. 일이 꼬이게 되는 것도 사람과의 관계 때문이고 어려운 일이 풀리고 사업에서 멋진 기회를 잡는 것도 사람과의 관계 때문이다. 특히 우리나라처럼 좁은 사회에서 성공하려면 주변 사람의 도움은 절대적이다. 도움까지는 아니더라도 발목을 잡고 늘어지는 사람은 없어야 성공을 유지할 수 있다.

각 대학의 최고경영자 과정이 성황을 이루는 것도 바로 이런 인맥의 중요성 때문이다.

여러분 핸드폰에는 몇 명의 전화번호가 있는가? 그중 어떤 일이 벌어져도 여러분 편이 되어줄 사람은 몇명이나 되는가? 양보다는 질이 중요하다. 많이 아는 것보다 제대로 된 사람을 알고 있는 것이 더 낫다. 그래서 저자는 이렇게 말한다. "저는 한때 5,365명의 연락처를 가지고 있었지만 아무짝에도 쓸모가 없었죠. 정작 내가 필요할 때 도움을 주는 사람은 평소 제가 모른 척했던 사람들 중에서 나오더군요. 인생에 필요한 사람은 100명이면 충분합니다. 우리는 이미 그들을 알고 있습니다. 다만 아직 이들을 발견하지 못했을 뿐입니다." 여러분은 어떤가? 아는 사람들 중 100명을 추린다면 누굴 뽑겠는가? 정말 귀인인데 아직 알아보지 못하는 사람은 누굴까?

인간은 관계 속에서 성장한다. 지금 잘 나가는 것도 인간관계가 나쁘면 오래가지 못한다. 반대로 관계가 좋으면 서서히 일이 풀린다. 삶의 품질이 관계의 품질이기 때문이다. 자연도 그렇다. 요세미티 국립 공원에서 거대한 세콰이어 나무가 쓰러져 죽었다. 벼락을 맞은 것도 벌레가 먹은 것도 해충에 피해를 입은 것도 아닌데, 1606년부터 서있던 73미터짜리(400년 이상 됨) 나무가 갑자기 쓰러졌다. 무슨 이유에서일까? 바로 관계 때문이다. 세콰이어 나무는 무리를 지어 산다. 세콰이어는 키가 큰 나무이긴 하지만 뿌리는 얕아서 서로가 서로의 뿌리를 감아서 거대한 몸을 지탱한다. 하지만 쓰러진 세콰이어 나무는 삼림 개척으로 인해 다른 세콰이어들과 떨어져 혼자 자라고 있었다. 게다가 이 나무를 보기 위해 수많은 관광객들의 발걸음이 나무의 뿌리를 상하게 했다. 그사이 나무는 서서히 죽어가고 있었다.

인간도 마찬가지다. 주변과의 관계가 나빠지면 우리도 그 세쿼이어 나무처럼 서서히 죽어갈 수밖에 없다. 주변과 두터운 관계가 연결되어야 살아갈 수 있다. 인간은 그 관계로부터 사랑받고 보호받아야 한다. 그게 인간이다.

원수는 외나무다리에서 만난다고도 한다. 지금의 부하 직원이 내 상사가 될 수도 있고 반대로 내 고객이 될 수도 있다. 그렇기 때문에 만나는 모든 사람들에게 지극 정성을 다해야 한다. 지금 베푸는 작은 덕이 나중에 백 배, 천 배가 되어 돌아올 수도 있고 지금의 무심함이 엄청난 고통으로도 바뀔 수도 있다. 핵심은 가까운 곳에서부터 잘해야 한다는 것이다. 실업자로 지내던 사람이 조그만 골프장 코치 덕분에 대기업 임원이 된 사례가 있다. 그저 친하게 지냈을 뿐인데 일어난 일이다. 예전 부하 직원 덕분에 큰 프로젝트를 수주한 사람도 있다. 별로 친하지도 않았고 얼굴이나 아는 정도였다. 그래도 서로에게 좋은 인상을 갖고 있었다. 그게 다였다. 이처럼 내 주변 이들이 언제 어떻게 귀인이 되어 내게 나타날지 모른다고 생각하면 주변 사람들을 대하는 우리의 태도는 달라질 수밖에 없다.

사람들은 흔히 새로운 인맥을 쌓으려고 많은 비용과 시간을 들인다. 하지만 많이 안다는 것과 그들로부터 좋은 평판을 듣는 것은 아주 다른 얘기다. 또 너무 목적 지향적으로 사람을 만나는 것도 바람직하지 않다. 사람은 본능적으로 그것을 구분한다. 그보다는 사람을 만나는 것 자체를 즐겨야 한다. 무엇을 얻을까 생각하기 전에 무엇을 베풀까 생각하는 것이 오히려 더 낫다. 그리고 이미 가지고 있는 자신의 인맥을 잘 다듬는 것이 더 중요하다. 새로운 인맥을 쌓기에 시간을 쓰다 보면 오히려 기존 인맥이 소홀해질 수도 있다. 가장 중요한 것은 이미 알고 있는 사람을 재발견하는 일이다. 귀인은 늘 가까운 곳에 있지만 먼 곳을 보느라 가까운 곳의 귀인을 놓치는 것이 우리 인간이기 때문이다.

1843년 러셀 콘웰이 쓴 『다이아몬드의 땅』이란 고전이 있다. 주인공 알리 하페드는 농장에서 잘살고 있었다. 농장에는 냇물이 흘렀고 그 안에는 반짝이는 돌이 많았다. 그러던 어느 날 다이아몬드 때문에 사람들이 부자가 된다는 얘기를 듣고 그는 농장을 팔고 다이아몬드를 찾으러 나선다. 근데 예상보다 시간이 많이 걸렸다. 가족들의 얼굴도 잊고 그의 얼굴도 흉하게 변했다. 한편, 그에게서 농장을 인수받은 사람은 농장 시냇가에서 자주 나오던 반짝이는 돌을 예쁘다고 생각하고 가져다가 거실에 두었다. 알고 봤더니 그게 다이아몬드였다. 우리 삶이 이렇다. 우리 주변에 엄청난 보물이 있지만 우리는 이를 모른 채 그냥 지나치고 있을 수가 있다.

엘비스 프레슬리는 매니저 톰 파커가 없었다면 로큰롤의 황제가 될 수 없었다. 세계적인 전도사 빌리 그레이엄도 그랬다. 자신의 글을 신문에 실어준 윌리엄 허스트가 없었다면 미국의 영적 지도자가 되기에는 불가능했을 것이다. 타이거 우즈 역시 그의 아버지가 있었기 때문에 성공할 수 있었다. 우리도 마찬가지 아닐까? 지금의 내가 된 것은 결코 혼자 힘으로 된 것이 아니다. 부모님과 선생님을 비롯한 수많은 귀인들의 덕분이라고 할 수 있다.

인맥을 맺는 데 있어서 핵심은 먼저 도와주는 것이다. 귀인을 만나는 첫걸음도 내 자신부터가 다른 사람의 귀인이 되는 것이다. 다른 사람이 원하는 것을 얻을 수 있게 도와준다면 당신도 원하는 것을 얻을 수 있게 된다.

(서평 : 한근태)

훔치고 싶은 문장
무엇을 아느냐 보다 누구를 아느냐가 중요하다.

함께 읽으면 좋은 책
『데일 카네기 인간관계론』데일 카네기 지음, 임상훈 옮김, 현대지성, 2019년
『기브 앤 테이크』애덤 그랜트 지음, 윤태준 옮김, 생각연구소, 2013년
『인맥관리의 기술』김기남 지음, 서돌, 2008년

49

왜 일하는가?

이나모리 가즈오가 성공을 꿈꾸는 당신에게 묻는다

이나모리 가즈오 지음, 신정길 옮김, 서돌, 2010년
働き方, 稲盛和夫, 三笠書房, 2009

◆ ◆ ◆

취준생이란 말이 일상어로 자리 잡은 시대다. 어렵사리 취업에 성공했지만 모두가 행복한 직장 생활을 하게 되었을까? 안타깝게도 그렇진 않다. 일이란 게 원래 그런 것인가? 그렇진 않다. 그건 일의 문제라기보다는 일을 하는 나의 문제일 수도 있다. 이 책은 당신이 왜 일을 해야 하는지, 일의 의미를 어떻게 찾을 수 있는지 알려준다.

여러분은 왜 일을 하는가? 만약 여러분에게 100억 원이 생긴다면 그때도 일을 할 건가? 직장 생활은 어떤가, 혹시 주말만 기다리고 있진 않은가? 무슨 일을 하건 왜 그 일을 하는지가 제일 중요하다. 공부도 그렇다. 억지로 하는 공부와 필요성을 깨달아서 하는 공부에는 큰 차이가 있을 수밖에 없다.

일만큼 중요한 건 별로 없지만 왜 우리가 그 일을 하는지를 생각하는 사람은 많지 않다. 대학을 졸업하고 남들도 하니까 당연하게 취직을 하고 일을 한다. 돈이 필요하니까 결혼을 하기 위해 처자식을 위해 일한다는 사람도 있다. 다행히 일이 재미있으면 별문제가 없지만, 일이 지겨워지면 인생도 지겨워지기 시작한다. 그런 점에서 보면 '일을 왜 하는지' '이 일이 나에게 무슨 의미가 있는지'는 참으로 중요한 아젠다. 도대체 일을 왜 해야 하는 할까?

첫째, 일은 그 자체로 축복이다. 예순이 넘은 지금, 필자의 친구들은 대부분 직장을 그만두고 산악인으로 변신했다. 그런데 이상하게도 일을 그만두자 얼굴에서 생기가 사라졌다. 그렇게 일을 지겨워하던 친구들이 몇 달을 놀더니 일을 그리워하기 시작했다. 은퇴를 부르짖었던 친구들조차도 다시 일을 하고 싶다는 얘기를 한다. 그래서 일은 축복이고, 영광이고, 가장 좋은 운동 같은 것이다. 일을 열심히 하면 젊어지지만 일을 그만두게 되면 그냥 늙어버린다. 중국 사람들은 행복의 조건으로 세 가지를 꼽는다. 할 일이 있다는 것, 바라볼 희망이 있다는 것, 사랑할 사람이 있다는 것. 그 중 첫 번째는 바로 일이다. 그만큼 일은 축복과 같은 것이다.

둘째, 일을 통해 자신을 발견할 수 있다. 여러분은 현재하는 일을 좋아하는가? 좋아할 수도 있고 그렇지 않을 수도 있다. 좋아하건 싫어하건 그 과정 자체가 어떤 사람이란 걸 보여주는 지표가 된다. 필자는 서울대학교 공대를 나와 미국에서 공학 박사를 받고 대기업에서 임원 생활을 했다. 지금은 책을 쓰고 기업 교육과 컨설팅을 한다.

직장 시절 많이 했던 일 중 하나가 직원 교육이다. 내 일은 아니었지만 최연소 임원이라는 이유로 교육을 많이 했다. 당시에는 왜 내가 내 일도 아닌 직원 교육을 해야 하는지 불만이 많았다. 하지만 지금 생각해보면 그 덕분에 지금의 일을 할 수 있게 된 게 아닐까 싶다.

이처럼 일은 자신을 발견하는 좋은 수단이다. 흔히 좋아하는 일을 하면 행복하고 성공할 수 있다고 얘기한다. 하지만 중요한 건 좋아하는 일을 어떻게 찾느냐 하는 것이다. 그런데 회사 생활이 그런 걸 찾는 데 도움을 줄 수 있다. 회사에서는 좋든 싫든 원하지 않아도 일을 해야 하는 경우가 있기 마련이다. 그런데 그런 과정을 거치면서 내가 어떤 사람인지, 내가 어떤 일을 좋아하는지를 찾아갈 수가 있다. 혹시 지금 하는 일이 마음에 들지 않는다면 그것은 반대로 좋아하는 일을 곧 찾을 수도 있다는 것을 뜻한다.

셋째, 일을 통해서 인생을 공부할 수도 있다. 일은 그 자체로 많은 교훈과 깨달음을 우리에게 준다. 멋진 상사를 보면 나도 저런 사람이 되어야지 다짐을 하게 되고, 리더십이라고는 약에 쓰려고 해도 없는 상사를 만나게 되면 나는 절대 저런 상사는 되지 말아야지 하며 반면교사로 삼게 된다. 그게 배움이다. 나쁜 일이 좋은 일이 될 수 있고 좋은 일이 나쁜 일이 될 수도 있다는 것도 일을 통해서 배운다. 나는 예전 직장에서 상사를 대신해 사보에 그분 이름으로 글을 쓴 적이 있다. 당시에는 공과 사를 구분하지 못하는 상사라고 원망했지만 지금 생각해보면 그 상사 덕분에 글 쓰는 훈련을 하게 된 것이라고도 볼 수도 있다. 근데 이런 배움은 아무에게나 오는 것이 아니다. 일의 주인이 되어야만 얻을 수가 있다.

이니시스, 모빌리언스, 동부제강, 이데일리 등의 계열사를 가진 KG그룹 곽재선 회장은 오랫동안 직장 생활을 한 후 지금은 매출 1조 원이 넘는 그룹의 오너가 되었다. 그가 성공할 수 있었던 이유는 바로 주인 정신 때문이다. 그는 이렇게 얘기한다. "전 항상 상사 입장, 주인 입장에서 생각했습니다. 주인은 어떤 일에 관심이 있을까? 무엇을 필요로 할까? 내가 무슨 일을 해야 주인이 좋아할까? 왜 이런 지시를 했을까? 등등을 생각했습니다. 그런데 그렇게 하면 당연히 일하는 수준이 달라지고, 인정을 받을 수밖에 없습니다."

일에는 귀천이 없다. 다만 그 일을 얼마나 지극 정성으로 하느냐에 따라 결과가 달라질 뿐이다. 이것이 바로 주인 정신이다. 주인 정신 얘기를 하면 "주인이 아닌데 어떻게 주인처럼 일합니까?"란 반문을 많이 한다. 나는 동의하지 않는다. 내가 생각하는 주인 정신의 정의는 '그 일에 대해 주인처럼 생각하는 사람'이다. 내가 해야 하는 일을 주인처럼 생각하면 일의 주인이고, 하인처럼 생각하면 일의 하인이다. 알아서 적극적으로 일을 하면 주인이고 시키는 일을 마지못해 하고 있으면 하인이다. 빌딩 계단에 휴지가 떨어져 있다고 해보자. 휴지를 줍는 사람과 그냥 스쳐 지나치는 사람이 있다. 누가 주인일까? 줍는 사람이 주인이다. 일의 주인이 따로 있는 것이 아니다. 그 일을 내 것으로 생각하는 사람이 주인이다.

(서평 : 한근태)

훔치고 싶은 문장

행복을 위해서는 일을 해야 한다. 일을 하지 않고 행복해질 수 있는 방법은 없다. 열심히 일하는 사람의 얼굴에서는 빛이 난다. 일을 열심히 하면 젊어진다. 늙었기 때문에 일을 그만두는 것이 아니다. 일을 그만두기 때문에 늙는 것이다.

함께 읽으면 좋은 책

『생각의 힘』 이나모리 가즈오 지음, 양준호 옮김, 한국경제신문, 2018년
『승려와 수수께끼』 랜디 코미사 지음, 신철호 옮김, 이콘, 2020년(개정판)

50

창의성의 발견

창의성은 언제 어디서 무엇에 의해 어떻게 발현되는가

최인수 지음, 쌤앤파커스, 2011년

◆ ◆ ◆

우리에게 잘 알려진 심리학자 칙센트미하이, 그의 제자로 창의성 연구를 많이 한 최인수는 이 책에서 창의성을 육하원칙에 따라 흥미롭게 풀어낸다. 어떤 사람이 창의적인가, 창의성은 어디에 존재하는가, 창의적인 사람들은 왜 몰입하는가, 창의성의 본질은 무엇인가, 언제 창의성이 발달하는가, 창의성은 어떻게 높아지는가. 창의성 분야 대가의 이야기를 들어보자.

우리는 창조 경제, 창조 경영, 창조 계급, 창조적 자본주의, 창의 시정, 창의 신용 정부, 창의직 인재, 창의 인성 교육 등 창조와 창의를 별 구분 없이 섞어서 사용하곤 한다. 국어사전을 찾아보면 창조(創造)는 '전에 없던 것을 처음으로 만듦'이고, 창의(創意)는 '새로운 의견을 생각해 냄'이라고 풀고 있다. 일본의 코지엔 사전을 찾아보면 창조란

'새롭게 만들어내는 것' '새로운 것을 처음으로 만들어내는 것'이고, 창의란 '지금까지 없었던 새로운 것을 생각해내는 것'으로 정의되어 있다. 중국에서는 '새로운 사물을 구체적으로 만들어내는 것'을 창조로, '창조를 낳는 독창적인 사고 또는 생각'을 창의로 일컫는다. 그리고 중국에서는 창신(創新)이라는 용어도 사용하는데 이는 과학, 기술, 기업에서의 혁신을 의미한다.

한중일의 해석을 종합해 보면 창조란 존재하지 않던 산출물을 만드는 것(creation), 창의는 독창적인 생각을 말하는 것(originality), 창신은 우리나라에서 사용하는 혁신(innovation)의 개념에 해당된다. 이를 순차적으로 연결 짓자면, 우선 창의라는 생각이 있어야 창조라는 산출물을 만들며 창조가 있어야 혁신이 이루어진다는 것으로 해석할 수 있다.

우리는 창의성 하면 창의적인 개인에 주로 초점을 맞춘다. 창의적 개인이 되려면 내적 동기나 인지적 능력은 물론이고 창의적 성향(다양한 관심, 열린 마음, 불타는 호기심, 독자성, 위험을 감수하고자 하는 도전 정신, 끈기)을 갖추어야 한다는 것이다. 그리고 개인을 둘러싼 사회와 문화도 매우 중요한데 저자 최인수는 개인, 평가자, 평가된 산물로 구성된 '창의성의 세 박자 모델'을 책에서 제시하고 있다.

개인은 창의적 아이디어를 만들어내거나 기존의 아이디어를 변형시키는 주체다. 평가자는 개인에 의해 생성된 아이디어를 평가하고 선택하는 주체다. 평가된 산물은 평가자에 의해 선택된 창의적 산물을 일컫는다. 예를 들면 화가 보티첼리는 개인이고, 보티첼리의 작품을 500년이 지난 후 새롭게 재조명한 존 러스킨은 평가자이고, 보티첼리의 작품인 〈비너스의 탄생〉은 평가된 산물이다. 다른 예도 있다. 그래픽 사용자 인터페이스(GUI)를 처음으로 만든 제록스 연구소의 연구자는 개인이고, GUI의 가치를 알아차리고 자사 제품에 접목한 애플의 스티브 잡스는 평가자이고, 빌 게이츠가 만든 윈도(Windows)는 평가된 산물이다. 이처럼 창의성이 발현되려면 개인의 창의성도 중요하지만 평가자의 집합인 사회 그리고 평가된 산물의 집합인 기술 문화도 매우 중요하다.

도시 경제학자 리처드 플로리다는 자신의 책『창조적 계급의 등장』에서 혁신의 장소가 되려면 3개의 T를 가져야 한다고 주장한다. 재능을 가진 사람(Talent), 다양성을 인정하고 평가해주는 사회 분위기(Tolerance), 그리고 혁신을 가능케 하는 기술(Technology). 이 세 가지가 바로 창의성의 세 박자 모델인 개인, 평가자, 산출물에 해당한다.

요즘 사회를 보면 '워라밸' 구호를 내걸며 하루 24시간을 일과 여가로 나누는 경향이 있다. 독일 철학자 한나 아렌트는 같은 일이라도 의식주를 해결하기 위해 하는 것이면 노동이고, 삶의 의미와 즐거움을 위해 하는 것이면 활동이라고 구분했다. 그러나 일과 여가, 노동과 활동을 이렇게 무 자르듯 구분할 수 있을까? 미하이 칙센트미하이는 외적인 보상 없이도 자기가 하는 일 자체가 즐거워서 푹 빠져 있는 심리적 상태를 플로우(flow, 몰입)라고 했다. 창의적 사람들은 플로우를 좀 더 자주, 그리고 오랫동안 경험한다. 우리가 플로우 상태에 빠지려면 세 가지 조건이 필요한데 난이도와 능력의 조화, 분명한 목표, 즉각적이고 명확한 피드백이 바로 그것이다.

창의적 문제 해결 방법으로는 어떤 것들이 있을까? 우선, 머릿속에 폭풍을 일으켜서 아이디어를 짜내는 브레인 스토밍이 있다. 브레인스토밍의 대안으로는 브레인 라이팅, 고스톱 브레인 스토밍도 있다. 그리고 영국 심리학자 토니 부잔이 만든 것으로 핵심 주제를 중심에 두고서 방사선으로 그림, 기호, 색상 등을 연결해 아이디어를 확장해나가는 마인드맵도 있다. 이외에 플러스-마이너스 방법, 강제 연결법, 스캠퍼(Scamper), 트리즈(TRIZ)도 있다.

창의적 문제 해결법에서는 보통 네 단계를 거친다. 먼저 문제가 있으면 이것저것 물어보고 찾아본 후(1단계), 곰곰이 생각해보다가(2단계), 이렇게 하면 되겠구나! 하는 아이디어가 떠오르고(3단계), 이를 실행에 옮기고 잘 해결되었는지 따져보는(4단계) 순서다. 1단계는 문제 해결을 위한 관련 자료나 이론을 수집하는 준비 단계다. 2단계는 이렇게 열심히 준비할 자료를 근거로 해서 해결책이 떠오를 때까지 이런저런 생각을 해보는 부화 단계다. 3단계는 '아하!' 하면서 해결책이 머릿속에 떠오르는 조망 단계로 여기에는 통찰력이 중요하다. 4단계는 머릿속에 떠오른 해결책이 실제 상황에서 제대로 작동하는지 검토해 보는 검증 단계다. 아무리 좋은 아이디어라도 현실에 적용하기가 어렵거나 다른 사람이 인정해주지 않는다면 해결책이라 할 수 없기 때문이다.

주어진 문제에서 새로운 해결법을 찾는 것에도 창의성이 필요하지만, 한 단계 더 높은 차원은 새로운 문제를 찾아내는데 창의성을 발휘하는 것이다. 아인슈타인은 이렇게 말한 바 있다. "문제를 만드는 것이 해결하는 것보다 더욱 더 중요하다. 문제를 만들려면 상상력을 토대로 의문을 제기하고 예전 것들을 새로운 각도에서 바라보아야 하는데, 이것이 과학의 진정한 발전을 가져올 수 있다." 결국 창의적 문제 해결이란 주어진 문제를 창의적으로 푸는 것이 아니라 발견해야 하는 문제를 창의적으로 만든 다음에 푸는 것이라 할 수 있다.

(서평 : 김민주)

훔치고 싶은 문장

창의성이란 새롭고 유용한 산물을 생성해낼 수 있는 인간의 능력이다. 이러한 능력은 인지, 정의, 동기와 같은 다양한 속성으로 구성되어 있으며 그 사회와 문화에서 잘 키워주어야만 결실을 맺을 수 있다.

함께 읽으면 좋은 책

『창의성의 즐거움』 미하이 칙센트미하이 지음, 노혜숙 옮김, 북로드, 2003년
『몰입의 경영』 미하이 칙센트미하이 지음, 심현식 옮김, 황금가지, 2006년

51

삶의 정도

윤석철 교수 제4의 10년 주기 작

윤석철 지음, 위즈덤하우스, 2011년

◆ ◆ ◆

윤석철 교수는 '한국의 피터 드러커'로 불린다. 그는 인문학(독문학) 출신으로 자연 과학(전기공학)과 사회 과학(경영학)의 경계를 넘나들며 한국 경영학의 지평을 넓혔다. 이 책은 간결함으로 복잡한 삶을 분석하고 정확한 의사 결정 방안을 제시한 책이다. 복잡한 문제가 가득한 경영에서 간결한 의사 결정으로 이를 해결하고 싶다면, 이 책에서 정도(正道)를 찾을 수 있다.

저자는 "필요한 말은 빼지 않고, 불필요한 것은 넣지 않아야 한다"라고 말한 작가 헤밍웨이로부터 '간결함'을 배웠다고 한다. 저자는 복잡한 경영학 이론을 간결화하기 위해 '목적 함수'와 '수단 매체'라는 두 개념만 가져왔다. 그리고 이를 정리하여 '수단 매체의 세계'와 '목적 함수의 세계'를 만들고, 이 두 개념의 결합만으로 이 책을 썼다.

이 책에서 말하는 '수단 매체'란 인간이 어떤 일을 하고자 할 때 그 일의 실현 가능성 혹은 생산성을 높이기 위해 도입하는 방법을 뜻한다. '목적 함수'는 가야 할 길을 위한 방향 설정이며 그 의지의 완성체를 말한다. 쉽게 얘기해 우리가 어떤 일을 하려고 할 때, 그 일의 성공을 위해 맨 먼저 목적 함수를 정립하고 그다음 목적 함수에 가장 적합한 수단 매체를 선택해야 한다는 뜻이다. 그래서 목적 함수가 명확하고 수단 매체가 뒷받침될 때 성공하는 삶을 살아갈 수 있다.

이 책에 소개된 사례 하나를 살펴보자. 1939년에 제작된 영화 《바람과 함께 사라지다》는 1940년도 미국 아카데미 영화 시상식에서 작품상 등 9개 부문을 휩쓴 작품이다. 이 영화의 제작진이 밝힌 목적 함수는 '약하기를 거부하는 강인한 여성이지만 의지와 욕망이 좌절되어 흐느끼는 여성을 묘사하는 것'이었다. 제작진은 이에 맞는 수단 매체에 적절한 여배우를 찾기 위해 미국 전역에서 오디션을 하고, 영국에까지 가서 마침내 비비안 리라는 여배우를 찾아낸다. 그리고 여배우가 심리적으로 자존감을 느낄 수 있도록 영화 속 무도회 장면에서 입을 드레스의 속치마까지도 고급스럽게 만들었다. 카메라에도 잡히지 않는데 말이다. 제작진은 시대 정신에 맞는 목적 함수를 정립하고, 그 목적 함수를 최대한으로 실현하기 위한 수단 매체를 찾아내면서 결국 불후의 명작을 탄생시켰다.

2020년 미국 아카데미 영화 시상식에서 작품상 등 4개 부문을 휩쓴 봉준호 감독의 《기생충》을 여기에 대입해보자. 기생충의 목적 함수는 '빈부 양극화라는 현대 사회의 계급 구조를 날카롭게 조명하는 것'으로 생각할 수 있다. 이 목적 함수를 실현하기 위한 수단 매체로 습한 반지하 집의 벽, 박 사장의 저택과 여러 계단, 그리고 지하의 비밀 공간, 인디언, 수석 등 다양한 상징과 은유를 사용했다. 그리고 영화 속 주인공 가족이 폭우를 뚫고 하강에 하강을 거듭하는 서글픈 장면을 통해 빈부 양극화를 극명하게 보여준다. 봉준호 감독은 아케데미 시상식 수상 소감에서 "가장 개인적인 것이 가장 창의적이다"라는 말을 인용했다. 이 영화에서 선택된 수단 매체의 대부분은 봉준호 감독의 개인적인 경험에서 나온 것인데, 결과적으로 목적 함수를 실현하는 창의적인 수단 매체를 찾아냈다고 볼 수 있다.

모든 생명체는 생존 경쟁 속에 던져진다고 저자는 말한다. 그리고 인간은 너도 살고 나도 사는 '주고받음'의 관계로 문제를 해결한다고 말한다. "인간은 일상에서 필요한 제품과 서비스를 주고받을 수 있는 다양한 시장을 제도화했다. 소비자는 특정 제품으로부터 느끼는 가치(V)가 지불할 가격(P)보다 클 때(V>P) 그 제품을 구입한다. 기업은 제품 단위당 받는 가격(P)이 공급에 소요된 비용(C)보다 커야(P>C) 생존할 수 있다." 저자는 이 상생의 조건을 '생존 부등식 (V>P>C)'이라고 부른다. 기업이 생존 부등식을 만족시키고 소비자와 정당하게 주고받음을 실천할 때 그 기업은 존경받는 기업으로 성장할 수가 있게 된다.

이 책에서는 목적 함수와 수단 매체 그리고 이들의 결합에 의한 지혜를 생존을 위한 매의 사냥에서 배울 수 있다고 말한다. 매는 높은 하늘을 맴돌다가 지상에 있는 사냥감을 발견하면 바로 직진하지 않고 수직에 가까운 방향으로 낙하하여 중력 가속도를 높인 다음, 먹이를 향해 수평으로 날아가면서 낚아챈다. 이때, 매의 목적 함수는 최단 시간에 먹이를 낚아채는 것이고, 수단 매체는 증강된 속도가 된다. (조류학자들에 따르면 매가 직진할 때 시속 160km지만 중력가속도가 붙게 되면 시속 320km가 된다고 한다.) 매가 떨어지는 궤적을 수학에서는 사이클로이드(Cycloid) 곡선이라고 한다. 즉, 매는 목적함수에 최대한 빨리 달성하기 위해 최단 경로를 버리고 오히려 사이클로이드 곡선에 따라 움직이며 목표로 하는 사냥에 성공한다. 저자는 이 방법을 우회축적(迂廻蓄積)이라고 부른다. 이는 특정 목적을 달성하기 위해 에너지를 축적하며 때를 기다리는 것과 같다.

2002년 한일월드컵에서 히딩크 감독의 마법은 다름 아닌 처음 1년 동안의 집중적인 기초 체력 훈련이었다. 기초 체력이 목표치에 도달하고 나서 기술과 전술 훈련에 매진했고, 결과적으로 4강 신화를 일궈냈다. 기초 체력이라는 수단 매체로 우회축적을 한 결과다. 이를 기업에 적용하면 매출을 올리기 위해 가격 할인이라는 최단 경로를 버리고 막대한 시간과 비용을 투자하며 브랜드를 구축하는 것을 우회축적이라고 할 수 있다.

우리는 생존 경쟁에서 살아남기 위해 어떤 우회축적을 해야 할까? 이 책을 읽다 보면 우회축적의 원리를 이해하게 되고 우리에게 맞는 수단 매체에는 어떤 것이 있는지 고민해보게 된다. 이처럼 책은 자연 과학 지식을 사회 과학에 결합시키며 복잡한 경영 이론을 쉽고 재미있게 설명하고 있다. 매의 사례와 같이 여러 자연 과학의 구체적인 사례를 가지고서 복잡한 경영학을 이해하는 간결함을 제공해 주는 것, 바로 이 책의 특징이라고 할 수 있다. 이 책을 통해 생존 경쟁에서 살아남을 수 있는 통찰의 지혜를 얻어보자.

(서평 : 구자룡)

훔치고 싶은 문장
미래를 위해 오늘 무엇을 희생하지 않는 삶에는 발전이란 있을 수 없다.

함께 읽으면 좋은 책
『경영학의 진리체계』 윤석철 지음, 경문사, 2012년
『피터 드러커의 최고의 질문』 피터 드러커 등 지음, 유정식 옮김, 다산북스, 2017년
『회사의 목적은 이익이 아니다』 요코타 히데키 지음, 임해성 옮김, 트로이목마, 2016년

52

너의 내면을 검색하라

구글과 세계적인 석학, 티베트 선승들이 개발한 궁극의 감정 조절 프로그램

차드 멩 탄 지음, 권오열 옮김, 알키, 2012년
Search Inside Yourself: The Unexpected Path to Achieving Success,
Happiness (and World Peace), Chade-Meng Tan, HarperOne, 2012

◆ ◆ ◆

몸 건강을 위해서는 꾸준한 운동이 필요하다. 그렇다면, 마음 건강은? 이 책은 마음 건강도 꾸준한 훈련으로 얻어지며 그 훈련은 창의성, 생산성 나아가 행복에도 필수적임을 알려준다. 이 책에서 소개하는 마음 훈련법은 다름 아닌 혁신기업 구글에서 2007년부터 실행하고 있는 프로그램이라는 점에서 독자의 관심을 끌기에도 충분하다.

세상에서 가장 행복한 사람은 누구일까? 뇌과학자들은 사람들이 행복감을 느낄 때 활성화되는 뇌의 부위를 발견하고 이를 이용해 사람들의 행복감을 측정하는 실험을 하였다. 이 실험에서 일반인의 수치를 단연코 벗어나 수치의 정점에 있는 이가 있었는데, 그는 프랑스의 명문 파스퇴르 연구소에서 근무한 분자 유전학 박사 마티유 리카르

였다. 그렇다면 그의 행복감은 직장이나 박사 학위와 연관된 것일까? 아니다. 그는 회사를 그만두고 프랑스를 떠나 티베트에서 승려가 되어 수십 년간 명상 수행을 했고, 그의 행복감 측정은 그 이후에 이루어졌다. 이 사례를 통해 우리는 행복감은 지능, 학문적 성취 또는 좋은 직장이 아니라 '다른 무엇' 때문이라는 것을 알 수 있다. 그렇다면 '다른 무엇'은 무엇일까? 이 책에 따르면 그것은 바로 '감성 지능'을 말한다.

실제로 감성 지능은 행복감만이 아니라 탁월한 리더십의 발휘나 업무 성과 증진에도 여타 지능이나 전문성보다 두 배나 더 중요하다. 감성 지능 분야의 대가인 대니얼 골먼에 따르면 뛰어난 리더들이 보이는 탁월한 능력의 80~100%가 바로 감성적인 능력으로 구성되어 있으며 리더십 전문가 윌리스 바크만의 연구 결과도 최고의 리더는 다정다감한 사람이라고 했다.

감성 지능은 선천적인 것인가? 다행히도 감성 지능은 타고난 재능이 아니라 연습을 통해 학습되는 능력이다. 저자는 바로 '마음 챙김 명상'을 통해 그 능력을 키울 수 있다고 말한다. 구글은 2007년부터 마음 챙김 명상에 기초한 '내면 검색'이라는 이름의 교육 프로그램을 운용하고 있다. 7주에 걸쳐 진행되지만 업무 시간의 일부만을 할애하는 방식이어서 투입 시간은 단 스무 시간에 불과하다. 그럼에도 교육 참가자들은 생산성, 창의력, 행복감, 감성 지능 등에 있어서 자신감이 놀랄 만큼 개선되는 효과를 거두고 있다고 말한다. 이 책의 저자가 바로 이 교육 프로그램의 설계자이고, 이 책은 바로 이 프로그램을 다루고 있다.

　프로그램은 3단계로 구성되어 있다. 1단계 주의력 훈련은 감성 지능을 높이기 위한 훈련의 기초 단계다. 의식적으로 현재의 순간에 주의를 기울임으로써 평온하면서 맑고 명료한 마음 상태를 만드는 것이다. 이렇게 만들어진 마음 상태에서 2단계 자기 이해와 자기 통제 훈련이 함께 진행된다. 자신의 내적 상태, 감정, 기호, 자원(강점/약점), 직관을 더욱 객관적이고 명료하게 인식하는 능력을 키움으로써 감정에 휘둘리지 않는 정확한 자기 평가와 자신 능력에 대한 자신감을 형성시키는 것이 목표다. 여기서 주목할 점은 자기 인식 능력이 높아지면 공감 능력도 함께 높아진다는 사실이다. 3단계는 형성된 공감 능력을 한층 더 높은 수준으로 끌어올리는 훈련이다. 모든 사람에게 친절하게 대하고 타인과 내가 모두 똑같은 사람이라는 마음, 즉 연민의 마음을 고양시키는 단계이다. 결국 이 프로그램의 최종 목적은 연민의 마음을 키우는 것이라고 할 수 있다.

　연민이 왜 중요할까? 앞서 행복감 측정 실험에서 최고 점수를 얻었던 마티유 리카르 박사는 행복감 측정 실험을 할 때 측은지심(惻隱之心)에 대한 명상을 진행 중이었다고 한다. 이때의 리카르 박사의 마음 상태는 평온하고 열린 상태였으며 충만함의 감정으로 가득 차 있었다. 리카르 박사의 사례만이 아니더라도 연민이 최고의 행복감을 준다는 과학적 근거는 무척 많다. 연민이란 타인에게 있어서는 이해와 관용이며 자신에게 있어서는 자기 이해와 정직성을 말한다. 예를 들어 어떤 시스템을 아주 잘 이해해서 그것이 실패한 이유를 정확히 찾을 수 있다면 그 시스템이 설령 완벽하지 않더라도 편안함을 느낄 수 있다. 같은 맥락으로 내 마음과 감정, 능력에 대해서도 충분히 이해하고 있다면 자신에 대한 믿음을 유지할 수 있다는 것이다.

이 책은 간단한 호흡 명상만으로도 깊은 자기 이해와 객관적인 자기 인식이 가능해진다고 말한다. 그럼으로써 자신감을 유지할 수 있다고 말한다. 게다가 이 단순한 호흡 명상을 통해서 관계 맺기, 리더십, 행복에 필수적인 공감 능력까지도 키울 수 있다고 말한다. 세계 최고의 기술자와 과학자로 이루어진 구글에서 2007년부터 10년 넘게 지속적으로 실행되어 온 프로그램이라고 하니 독자들도 한번 시도해 보면 좋겠다. 책에는 일상생활에서도 해볼 수 있는 훈련법을 구체적으로 안내해 주고 있다.

(서평 : 허보희)

훔치고 싶은 문장
고통은 그 자체 때문이 아니라 그것에 대한 우리의 생각 때문이다.

함께 읽으면 좋은 책
『빅 마인드』 데니스 겐포 머젤 지음, 추미란 옮김, 정신세계사, 2014년

53

나는 왜 이 일을 하는가?

꿈꾸고 사랑하고 열렬히 행하고 성공하기 위하여

사이먼 사이넥 지음, 이영민 옮김, 타임비즈, 2013년
Start with Why, Simon Sinek, Portfolio, 2009

◆ ◆ ◆

원하던 것을 마침내 성취했음에도 불구하고 무언가 공허함에 직면하여 당황한 적이 있는가? 한 번의 성공이 아니라 지속되는 성공을 원하는가? 이 질문에 대한 답을 찾고 싶다면 이 책을 읽어야 한다.

광고 #1 – "애플은 훌륭한 컴퓨터를 만듭니다. 유려한 디자인, 단순한 사용법, 사용지 친화직 세품입니다. 사고 싶지 않으세요?"

광고 #2 – "애플은 모든 면에서 현실에 도전합니다. '다르게 생각하라!'라는 가치를 믿습니다. 현실에 도전하는 하나의 방법으로 우리는 유려한 디자인, 단순한 사용법, 사용자 친화적 제품을 만듭니다.

그 결과 훌륭한 컴퓨터가 탄생했습니다. 사고 싶지 않으세요?"

광고 #1과 광고 #2의 차이점은 무엇일까? 그리고 당신은 어떤 광고에 더 끌리는가? 광고 #1은 대다수 회사들의 일반적인 광고 패턴이다. 먼저 자기 회사가 '무엇을' 하는지를 내세운다. 그다음 '어떻게' 만들었으며 어떤 점이 더 다르고 나은지를 설명한다. 그런 다음 고객에게 구매 행동을 요청한다. 반면 광고 #2는 회사가 일을 하는 목적, 대의명분, 신념을 먼저 내세운다. 즉 '무엇'이 아니라 '왜'로 시작한다. 제품의 차별성과 우월성을 설명하는 '어떻게'와 그 결과물인 '무엇'에 대한 설명은 그다음이다. 다시 말해 결과물인 '무엇'은 '왜'라는 신념에 따라 회사가 생각하고 행동했더니 얻어진 결과물이라는 식의 설명 방식이다.

설령 당신이 애플에 관심도 없고 애플 제품을 사용하지도 않는 사람이라고 하더라 당신은 아마도 광고 #2에 더 끌렸을 것이다. 무엇 때문일까? 저자는 인간의 진화와 그 결과 갖게 된 우리의 뇌 구조 때문이라고 한다. 알다시피 인간의 뇌는 뇌간, 대뇌변연계, 대뇌신피질이라는 3개 층 구조이다. 이 중에서 원시 뇌인 대뇌 변연계는 신뢰와 충성심 등 모든 감정을 담당하고, 가장 최근에 진화한 대뇌 신피질은 합리적이고 분석적인 사고와 언어를 담당한다. 저자는 이처럼 뇌의 기능이 구분된 것에 맞춰 '왜-어떻게-무엇을'로 이어지는 이른바 '골든 서클' 원칙을 만들 수 있다고 주장한다.

인간의 행동과 의사 결정은 주로 어느 부분의 뇌가 담당할까? 우리의 직관과는 달리 감정을 담당하는 변연계이다. 신피질은 변연계가 이미 내린 결정을 합리화하는 뒤처리 기능을 담당할 뿐이다. 변연계가 '왜'와 '어떻게'를 관장하고, 신피질은 '무엇을'을 관장하기 때문에 어떤 행동을 유발하기 위해서는 변연계에 먼저 말을 걸고 신피질로 이어져야 한다. 이 같은 '왜'에서 시작한 다음 '어떻게'를 거쳐 '무엇'으로 가는 골든 서클이 인간의 사고방식에 가장 적절하고 마음을 움직이는 순서라는 것이다.

애플은 지속적으로 광고 #2 타입으로 세상과 소통했다. 항상 '왜'를 먼저 내세웠다. 즉, 애플은 무엇보다도 사람들에게 자신들은 단순한 컴퓨터 제조 회사가 아니라 다르게 생각하면서 현실에 의문을 제기하고 도전하며 창의적으로 개인의 삶을 지지하는 회사로 인식되기를 지향해 왔다. 그렇기 때문에 컴퓨터 제조 회사에서 음악 산업 진출, 휴대폰 제조 회사로 변신해 가는 애플의 모습을 고객들은 하등 이질감 없이 받아들였다. 그 결과 '왜' 애플인가에 동조하며 무엇을 내놓든 줄을 서서 구매하려는 마니아층까지도 만들어졌다.

인간을 이성적 자아가 지배하는 합리적 주체로 볼 것인지 아니면 감성적 자아가 지배하는 직관적 판단의 주체로 볼 것인지는 경제학, 심리학, 경영학 등 21세기 사회 과학의 가장 큰 주제이다. 인간 합리성에 대한 신화가 20세기를 풍미하였다면 점차 감성과 직관의 역할을 인정해가는 것이 최근의 추세이다. 생물학의 연구 성과로 인간 뇌 구조에 대한 이해가 높아지면서 이를 사회 과학에 활용하고 있는 것도 새로운 추세이다. 이 책은 이러한 학계의 동향을 적절히 반영하고 있다.

과거에는 인간의 합리성에 호소하여 제품이나 서비스가 왜 더 좋은지 이성적 근거를 들어 고객의 욕구를 부채질하고 구매를 유도하는 전략을 주로 사용했다. 제품의 차별성과 우월성 등 '무엇'에 호소하는 전략은 단기적 효과를 거둘 수는 있지만 장기적으로 보게 되면 결국 거래 비용을 증가시키고 무엇보다 고객 충성도를 높일 수 없다. 저자는 '왜'라는 명료함에서 시작해서 '어떻게' 그리고 그 결과물인 '무엇을'이라는 '골든 서클' 원칙을 적용해야 높은 충성도를 이끌어 낼 수 있고, 일시적인 성취나 성공이 아닌 지속적인 성공을 만들어 낼 수 있다고 주장한다. 이러한 저자의 주장은, '왜'가 없이 '무엇'에만 집중하는 많은 기업과 개인들에게 경종을 울려준다.

(서평 : 허보희)

훔치고 싶은 문장
가슴이 시키는 일은 논리가 지배할 수 없다.

함께 읽으면 좋은 책
『혼 창 통』 이지훈 지음, 쌤앤파커스, 2010년

54

관찰의 힘

평범한 일상 속에서 미래를 보다

얀 칩체이스/사이먼 슈타인하트 지음, 야나 마키에이라 옮김, 위너스북, 2019년(개정판)
Hidden in Plain Sight: How to Create Extraordinary Products for Tomorrow's Customers,
Jan Chipchase/Simon Steinhardt, Harper Business, 2013

◆ ◆ ◆

저자 얀 칩체이스는 글로벌 혁신 컨설팅 회사인 프로그디자인의 크리에이티브 디렉터로 활동하면서 자신이 경험한 관찰 방법과 분석 방법을 한권의 책으로 정리했다. 저자는 '현지인 되어 보기' 같은 현장에서 직접 참여하고 관찰하는 인류학적 방법론을 통해 인간 행동에 대한 근본적인 통찰을, 나아가 제품 및 브랜드 혁신을 어떻게 할 수 있는지를 얘기했다. 저자와 함께 관찰 여행을 떠나보자.

레오나르도 다빈치는 〈모나리자〉 〈최후의 만찬〉 같은 명화를 남기고 기중기, 자동차, 로봇, 잠수 기구, 헬리콥터 등을 구상했으며 인체 비례도를 남겨 화가, 과학자, 건축가, 해부학자로서 놀라운 업적을 남겼다. 500년 전 르네상스 시대를 대표했던 그는 어떻게 이렇게 다양하고도 혁신적인 업적을 남겼을까? 그는 호기심이 생기면 의문이 풀릴 때까지 관찰과 탐구를 거듭했다. 그리고 좋은 그림을 그리기 위해 날마다 밖으로 나가서 흥미로운 것을 발견하게 되면 자세하게 관찰하고 기록을 남겼다. 제자들에게는 벽돌 사이의 금까지도 스케치하라고 했다.

우리도 일상생활 속에서 수없이 많은 관찰을 한다. 하지만 레오나르도 다빈치처럼 되는 건 특별한 소수다. 그렇다면, 위대한 업적을 만드는 관찰과 그렇지 못한 관찰에는 어떤 차이가 있을까? 관찰 과정에 무슨 문제가 있는 것은 아닐까? 저자는 책에서 이렇게 말한다. "그냥 무심하게 지켜보고 기록하는 것이 아니라, 어떤 주제나 문제에 관해 꼼꼼히 보고 세세하게 기록한 다음 냉철하게 분석할 때 관찰을 통한 통찰을 얻을 수가 있다." 제품이나 서비스의 개발 혹은 디자인을 할 때처럼 통찰로 연결되는 관찰은 결코 간단한 문제가 아니다.

대부분의 사람들은 기계적으로 별생각 없이 타인의 행동들을 관찰한다. 하지만 저자가 말하는 관찰은 그 행동을 하게 만드는 저변의 동기를 찾는 것이다. "왜 저 사람들은 저런 일을 할까?" "왜 저런 방법을 사용할까?" 하는 질문을 통해 행동의 동기를 찾아야 한다. 즉, 관찰을 통해 고객사가 원하는 경쟁 우위를 확보하고 그런 다음 관찰로써 통찰을 하고 이를 다시 경쟁 우위 요소로 활용하는 것이 우리가 일반적으로 하는 관찰과 다른 점이라 할 수 있다.

저자는 현지에 체류하면서 현지인들과 함께 생활하면서 그들의 문화를 이해하는 '참여 관찰(Participant Observation)' 역시 중요한 관찰의 도구라고 강조한다. 이는 일종의 문화 인류학적 접근이다. 문화 인류학은 문화와 사회를 연구하는 학문으로서 현장에서 참여하며 관찰하는 방법을 중요시하는 학문이다. 즉, 현지 조사를 바탕으로 세밀하고 정확하게 기록하고 현지인들의 행동을 관찰하면서 그 사회의 문화에 참여하는 것만큼 중요한 관찰은 없다고 보는 것이다. 다만 체험적 성격이 강하고 비공식적인 인터뷰가 병행될 수밖에 없기 때문에 현지인과의 상호 작용으로 주관이 개입된 관찰로 이어질 수 있으니 이를 조심할 필요가 있다. 저자는 이 책에서 이 같은 참여 관찰의 방법을 비즈니스 현장으로 적용해보는 아이디어를 내놓는다. 새벽 산책이나 출퇴근 혼잡 시간대 지하철 타기, 이발소, 기차역, 다국적 레스토랑 가맹점 가보기 등, 비교적 간단하게 해볼 수 있는 방법을 책에서 제안하고 있다.

이 외에도 저자의 관찰 방법으로 '매크로 투어(Macro Tour)'도 소개한다. 매크로(즉 클로즈업)는 카메라 렌즈를 통해 주변 환경을 포착하는 작업인데 매크로 렌즈가 장착된 카메라로 찍어온 사진을 분석하는 방법이다. 사물을 가까이에서 포착하고 경험함으로써 물체나 공간을 구성하는 질감, 색깔, 기하학 무늬, 풍기는 멋 등 문자 그대로 작은 것을 수집하고 생각해보는 방법이다. 저자는 이런 방식으로 서울을 촬영한 후 자신의 블로그에 사진을 올려놓기도 했다.

필자도 얼마 전 개인적 일로 오스트리아의 빈을 방문한 적이 있다. 현지에 2주간 체류하면서 몇 가지 질문이 생겼다. 왜 노인들은 조식을 집이 아니라 식당에서 먹는 걸까? 왜 빌딩의 1층을 0층이라고 할까? 왜 대중교통(트램, 지하철, 버스 등)의 문은 열림 버튼을 눌러야만 열리게 했을까? 등등. 이 책의 저자는 태국을 방문했을 때 십 대 소녀들이 착용하고 있는 교정기가 정말 치아를 고르게 하는데 사용되는 것일까? 하는 의문이 들었다고 한다.

세상의 사물이나 현상에 조금만 관심을 가지게 되면 온갖 질문들이 떠오른다. 비즈니스에 변화를 꾀하고자 한다면 유심히 관찰하면서 '왜?'라는 질문을 던져봐야 한다. 그러면 새로운 통찰을 할 수가 있다.

(서평 : 구자룡)

훔치고 싶은 문장

자료(단순한 정보)로부터 통찰(그 정보를 당면한 문제에 적용하는 방법)에 이르는 여정은 현장에서 시작된다.

함께 읽으면 좋은 책

『센스메이킹』크리스티안 마두스베르그 지음, 김태훈 옮김, 위즈덤하우스, 2017년
『우아한 관찰주의자』에이미 허먼 지음, 문희경 옮김, 청림출판, 2017년
『스몰데이터』마틴 린드스트롬 지음, 최원식 옮김, 로드북, 2017년

| 55 |

브리프

간결한 소통의 기술

조셉 맥코맥 지음, 홍선영 옮김, 더난출판사, 2015년
Brief: Make a Bigger Impact by Saying Less, Joseph McCormack, Wiley, 2014

◆ ◆ ◆

읽어야 할 콘텐츠, 보아야 할 영상이 넘쳐나는 사회다. 그러다 보니 간결하게 핵심만 전달하는 것이 미덕인 세상이다. 비즈니스 커뮤니케이션에서도 얼마나 핵심을 간결하게 잘 전달하느냐에 따라 그 사람의 역량이 평가된다. 이 책을 통해 간결함의 진짜 의미 그리고 간결함을 연습하는 방법을 알아보자. 간결함은 그저 빨리 끝내는 것이 아니다. 핵심을 정확히 파악하고 정확하게 전달하는 것이다.

대통령이나 장관, 기업의 CEO와 같이 지위가 높은 사람들의 공통점이 무엇인지 아는가? 하루 종일 숱한 회의와 보고에 시달린다는 것이다. 그래서 이들은 늘 시간이 부족하다. 보고를 받을 때도 내용과 제목을 먼저 보는 것이 아니라 보고서가 몇 장인지부터 본다. 만약 짧은 시간 안에 이들의 마음을 움직이지 못하면 게임은 이미 끝났다

고 봐야 할 정도다. 이처럼 이 책은 짧은 시간 안에 사람의 마음을 움직이는 것에 관한 책이다. 간결한 소통의 기술을 담고 있는 책이라 할 수 있다.

전문직들은 하루 평균 304통의 이메일을 받고, 이메일을 처리하는데 일주일에 28시간을 쓴다. 그리고 하루 평균 150번의 스마트폰을 확인한다. CEO는 하루 시간의 85%를 회의 혹은 공식 행사에 사용한다. 지금 현대인에게 가장 중요한 것은 연결을 제어하고 통제하는 '간결함'이다. 간혹 간결함을 시간의 문제로 생각하는 사람이 있는데, 간결함이란 무조건 짧은 것이 아니라 필요한 메시지를 잘 전달해 상대편의 마음을 움직이게 하는 것을 말한다.

이 책을 읽는 여러분은 스스로를 얼마나 간결하다고 생각하는가? 오히려 상대를 지루하게 하는 재능이 있는 건 아닐까? 당신과의 대화가 끝난 후 상대방이 '그래서 결론이 뭐야? 하라는 거야, 말라는 거야!'라는 생각을 한다면 당신은 간결한 것이 아니다.

간단하게 간결함에 대한 검사를 해보자. 한 시간 정도 되는 분량의 정보를 2분 남짓한 길이로 요약해보라. 그리고 다섯 줄 안에 핵심을 담아내는 이메일을 쓸 수 있는지 해보라. 그림은 많고 글이 적은 10장 이내의 슬라이드로 당신 생각을 확실하게 전달할 수 있는지 해보라. 복잡한 아이디어를 간단한 이야기 혹은 비유나 은유를 써서 명쾌하게 이해시킬 수 있는지, 중요한 소식을 기자처럼 핵심만 요약해서 전달할 수 있는지 해보라. 그리고 어려운 전문 용어 대신 쉽고 명확한 단어를 사용하는지 체크해보라. 마지막으로, 당신의 이야기를 듣고 있는 상대방의 집중력이 떨어지고 있다는 사실을 눈치챈 적이 있는가? 이 모든 항목에 대해 "예스!"라고 답할 수 있다면 당신은 간결한 사람이다.

만약 당신이 간결하지 못한 사람이라면 이제 무엇을 해야 할까? 사실 간결함은 일종의 전문성이고 실력이라 할 수 있다. 간결하기 위해서는 그 분야를 완벽하게 이해하고 있어야 한다. 만약 지금 필자의 글이 알아듣기 어렵다면 필자가 이 책을 제대로 분석해서 쓰지 않은 것이나 마찬가지다. 이처럼 간결함은 심도 있게 연구한 분들만이 갖출 수 있는 그 사람만의 시각이자 관점이며 어떤 본질을 확실하게 파악한 후 얻을 수 있는 결과물이라 할 수 있다. 그래서 간결하지 못하다는 것은 듣는 사람이 전체를 듣고서 스스로 내용을 파악하지 못하는 일과 매한가지가 된다.

그리고 이것 말고도 간결함이 떨어지는 이유가 또 있다. 비겁함 때문이다. 다른 사람의 이의 제기가 두려워 자기 생각을 확실히 밝히지 않는 것이다. 그리고 자만심도 이유가 된다. 자신만이 그 주제에 대해 다 안다고 생각하고 온갖 얘기를 다 하는 것이다. 그리고 생각이 정리되어 있지 않은 경우도 있다. 이는 다른 사람의 시간을 우습게 생각해서 그렇다.

컨설팅 회사가 클라이언트에게 가서 프레젠테이션을 했다. 이들은 들어오자마자 요지가 한눈에 확 들어오는 요약본을 클라이언트에게 전달했다. 그리고 회의 시작과 동시에 결론부터 말했다. "저희가 살펴본 결과는 이렇습니다. 귀사에서 해야 할 일이 바로 이겁니다."

처음 5분 사이에 일어난 일이다. 한 시간을 예정하는 발표였는데 결론과 문제의 핵심을 모두 10분 안에 전달한 것이다. 이후 어떤 일이 벌어졌을까? 놀란 경영진들은 의자를 바싹 앞으로 당겨 앉아 어떻게 그런 결론을 내렸는지 질문했고 이들은 답변을 했다. 컨설팅에 대한 만족도는 설명 안 해도 알 것이다.

이제 마지막으로 간결함을 만드는 방법에 대해서 알아보자. 말을 줄이려면 준비가 필요하다. 개요가 필요하다는 것인데, 무슨 말을 할 것인지 준비가 되어 있어야 한다는 뜻이다. 그런 다음 전달 방식을 계획해야 한다. 이를 도와주는 것이 브리프 맵이다. BRIEF의 첫 글자를 따서 다음과 같은 순서대로 해보자. 첫 번째, B는 background 즉, 서론이다. 두 번째, R은 근거 혹은 타당성을 뜻하는 Reason이다. 세 번째, I는 핵심 정보를 뜻하는 information이다. 네 번째는 결론, Ending이다. 마지막 F는 추가 내용 혹은 질문의 Follow-up이다. 이를 현실에 적용해보면 이렇게 된다. 먼저 상사의 입장에서 생각해 본다. 상사가 가장 궁금해하는 것은 무엇일까를 떠올려본다. 만약 "프로젝트는 어디까지 진행되었나? 일정대로 잘 맞춰 가고 있는가? 이후 진행에 꼭 필요한 것은 무엇인가?" 이것이 상사가 궁금해하는 핵심 내용이라면 이렇게 보고하는 것이 브리프다.

"프로젝트는 계획대로 진행 중입니다. 전에 물으셨던 부분은 이렇게 진행되고 있습니다. 예정대로 진행하기 위해서는 몇 가지 추가 물품을 구매해야 합니다." 이 보고를 들은 상사는 짧은 시간 안에 궁금한 것을 다 들었다고 생각하고, 부하가 필요로 하는 것까지도 모두 파악했다고 생각한다. 한마디로 결론을 내릴 수 있는 보고이다. 이것이 간결함이다. 이처럼 간결함은 미리 준비하고 얼개를 미리 짜놓아야 가능한 일이다.

여러분들은 설교에 열광하는가? 설교가 좀 더 계속되기를 바란 적이 있는가? 대부분은 설교가 빨리 끝나기를 기도한다. 우리를 힘들게 하는 것은 긴 설교뿐만이 아니다. 긴 회의, 말도 안 되는 설교, 결론 없는 보고 같은 것들도 이에 해당한다. 모든 것이 간결해야 한다. 말도 글도 간결해야 한다. 간결함만이 우리와 우리가 속한 조직을 구원할 것이다. 간결함은 현대인의 필수 미덕이다.

(서평 : 한근태)

훔치고 싶은 문장

간결함은 전문성에서 나온다. 간결하기 위해서는 그 분야를 완벽하게 이해해야 한다. 폭넓은 지식이 있어야 정확하게 요약할 수 있다.

함께 읽으면 좋은 책

『일 잘하는 사람은 단순하게 합니다』박소연 지음, 더퀘스트, 2019년
『그래서 하고 싶은 말이 뭡니까?』김범준 지음, 21세기북스, 2019년

| 56 |

1만 시간의 재발견

노력은 왜 우리를 배신하는가

안데르스 에릭슨/로버트 풀 지음, 강혜정 옮김, 비즈니스북스, 2016년
Peak: Secrets from the New Science of Expertise, Anders Ericsson/Robert Pool,
Eamon Dolan/Houghton Mifflin Harcourt, 2016

◆ ◆ ◆

성공을 위해서는 1만 시간이라는 기간을 투자해야 한다는 것이 우리
가 알고 있던 '1만 시간의 법칙'이다. 하지만 정작 그 이론의 창시자는
그런 해석은 완전히 오해라고 주장한다. 핵심은 '얼마나 오래'가 아니
라 '얼마나 올바른 방법'이냐는 것이다. 이 책의 저자는 그것이 바로
'의식적 훈련'임을 다양한 사례를 들어 설명한다.

세계적인 심리학자 안데르스 에릭슨은 1990년대 초반 자기 분야에
서 최정상에 오른 사람들을 연구하며 그들의 놀라운 성공 뒤에는 타
고난 재능이 아닌 오랜 기간의 노력이 있었다는 것을 논문으로 발표
한다. 이 내용은 말콤 글래드웰의 책 『아웃라이어』에 '1만 시간의 법
칙'이라는 이름으로 소개되면서 성공을 위한 기준으로 대중들에게

널리 퍼지기 시작했다. 하지만 정작 이 이론을 만든 에릭슨은 말콤이 실제 '1만 시간의 법칙'을 오해했다고 주장했다. 즉, '얼마나 오래'가 아니라 '얼마나 올바른 방법'이냐가 자신이 주장하는 바였다는 것이다. 전 세계가 오해하는 이 상황을 바로잡기 위해 에릭슨은 직접 책을 쓰기 시작했다. 그리고 그 결과물로 나온 것이 바로 이 책이다.

'얼마나 오래'와 '얼마나 올바른' 사이의 가장 큰 차이는 뭘까? 예를 들어 보자. 뭔가를 처음 배우는 사람들은 코치로부터 특정 방법을 익힌 다음 자신만의 연습 시간을 갖는다. 연습 시간이 충분하다면 크게 애쓰지 않아도 어느 정도 수준의 기초 실력까지는 올라서게 된다. 하지만 문제는 그 이후부터다. 연습을 더 많이 함에도 불구하고 실력은 더 이상 늘지가 않는다. 그러고서는 정체기의 시간을 맞게 된다. 즉, 1만 시간 동안 연습을 하게 되면 탁월한 수준에 이를 수 있어야 하는데 막상 현실은 그렇지 않다는 것이다. 이에 대해 에릭슨은 1만 시간이라는 양이 중요한 게 아니라 '의식적인 연습(Deliberate Practice)'이 더 중요하다고 말한다. 즉, 타성에 젖은 행동이 아닌 올바른 방법으로 집중해서 훈련을 해야 상상을 초월한 잠재력이 나올 수 있다는 것이다.

우리의 뇌는 뛰어난 적응력을 가지고 있어서 어떤 자극이 오게 되면 신경 소식망을 스스로 재설계한다. 예를 들어, 노안은 노화에 따른 불가피한 현상이지만 노안 훈련을 하게 되면 달라질 수가 있다. 주 3회 30분씩 화면에서 작은 이미지를 찾아내는 훈련을 3개월 동안 지속한 한 결과 훈련 참가자들 중 60%는 안경 없이도 신문의 더 작은 글씨를 읽을 수 있게 되었다. 이것이 어떻게 가능했을까? 눈의 기능 자체는 변화가 없지만 눈으로 들어오는 시각 신호를 해석하는 뇌에는 변화가 일어났기 때문이다. 런던의 도로는 무척 복잡해서 운전이 매우 어렵다. 복잡한 길을 다 파악하고 지형지물을 정확히 인지하기가 어렵기로 악명이 높다. 매일 이런 복잡한 길을 운전한 사람의 뇌는 어떨까? 신경 과학자 맥과이어의 조사에 따르면 런던의 택시 운전사들은 뇌의 해마 뒷부분이 보통 사람들보다 훨씬 컸다고 한다. 길 찾기 기능을 담당하는 뇌의 부위가 커진 탓이다.

택시 운전사들 머릿속에 정교한 지도가 자리를 잡고 있듯, 다이빙 선수는 완벽한 다이빙의 모습을 머릿속으로 그려보는 연습을 많이 한다. 이것이 바로 '심적 표상(Mental Representation)'이다. 의식적인 연습을 지속하게 되면 뇌에서는 심적 표상이 바뀌게 되고, 이는 뛰어난 기억력과 패턴 인식 능력으로 연결된다. 우리가 그동안 오해한 '1만 시간의 법칙'에서는 이같은 의식적인 연습과 그냥 연습이라고 부를 수밖에 없는 타성에 젖은 활동을 따로 구분하지 않았다. 하지만 이 둘 사이에는 분명한 차이가 존재한다.

의식적 연습의 핵심 요소는 첫 번째, 분명한 목적의식이다. 무엇을 개선하려고 하는지 구체적인 목표와 계획이 있어야 늘 하던 대로 하는 안전지대를 벗어날 수 있다. 두 번째는 피드백이다. 골프 볼을 100개 친 것이 중요한 게 아니라 페어웨이 적중률이나 평균 퍼팅 수 등을 알아야 한다. 즉, 피드백을 기록하고 분석해야 한다는 것이다. 세 번째는 집중이다. 산만한 열 시간의 연습보다 온전히 집중하는 세 시간이 더 기량을 향상시킨다고 보는 것이다. 병원의 방사선과 의사들도 엑스레이 사진을 판독할 때 실제 최종적인 진단 결과와 대조해보며 자신이 실수한 점이 무엇인지 지속적으로 개선하는 것이 중요하다고 말한다. 결국 의식적인 훈련을 원하면 최고의 선생을 찾아서 배우고 혼자 연습하고 분석하는 시간이 필수이고, 그 이후에는 지속적 발전을 위해 우리의 뇌나 몸에 새로운 압박을 강제해야 한다.

재능이라는 지름길은 없다고 말하는 이 책은 내가 가진 잠재력을 어떻게 실력으로 피워내는지 설득력 있게 설명하며 현명한 조언을 해준다. 수많은 사례가 보여주는 실증적인 스토리 구성도 읽는 재미를 더해준다.

(서평 : 고현숙)

훔치고 싶은 문장
인간은 선택한 방향으로 자기 계발을 위해 의식적으로 자신을 바꿀 수가 있다. 이는 다른 어떤 동물과도 구별되는 인간만의 특징이다.

함께 읽으면 좋은 책
『트리거』 마셜 골드스미스/마크 라이터 지음, 김준수 옮김, 다산북스, 2016년

| 57 |

오리지널스
어떻게 순응하지 않는 사람들이 세상을 움직이는가

애덤 그랜트 지음, 홍지수 옮김, 한국경제신문, 2016년
Originals: How Non-Conformists Move the World, Adam Grant, Viking, 2016년

◆ ◆ ◆

당신이 갖고 있는 독창성에 대한 통념이 시원하게 깨질 것이다. 4차 산업 혁명의 시대, 가장 필요한 경쟁력이라 일컬어지는 독창성이 천재들의 전유물이 아니라 누구나 학습해서 얻을 수 있음을 알려준다. 동시에 혁신 기업을 지향하는 경영자가 지켜야 할 덕목도 함께 제시해주는 실용적인 책이다.

독창적인 사람들은 현재 상태에 만족하지 않고 호기심과 의구심을 가지고서, 주도적으로 더 나은 대안을 모색하여 새로운 방식의 해결 방안을 찾아내려고 한다. 이런 자질은 타고 나는가? 어린 신동이 어른이 되면 세상을 바꾸는 독창성의 주인공이 되는 것인가? 저자는 단호히 아니라고 말한다. 어려서부터 신동으로 주목받은 사람은 완

벽 추구 성향과 높은 성취 욕구를 갖게 되어 점차 실패를 두려워하고 기존 체제 내에서의 인정을 추구하는, 뛰어나지만 새로운 것을 시도하지는 않은 '범생이'가 되고 만다고 주장한다. 오히려 교사의 총애를 받을 확률이 가장 적은 아이들, 소위 질서와 규칙에 잘 순응하지 않는 아이들이 가장 창의성이 높은 아이들이 될 가능성이 높다고 주장한다.

독창적인 사람은 새로운 아이디어를 낼 뿐만이 아니라 이를 실행에 옮기는 사람이다. 하지만 대부분의 사람들은 새로운 일이나 새로운 아이디어를 행동으로 옮기는 것을 주저한다. 그렇다면, 독창적인 사람들은 위험을 꺼리지 않는 사람들일까? 아니다. 그들 또한 할까, 말까를 주저하고 회의감에 젖기도 하고 실패를 두려워하기도 하는 사람이다. 오히려 성공한 독창적인 사람들은 일반적인 사람들보다 훨씬 더 위험 회피적 성향이 강하다. 그래서 이들은 성공이 가시화될 때까지 영리한 양다리 걸치기 전략을 구사한다. 즉, 안정적으로 본업을 유지한 채 본인이 감수할 수 있을 정도의 위험만 안으면서 성공이 가시화될 때까지 본업과 창업 사이의 양다리를 걸친다는 것이다. 성공을 하기 위해선 자신의 전부를 걸어야 하는 게 우리 사회의 통념이지만 이와 반대로 한 분야에서의 안정감이 도리어 자유로움을 증가시켜 새로운 창업 분야에시의 독창성을 발휘하도록 한다는 주장이다.

독창적인 사람이 되는 방법은 무엇일까? 피카소는 유화를 무려 1,800점이나 그렸으나, 이 중 몇 개의 작품만 명작으로 살아남았다.

이처럼 어떤 현상에 대해 의구심과 호기심을 가지고서 무슨 아이디어든 생각나는 대로 마구 쏟아내 보라고 저자는 조언한다. 그리고 새로운 문화, 기술, 직책 등을 통해서 준거의 틀을 확장하게 되면 이 역시도 독창성을 증가시키는 데 도움을 준다고 주장한다. 노벨상 수상 과학자들 중에 그림, 시, 악기 연주 등을 수준급으로 구사하는 이들이 많은 이유가 바로 이 때문이다. 그리고 실행할 아이디어를 식별, 선택할 때는 해당 분야에 전문성은 있으나 상대적으로 이해관계가 적은 동료에게 피드백을 구하는 것이 좋다는 말도 잊지 않는다. 스스로 아이디어를 판단하게 되면 '긍정 오류'에 빠지게 되고, 반대로 상사의 피드백을 듣게 되면 '부정 오류'에 빠질 우려가 생기기 때문에 동료로부터 듣는 피드백이 이 모두를 피할 수 있는 정확한 피드백이 될 수 있다는 것이다.

그리고 저자의 가장 흥미로운 조언 중 하나는 새로운 아이디어를 생각해낼 때에는 게으름을 피우라는 것이다. 이런저런 아이디어를 머리 속에서 맴돌게 해두고 결론을 미루다 보면 생각이 천천히 숙성된다는 것이다. 실행 시기도 마찬가지이다. 아이디어가 완성된 뒤 실행 단계에까지 분위기가 무르익을 시간을 충분히 갖고 타이밍을 잡는 것이 성공 여부를 결정짓는 요인이라고 했다.

마지막으로 저자는 초기에 독창적이었던 기업들이 독창적인 문화를 유지하지 못해 실패한 경우를 여러 가지 사례로 보여주면서 조직 내 리더의 중요성을 한 번 더 일깨우고 강조한다. 리더는 항상 열린 마음으로 비판을 겸허히 수용하고, '투명성'과 '다양성'이라는 핵심 가치를 빠뜨려서는 안 된다는 것이다. 스티브 잡스는 자기 아이디어에 반대 의견을 내놓는 직원 중 한 명을 뽑아 포상하였고, 헤지펀드의 신화 브리지워터 어소시에이트(지난 20년간 실적이 가장 좋은 미국 헤지펀드)의 CEO 레이 달리오는 오직 남들과 '달리' 생각하는 방법만이 경쟁력이라며 자기 의견이 없는 직원은 회사를 나가야 한다는 인사 원칙을 고수했다.

우리는 스스로 한국 사람들은 머리는 좋은데 창의력은 부족하다는 말을 한다. 실제로 우리나라의 교육열은 세계에서 둘째라면 서러울 정도이고, 고등학생들의 평균적인 수학 점수는 항상 세계 5위 안에 든다. 그럼에도 아직 학문 분야에서는 단 한 명의 노벨상 수상자가 없는 것은 무슨 이유 때문일까? 바로 독창성의 부족 때문이다. 무슨 이유가 되었건 독창성의 부족을 자인하고 있는 우리 사회에서 독창성은 개발될 수 있으며 어떻게 개발하면 되는지 그 구체적 방법까지 친절하게 알려주는 이 책은 필독서가 아닐 수 없다.

(서평 : 허보희)

훔치고 싶은 문장
자기 주장을 할 때는 자신이 옳다는 태도로, 남의 의견을 경청할 때는 자신이 틀리다, 라는 태도로 임하라.

함께 읽으면 좋은 책
『생각이 돈이 되는 순간』 앨런 가넷 지음, 이경남 옮김, 알에이치코리아, 2018년

| 58 |

딥워크

강렬한 몰입, 최고의 성과

칼 뉴포트 지음, 김태훈 옮김, 민음사, 2017년
Deep Work: Rules for Focused Success in a Distracted World, Cal Newport,
Grand Central Publishing, 2016

◆ ◆ ◆

무아지경이란 말이 있다. 모든 걸 잊고 거기에 몰입할 때 나타나는 현상을 말한다. 이 책은 부제 그대로 '강력한 몰입, 최고의 성과'에 관한 책이다. 몰입은 그 자체로 행복을 주고 높은 성과를 보여준다. 그래서 짧게 일하지만 그 효과나 성과는 길게 이어질 수가 있다.

시간 가는 것도, 배가 고픈 것도 잊을 정도로 무언가에 몰입한 경험이 있는가? 다른 질문을 던져 보자. 여러분은 하루에 몇 번이나 스마트폰을 보고 있는가? 이메일 체크는 하루에 몇 번이나 하는가? 여러분도 느끼다시피 현대인은 점점 산만해지고 있다. 그래서 분주하지만 성과는 잘 나지 않는다. 몰입하지 않기 때문이다. 그래서 '딥 워크

(Deep Work)'가 중요하다.

이 책의 저자인 칼 뉴포트는 몸소 몰입의 중요성을 절감하고 자신이 실천한 결과를 책으로 썼다. 그는 대학 졸업 후 10년 동안 네 권의 책을 썼고, 박사 학위를 땄으며, 많은 논문을 썼고, 조지타운 대학의 조건부 종신 교수가 되었다. 이렇게 많은 일을 해냈음에도 불구하고, 그는 오후 6시 이후로는 어떠한 일도 하지 않는다고 한다. 그렇다면 어떻게 짧은 시간 안에 이렇게 큰 업적을 만들어 낼 수 있었던 걸까? 그는 인터넷을 거의 하지 않고 소셜미디어도 사용하지 않는다. 스마트 폰도 2012년이 되어서 처음 쓰기 시작했다. 그리고 그는 딥워크 방식으로 일과를 짰고 퇴근 이후에는 컴퓨터를 켜지 않고 가족과의 시간에만 충실했다. 딥워크란 이처럼 자신이 중요하게 생각하는 일에 집중할 수 있는 환경을 만들고 그것에 몰입하는 것을 말한다.

과거보다 현대 사회에서 딥워크의 필요성은 더욱 부각된다. 그 이유는 급변하는 현대 사회 안에서는 늘 초심자일 수밖에 없고 가치 있는 일을 해내기 위해서는 항상 새로운 것을 신속하게 학습해야 하기 때문이다. 그리고 어중간한 결과물이 아니라 뛰어난 성과를 내기 위해서는 몰입이 필수 요소이다. 이를 위해서는 운동선수가 훈련을 하는 것처럼 정신을 계속해서 단련하고, 집중을 위한 환경을 만들고, 집중력을 빌휘하는 사신만의 습관을 개발하고 익히는 것이 중요하다.

현대인들의 주의를 빼앗는 대표적인 세 가지가 있다. 개방형 사무실, 소셜미디어, 이메일이 그것이다. 개방형 사무실은 협업에는 좋지만 집중력을 발휘하기에는 좋은 환경이 못 된다. 늘 산만한 환경이 될 수밖에 없기 때문이다. 소셜미디어는 자신을 알리는 데는 유리할지 몰라도 고도의 집중력을 요구하는 콘텐츠 생산자들에게는 부정적인 영향력을 끼친다. '좋아요'를 누르고 뭔가를 올리고 답을 하기 위해서는 생각 이상으로 많은 시간을 필요로 한다. 이메일도 그렇다. 기업 커뮤니케이션의 도구로 이메일이 자리 잡으면서 우리는 직접 관여되지 않은 일에도 공유라는 이름으로 끊임없이 메일을 받고 있다. 이같은 분주함은 생산성과 동의어가 될 수 없고, 오히려 생산성의 가장 큰 장애물이 된다.

딥워크가 중요한 이유, 꼭 생산성 때문만은 아니다. 딥워크 자체가 삶의 질을 올려줄 수 있기 때문이다. 긍정 심리학의 대가인 미하이 칙센트미하이는 다음과 같은 실험을 했다. 호출기를 주기적으로 울리게 하고 그 순간마다 자신이 하던 일과 그때의 감정을 기록했다. 그랬더니 어렵고 가치 있는 일을 위해 육체나 정신을 한계에까지 밀어붙일 때 '최고의 순간'이라고 느끼는 감정이 나왔다고 한다.

많은 사람들이 여유가 행복을 가져온다고 생각한다. 그래서 일은 적게 하고 해변에서 많은 시간을 보내고 싶어 한다. 하지만 실험 결과는 오히려 그렇지 않다는 것을 보여준다. 무료한 시간보다 무언가에 집중해서 일하는 시간에서 오히려 즐거움의 감정, 행복과 충만함을 얻을 수가 있다는 것이다. 그래서 몰입 경험이 많을수록 삶에 대한 만족도가 높아진다.

이제, 딥워크를 일상에 접목하는 방식을 알아보자. 첫 번째, 수도승 같은 생활이다. 모든 것을 끊고 단 한 가지 목표에만 전념하는 것이다. 하지만 보통 사람에게는 아무래도 현실적으로 불가능한 일이다. 두 번째는 이원적 방식이다. 몰입하는 시간과 그렇지 않은 시간을 명확히 구분하는 것이다. 정신 의학자인 칼 융이 그랬다. 그는 글을 쓸 때에는 방해 요소를 제거하고 수도승처럼 일했으며 나머지 시간에는 보통 사람처럼 행동을 했다고 한다. 생활을 위해 환자도 보고 사람들을 만나 커피도 마셨다. 보통 사람들이 따라 해볼 수 있는 방식이다. 마지막 세 번째는 기자 방식이다. 필요할 때만 몰입하는 것이다. 이들은 보통 때는 정신없이 취재를 하고 이런저런 다른 일을 하다가 마감 시간이 다가오면 고도의 집중력을 발휘해 글을 쓴다. 즉, 모드 체인지의 귀재들이라 할 수 있다.

딥워크를 잘하기 위해서는 리추얼(ritual)의 방식을 응용하는 것도 방법이다. 리추얼은 일종의 종교적 의례처럼 매일 반복하는 의식 같은 것을 말한다. 다윈은『종의 기원』을 마무리하는 동안 엄격한 리추얼을 실행했다. 매일 아침 7시에 일어나 짧은 산책을 하고 혼자 아침을 먹은 후 8시부터 9시 반까지는 서재에서 글을 썼다. 그리고 9시 반부터 한 시간 동안은 전날 온 편지를 읽고 정오까지는 다시 서재에서 글을 썼다. 집필을 마친 다음에는 집을 한 바퀴 돌면서 사색을 했다.

이 밖에도 딥워크를 잘하기 위해서는 자신만의 장소와 시간, 나름의 작업 방식, 적절한 음식도 중요하다. 가벼운 운동도 해야 하고 미리 자료를 정리해두는 준비성도 있어야 한다. 그래야 딥워크가 가능하다.

그리고 딥워크를 위해 가장 중요한 한 가지는 명확한 목표다. 목표는 많은 것보다 적은 것이 좋다. 주의력은 제한된 자원이다. 그래서 정말 필요한 것, 중요한 것, 내가 원하고 끌리는 것 하나에만 집중해야지 나머지를 자꾸 생각하면 안 된다. 그래서 목표는 간명할수록 좋다.

필자는 그동안 서른 권 정도의 책을 썼다. 평소에는 그렇지 않지만 책을 쓸 때에는 나름의 방식으로 딥워크를 실천한다. 목표를 세우면 저녁 약속을 최소화한다. 그리고 강연이나 자문을 줄이고 글쓰기에 가장 많은 시간을 쓴다. 새벽 4시에 일어나 내 서재로 들어가 몇 시간 동안 집중해서 글만 쓴다. 정말 뇌가 다르게 작동하고 있다는 걸 느낄 수가 있다.

여러분에게 정말 중요한 목표는 무엇인가? 실천을 위해 방해 요인을 제거하고 나름의 환경을 만들어 거기에 몰입해 보자. 딥워크는 그 자체로서 즐거움이다. 그리고 좋은 성과는 딥워크에 대한 결과물로 당연히 따라올 것이다.

(서평 : 한근태)

훔치고 싶은 문장
딥워크가 중요한 건 생산성을 위해서만은 아니다. 딥워크 자체가 삶의 질을 올린다. 행복감과 충만함을 준다.

함께 읽으면 좋은 책
『디지털 미니멀리즘』 칼 뉴포트 지음, 김태훈 옮김, 세종서적, 2019년

『에센셜리즘』그렉 맥커운 지음, 김원호 옮김, 알에이치코리아, 2014년

59

순간의 힘

평범한 순간을 결정적 기회로 바꾸는 경험 설계의 기술

칩 히스/댄 히스 지음, 박슬라 옮김, 웅진지식하우스, 2018년
The Power of Moments: Why Certain Experiences Have Extraordinary Impact,
Chip Heath/Dan Heath, Simon & Schuster, 2017

◆ ◆ ◆

왜 사람들은 과거를 순차적으로 혹은 절대 시간으로 기억하지 못하고, 자신에게 인상적인 순간으로만 기억할까? 수십 년을 함께 보낸 파트너와의 일상은 기억에서 사라져버리고 뚜렷하게 기억하는 순간은 몇 개 되지 않는다. 하지만 그 기억만큼은 어제 일처럼 또렷하다. 그렇게 보면 우리에게 남는 것은 임팩트 강한 의미 있는 순간밖에 없다. 이런 순간을 창조하는 것이야말로 일과 삶에서 몰입을 만들어내는 방법이라고 할 수 있다. 이 책은 순간의 힘을 일깨워주고 뭔가 의미 있는 시간을 창조하는 동기를 제공해준다.

우리의 기억은 평면적이지도 않고 순차적이지도 않다. 그 사실을 깊이 인식하게 된다면 우리는 일과 삶에 있어서 어떤 태도를 가지는 게 좋을까? 이 책을 읽게 되면 바로 그 점을 생각해 볼 수 있게 된다.

가족과 디즈니랜드에 놀러 갔다고 해보자. 10점 척도로 만족도를 평가하면 그때그때 다를 것이다. 비싼 음식값이나 뙤약볕 밑에서 몇

시간씩 했던 줄 서기는 2점 혹은 3점 하지만 롤러코스터를 탔을 때의 짜릿함은 10점 그리고 캐릭터 인형에 열광하는 아이들을 볼 때는 9점에 해당한다. 만족도는 전체적으로 평균 6점이지만 중요한 건 평균이 아니다. 사람들은 롤러코스터와 캐릭터 인형 같은 끝내 줬던 경험만 머릿속에 담아두고 있다. 왜 그럴까? 심리학자들에 의하면 사람들은 경험이 지속되는 시간은 경시하고 딱 두가지의 중요한 순간만 뇌리속에 남는다고 했다. 즉 최고, 최악의 절정 경험과 마지막 경험. 이걸 '절정-대미 법칙(Peak-end Rule)'이라고 한다.

매 순간의 경험을 균등하게 계산하지 않는다는 것, 가장 인상적인 순간만 기억에 남는다는 것은 어찌 보면 당연하게 알던 바일지도 모른다. 하지만 이 책은 여기에서 한발 더 나아가 그게 비즈니스에서 어떤 통찰로 이어질 수 있는지를 보여준다. 그 통찰은 바로 모든 면에서 뛰어나기보다는 강력한 인상을 남기라는 메시지이다.

미국 LA에 있는 매직 캐슬 호텔은 특이한 인상을 남기는 데 주력한다. 시설은 최고급 호텔에 비하면 평범한데 독특한 서비스 때문에 열광하는 고객들이 많다. 이 호텔 수영장에는 '아이스바 핫라인'이라는 전화가 있어서 투숙객이 언제든 전화를 하게 되면 원하는 아이스바를 고급 쟁반에 담아 직접 수영장에 가져다준다. 원하면 스낵 메뉴와 보드게임까지도 가능한데 이 모두가 공짜로 운영된다. 그리고 식사 시간엔 마술 공연이 열려 사람들을 깜짝 놀라게 하고 세탁물 서비스도 공짜로 제공된다. 오전에 빨래를 내놓으면 오후엔 빳빳하게 세탁된 옷이 돌아오는 식이다. 한마디로 고객들을 열광하게 만드는 서비스라 할 수 있다. 그래서 포시즌스 호텔, 리츠칼튼 호텔까지도 제칠 정도로 인기가 높다. 리츠칼튼 호텔의 정원이 아무리 아름다워도 그걸 친구들에게 자랑하는 사람은 없지만 매직 캐슬의 파격적인 서비스는 친구들에게 자랑하게 된다는 것이다. 그 이유는 잊을 수 없는 '결정적 순간'을 선사했기 때문이다.

결정적 순간을 만들어내는 요소는 4가지다. 고양(elevation), 통찰(insight), 긍지(pride), 교감(connection). 하나씩 살펴보자.

고양(elevation)은 틀을 깨고 절정의 느낌을 선사하는 것이다. 예를 들어보자. 미국의 한 고등학교에서는 해마다 2학년생들이 '인간 본성 재판'을 연다. 소설 『파리 대왕』의 줄거리를 두고 작가인 윌리엄 골딩이 인간 본성을 악의적으로 해석했다는 죄목으로 기소되는 재판을 하는 것이다. 학생들은 피고 측 변호인과 검사역으로 각각 역할을 나누고 각자 주장을 뒷받침할 증인들을 불러낸다. 마더 테레사, 간디, 히틀러, 홉스까지 인간 본성에 대해 주장하는 증인의 역할도 학생들의 몫이다. 재판이 열리면 치열한 공방을 벌이고 마지막에는 재판장이 판결을 내린다. 지금까지 패소와 승소의 기록은 반반이다. 학생, 학부모, 교사들이 관람하는 법정은 흥미진진하고 열기가 가득해서 이기는 팀은 엄청난 흥분에 휩싸인다. 정말 잊을 수 없는 방법으로 공부를 하는 거라고 할 수 있다. 리포트를 내고 기말고사를 보는 단조로운 방법에 지쳐가던 학생들에게 재미있고 승부가 있는 절정의 경험은 오래도록 기억에 남는다. 이런 고양을 만들어내려면 매력은 더 증폭시키고 각본은 깨뜨려야 한다. 고양의 가장 큰 적은 '적당히'

라는 사고다. "아이스바를 꼭 직원이 가져다줘야 하나? 냉장고에 채워 넣고 꺼내 먹게 해도 되잖아?" "인간 본성 재판에서 꼭 판결을 해야 하나? 둘 다 열심히 했는데 둘 다 이기게 해주면 안돼나?" 이런 적당주의 사고는 고양과 절정을 좀먹는다.

관례적인 생각을 깨뜨려 "아하!"하는 깨달음, 즉 통찰(insight)을 갖게 하는 결정적 순간도 있다. 미국 버지니아대학에서 교수법을 강의하는 마이클 파머 교수는 동료 교수들에게 '포부 연습'을 시킨다. 포부 연습이란 자신의 수업을 듣게 될 학생들이 수업을 통해 무엇을 얻게 되길 바라는지 한 문장으로 써보게 하는 것이다. 예를 들어, "3~5년 후 내 학생들은 아직도 _____을 알고 있을 것이다"의 문장을 완성하게끔 한다. 교수들은 학생들이 수학을 흥미롭게 생각하길 바란다거나 과학적 연구 과정을 익히길 바란다고 써냈다. 파머 교수는 이제 미리 작성했던 15주 차 강의 계획표를 꺼내 보게 하고 그게 얼마나 자신이 써낸 포부에 얼마나 도움이 되는지 생각해보게끔 한다. 대부분의 교수들은 지금의 시간표가 별 도움이 되지 않을 거라고 말하며 강의 계획표를 새로 짜기 시작했다. 교과서 순서대로 진도를 쪼개 썼던 강의 계획표가 이제는 학생들에게 던질 질문 위주로 바뀌게 된 것이다. 이런 것이 바로 통찰의 순간이다.

긍지(pride)의 순간도 사람들은 잊지 못한다. 좋은 멘토는 우리에게 높은 기준을 기대하며 해낼 수 있다는 자신감을 준다. 여기에 지지가 더해지면 마치 누군가가 등을 떠밀어주는 것과 같은 잊을 수 없는 느낌을 얻게 된다. "자네에게 큰 기대를 걸고 있고 해낼 수 있다는 걸 알고 있네. 그러니 새로운 일에 도전해보게. 내가 도와주겠네."
단순하지만 누군가의 인생을 바꿀 수 있는 강력한 순간이다. 즉, 훌륭한 멘토링의 공식은 '높은 기준 + 확신 + 방향 제시 + 지지'라고 할수 있다.

교감(connection)의 순간은 친구와의 농담에서 같이 웃고, 워크숍에서 직원들과 하나가 되어 파이팅을 외치고, 사람들이 중요하게 하는 밀에 귀를 기울이고, 상대가 하는 말에 반응을 할 때 만들어진다. 진짜 고민을 털어놓음으로써 상대도 고민을 꺼내 놓게 되고 그럼으로써 만들어진 진실한 대화의 순간은 평생을 가도 잊지 못하는 일이된다.

결국 이 책은 고양과 통찰, 긍지와 교감이라는 요소로서 잊지 못할 순간의 핵심을 분석한다. 나아가 독자들로 하여금 인생에서 더 의미 있는 순간을 만들고 싶다는 동기를 주기에도 충분하다.

(서평 : 고현숙)

훔치고 싶은 문장
열정과 활력을 좀먹는 '적당히'를 조심하라.

함께 읽으면 좋은 책
『모리와 함께한 화요일』 미치 앨봄/모리 슈워츠 지음, 공경희 옮김, 살림출판사, 2017년(양장개정판)

60

평균의 종말

평균이라는 허상은 어떻게 교육을 속여왔나

토드 로즈 지음, 정미나 옮김, 21세기북스, 2018년
The End of Average: Unlocking Our Potential by Embracing What Makes Us Different,
Todd Rose, HarperOne, 2017

◆ ◆ ◆

우리는 남과 다르면 불안하다. 그래서 남들과 비슷한 경로를 가면서 남들보다 조금만 앞서가는 것을 목표로 한다. 그런데 가끔은 내게 맞지 않는 옷을 입고 있는 것 같아 '이게 맞나?' 하는 생각이 들 때도 있다. 자신만의 성공 경로를 찾고 싶은가? 그렇다면 이 책이 평균과 정상이라는 환상을 떨쳐내고 '자신만의 경로'를 찾도록 격려하고 도와줄 것이다.

1940년대 말, 미국 공군 조종사들이 전투기 조종에 어려움을 겪는 일이 발생한다. 단 하루 사이에 17명의 조종사가 추락 사고를 겪을 정도로 상황은 심각했다. 문제는 조종석이었다. 비행 속도가 빨라지고 비행 방식이 복잡해졌는데도 조종석은 이전과 변함이 없었다. 그래서 공군은 규격화된 조종석을 개인 맞춤형으로 바꾸기 시작했다.

그러자 이전에 있었던 사고들은 말끔히 사라지게 된다.

미국 클리블랜드 건강 박물관에는 미국 여성의 평균 신체 치수를 바탕으로 만든 조각상 '노르마'가 있다. 지역 신문이 주최가 되어 노르마와 신체 치수에서 근접한 여성을 뽑는 대회를 열었는데, 대회가 열리기 전 심사 위원들은 참가자들의 신체 치수가 평균치에 근접해서 승부가 매우 근소한 차이로 갈릴 것이라 예상했다. 그러나 9개로 나눈 신체 항목에서 평균치에 가까운 여성은 놀랍게도 단 한 명도 없었다. 더욱 놀라운 것은 다섯 개로 좁힌 항목에서조차도 평균치에 든 여성은 단 1%밖에 되지 않았다.

이 두 가지 사례에서 당신은 무엇을 느꼈는가? 만약 당신이 '그럴리가'라며 위 사례들을 믿기 어려워하고, '이상한데'라고 생각했다면 당신은 이미 '평균의 함정'에 빠졌을 가능성이 높다. 저자는 현실에는 평균적인 사람은 '아무도 없다'라는 명제를 여러 사례를 들어 주장한다. 평균적인 신체 치수가 없듯이 평균적인 뇌, 평균적인 재능, 평균적인 지능, 평균적인 성격 따위는 없다는 것이다.

'평균이 참'이라는 관념은 1819년 아돌프 케틀레라는 천문학자이자 수학자가 그 당시 천체의 회전 속도를 측정하는 방법으로 쓰던 평균법을 사회 과학에 적용시키면서 생겨났다. 평균이 '참'이고 개개인이 오류가 되는 평균 개념이 열린 것이다. 그런데 우리는 '평균'을 케틀레처럼 '이상적'이라고 생각하지 않고, 이제는 '평균보다 우월'하기를 원한다. 이런 생각을 가지게 된 것은 1851년 영국인 수학자 프랜시스 골턴의 '계층 개념' 때문이다. 골턴은 케틀레의 평균 개념이 인간을 이해하는 측면에서 과학적 토대를 만들어 준 점은 인정했으나 평균적 인간이 이상적인 인간을 상징한다는 개념에 대해서는 의견을 달리했다. 케틀레는 어떤 쪽으로든 평균에서 과도하게 벗어나는 것은 '기형'에 해당한다고 간주했으나, 골턴은 평균을 뛰어넘는 대가들은 절대 기형이 아니라 '우월 층'에 속한다고 보았다. 반면 평균에 못 미치는 인간은 '저능 층'으로 정의하였다. 이렇게 골턴은 케틀레의 평균 개념을 '참값'에서 '평범함'으로 재정의하고, 그로부터 '계층' 개념을 만들어냈다. 그뿐만이 아니라 한 가지 일에 탁월한 사람은 대다수의 일에서 탁월성을 보일 가능성이 높다는 주장도 펼쳤다.

이처럼 19세기 학계에서 비롯된 평균주의와 계층주의는 산업화 시대가 도래하며 학교와 기업 조직의 원칙으로 자리 잡는다. 프레더릭 테일러가 선구자 역할을 한 공장 시스템의 표준화는 기업 조직의 원리로 확립되었고, 교육의 임무는 표준화된 시스템에 맞는 평균적인 노동자 배출을 위한 과정으로 이용되기 시작했다. 어쩌면 대량 생산과 불량률 제로가 목표였던 산업화 시대에는 개개인의 개별성을 무시해서라도 표준화를 추구한 시스템이 효율성 증진에 더 큰 이득이 됐을 수 있다. 그러나 지금은 얘기가 좀 다르다. 지금은 창의성이 가장 요구되는 시대로 개개인의 다양한 생각이 더 중요한 시대가 되었다. 그리고 물질적으로도 개개인성을 지원할 수 있는 경제적 토대가 어느 정도 쌓였다. 따라서 이제는 성공에 이르는 바람직한 길은 한 가지뿐이라는 의식을 과감히 버리고 개개인성을 발휘해야 할 때다.

이처럼 개개인성을 발휘해야 할 이유는 많지만, 그 중에서도 단한 가지 이유를 들라고 하면 삶의 최종 목적인 '행복한 삶'을 영위하기 위해서이기도 하다. 자신만의 기량과 강점을 발견하고 발휘할 때 자신만의 잠재력을 발휘할 수 있고 또 자신이 하는 일에 몰입할 수 있고, 그때 비로소 행복한 삶이 시작된다. 그러면 어떻게 해야 개개인성을 발휘하여 행복한 삶에 도달할 수 있을까? 저자는 재능의 들쭉날쭉 원칙, 성격 특성 맥락의 원칙, 자신만의 방법과 속도라는 경로의 원칙 등 세 가지 원칙을 제안하면서 주의력 결핍 장애로 고교를 자퇴했지만 하버드대 교수로 인생 역전을 한 자신의 인생 경험을 들려준다.

이 밖에도 책에는 저자의 주장을 뒷받침할 다양한 사례와 연구가 여러 차례 언급된다. 예를 들어, 구글의 인재 채용 방식이 독특하다는 사실은 널리 알려져 있지만 그 이유가 사람의 재능은 일차원적이 아니며 그래서 개개인의 능력을 비교한다는 것이 불가능하다는 '들쭉날쭉 원칙' 때문이라는 것 등이다.

만약 사회에 널리 퍼져있는 평균주의적 사고에 왠지 불편함을 느끼는 사람이라면 이 책의 매력에 쉽게 빠져 들것이다. 저자의 삶이 그랬듯 여러분도 자신만의 행복 찾기에 도전해야 한다. 기업의 성공을 위해서라도 개개인성의 극대화가 이제는 필수라고 주장하는 책의 마지막 장도 흥미로운 부록이 될 것이다.

(서평 : 허보희)

훔치고 싶은 문장

가장 어려운 일은 새로운 개념을 받아들이는 것이 아니라 옛 개념에서 벗어나는 것이다.

함께 읽으면 좋은 책

『다크호스』 토드 로즈/오기 오가스 지음, 정미나 옮김, 21세기북스, 2019년
『바른 마음』 조너선 하이트 지음, 왕수민 옮김, 웅진지식하우스, 2014년

| 61 |

관점을 디자인하라

없는 것인가, 못 본 것인가?

박용후 지음, 쌤앤파커스, 2018년

◆ ◆ ◆

급변하는 세상에서 가장 잘 사는 방법은 남들과 다른 시각을 갖는 것이다. 같은 사물을 다르게 보든지 그게 아니면 다른 해석을 내놓을 수 있어야 한다. 그게 관점이다. 이 책은 이런 나만의 관점을 만드는 데 도움을 주는 책이다.

요즘 '스마트 워크'에 대해서 많이들 얘기한다. 여러분이 생각하는 스마트 워크의 정의는 무엇인가? 저자는 '목적 중심으로 일하기'로 정의한다. 언제, 어디서든, 실시간으로 일하는 과정을 통제하는 것이 아니라 철저하게 결과 중심으로 일하고 평가하는 것. 그것이 바로 저자가 말하는 스마트 워크다. 저자만의 독특한 관점이 들어간 해석이라

할 수 있다.

저자의 해석대로 기존의 관리자들이 했던 일을 분석해보자. 직원들이 제시간에 맞춰 출근하는지, 너무 일찍 퇴근하는 것은 아닌지, 회의에 꼬박꼬박 참석하는지, 점심시간을 잘 지키고 있는지 등을 감시하는 일을 했다. 이는 결코 스마트한 일이 아니다. 업무 효율을 높이는 것과도 상관없으며, 조직의 생산성과도 아무런 관련이 없다. 스마트 워크를 어떻게 해석하느냐에 따라 과거에 했던 중요한 일이 무의미한 일이 되기도 한다.

똑같은 고객의 불만도 관점에 따라서는 짜증 나는 일이 될 수도 있고 신제품 개발의 단초가 될 수도 있다. 그만큼 다양한 관점을 갖는 것이 중요하다. 관점을 다양하게 가지게 되면 여러 가지 가능성의 문을 열어놓는 것과 같다. 많은 관점을 가진 사람이 많은 것을 볼 수 있고 많은 것을 들을 수 있고 많은 것을 깨달을 수가 있다. 그래서 다양한 관점을 획득하기 위해서는 본질을 보는 힘, 핵심을 뽑아내는 능력, 사람들에게 어떤 관점으로 보여줄 것인지를 계획하는 힘이 있어야 한다. 이 세 가지가 상호 조화를 이루어야 관점을 가지는 능력을 얻을 수 있게 된다.

이 중에서도 본질을 보는 힘을 위해선 끊임없이 질문하는 것이 중요하다. 카카오의 김범수 의장은 카카오톡을 만들기 전에 스마트폰과 심각하게 대화를 했다고 한다. "스마트폰의 본질은 뭘까?"라고 물었더니 "전화기"라는 답이 돌아왔다. 그래서 또 물었다. "전화기의 본질은 무엇일까?" 그랬더니 이번에는 "커뮤니케이션"이라는 답이 돌아왔다. 그렇다면 커뮤니케이션의 핵심은 뭘까? 이렇게 고민해서 나온 답이 "이야기하고 싶다. 수다 떨고 싶다."였다. 그렇게 해서 나온 것이 카카오톡 서비스라고 한다. 사물에 질문을 걸어 봄으로써 발견한 것이다.

그리고 자신만의 정의를 만드는 것도 관점을 만드는 중요한 방법 중 하나이다. 저자는 인문학을 '모든 사물에 의인화된 관점을 부여하는 학문'으로 정의했다. 그리고 전자 기기를 '살아 있는 인격을 가진 또 하나의 존재, 교감을 나눌 수 있는 또 다른 존재'로 해석했다. 물론, 이러한 본질은 계속해서 바뀔 수 있다. 그렇기 때문에 계속 주시하고 계속 업그레이드해야 한다. 저자의 말대로 관심 있거나 고민하고 있는 단어를 적고, 그 단어에 대해 자신만의 정의를 적어보는 연습을 해야 한다. 그러다 보면 지금까지의 내 삶은 자기 관점과 자기 생각이 아닌 다른 사람이 내린 정의에 따라 살아왔다는 것을 알게 된다.

저자는 소셜미디어를 생각을 모으고 걸러주는 생각의 깔때기라고 했다. 소셜미디어는 사람과 사람 사이에 존재하는 온갖 종류의 생각과 견해들을 가지고서 서로 교감하는 곳인 동시에 수많은 생각과 자료를 나만의 생각으로 만드는 곳이다. 그리고 소셜미디어는 생각의 확성기이기도 하다. 다른 사람의 동의를 이끌어낼 수도 있고 다른 사람의 동의를 확인할 수도 있다. 알다시피 트위터의 '리트윗'이나 페이스북의 '좋아요'가 이런 기능을 한다고 볼 수 있다. 그리고 소셜미디어는 말하기 도구가 아니라 읽기 도구에 가깝다. 다른 사람들의 생각을 읽고, 읽는 작업을 통해 원하는 자료를 수집하는 공간이다. 이런 일련의 요소 사이에 관점이 존재한다. 관점은 올바른 결론에 이르도록 도와주고 상황을 넓게 보도록 해주며 미래의 무한한 가능성을 가늠할 수 있도록 도와주는 역할을 한다. 나만의 관점을 가지기 위해서는 세상에서 일어나는 일을 미적분 할 수 있어야 한다. 작은 것을 퍼즐 맞추듯 큰 그림으로 그려볼 수 있어야 하고, 반대로 큰 것은 쪼개어서 분석할 수 있어야 한다. 이게 바로 입체적인 생각이다. 소셜미디어는 이런 것을 해볼 수 있는 적절한 도구라 할 수 있다. 소셜미디어를 통해서 세상에서 일어나는 일들을 미적분 해보다 보면 사회 흐름을 읽을 수 있고, 사람들이 진정으로 원하는 것의 실체를 파악할 수 있게 된다.

나만의 관점을 디자인한다는 것은 결국 나만의 아이덴티티를 통해 새로운 가치와 남과 다른 차별점을 만드는 것을 의미한다. 성공하는 사람에게 아이덴티티는 매우 중요한 요소이다. 아이덴티티는 '남들로부터 인정받을 수 있는 다름'이기 때문이다. 이는 결국 대체 불가능한 사람, 자부심이 있는 사람, 특별한 가치가 있는 사람이 되는 것을 말한다. 그래서 '나'다운 것이 무엇인지 검토할 수 있어야 하고 구체화할 수 있어야 한다. 변화는 세상에서 일어나는 일을 어떻게 바라보느냐 그리고 이렇게 해석하느냐에 따라 달라진다. 그게 관점이다. 남들과 다르게 보고 해석할 수 있는 나만의 관점은 급변하는 시대의 핵심 경쟁력이 된다.

(서평 : 한근태)

훔치고 싶은 문장

다양한 관점을 위해서는 본질을 보는 힘, 핵심을 뽑아내는 능력, 사람들에게 어떤 관점으로 보여줄 것인지를 생각해야 한다.

함께 읽으면 좋은 책

『원씽』게리 켈러/제이 파파산 지음, 구세희 옮김, 비즈니스북스, 2013년
『프레임』최인철 지음, 21세기북스, 2016년(개정판)

62

그릿

IQ, 재능, 환경을 뛰어넘는 열정적 끈기의 힘

앤절라 더크워스 지음, 김미정 옮김, 비즈니스북스, 2016년
Grit: The Power of Passion and Perseverance, Angela Duckworth, Scribner, 2016

◆ ◆ ◆

삶에서 소망하는 바를 이루기 위해 꼭 필요한 성격 품성은 무엇일까?
이 책은 타고난 '재능'보다는 '열정적 끈기(그릿, Grit)'라는 점을 최신
연구성과를 동원하여 설득한다. 천재는 1%의 영감과 99%의 노력의
산물이라는 에디슨의 격언을 모르는 사람은 없을 것이다. 이 책을 읽
고 나면 그 의미가 더욱 가슴에 와닿는다.

저자인 앤절라 더크워스는 2013년 '천재들의 상'으로 알려진 '맥아더
상'을 받았다. 하지만 아이러니하게도 작가는 어린 시절 아버지로부
터 "너는 천재는 아니잖아"라는 말을 자주 들었다고 한다. 천재가 아
닌 저자가 천재들의 상을 받다니 어떻게 된 것일까?

　저자는 성공 심리학을 연구하면서 재계, 학계, 의학계, 법조계, 예

술계, 체육계, 언론계 등 분야별로 뛰어난 사람들을 관찰하며 어떤 확신을 갖게 된다. 그것은 성공한 이들은 재능도 있고 운도 좋았지만 공통적으로는 '그릿'이라는 성격 품성을 지니고 있다는 것이었다. 반면에 남다른 재능으로 주목받던 유망주가 중도 하차하거나 그 일에 흥미를 잃어버린 경우에는 반대로 그릿이 부족했다는 것도 알게 된다. 요컨대 '잠재력을 가지고 있는 것'과 '잠재력을 발휘하는 것'은 별개라는 것이다. 즉, 그릿이 없으면 성공은 매우 어렵다는 것을 저자는 알아낸다.

성공한 사람이든 그렇지 않은 사람이든 누구나 슬럼프, 역경, 실패를 겪는다. 이들이 보통 사람들과 다른 점은 어려운 시기를 겪을 때의 태도다. 성공한 사람들은 부족한 자신을 질책하지만 그렇다고 자신에 대해 불만족스럽게 생각하거나 좌절하는 태도를 갖고 있지는 않다. 어떻게 이것이 가능할까? 이들은 목표 달성만큼이나 이를 추구하는 과정 자체에서도 만족감을 느끼기 때문이다. 일 자체를 사랑하다 보니 실패에 대한 회복력 또한 강하다. 한마디로 '열정적 끈기'를 가지고 있다. 이 열정적 끈기가 바로 그릿의 필수 요소이다. 한순간 폭발하는 일시적인 열정이 아니라 시간이 흘러도 한결같은 열정, 즉 끈기 있는 열정 말이다. 일시적인 열정은 흔히 볼 수 있지만 수십 년 지속되는 열정, 그릿을 가지고 있는 사람은 드물다. 이점이 성공하는 사람이 세상에 흔치 않은 이유가 된다.

그릿은 타고나는 것일까? 꼭 그렇지만은 않다. 유전이 한 요소이긴 하지만 개인적 경험, 성장해온 문화도 주요 요인이 된다. 그릿은 후천적으로 배울 수 있고 스스로 키울 수도 있다. 우리가 교육과 인생 경험을 통해서 배려를 배우고 키워나가듯 끈기도 교육과 문화의 영향을 받고 인생의 찬바람을 맞으며 커간다.

어떻게 하면 쉽게 포기하지 않는 끈기 있는 나를 만들 수 있을까? 저자는 먼저 열정을 '키우라'고 말한다. 흔히 열정을 '좇으라'고들 하지만 열정을 느끼는 일이 있으면 좇으라고 하지 않아도 스스로들 알아서 할 테니 '좇으라'란 말은 하나 마나 한 말이다. 저자가 만난 그릿을 지닌 대부분의 사람들은 수년 동안은 여러 관심사를 탐색하며 보내다가, 처음에는 평생 운명이 될지 몰랐다가 나중에는 매 순간마다 그 일에 사로잡히는 경우가 많았다고 한다. 즉, 열정은 계시처럼 오지 않고 배우자가 될 가능성이 있는 사람과 만남을 지속적으로 가지면서 배우자를 찾는 것처럼 열정을 찾고 키우는 탐색 과정을 거쳐야 자신의 평생을 바칠 관심사를 찾을 수 있다는 것이다.

평생 동안 지속할 관심사가 정해졌다면 이제는 타인의 행복에 기여하겠다는 높은 목적의식을 가지고서 의식적인 연습을 할 단계다. 의식적인 연습이란 도전적 목표를 세우고 고전했던 부분을 능숙하게 해낼 때까지 하나씩 개선시키고 개선된 부분들이 모여 전체적으로 눈부신 기량으로 탄생될 때까지 끊임없이 연습하는 것을 말한다. 저자는 '10년 법칙' 또는 '1만 시간의 연습'으로 유명한 에릭슨의 연구 결과가 주는 교훈은 단지 오랜 연습이 아니라 의식적인 연습이라고 강조한다.

이 책에는 미국의 유명 스포츠 선수들과 팀들에 대한 연구 사례가 수없이 열거되어 있다. 하지만 이 책을 읽는 내내 필자의 머리 속에는 발레리나 강수진과 피겨 스케이팅 선수 김연아가 떠올랐다. 두 사람 모두 한국이 낳은 세계적인 인물이다. 이들의 다큐멘터리가 TV로 방송이 된 적이 있는데 방송을 보는 내내 나는 그들의 피나는 노력에 감탄하고 감동의 눈물을 흘렸다. 다들 한 번쯤 인터넷에서 발레리나 강수진의 발을 본 적이 있을 것이다. 그들은 정말 달랐다. 자신의 일을 진심으로 사랑했고, 자신의 일에 의미를 두었으며, 조금이라도 나아지기 위해 매일 자신과 싸웠고, 이 책의 저자가 강조한 의식적인 연습도 단 하루도 게을리하지 않았다.

우리 모두가 정상에 설 순 없다. 그럴 필요도 없다. 하지만 우리 모두는 의미 있는 삶, 자신의 잠재력이 무엇이든 이를 실현시키며 스스로에게 만족하는 삶을 살고자 한다. 책은 우리가 자신의 잠재력을 왜 쉽게 발견하지 못하는지 그리고 어떻게 발견하고 키울 수 있는지에 대해 깊이 생각하게끔 도와준다. 스토리가 탄탄하게 꽉 짜여 있어 한 번 읽기 시작하면 중간에 놓지 못하는 추리 소설처럼 독자들도 저자의 연구 결과에 푹 빠질 것이다.

필자에게는 "아! 정말 맞아"라고 외친 몇 안 되는 책 중 하나로 이 책 읽기를 여러 사람에게 권하고 싶다. 두 딸을 둔 저자는 아이들의 그릿을 어떻게 하면 키워줄 수 있는지 육아법도 책에서 함께 제시하고 있다. 아이를 키우는 부모도 함께 읽어보면 좋겠다.

(서평 : 허보희)

훔치고 싶은 문장

재능 있는 선수는 흔하다. 그 재능을 개발하기 위해 기울인 노력이 위대한 선수를 결정하는 최종 척도이다.

함께 읽으면 좋은 책

『해빗 HABIT』 웬디 우드 지음, 김윤재 옮김, 다산북스, 2020년
『회복 탄력성』 김주환 지음, 위즈덤하우스, 2019년(개정판)

63

아웃라이어

성공의 기회를 발견한 사람들

말콤 글래드웰 지음, 노정태 옮김, 김영사, 2019년(개정판)
Outliers: The Story of Success, Malcolm Gladwell, Little, Brown and Company, 2008

◆ ◆ ◆

아웃라이어는 성공에 대한 새로운 시각을 전해준 책이다. 인내와 노력 같은 자기 계발 대신 그가 태어난 해와 환경 그리고 1만 시간의 법칙 등이 더 중요한 역할을 한다고 가르쳐준 책이다. 성공 요건에 대한 새로운 발상이 신선하다.

성공에 관한 책이 참으로 많지만 내용은 천편일률적이다. 대부분 개인적인 면에 초점을 맞춘다. 머리가 좋아야 한다거나 좋아하는 일을 해야 한다거나 시간 관리를 잘해야 한다고 말한다. 하지만 필자는 그런 것들에 늘 회의를 느껴왔다. 책에 나온 내용과 실제가 너무 다른 경우를 많이 봐왔기 때문이다. 그러다가 이 책을 만났는데 정말 신선했다.

이 책을 쓴 말콤 글래드웰은 『티핑포인트』『블링크』로 세계적인 명사가 된 작가다. '아웃라이어(outlier)'의 사전적 의미는 '본체에서 분리되거나 따로 분류되어 있는 물건' '표본 중 다른 대상들과 확연히 구분되는 통계적 관측치'를 뜻한다. 이 책에서는 이를 약간 다르게 쓰고 있다. '보통 사람의 범주를 넘어서는 성공을 거둔 사람' 그리고 '성공의 기회를 발견해 그것을 자신의 것으로 만든 사람'을 지칭한다.

이 책은 성공에 관한 책이지만 기존의 자기계발서와는 다르다. 그동안 성공과 관련된 책들이 주로 개인에 초점을 맞추었다면 이 책은 기회와 문화 등 사회 환경적 요인에 초점을 맞추고 있다. 즉, 태어난 시기, 타이밍, 속한 문화, 노력 등에 따라 성공이 결정된다고 본다. 하나씩 살펴보자.

저자는 성공하려면 출생 년도가 중요하다는 주장을 맨 먼저 한다. 세계에서 가장 부유한 75인 중 14명이 1831년에서 1840년 사이 미국에서 태어났다. 록펠러, 카네기, JP 모건, 조지 풀먼, 조지 베이커 등. 왜 그럴까? 1860년과 1870년대 미국 경제는 역사상 가장 큰 변화를 겪는 시기다. 철도 건설이 시작됐고 월스트리트가 태어났으며 전통 경제가 무너지고 새로운 규칙이 만들어지는 시기였다. 만약 누군가가 1840년대 후반에 태어났다면 그는 너무 늦었다고 할 수 있다. 반대로 1820년대에 태어났다면 그는 너무 일찍 태어난 것이다.

컴퓨터 프로그래머의 고수들은 1955년 전후에 주로 태어났다. 빌 게이츠, 폴 앨런, 스티브 발머, 스티브 잡스, 에릭 슈미트, 스콧 맥닐리, 비노드 코슬라가 대표적이다. 1975년은 퍼스널 컴퓨터 혁명의 역사에서 가장 중요한 해였다. 이 이점을 누릴 수 있는 최적의 탄생 연도가 바로 1955년이다. 물론 실리콘밸리의 모든 소프트웨어 제왕들이 1955년에 태어난 것은 아니다. 마찬가지로 미국 산업계의 모든 거물들이 1830년대 중반에 태어나지는 않았다. 하지만 분명 눈에 띌 만한 패턴이 있다는 사실에는 주목할 필요가 있다. 이는 성공이 단순히 개인적 요소로만 결정되지 않는다는 것을 의미한다.

1만 시간의 법칙도 인상적이다. 탁월성을 얻으려면 최소한의 연습량 확보가 결정적이라는 것인데, 1만 시간은 대략 하루 세 시간씩 일주일에 스무 시간씩 10년을 연습한 것과 맞먹는 시간이다. 인터넷 접속을 하기 위해 필요한 소프트웨어를 가장 많이 만든 사람이 빌 조이다. 그는 UC 버클리대학을 졸업하고 선마이크로시스템즈를 창업했고 자바를 쓰면서 전설적인 존재로 부상했다. 현대 컴퓨터 역사에서 가장 영향력이 있는 사람 중 하나라 할 수 있다. 본래 조이는 생물학자나 수학자가 될 생각이었지만 그는 미시간 대학 1학년 내내 컴퓨터에 빠져 살았고 닥치는 대로 프로그래밍을 했고 결국 그 분야의 지존이 되어 버렸다. 재능 더하기 연습이 성공의 방정식임을 보여주는 사례라 할 수 있다.

비틀즈의 성공도 그렇다. 클럽의 전속 밴드로 활동하기 위해 독일로 떠나기 전까지는 그냥 평범한 밴드였다. 하지만 함부르크로 간 이후 변하기 시작한다. 고향 리버풀에서는 하루에 고작 한 시간 정도를 연주했지만 함부르크에서는 하루 여덟 시간씩을 연주했다. 그 시간에 비틀즈는 여러 개의 곡을 쓰고 새로운 연주 방법을 시도했다. 함부르크에 머문 1960년에서 1962년 사이, 1년 반이라는 기간 동안 그들은 무려 270일 밤을 연주했다. 처음으로 성공의 대박을 터뜨린 1964년까지 합치게 되면 모두 1,200시간을 공연에 쓴 것이다. 비틀즈를 연구한 노먼은 이렇게 얘기한다. "함부르크를 가기 전까지의 비틀즈 연주는 그리 훌륭하지 않았습니다. 하지만 돌아왔을 때는 아주 훌륭해졌습니다. 지구력만 익힌 게 아니라 수많은 곡을 익혔지요. 모든 버전의 노래, 로큰롤뿐만 아니라 재즈도 소화했습니다. 그들은 함부르크 시절 이후부터 완전히 달라지기 시작했습니다."

기회의 중요성도 살펴보자. 저자는 성공을 위해선 재능보다 기회가 중요하다는 말을 한다. 이는 성공이라는 것은 장소와 환경의 산물이라는 뜻이다. 유대인 변호사 플롬은 재능보다 좋은 기회를 통해 성공을 거둔 사람이라 할 수 있다. 그가 졸업할 당시 현실은 불평등했다. 좋은 집안, 종교, 사회적 계급, 로스쿨 졸업장이 없으면 유명 로펌에 들어갈 수가 없었다. 유대인이었던 그는 영세한 로펌 밖에 갈 곳이 없었다. 그리고 생존을 위해서라면 의뢰 들어오는 어떤 일이라도 모두 맡아서 변호를 해야 했다. 당시 적대적 인수합병 따위는 아무도 거들떠보지 않는 사건이어서 플롬은 의도치 않게 수십 년간 이 일에 집중할 수 있었다. 하지만 점차 시대는 변했고 인수 합병 분야가 중요한 비즈니스로 떠오르기 시작했고 당연히 플롬은 오랜 전문성을 바탕으로 성공의 가도를 달릴 수 있게 되었다.

문화 역시도 성공에 큰 영향을 미치는 항목 중 하나다. 문화 연구로 유명한 기어트 홉스테드는 '권력간격지수(PDI, Power Distance Index)'라는 것을 만들었다. 위계질서와 권위가 얼마나 중요한 역할을 하는지 그룹별로 측정한 지수였다. 전 세계 조종사의 PDI를 측정했는데 브라질이 1위, 한국이 2위를 차지했다. 그는 1997년에 괌에서 있었던 대한 항공 항공기의 추락 사고도 조종실 내의 권위주의 때문이라고 분석을 했다. 부기장이 기장에게 자신의 의견을 자유롭게 애기하기 어려웠던 문화가 그런 비극을 불러왔다는 것이다.

우리가 그동안 알고 있던 성공의 근거들은 모두 틀렸다. 개인적 특성만으로는 성공의 이유를 설명할 순 없다. 무에서 유가 창조되지도 않는다. 우리는 알게 모르게 부모와 후견인으로부터 빚을 지고 있다. 개인 혼자서 모든 것을 하는 것 같지만 사실은 숨겨진 이점과 특별한 기회 그리고 문화적 유산의 혜택을 누리고 있을 뿐이다. 숲에서 가장 큰 키를 자랑하는 상수리나무가 그토록 성장할 수 있었던 이유는 가장 단단한 도토리에서 나왔기 때문만은 아니다. 다른 나무가 햇볕을 막지 않았고 토양이 깊고 풍요로웠으며 토끼가 밑동을 갉아먹지 않았고 벌목을 당하지 않았기 때문이다. 이처럼 성공은 우리 스스로가 만들어낸 결정과 노력의 산물 때문은 아니라는 것, 성공은 주어진다는 것, 성공하는 사람은 기회를 통해 만들어진다는 것. 잊지 말아야 한다.

(서평 : 한근태)

훔치고 싶은 문장

재능보다 기회가 중요하다. 성공은 장소와 환경의 산물이다.

함께 읽으면 좋은 책

『1만 시간의 재발견』 안데르스 에릭슨/로버트 풀 지음, 강혜정 옮김, 비즈니스북스, 2016년
『타이탄의 도구들』 팀 페리스 지음, 박선령/정지현 옮김, 토네이도, 2017년
『12가지 인생의 법칙』 조던 피터슨 지음, 강주헌 옮김, 메이븐, 2018년

6부. 행동과 심리

64

몰입 Flow

미치도록 행복한 나를 만난다

미하이 칙센트미하이, 최인수 옮김, 한울림, 2004년
Flow: The Psychology of Optimal Experience, Mihaly Csikszentmihalyi,
HarperCollins Publishers, 1991

◆ ◆ ◆

누구나 한 번쯤은 무엇이 됐든 어떤 행위에 흠뻑 빠져 시간 가는 줄 모르는 깊은 만족감과 희열을 느낀 적이 있다. 저자는 이를 몰입(Flow)이라고 부른다. 외모, 부, 권력, 지위 등의 외적 조건에 의지하지 않고 스스로의 힘으로 행복을 증진시키는 방법을 알고 싶다면 반드시 읽어야 하는 긍정심리학의 고전이다.

미하이 칙센트미하이는 긍정심리학이라고 부르는 심리학의 새로운 분야를 제창한 학자 가운데 한 사람으로서 현재 마틴 셀리그만과 함께 이 흐름을 주도하고 있다.

바이블이라고 일컬어지는 마틴 셀리그만의 『긍정심리학』에서는 현재의 행복을 증진시키는 방법으로 '몰입'을 소개하고 있는데, 이 분

야의 대가인 칙센트미하이가 자신의 책 『몰입 Flow』에서 이를 보다 구체적이고 체계적으로 소개하고 있다.

자신의 삶에 대한 평가는 우리가 어떤 경험을 하느냐에 달려 있고 많은 요인이 이에 영향을 미친다. 그중 중요한 요인인 성격, 외모, 부모, 태어난 나라 등은 우리의 통제권을 벗어나 있다. 그리고 우리가 생각하는 행복의 조건인 부, 권력, 지위 등은 제로섬 원칙에 의존한다. 누군가가 가지게 되면 다른 누군가는 가지지 못하는 제한된 자원인 것이다. 따라서 행복을 외모, 성격, 부모 등 우리의 통제권 밖에 있는 요인이나 부, 권력, 지위 등의 제한된 자원으로만 판단하게 된다면 행복을 누릴 수 있는 사람의 수는 한정적일 수밖에 없다.

그러나 누구에게나 한 번쯤은 이런 외적 조건에 압도되지 않고 스스로가 자신의 운명의 주인이 된 듯한 느낌이 들었던 순간이 있다. 저자는 이런 경험을 '최적 경험(Optimal Experience)'이라고 명명한다. 이 최적 경험은 우리가 창의적이고 행복한 삶을 살 수 있게 해주는 요체이다. 즉 행복은 외모나 부 그리고 권력과 지위 등의 외적 조건에 달려 있는 것이 아니라 최적 경험을 통해서 이룰 수 있고, 최적 경험은 고갈되지 않는 무제한의 자원이므로 이를 잘 개발하고 활용하기만 하면 어떤 상황에서라도 행복한 삶을 살아갈 수 있다는 것이다. 이 최적 경험에 도달하는 길이 바로 몰입, 즉 자발적이며 행위 그 자체가 목적인 활동을 말한다. 그래서 삶의 많은 순간에서 몰입을 통한 최적 경험을 하게 될 때 우리는 창의적이고 행복한 삶을 산다고 느끼게 된다.

몰입을 통해 얻는 최적 경험이란 어떤 조건에서 가능할까? 심리적 에너지인 주의(attention)가 구체적인 목표에 집중적으로 투자되고, 개인의 능력(skill)이 최적의 상태로 활용될 때 몰입은 일어난다. 예를 들어 테니스나 바둑처럼 규칙이 있으며 이 규칙을 수행하기 위해 기술 습득이 필요하며, 목표가 분명하고, 피드백을 제공 받으며 통제가 가능한 구조화된 활동을 할 때 일어난다. 철수가 처음 테니스를 배우게 될 때 당면한 과제는 네트 너머로 공을 쳐내는 것이다. 이것은 그다지 어려운 일이 아니다. 초보자인 철수에게도 적당한 수준의 활동으로 처음에는 이 과제를 재미있어한다. 그러나 철수는 머지 않아 이 활동을 지루하게 느끼기 시작한다. 이제 철수는 좀 더 큰 도전을 원한다. 그렇다고 해서 테니스를 아주 잘 치는 사람과의 경기를 원하는 것은 아니다. 지나친 도전은 철수를 주눅 들게 하고 불안하게 만들기 때문이다. 정리하면, 철수는 자신의 기술 수준과 과제 또는 도전이 조화를 이룰 때 최적의 경험을 하게 되고 이때의 만족감, 즐거움, 행복감으로 자아 성장을 느끼게 된다. 결국 몰입으로 얻는 최적 경험의 핵심은 '자아의 성장'인 것이다.

우리는 자신을 비롯해 주변의 많은 사람들이 원하던 것을 이루게 되면 바로 다른 것을 바라는 '더, 더, 더'라는 불만족 상태로 빠져들거나 인생을 헛살았다고 허탈해하고 혼란스러워하는 경우를 목격한다. 왜일까? 인간의 욕망은 절대 채워질 수 없는 것이라 그런 걸까? 아니면 우리가 전혀 엉뚱한 곳에서 행복을 찾기 때문에 그런 것일까? 이에 대해 저자는 행복은 외부 요인에 의해 좌우되는 것이 아니고 우리의 해석에 달려 있다고 말한다. 즉 행복은 우리가 준비해야 하고 마음속에서 키워가야 하며 사라지거나 빼앗기지 않도록 스스로 지켜내기도 해야 하는 특별한 것이라는 뜻이다.

이 책은 스포츠, 게임, 예술, 취미, 지적 활동뿐만 아니라 일이나 관계에서 어떻게 몰입을 통해 최적 경험을 할 수 있는지에 대해 저자 자신과 주위의 구체적인 사례를 들면서 실질적인 도움을 주는 내용을 담고 있다. 특히 심신이 망가져 버릴 정도로 큰 불행을 당하고도 신경증적인 방어나 퇴행적 대처에 머물지 않고, 긍정적 대응 자세인 변형적 대처(전화위복의 기회)를 하려면 어떻게 해야 하는지에 대한 논의는 매우 흥미롭다. 우리가 배워야 하는 미덕 중에는 역경을 즐거운 도전으로 변화시키는 능력만큼 유용하고 생존에 필수 불가결하며 삶의 질을 향상시켜 주는 것도 없다.

가장 야심 찬 논의는 어떻게 하면 역경을 포함해서 우리가 하는 모든 경험을 의미 있는 형태로 전환시키고 목적, 결의, 조화로 삶을 통합시킬 수 있는가에 대한 논의이다. 만약 이것이 가능하다면 우리를 일상적으로 괴롭히던 사회적 욕망과 기대는 잔잔해질 것이며 이루지 못한 소망들도 더 이상 문제가 되지 않을 것이다. 그리고 가장 싫거나 하찮은 경험조차도 의미 있고 즐거운 것으로 변하게 될 것이다. 무엇보다 매 순간 우리는 우리의 잠재력을 구현하려는 노력을 경주할 것이고, 이로 인해 삶이 보다 창의적으로 바뀔 것이다.

(서평 : 허보희)

훔치고 싶은 문장

마음을 어떻게 다루냐에 따라 삶의 질이 달라진다.

함께 읽으면 좋은 책

『몰입』황농문 지음, 알에이치코리아, 2007년
『몰입의 즐거움』미하이 칙센트미하이 지음, 이희재 옮김, 해냄, 2007년(개정판)

| 65 |

생각의 탄생

다빈치에서 파인먼까지 창조성을 빛낸 사람들의 13가지 생각도구

로버트 루트번스타인/미셸 루트번스타인 지음, 박종성 옮김, 에코의서재, 2007년
Sparks of Genius: The Thirteen Thinking Tools of the World's Most Creative People,
Robert S. Root-Bernstein/Michele M. Root-Bernstein, Mariner Books, 2001

◆ ◆ ◆

생각은 '문득' 떠오른다. 무의식 속에 잠자고 있다가 어느 순간 '문득' 떠오르는 것이 생각이다. 생각이 어떻게 만들어지는지 궁금했는데 이 책이 그 실마리를 제공해 주었다. 레오나르도 다빈치, 알베르트 아인슈타인, 파블로 피카소, 마르셀 뒤샹, 리처드 파인먼, 버지니아 울프, 제인 구달, 이고르 스트라빈스키, 마사 그레이엄 등. 역사 속에서 뛰어난 창조성을 발휘한 사람들은 도대체 무엇이 다르길래 그런 탁월한 성과를 낼 수 있었을까? 이 책을 통해 이들의 발상법을 배워보자.

책은 역사상 가장 위대했던 천재들이 어떻게 발상하고 어떻게 생각했는지 총 13단계로 나누어 설명하고 있다. 여기서는 그중 몇 가지 정도만 살펴보겠다.

첫 번째는 관찰이다. 모든 지식은 관찰에서 출발한다. 앙리 마티

스는 지나가는 행인의 실루엣을 몇 초안에 그리는 연습을 했다. 이를 위해서는 행인의 몸짓과 자세에 나타나는 특징을 순간적으로 파악할 수 있어야 한다. 그의 스승은 "5층에서 떨어지는 사람을 바닥에 닿기 전에 그려내지 못하면 걸작을 남길 수 없다"고 얘기했다. 글쓰기에도 예리한 관찰은 필요하다. 서머싯 몸은 "사람을 끊임없이 탐구하는 것은 작가의 필수적 자세이다"라고 얘기했다. 사람의 외관뿐 아니라 대화, 행동까지도 관찰해야 한다는 뜻이다. 관찰은 그냥 보는 것이 아니라 겉으로 보이는 그 너머의 것까지도 보는 것을 말한다.

두 번째는 형상화다. 교류전기와 발전기를 발명한 니콜라 테슬라는 "나는 어떤 생각이 떠오르면 머릿속에서 즉시 그것의 기본 모양을 그려본다. 상상 속에서 구도를 바꿔보기도 하고, 작동을 시켜보기도 한다." 한마디로 만들기 전에 머릿속으로 그려볼 수 있다는 것이다. 루치아노 파바로티도 피아노 앞에서 실제 노래 부르는 것보다 더 많은 시간을 머릿속으로 연습하는 데 썼다. 부르기 전에 음악을 볼 수 있어야 한다는 뜻이다. 극작가 테네시 윌리암스는 희곡을 쓸 때 배우들이 무대에서 실제 내는 목소리와 말투를 상상하며 글을 썼다.

세 번째는 추상화다. 추상화는 단순화다. 추상화의 본질은 한 가지 특징만을 잡아내는 것이다. 불필요한 부분을 도려내면서 사물의 본질만을 드러낸다. 불필요한 부분, 없어도 되는 부분을 없애고 엑기스만 골라내는 작업이다.

네 번째는 패턴 인식이다. 선생님이 1부터 100까지의 합이 얼마냐고 질문을 하자 카를 프리드리히 가우스는 몇 초 만에 5,050이라고 답을 했다. 99 더하기 1은 100, 98 더하기 2 역시 100, 이런 식으로 100의 조합이 50개면 5,000일 테고 남은 것은 50 하나뿐. 그러므로 정답은 5,050. 그는 본능적으로 패턴을 활용해 문제를 풀었다. 의사 존 스노우는 지도를 활용해 콜레라의 원인이 물이라는 것을 처음 발견했다. 런던에서 콜레라로 죽은 사람들의 거주지를 지도로 작성해 보니 사망자 전부가 오염된 물 펌프 하나에서 물을 길어 먹었다는 것을 알 수 있었기 때문이다. 이처럼 패턴을 이용하면 최소의 노력으로도 문제를 풀 수 있다. 체스의 고수들 역시 패턴 인식의 귀재들이다. 패턴을 알면 흐름을 알 수 있고, 그렇게 되면 다음에 무슨 일이 일어날지가 예상이 된다. 패턴 인식 능력이 예측력이며 모든 창조 행위의 특징이 된다.

다섯 번째는 패턴 형성이다. 요한 세바스티안 바흐는 대칭적인 패턴을 통해 독창적 음악을 작곡했다. 따로 악보가 없음에도 아프리카의 음악은 구전이 잘 된다. 패턴이 있기 때문이다. 더 많은 패턴을 고안할수록 더 많은 지식을 소유할 수 있다. 이해도 더욱 풍요로워진다. 패턴 형성 기술을 배우는 것은 모든 학습과 혁신의 열쇠가 된다.

여섯 번째는 유추다. 유추란 둘 혹은 그 이상의 현상들 사이에 기능적으로 유사하거나 일치하는 내적 관련성을 알아내는 것이다. "땅이 사과를 잡아당기는 힘은 사과뿐만이 아니라 하늘에 떠 있는 달도 잡아당길 것이다." 만유인력의 법칙은 이 같은 유추의 산물이다. 19세기 초반 토머스 멜서스는 인구가 이렇게 증가하다가는 자원의 한계를 넘어서게 되고 그렇게 되면 빈곤층은 굶어 죽을 것이라고 예견했다. 이를 들은 다윈은 자연에서도 이와 같은 일이 벌어질 것이라고 유추했다. 물고기는 수천 개의 알을 낳고 나무는 수백 만개의 씨를 뿌리지만 그 중 성장하는 것은 몇 개 되지 않는다는 사실을 떠올리고, 가장 적합한 종(種)만이 살아남는다고 생각했다. 그것이 바로 적자생존의 법칙이다. 수많은 발명품 역시 이 같은 유추의 결과물이다. 상처를 봉합하는데 쓰는 외과용 스테플러는 원시 부족민들이 무는 개미를 이용해 벌어진 상처를 꿰매는 것을 보고 착안한 물건이다. 착유기는 흡혈 거머리를 기계적으로 유추한 것이고 벨크로(찍찍이)는 옷에 달라붙는 도꼬마리 열매에서 영감을 얻은 것이다. 이처럼 유추는 사고 작용의 핵심이다. 유추가 없다면 창조는 있을 수가 없다.

일곱 번째는 몸으로 생각하기다. 몸의 일부가 사라진 뒤에도 감각은 살아있다. 이를 유령 사지(Phantom Limbs) 혹은 유령 감각(Phantom Sense)이라고 부른다. 다리를 잃어버렸음에도 다리의 통증과 가려움을 뇌는 느낀다. 몸이 생각을 하고 있는 것이다. 자전거 타기, 피아노 치기 같은 동작은 일단 몸에 익으면 점차 의식하지 않고도 그일을 할 수가 있다. 그래서 고수가 되기 위해서는 머리가 아닌 근육과 세포가 기억을 해야 한다.

여덟 번째는 감정 이입이다. 영화배우 톰 행크스는 어린 시절 우주여행에 너무 매료되어 무중력 훈련을 흉내 내느라 호스로 숨을 쉬면서 수영장 밑바닥을 걸어 다니곤 했다. 이처럼 감정 이입은 그 사람이 되어 보는 것이고 다른 사람의 몸과 마음을 통해 세계를 지각하는 것이다. 사냥에 성공하려면 사냥감처럼 생각하고 좋은 낚시꾼이 되려면 고기처럼 생각해야 하는 것과 마찬가지다.

　이외에도 이 책에는 차원적 사고, 모형 만들기, 놀이, 변형, 통합이 더 있다. 창조성은 소수 천재들만의 전유물이 아니다. 이들이 활용한 창조적 사고의 13가지 도구들을 이용한다면 누구나 창조성의 대가가 될 수 있다. 이 책을 통해 상상력을 구체적으로 실현해보자.

(서평 : 한근태)

훔치고 싶은 문장

관찰은 그냥 보는 것이 아니라 겉으로 보이는 그 너머의 것을 보는 것이다. 미술은 보이는 것을 표현하는 것이 아니라 어떤 것을 보이게 하는 것이다.

함께 읽으면 좋은 책

『생각의 지도』리처드 니스벳 지음, 최인철 옮김, 김영사, 2004년
『탁월한 아이디어는 어디서 오는가』스티븐 존슨 지음, 서영조 옮김, 한국경제신문, 2012년

| 66 |

넛지

똑똑한 선택을 이끄는 힘

리처드 탈러/캐스 선스타인 지음, 안진환 옮김, 리더스북, 2018년(개정판)
Nudge: Improving Decisions about Health, Wealth, and Happiness,
Richard H. Thaler/Cass R. Sunstein, Penguin Books, 2009년

◆ ◆ ◆

인간은 합리적 경제 주체라는 전통 경제학의 공리를 근본적으로 흔들어 버린 행동 경제학의 창시자 리처드 탈러. 우리의 선택과 행동은 감정과 충동이 지배하는 비합리성과 인지 오류의 영역이기도 하다는 점을 실감 나게 보여주면서, 이를 어떻게 더 나은 삶과 세상을 만드는 데 활용할 수 있는지를 보여준다.

전통 경제학에서는 인간을 합리적이고 이성적인 주체로 본다. 주어진 정보 하에 최선의 합리적 선택을 하며 편향되지 않은 행동을 한다는 가정이다. 그러나 심리학과 행동 경제학의 많은 연구 결과는 이 가정을 부정한다. 하나씩 살펴보자.

첫 번째로 인간은 현상 유지 편향, 즉 '타성(惰性)'을 가지고 있다.

휴대폰을 새로 구입했을 때 대다수의 사람들은 구매 시 이미 설정되어 있는 기본 옵션을 그대로 사용한다. 심지어 살 때부터 자동으로 설정된 벨 소리가 귀에 거슬린다고 느끼면서도 실제로 이를 바꾸는 사람은 극소수이다. 또 다른 예로 '무심한 선택'이 있다. 구내식당의 음식 순서만 재배열해도 특정 음식의 소비량을 25%씩이나 올리거나 내릴 수 있다는 연구 결과가 있다. 즉, 좋아하거나 건강에 좋은 음식을 적극적으로 찾아서 먹기보다는 진열된 순서에 따라 무심한 선택을 하는 사람들이 적지 않다는 뜻이다.

두 번째는 자기 통제 결여이다. 우리는 합리적인 판단으로 계획을 잘 세워놓고도 막상 실제 상황에서는 당초 계획했던 것과는 다른 결정과 행동을 한다. 그리고선 '유혹에 넘어갔다'라며 후회를 한다. 저자는 이에 대해 인간에게는 두 개의 자아가 있기 때문이라고 말한다. 장기적인 안녕을 위해 계획을 담당하는 이성적인 자아와 당장 하고 싶은 것을 행동으로 옮기는 감정적이고 충동적인 자아. 이중 행동하는 자아는 통제하기도 힘들고 항상 유혹에 노출되어 있기 때문에 술, 도박, 쇼핑 중독 등의 문제를 겪을 수가 있다. 이는 감정과 충동을 과소평가해 자기 통제가 안 되는 경우에 해당한다.

세 번째는 우리의 선택과 행동이 알게 모르게 다른 사람들로부터 쉽게 영향을 받는다는 사실이다. 전통 경제학에서 말하는 합리적 인간이라면 유행 따위는 무시하고 자신만의 선택을 고수해야 되겠지만 우리는 알다시피 타인의 말과 행동에 쉽게 영향을 받는다. 수많은 사람들이 공통적으로 취하는 행동이나 선택이 최선책을 말해주는 것일 수도 있겠지만 반대로는 또래 압력으로도 작용한다는 것이다. 그래서 나의 행동을 남들이 주목한다는 착각 때문에 타인의 분노를 피하거나 반대로 환심을 얻기 위해 타인의 생각이나 행동을 따르기도 한다.

앞서 살펴본 세 개의 예처럼 인간은 생각보다 더 자주 비합리적인 행동을 한다. 따라서 무언가 인간의 행동을 바람직한 방향으로 유도하기 위해서는 '선택 설계'를 하는 것이 중요한데, 누군가를 속이는 설계가 아니라 사람들의 선택을 존중하면서 삶의 질을 향상시키는 방향으로 설계하는 것이 중요하다. 휴대폰 설계든 음식 순서의 배열이든 사람들이 결정을 내리는데 배경이 되는 정황 또는 맥락을 만드는 선택 설계자는 사람들의 이런 성향을 잘 이용해야 한다. 저자는 이를 '자유주의적 개입주의(Libertarian Paternalism)'라고 한다.

이 책의 제목이 넛지(Nudge, 옆구리를 쿡쿡 찌르는 것)인 것도 바로 선택 설계자가 취하는 자유주의적 개입주의 방식을 중요하게 다루고 있기 때문이다. 사람들에게 선택의 자유를 없애거나 그들의 경제적인 인센티브를 왜곡시키지 않으면서도 예상 가능한 바람직한 방향으로 그들의 행동을 자연스럽게 변화시키는 것, 즉 건강에 해롭다고 정크 푸드를 금지하는 것이 아니라 건강에 좋은 과일을 눈에 잘 띄는 위치에 놓아두는 것, 이것이 넛지인 셋이다.

이 책은 인간은 합리적이고 이성적이라 주어진 상황에서 항상 최선의 선택을 하며 타인으로부터 영향을 받지 않는다는 전통 경제학의 가정이 얼마나 많은 맹점을 가지고 있는지 보여준다. 특히 복잡하거나 중요한 선택을 해야 하는 상황에서 경험이 부족하거나 정보가 충분하지 않거나 피드백이 느리거나 별로 없는 경우 잘못된 선택을 할 가능성이 높다는 점을 강조한다. 그래서 저자는 정부나 민간단체가 자유주의적 개입주의 방식인 인센티브와 넛지를 적절히 배치해서 사람들이 잘못된 선택을 하지 않도록 해야 한다고 여러 사례들을 통해 말한다.

사람들은 강요를 싫어한다. 누구나 자발적으로 자신이 선택한 것을 하고자 한다. 그러므로 만약 인센티브와 넛지가 사람들의 선택에 대한 자유를 보호하는 것과 동시에 삶의 질을 개선시키는 방향으로도 활용될 수 있다면 선택 설계자는 이를 적극적으로 활용하는 것이 바람직하다. 이런 의미에서 자유주의적 개입주의를 주창하는 이 책은 여러모로 의미 있게 다가오고 반갑기까지 하다.

만약 여러분이 2008년 글로벌 금융 위기의 원인이 무엇인지, 현명한 투자는 어떻게 하는 것인지 알고 싶다면? 그리고 니코틴 패치 없이도 금연에 성공하고 싶다면? 이 책을 펼쳐보길 바란다.

(서평 : 허보희)

훔치고 싶은 문장
우리의 본성 중 상대적으로 선한 천사를 독려한다면 인간들의 삶은 지금보다 훨씬 더 나아질 것이다.

함께 읽으면 좋은 책
『상식 밖의 경제학』 댄 애리얼리 지음, 장석훈 옮김, 청림출판, 2018년(개정판)

| 67 |

긍정심리학

마틴 셀리그만 지음, 김인자/우문식 옮김, 물푸레, 2014년(개정판)
Authentic Happiness: Using the New Positive Psychology to Realize Your Potential
for Lasting Fulfillment, Martin E. P. Seligman, Free Press, 2002

◆ ◆ ◆

행복을 증진시키는 방법이 과연 있을까? 궁금하다면 이 책을 읽고 '긍정 심리학'을 배워야 한다. 이제는 심리학계에 굳건히 자리 잡은 새로운 분야, 긍정 심리학의 창시자가 말해주는 행복 찾기의 바이블이 이 책이다.

프로이트 심리학에 의하면 인간의 삶에서 일어나는 모든 심리적 사건은 전적으로 과거의 산물이다. 우리가 성인이 되어 느끼는 행복과 우울은 모두 어린 시절에서 원인을 찾을 수 있다고 본다. 반면 행동주의 심리학은 우리가 느끼는 모든 정서적 감정을 행동에 수반된 부수적 현상으로 본다. 그래서 공포라는 정서 역시 도피라는 행동이 유발하는 사후적 현상으로 본다. 이렇게 되면 이미 성인이 된 후나 이미 행동이 있고 난 뒤에는 '행복'을 찾기 위해 우리가 할 수 있는 일은 그다지 많지가 않게 된다. 이 책의 저자는 이 같은 기존의 프로이트 심리학과 행동주의 심리학에 '긍정 심리학'이라는 도전장을 내밀었다.

저자는 '행복도(행복의 정도)'의 결정 요인을 크게 두 가지로 보았다. 유전적 특성과 환경 특성이다. 쾌활함과 낙관성 같은 성격 특성은 유전직 특성에 해당한다. 환경 특성은 다시 두 가지로 나뉘어지는데 돈, 지위와 같은 외적 환경 요인과 자율 의지 및 자발적 행동 등의 내적 환경 요인으로 구분된다. 이중 저자가 주목한 것은 바로 내적 환경 요인이다.

저자는 연구를 통해 내적 환경 요인이 얼마든지 변경 가능하다는 것을 밝혀냈다. 게다가 외적 환경 요인은 행복도의 8%~15% 정도에 불과하지만 그 외 나머지는 모두 내적 환경 요인에 해당한다는 것도 알아냈다. 이 같은 연구 결과를 바탕으로 저자는 기존의 심리학 가르침을 부인하며 "행복은 학습될 수 있다"고 역설한다.

어떻게 해야 행복도를 높이는 방향으로 내적 환경 요인을 조정할 수 있는 것일까? 저자는 행복도는 이미 겪은 과거, 앞으로 일어날 미래 그리고 지금 경험하고 있는 현재가 우리에게 어떤 정서(감정)를 유발하는지에 따라 결정된다고 말한다. 먼저 과거는 우리에게 자부심, 원한 등의 정서를 유발한다. 이 정서들은 과거에 대한 주관적 해석에 달려 있으므로 저자는 감사와 용서 그리고 망각을 통해 좋은 기억을 확장시키고 나쁜 기억은 약화시키는 방식으로 행복도를 올릴 수 있다고 말한다. 다음으로 불안, 희망 등 미래와 관련된 정서의 경우에는 좋은 일은 지속적이고 전부인 반면 나쁜 일은 일시적이고 일부분에 불과하다는 정서 형성 방식을 연습하면 된다고 말한다. 이처럼 저자의 과거와 미래 행복 찾기 학습법은 한마디로 '긍정 정서' 키우기로 요약될 수 있다. 즉 과거에 대해서는 감사와 용서, 미래에 대해서는 낙관과 희망 등으로 긍정 정서를 키우면 행복도가 높아진다는 것이다.

현재의 행복 찾기 학습법은 무엇일까? 현재와 관련된 행복 증진법은 과거나 미래의 경우와는 좀 다르다. 즉 긍정 정서를 키우는 방법이 아니라 '정서가 없는' 상태인 몰입을 통해서 증진된다. 그 이유는 현재의 행복도는 쾌감과 만족감의 합이기 때문이다. 쾌감은 순식간에 일어났다 사라지는 원초적 감정이고, 매번 좀 더 큰 자극을 필요로 한다. 반면에 만족감은 쾌감과 달리 오래 지속되며 습관화되지도 않으며 일상에서 자신의 강점이 발휘될 때 얻어진다. 특히 의식이 완전히 차단된 상태 '감정이 전혀 없는' 완전한 심취 상태일 때 만족감이 높아지는데 이것이 몰입 상태이다. 몰입 상태에서는 긍정 정서의 높고 낮음과 상관없이 누구나 만족감을 얻을 수가 있다. 예를 들어, 유전적으로 긍정 정서가 낮은 사람은 자신의 노력에도 불구하고 낙천적인 사람보다 미래에 대한 불안감이 크겠지만 자신이 하는 일에 심취하고 몰입함으로써 다른 사람과 동일하게 행복감을 느낄 수 있다는 것이다.

그렇다면 '몰입'을 하기 위한 방법은? 먼저 명확한 목표가 있어야 하고, 즉각적인 피드백을 받을 수 있어야 하고, 과제와 능력 사이의 적절한 균형점을 갖고 있어야 한다. 그리고 보다 중요하게는 자신이 가지고 있는 성격 강점을 계속 연마하는 것이 필요하다. 『나와 마주서는 용기』의 저자 로버트 스티븐 캐플런은 22년간 골드만삭스에서 근무하면서 그룹 부회장의 지위에까지 올랐다. 그러나 자신을 포함하여 주변의 많은 사람들이 세속적인 성공의 정점에서 허탈감을 느끼고 혼란스러워하는 것을 목격한다. 『그릿』의 저자 앤절라 더크워스 또한 꿈의 직장 맥킨지에서 만족감을 느끼지 못하고 교사로 돌아온 다음에야 자신이 있어야 할 곳을 찾은 느낌이었다고 고백했다. 이는 외적 환경이 행복에서 차지하는 비중이 높지 않다는 것을 보여주는 사례다. 결국 두 사람은 더 큰 목적의식을 가지고서 자신의 기준으로 자신이 있을 곳을 찾고 나서야 행복감을 되찾을 수 있었다.

『긍정심리학』의 저자 마틴 셀리그만은 긍정심리학의 창시자로 치료보다는 예방에 관심을 두고 우리가 행복하기 위해 적극적으로 무엇을 할 수 있는지에 대해 초점을 두고 이 책을 썼다. 저자는 24개의 성격 강점을 책에서 상세하게 제시하고 있고 설문지를 통해 자신의 대표 강점을 독자들 스스로 파악할 수 있도록 했다. 이 외에도 행복도 검사, 낙관성 검사, 직업 만족도 검사 등 여러 종류의 설문지가 책에 포함되어 있어 설문지에 천천히 답해가며 한 장 한 장 천천히 음미해 나간다면 여러분의 행복 찾기도 그리 어렵지 않을 것이다.

(서평 : 허보희)

훔치고 싶은 문장

부정 정서는 제로섬 게임이고, 긍정 정서는 윈-윈 게임이다.

함께 읽으면 좋은 책

『긍정 지능』쉬르자드 샤미네 지음, 윤태준 옮김, 생각연구소, 2012년

『해피어』탈 벤-샤하르 지음, 노혜숙 옮김, 위즈덤하우스, 2007년

68

통찰, 평범에서 비범으로

게리 클라인 지음, 김창준 옮김, 알키, 2015년
Seeing What Others Don't: The Remarkable Ways We Gain Insights,
Gary Klein, PublicAffairs, 2013

◆ ◆ ◆

새로운 사업을 기획하거나 혁신을 추구할 때 혹은 경영 위기가 도래
했을 때 가장 필요한 것은 무엇일까? 시장, 제품, 고객에 대한 새로운
변화를 읽어 내는 통찰이다. 저자인 게리 클라인은 노벨경제학상 수
상자인 대니얼 카너먼과 함께 의사 결정 이론의 양대 산맥으로 꼽히
는 인지과학자다. 이 책은 통찰을 촉발하는 요인, 통찰을 방해하는 요
인 등을 체계적으로 설명하고 있다. 이 책을 통해 통찰하는 방법을 배
워보자.

모든 비즈니스에 꼭 필요한 통찰은 무엇일까? 어떻게 하면 통찰을 잘
할 수 있을까? 먼저 우리가 많이 들었던 국내 사례를 몇 개 살펴보자.

1971년 현대중공업은 조선소 건설을 위해 당시 영국 최고의 은
행이던 바클레이 은행으로부터 4,300만 달러(약 510억 원)에 이르는

차관 도입을 협의하고 있었다. 협상은 난항에 부딪혔고 쉽게 타결될 기미가 보이지 않았다. 이때 정주영 회장이 주머니에서 거북선이 그려진 지폐를 꺼내 보이며 "우리는 1500년대에 이미 철갑선을 만들었고, 영국보다 300년이나 앞서 있었다"라고 말한다. 이 일을 계기로 현대중공업은 조선소 건설에 필요한 자금을 유치하게 된다. 정주영 회장은 거북선이 그려진 지폐로 설득하면 되겠다는 생각을 어떻게 했을까?

LG전자는 속옷, 아기 옷 등 민감한 의류와 일반 빨래를 구분해서 세탁한다는 고객의 불편을 파악했다. 그리고 이러한 불편을 해소하고 빨래하는 시간을 줄이기 위해 분리 세탁이라는 새로운 아이디어를 떠올렸다. 그리고 이 아이디어를 구현하는 트윈 워시 세탁기를 개발했다. 세탁 문화를 바꾼 '듀얼 세탁기'의 원조 제품이었다. LG 연구원들은 분리 세탁이라는 생각을 어떻게 했을까?

이 책에서는 대표적인 통찰 사례로 컬럼비아 대학의 마틴 챌피 교수가 2008년 노벨 화학상을 받게 될 당시 어떻게 연구 아이디어를 도출할 수 있었는지를 소개한다. 챌피 교수는 어떤 세미나에서 우연히 해파리가 어떻게 가시광선을 만들고 생물 발광을 할 수 있는지를 듣게 된다. 이때 챌피 교수는 '초록색 형광 단백질을 투명한 벌레에 십어넣는다면, 자외선을 쐬어서 그 단백질이 어디로 어떻게 퍼지는지 볼 수 있겠다'라는 생각을 한다. 그것은 살아 있는 유기체의 내부를 들여다볼 수 있는 '자연 손전등'에 대한 아이디어였다. 챌피 교수는 어떻게 이 아이디어를 순간적으로 떠올릴 수 있었을까?

저자는 통찰을 '더 나은 이야기로의 예상치 못한 이동'이라고 정의한다. 통찰은 의식적이거나 의도적이지 않고 경고 없이 온다는 것이다. 그래서 통찰을 얻는 순간, 우리는 '아 그래, 바로 이거야!' 하고 생각하게 되는 것이다. 그렇다면 통찰과 직관은 어떻게 다를까? 게리 클라인은 이 책 이전에 『인튜이션』이란 책을 통해 '직관이란 자신들이 이미 배운 패턴을 사용하는 것이고 이와 반대로 통찰은 새로운 패턴을 발견하는 것'이라고 했다.

저자는 통찰과 관련된 120건의 사례를 수집하고 분석하면서 다섯 가지 통찰의 패턴을 발견한다. 연결, 우연의 일치, 호기심, 모순, 창의적 절망 등이 그것이다. 앞서 예를 들었던 첼피 교수의 아이디어는 이미 가지고 있던 정보와 새로운 정보를 '연결'한 사례의 전형이다. 정주영 회장의 거북선 지폐나 LG전자 연구원들의 분리 세탁 역시 '연결'에 의한 통찰이다. 저자의 분석에 의하면 120건의 사례 중 82%는 연결에 의한 통찰이었다고 한다.

통찰의 방법으로 연결 짓기는 우리 주변에서도 자주 목격되는 방법이다. 어느 지역의 식당에 갔는데 천장에 전등이 있는 곳마다 작은 모기장이 매달려 있는 것을 보았다. 저 작은 모기장이 무슨 기능을 하는 것일까? 식당 주인은 고객들이 염려하는 벌레로 인한 불결한 위생 문제를 해결하기 위해 모기장을 연결했고, 그 결과 전등에 부딪혀 바닥으로 떨어지는 벌레를 막을 수 있었다고 한다. 이처럼 연결 짓기는 꼭 해당 분야의 전문가가 아니어도 쉽게 실천해 볼 수 있는 통찰 방법이다.

통찰은 전문가뿐만 아니라 비즈니스와 일상에서도 요구되는 역량이다. 특히 사업가와 기획자는 통찰을 통해 신규 사업이나 신제품의 아이디어를 얻고 새로운 고객 가치를 창출할 수 있다. 다만, 통찰만으로는 한계가 있다. 저자는 행동으로 옮기지 않는다면 통찰은 크게 중요하지 않다고 했다. 코닥은 최초로 디지털카메라를 발명했지만 내부 반발로 제품으로 연결시키지 못했고 결국 파산의 길을 걷게 되었다. 브리태니커 백과사전은 최초의 시디롬 멀티미디어 백과사전을 생산했지만 자신의 상품을 디스크에 넣는 것을 거부한 외판원들에 의해 한계에 직면했다. 이 모두 이전에 그토록 히트를 쳤던 사업 모델의 함정에 빠지는 이카루스의 역설에 해당한다.

이 책을 통해 통찰의 원리를 이해한다면 우리의 비즈니스를 혁신할 아이디어를 발견할 수 있을 것이다. 그리고 발견했다면 거기에 머물러 있는 것이 아니라 반드시 실행으로 옮겨야 한다. 어쩌면 통찰보다 더 중요한 것은 통찰한 내용에 대한 실행(의지력)이다. 실행하지 않으면 어떤 변화도 일어나지 않기 때문이다.

(서평 : 구자룡)

훔치고 싶은 문장
우리가 행동으로 옮기지 않았다면, 통찰은 크게 중요하지 않다.

함께 읽으면 좋은 책
『인튜이션』게리 클라인 지음, 이유진 옮김, 한국경제신문, 2012년
『1등의 통찰』히라이 다카시 지음, 이선희 옮김, 다산3.0, 2016년
『통찰의 시대』에릭 캔델 지음, 이한음 옮김, 알에이치코리아, 2014년

69

마인드셋

스탠퍼드 인간 성장 프로젝트

캐럴 드웩 지음, 김준수 옮김, 스몰빅라이프, 2017년
Mindset: The New Psychology of Success, Carol S. Dweck, Random House, 2006

◆ ◆ ◆

만약 당신이 타인의 재능이 대단해 보이고 노력하지 않는 성공이 부럽다면? 또는 우월함은 재능에서 나온다는 생각 때문에 많은 노력을 들이는 것을 숨기고 싶다면? 그리고 실수, 비판, 역경, 실패의 경험이 쓰라리고 아파서 참아내기 힘들다면? 이 책은 통렬한 깨달음뿐만 아니라 마음의 힐링까지도 선사할 것이다.

"당신은 재능이 정해져 있다고 생각하는가? 혹은 재능은 키울 수 있다고 생각하는가?" "당신은 남들보다 뛰어나 보이고 싶은가? 아니면 더 많이 배우고 싶은가?" "당신은 도전을 되도록 피하고 싶은가? 도전을 기꺼이 받아들이고 싶은가?" "당신은 역경 앞에서 쉽게 포기하는 편인가? 맞서서 싸우는 편인가?" "당신은 노력을 하찮게 여기는

가? 아니면 완성을 위한 도구로 여기고 높이 평가하는가?" "당신은 비판에 대해 질색하고 옳더라도 무시하는 편인가? 비판으로부터 배우려고 하는 편인가?" "당신은 타인의 성공으로부터 위협을 느끼는가? 아니면 그로부터 교훈과 영감을 얻는가?"

각각의 질문 항목 중 첫 번째 물음에 당신의 고개가 끄덕여졌다면 저자는 당신을 고정 마인드셋을 가지고 있는 사람으로 정의할 것이다.

인간의 자질이 돌에 새겨진 듯 불변하다고 믿는 고정 마인드셋을 가진 사람들은 지금 당장 완벽해야 하며 지금 당장 자신의 우월성을 증명해야 한다고 생각하는 사람들이다. 이들은 이미 초기 성과만으로도 한 사람의 재능을 전부 알 수 있다고 본다. 그렇기 때문에 위험, 노력, 도움은 오히려 자신의 결점과 무능함만 노출시킨다고 생각한다. 그래서 이 세계에 속한 사람들은 자신의 약점을 최대한 숨기고 자신의 능력을 증명하는 데에만 집착하고 남들의 평판에 유독 마음을 쓴다. 따라서 이들에게 실패, 실수는 절대로 있을 수 없는 것이고 혹시 실패나 실수를 하게 되면 잊을 수 없는 상처로 기억한다. 그래서 되도록이면 어려운 도전을 피하려고 하고 실패하게 되면 남 탓과 상황 탓을 하면서 책임을 돌리거나 변명을 한다. 그리고 이들은 '더 우월함'을 성공의 핵심 요인으로 보기 때문에 제왕적 태도와 거대한 에고(Ego)로 둘러 쌓여 혼자서만 스타가 되길 원하고 타인의 성공을 돕거나 팀원들과 함께 성공하는 데에는 별로 관심을 가지지 않는다.

반대로, 당신이 두 번째 물음에 수긍했다면 당신의 마인드셋은 성장 마인드 셋이다. 성장 마인드셋은 현재 가진 자질은 단지 성장을 위한 출발점일 뿐이며 노력이나 전략 또는 타인의 도움을 통해 얼마든지 변화하고 길러질 수 있다는 믿음에 기초한다. 이 마인드셋의 세계는 '변화하는 자질'의 세계이다. 여기에서 성공은 새로운 무언가를 익혀 발전하고 성장하는 데 최선을 다하는 일이므로 사람들은 노력을 통해 얼마나 개선될 수 있는지에 대해 집중한다. 또한 효율적인 학습을 위해서는 자신의 현재 능력을 파악하는 것이 중요하므로 고정 마인드셋 사람들보다 좀 더 정확하고 솔직하게 현재의 자신을 평가한다. 이 세계에서의 도전은 발전의 기회이므로 이들은 도전을 피하기보다 기꺼이 받아들이고 노력의 가치를 존중한다. 인생의 고비를 미래의 성공으로 바꾸는 인내심과 회복력도 탁월하고 실패는 단지 마주하여 처리해야 할 대상이며 배울 수 있는 문제로 여긴다.

우리 사회는 대체로 고정 마인드셋이 만연한 세상으로 보인다. 자식이 공부를 못하면 "얘는 머리는 좋은 데 노력을 안 해서 그렇다"라고 말하고, 아이가 예쁘면 "얘는 타고 난 자연 미인이야"라고 강조해서 말한다. 그리고 역사적 인물들을 타고난 능력을 가진 천재적인 영웅으로 미화하면서 우러러본다. 이는 생존에 유리한 우성 유전인자를 선호하는 DNA 본능 때문일지도 모르겠다. 그러나 인간은 끊임없이 삶의 의미를 되새기며 자아실현을 위해 노력하고 자기 자신의 안위를 초월해서 더 큰 대의를 실현시키기 위해 노력한다는 점에서 다른 동물들과는 차별화되는 존재다. 그렇기 때문에 현실에서 노력 없이 큰 성과를 얻은 사람들을 우리는 부러워하기는 하지만 마음속

깊이 존경하지는 않는다. 예를 들어 우리는 모짜르트 같은 음악 신동에게는 부러움을 느끼지만 청력을 잃고도 불굴의 의지와 노력으로 교향곡 제9번을 작곡한 노년의 베토벤에게는 가슴 뭉클한 깊은 존경심을 느낀다.

저자는 수십 년의 연구 끝에 마인드셋이야말로 인생의 모든 것을 결정짓는 핵심 요인이라는 결론에 도달한다. 책은 마인드셋이 어디에서 기원하는지, 이런 마인드셋의 차이가 노력과 성공에 대한 사람들의 관점을 어떻게 변화시키는지, 실패의 정의와 의미를 어떻게 바꿔 놓는지, 또한 어떻게 마인드셋을 가르치고 배우고 바꾸게 할 수 있는지 수많은 예시를 들며 친절하게 설명한다.

(서평 : 허보희)

훔치고 싶은 문장
세상은 강자와 약자, 또는 승자와 패자로 구분되지 않는다. 다만 배우려는 자와 배우지 않으려는 자로 나뉠 뿐이다.

함께 읽으면 좋은 책
『아티스트 웨이』 줄리아 카메론 지음, 임지호 옮김, 경당, 2012년

70

생각에 관한 생각

우리의 행동을 지배하는 생각의 반란

대니얼 카너먼 지음, 이창신 옮김, 김영사, 2018년(개정판)
Thinking, Fast and Slow, Daniel Kahneman, Farrar, Straus and Giroux, 2011

◆ ◆ ◆

어떤 때는 순간적으로 생각이 떠오르지만 어떤 때는 고민을 거듭해야 생각이 난다. 이처럼 어떤 상황에 따라 사고방식의 차이가 있다고 생각한 대니얼 카너먼은 생각에 관한 연구로 노벨경제학상을 수상한 최초의 심리학자가 되었다. 그리고 고전 경제학의 프레임을 뒤집는 행동 경제학의 창시자가 되었다. 이 책을 보게 되면 그의 생각에 관한 연구를 한편의 다큐멘터리를 보듯 읽을 수 있다. 중요한 결정을 해야 하는 사람들은 결정을 하기 전 이 책부터 읽어 보길 바란다.

찡그린 표정을 한 어떤 여성의 사진을 보고서 그녀는 화가 나 있고 목소리는 매우 크고 거칠 것이고 결론적으로 매우 불친절할 것 같다는 생각이 든다면 아마도 당신은 빠르게 생각을 했을 것이다. 반대로 17 × 24라는 곱셈 문제를 보고서 종이와 연필을 가져와 계산에 몰두한 다음 정답을 찾았다면 당신은 천천히 생각한 것이다. 저자는 이처럼 빠르게 생각하는 직관적인 사고를 '시스템1'이라고 했고, 천천히 생각하는 이성적인 사고를 '시스템2'라고 명명했다. 이 책은 우리가 내리는 수많은 선택과 판단을 은밀하게 조정하는 직관적 사고 '시스템1'과 그 반대인 '시스템2' 사이의 상호 영향을 다루고 있다.

두 시스템은 독립적이 아니라 상호 연결되어 있다. 시스템1이 어떤 어려움에 빠지게 되면 시스템2에 당면한 문제를 해결해달라고 구체적이고 확실한 지원을 요청한다. 모두 우리가 깨어 있을 때 활성화된다. 예를 들어, 어떤 위급한 상황에 직면하면 우선은 직관적인 의사 결정부터 하게 된다. 그리고 이 결정으로 문제 해결이 되지 않는다면 이성적으로 축적된 지식의 도움을 받는다. 즉, 시스템1과 시스템2가 상호 연결되어 문제를 해결하는 것이다.

그런데 이런 생각과 판단이 항상 좋은 결과로 이어지면 좋겠지만 현실에서는 반대되는 결과가 종종 발생하기도 한다. '뮐러리어의 도형'이라는 것이 있다. 양쪽 끝에 각기 다른 방향을 가리키는 화살 표시가 붙은 길이가 같은 두 개의 평행선이다(←→, >—<). 두 개의 평행성은 길이가 같음에도 불구하고 안쪽으로 화살 표시가 되어 있는 직선이 더 길어 보인다. 뇌의 회로가 착각을 일으키는 것이다. 너무나도 유명한 '투명 고릴라 실험'은 너무나도 명백하게 보이는 것조차 어떤 조긴으로 인해 놓칠 수 있고, 놓쳤다는 사실조차도 모를 수 있다는 것을 보여준다. 이같은 생각의 오류를 범하지 않기 위해서는 '생각에 관한 생각'을 어떻게 하는 것이 좋을까?

저자는 체계적인 잘못을 '편향(Bias)'이라고 했다. 특히 자신의 신넘과 일치하는 정보는 받아들이고 신념과 일치하지 않는 정보는 무시하는 경향을 '확증 편향'이라고 했다. 우리나라 정치에서도 진보와 보수로 서로 편을 가른 다음 확증 편향으로 상대를 바라보며 불필요한 소모전을 벌이는 일이 비일비재하다. 편향과 관련하여 하나 더 소개하면 '사후 확신 편향'이 있다. 특정 사건의 결과를 보고 난 후, 자기는 이미 진작부터 그런 결과를 확실히 예견하고 있었다고 믿는 현상이다. 코로나19 사태로 마스크 대란이 일어났을 때도 공적 마스크를 도입하는 결정에 대해 마치 예견이라도 한 듯 그런 혼란이 일어날 줄 알았다고 많은 사람들이 말했다. 사전에 예견한 것이 아니라 사후 결과를 보고서는 이미 자신이 그렇게 예측했다고 확신하는 편향이다. 이런 편향은 의사, 정치인, 최고 경영자 등 타인을 대신해서 의사 결정을 자주 해야 하는 사람에게는 의사 결정의 신속함을 떨어뜨리는 원인을 제공한다. 이들은 아무리 적절한 결정을 내렸다 하더라도 결과에 따라 책임론 같은 게 부각될 수 있기 때문에 타인의 비판이 두려운 경우 의사 결정을 진행하는 데 있어서 표준 절차를 고집할 가능성이 커진다. 물론 예측 가능한 재난 상황에서는 표준 절차가 효율적인 의사 결정이 되기도 하지만 그렇지 못한 예측 불가한 재난 상황에서는 표준 절차가 오히려 더 큰 문제를 일으키기도 한다. 2011년 동일본 대지진, 2014년 세월호 침몰 사고, 2020년 코로나19 사태 등이 이 같은 상황이었다고 볼 수 있다.

이 책에서 카너먼은 직관적 사고와 이성적 사고, 즉 시스템1과 시스템2 사이의 상호 협력법을 알려주지만 오류와 편견에 의해 저질러

지는 잘못된 의사 결정 극복법을 알려주지는 않는다. 동료 학자 게리 클라인은 『통찰, 평범에서 비범으로』에서 직관과 통찰을 잘하는 방법을 알려주었고, 또 다른 동료 학자 리처드 탈러는 옆구리를 찌르는 『넛지』를 통해 똑똑한 선택의 방법을 알려주었다. 그에 반해 카너먼은 오류와 편견에 대한 명확한 해결책을 제시하지는 않는다. 그 점은 이 책에 대한 아쉬움으로 남는다. 그럼에도, 대니얼 카너먼은 이 책으로 우리가 사회 활동을 하는데 필요한 '생각의 중심'을 잡도록 도와준다. 인지 심리학과 행동 경제학으로 우리 사고 체계를 이해하고 비즈니스에 접목할 기회를 제공해 주는 책이다.

(서평 : 구자룡)

훔치고 싶은 문장
시스템 1에서 기원하는 오류들을 막는 방법은 원칙적으로 보면 간단하다. 당신이 인지적 지뢰밭에 있다는 신호를 인식하고 속도를 줄이고 시스템 2에 더 많은 도움을 요구하라.

함께 읽으면 좋은 책
『행동경제학』 도모노 노리오 지음, 이명희 옮김, 지형, 2019년(리커버 에디션)
『보이지 않는 고릴라』 크리스토퍼 차브리스/대니얼 사이먼스 지음, 김명철 옮김, 김영사, 2011년

7부. 경제

71

나쁜 사마리아인들

장하준의 경제학 파노라마

장하준 지음, 이순희 옮김, 부키, 2018년(10주년 특별판)
Bad Samaritans: The Myth of Free Trade and the Secret History of Capitalism,
Ha-Joon Chang, Bloomsbury USA, 2008

◆ ◆ ◆

우리는 보통 상식이라 부르는 걸 보편타당하다고 생각한다. 그러나 알고 보면 상식도 변하고 왜곡이 가능하다. 그런 왜곡된 상식 중의 하나가 '신자유주의'이다. 신자유주의는 경쟁을 기본 가치로 여겨 작은 정부를 지향하고 시장 경제를 존중한다. 그러나 이 책은 신자유주의의 '정설'을 비판한다. 그리고 새로운 대안을 보여준다. 책은 우리가 '신자유주의'에 대해 알고 있던 것들을 다르게 생각해보는 계기를 만들어준다.

"독자들을 깜짝 놀라게 할 정도로 생생하고 풍부하며 명료하다. 이 무시무시한 책은 '현실의 경제학'으로 명명되어야 할 것이다. 이 책에서 장하준은 흔히 통용되는 경제 발전의 원리라는 것이 산업 혁명 이후 지금까지 전개된 역사에 비추어 볼 때 얼마나 황당한 교리인지를 폭로한다. (…) 또한 오늘날의 현실이 개선되지 않을 경우 어떤 일이 벌어질지에 대한 장하준의 경고는 오싹하지만 수긍하지 않을 수가 없다."

이 책의 날개에 있는 세계적인 진보 지식인 노암 촘스키의 추천 사이다. 이뿐만 아니라 2001년 노벨경제학상을 받은 조셉 스티글리츠도 '세계화를 바라보는 우리의 시각을 새롭게 만들어주는 책'이라고 호평을 했다. 세계적인 석학들의 추천 덕분인지 책은 발간되던 그해(2007년)에 베스트셀러가 되었다.

이 책의 시작은 소박하고도 친근하다. 한국인이라면 누구나 겪었을 법한 이야기로 시작한다. "나는 1963년 10월 7일 세계에서 손꼽힐 정도로 가난한 나라였던 한국에서 태어났다. 현재의 나는 세계에서 손꼽히는 부유한 국가의 국민이다." 책은 이렇게 시작하며 한국 경제가 성장해온 과정을 설명한다.

그동안 신자유주의자들은 1960년에서 1980년에 이르는 한강의 기적이 한국이 선택한 신자유주의적 경제 개발 전략 때문이었다고 말한다. 하지만 현실은 보호 관세와 보조금 등 여러 형태의 정부 지원으로 해당 산업이 국제 경쟁력 갖출 수 있었기 때문에 가능했다. 일반적으로 한국 경제가 자유무역체제를 통해서 성장했다는 일반적인 인식이 있지만 실제로는 그렇지 않다고 저자는 말한다. "한국 경제의 기적은 시장 인센티브와 국가 관리의 교묘하고도 실용적인 조합이 빚어낸 결과이다. 한국 정부는 공산 국가들이 그랬던 것처럼 시장을 말살하지는 않았지만, 그렇다고 해서 한국 정부가 자유 시장에 대해 맹목적인 믿음을 가지고 있는 것도 아니었다."

　이러한 중상주의 정책은 한국에서만 사용한 것은 아니었다. 오늘날의 부자 나라들도 국가 주도의 경제 성장 시기에는 자국 산업을 보호하려고 보호 관세와 보조금을 사용하였고 외국인 투자를 차별화했다. 그럼에도 부자 나라들은 자기들이 실행해서 거둔 성공 전략을 지금의 개발도상국에는 결코 권하지 않는다. 오히려 자유 무역을 강권한다. 한마디로 자신들이 스스로 타고 올라간 '사다리를 걷어차 버리는 것'이다. 영미 선진국들은 과거 자신들이 걸어왔던 길을 개도국이 따라 할 수 있도록 내버려 두지 않고 자신들이 하라는 대로 할 것을 주문한다. 저자는 이런 그들을 '나쁜 사마리아인'으로 비유한다. 성경을 보게 되면 어려움에 빠진 사람들을 이용하는 것을 부끄러워하지 않는 무정한 사람들이 사마리아인이다. 보호 관세와 보조금 정책을 사용한다고 해서 모두 성공하는 것은 아니지만 이런 수단을 사용하지 않고서 성공한 나라는 없다는 것이 저자의 주장이다.

　자유 무역이 필요하다고 주장하는 이들에게는 강력한 무기가 있다. 바로 데이비드 리카도의 '비교 우위론'이다. 데이비드 리카도의 비교 우위 이론은 오늘날까지도 자유 무역 이론의 핵심을 이루고 있다. 하지만 장하준 교수는 기술적으로 뒤처진 나라가 선진국의 새로운 기술을 흡수하려면 시간과 경험이 필요한데 자유 경쟁을 그대로 받아들여서는 선진국을 절대 이길 수 없다고 주장한다. 그래서 새로운 기술을 배우는 동안은 국제적인 경쟁으로부터 보호를 받을 필요가 있고, 대신 보다 우수하고 보다 저렴한 상품을 국내에 들여올 수 있는 기회를 포기해야 한다고 말한다. 한국을 비롯해서 미국이나 영국 같은 선진국도 이러한 방식을 접목해서 성장했다. 이처럼 리카도의 이론은 현재 상태를 그대로 이어가려는 사람들을 위한 것이지 현재 상태를 바꾸려고 하는 사람들을 위한 것은 아니라 할 수 있다.

결론적으로 얘기해, 저개발 국가에서는 경제 발전을 위해 자국 산업을 보호할 필요가 있다. 미국의 초대 재무장관이었던 알렉산더 해밀턴이 개진한 '유치산업 이론'이 바로 그것이다. 하지만 현재의 자유 경쟁에 입각한 자유 무역론은 현재의 상태를 유지하면서 어른과 아이가 동등한 조건에서 씨름을 하라고 하는 것과 별반 다르지가 않다. 선진국과 개도국이 동등한 경쟁을 벌이는 것은 공평하지 않다는 뜻이다. 토마스 프리드먼이 말하는 것처럼 '세계는 평평하다'가 아니라 선진국 위주로 기울어진 운동장으로 이러한 불공평을 막으려면 경기장을 반대로 기울여서 수평을 맞춰야 한다.

"더 구체적으로 말해 약한 나라들이 자국의 생산자들에 대한 보호와 보조금 정책을 보다 강력하게 실시하고, 외국인 투자에 대해 보다 엄격하게 규제할 수 있도록 허용해야 한다는 것이다. (…) 나쁜 사마리아인인 부자 나라들은 이런 정책이 개발도상국들에 제공하는 '특별 대우'라고 항의할 수도 있겠지만, 이는 상이한 능력과 필요를 가진 국가들에 대한 차별적인 (그리고 공정한) 대우일 뿐이다."

(서평 : 홍재화)

훔치고 싶은 문장

부자 나라들이 과거에는 나쁜 사마리아인들처럼 행동하지 않았다는 사실은 우리에게 희망을 준다. 그 역사적인 사건은 경제적으로도 훌륭한 결과를 낳았다. 그 이전과 그 이후를 통틀어 가장 높은 성과를 올렸다. 그 경험에서 얻은 교훈에 의거해 행동하는 것은 우리의 도덕적 의무이다.

함께 읽으면 좋은 책

『세계는 평평하다』 토머스 프리드먼 지음, 이건식 옮김, 21세기북스, 2013년 (개정판)
『사다리 걷어차기』 장하준 지음, 김희정 옮김, 부키, 2020년(개정판)
『장하준의 경제학 강의』 장하준 지음, 김희정 옮김, 부키, 2014년

| 72 |

THE BOX 더 박스

컨테이너는 어떻게 세계 경제를 바꾸었는가

마크 레빈슨 지음, 이경식 옮김, 청림출판, 2017년(개정판)
The Box: How the Shipping Container Made the World Smaller and the World
Economy Bigger, Marc Levinson, Princeton University Press, 2008

◆ ◆ ◆

현대 경제가 글로벌화 할 수 있었던 것에 대하여 정보화를 손꼽는다. 하지만 정보화만큼이나 운송 수단의 효율화가 중요한 요인이라고 말하는 사람은 드물다. 정보가 아무리 빨리 오가더라도, 이를 실행할 물자의 운송이 뒷받침되지 않는다면 글로벌화는 이루어질 수 없다. 운송의 글로벌화를 이룬 '컨테이너 시스템'이야말로 글로벌 경제의 최고 수훈감이라고 할 수 있다.

무역을 하는 사람들이 가장 기분이 좋을 때는 물건을 가득 실은 컨테이너를 수출할 때이다. 그래서 컨테이너를 보면 의욕이 마구 샘솟는다. 이처럼 세계를 연결하는 데 있어서 인터넷 못지않게 컨테이너가 중요한 역할을 하는데도 불구하고 일반인들은 이 사실을 잘 모른다. 무역업을 하고 있는 필자의 경우에도 컨테이너 박스를 너무 익숙하게 보다 보니 그것의 중요성이나 의미에 대해 그다지 생각을 하지 못했다. 그런데 이 책을 읽고 달라졌다. 싱가포르가 세계적인 중계 무역항으로 발전하게 된 데에도 지도자가 일찍이 컨테이너 항구를 건설했기 때문이고, 우리 경제 발전의 밑거름이 된 부산항의 발돋움도 가만 보면 컨테이너 때문이라고 할 수 있다. 그래서 컨테이너를 잘 들여다보면 세계 경제의 흐름을 볼 수가 있다.

우선 이 책의 띠지에 있는 글이 흥미롭다. "세계를 연결한 것은 인터넷이 아니라 박스였다." 여기에서 말하는 박스(box)는 컨테이너를 말한다. 인터넷이 사이버 공간에서 세상을 연결하였다면 물건과 돈이 흐르도록 실물적으로 연결한 것은 컨테이너라는 뜻이다.

저자 마크 레빈슨은 가장 먼저 우리에게 박스(컨테이너)의 역사를 소개한다. 박스가 처음 도입되었을 때 항구의 부두 노동자들은 투쟁에 나섰다. 박스로 인한 기계화가 사람들의 일자리 경쟁을 낳았고 다양한 집단의 이해관계 등과 얽히면서 불협화음이 일어났다. 이는 과거나 지금이나 큰 차이가 없다. 효율화를 이길 재간은 없기 때문이다. 박스 운송이 도입되기 전에는 사람이 일일이 짐을 옮겨다 실었기 때문에 엄청난 시간과 돈이 필요했다. 하지만 박스가 생기고부터는 박스에 많은 물건을 넣어 한 번에 옮기는 것으로 시간과 노동력을 줄일 수 있었다. 그리고 여기에 '표준화'가 더해지면서 컨테이너는 세계 물류의 표준이 되기 시작했다.

컨테이너 표준화에 있어서 또 빼놓을 수 없는 사람이 말콤 맥린이다. 그는 박스를 같은 규격으로 맞출 때 화물을 훨씬 더 효율적으로 운송할 수 있음을 깨닫는다. 그리고 이 같은 기술 통일이 컨테이너의 발전을 앞당길 수 있다는 것을 깨닫는다. 맥린은 트럭 운송업을 하고 있었기 때문에 차에도 실을 수 있고 배에도 실을 수 있는 컨테이너의 필요성을 절감했다. 그런데 그렇게 하려면 육상과 해상 간의 산업간 표준화가 필요한데, 이게 말처럼 쉬운 일이 아니었다. 맥린은 이를 위해 스스로 시랜드라는 회사를 설립하고, 컨테이너의 표준화에 앞장서기 시작한다. 그리고 그의 이런 노력은 베트남 전쟁을 계기로 전 세계적인 무역 운송의 표준으로 자리잡게 된다. 결국, 맥린의 노력 덕분에 국제 무역은 발전하고 세계 시장은 넓어졌다. 지금 생각해보면 혁신의 도구도 그리고 방법도 단순했지만 이러한 단순함이 쌓여 세계 경제를 연결하는 거대한 변화로 연결된 것이다. 결과적으로 박스의 도입으로 운송 시간은 단축되었고 운송비는 절감되는 효과를 낳았다.

한국 경제의 발전도 컨테이너의 출현과 깊은 관계가 있다. 1970년 미국의 해운회사 맷슨이 부산에서 컨테이너 화물 운송 서비스에 착수하고 미국과 일본의 다른 회사들도 곧바로 가세함으로써 한반도에서 컨테이너 운송이 궤도에 오르기 시작했다. 컨테이너로 인해 저렴해진 운송비는 한국의 무역 패턴에도 큰 변화를 주었다. 1960년대 한국의 수출품은 의류, 가발, 합판 등 국내에서 원료를 충분히 공급할 수 있는 노동집약적 상품이 주류를 이루었지만, 1970년대 들어 운송비가 낮아지면서 한국 제조업체들은 일본 등지에서 더 많은 부품들을 수입해 텔레비전이나 오디오 같은 고가의 수출품을 직접 제조하게 되었다. 이런 일들이 한국 경제를 비약적으로 발전시킨 것은 두말할 나위 없는 사실이다.

이처럼 박스는 한국은 물론이고 전 세계의 무역과 경제 발전에 지대한 공헌을 했다고 해도 과언이 아니다. 이 책을 통해 생생한 이야기를 더 만나보면 좋겠다.

(서평 : 홍재화)

훔치고 싶은 문장

운송 과정이 제품 생산 총 과정에서 중요한 부분이라고 생각하기 보다는 그저 운송비가 거의 공짜라는 사실을 생각하십시오.

함께 읽으면 좋은 책

『무역의 세계사』 윌리엄 번스타인 지음, 박홍경 옮김, 라이팅하우스, 2019년
『블루진 세계 경제를 입다』 레이철 루이즈 스나이더 지음, 최지향 옮김, 부키, 2009년

| 73 |

화폐 전쟁

화폐를 통제하는 자, 모든 것을 지배한다!

쑹훙빙 지음, 차혜정 옮김, 알에이치코리아, 2020년(최신개정판)
货币战争, 宋鴻兵, 中信出版社, 2007

◆ ◆ ◆

이 책이 처음 나왔을 때 아주 큰 화제가 되었다. 지금은 일반화된 '화폐 전쟁'이라는 말도 이 책에서 비롯되었다. 기축 통화를 둘러싼 국가 간의 갈등, 미국의 연방준비제도가 국가 소유가 아닌 민간 소유라는 점, 금융 황제 로스차일드 가문의 내막 등 매우 흥미로운 사실들이 책에 포함되어 있다. 그리고 세계 경제를 공개된 음모론의 측면에서도 살펴볼 수 있다.

이 책은 '중국에서 가장 빠른 속도로 판매된 책'이라는 기록을 가진 경제서로 2007년 6월 초판이 발행된 이후 중국에서만 100만 부 이상이 팔린 초대형 베스트셀러다. 출간 후 대형 서점과 온라인 서점에서 24주간 베스트셀러 1위를 차지했으며, 중국 최대의 인터넷 서점 당당닷컴에서 2007년 올해의 경제경영서 베스트셀러 1위를 차지하기도 했다. 국내에서도 오랫동안 종합 베스트셀러에 오르며 『화폐 전쟁』시리즈를 낳기도 했다.

이 책이 이토록 중국에서 관심을 끌었던 이유는 금세기 최고의 부자 중 하나인 빌 게이츠보다 무려 1,000배 이상의 자산을 가진 로스차일드 가문의 이야기를 비롯해서 우리가 들어보면 깜짝 놀랄 만한 음모론 같은 것들이 많기 때문이다. 그리고 출간될 당시 중국은 본격적인 금융 개방을 앞두고 있던 상황이었던 데다가 서방의 투기 자금이 중국으로 몰려들고 있다는 의혹이 돌던 때라 모두가 이 책에 관심을 가질 수밖에 없었다.

책에 소개된 로스차일드 가문의 이야기 하나를 가져와 보자. 1815년 6월 18일 벨기에 브뤼셀에서 전개된 워털루 전투는 웰링턴 장군이 이끄는 영국군과 나폴레옹의 프랑스군이 국가의 운명을 걸고 벌이는 한 판 승부였다. 또한 수많은 투자자가 거액을 놓고 벌이는 도박의 한 판이기도 했다. 로스차일드 가문에 부흥을 일으킨 마이어 암셀 로스차일드의 직계 후손인 네이선 로스차일드는 이 전쟁을 앞두고서 양측의 군 내부에 스파이를 심어두었다. 그리고 뛰어난 정보 수집력을 바탕으로 6월 19일 새벽에 누구보다 먼저 전쟁의 결과를 알아낸다. 그는 그날 영국 국채를 무차별 매각한다. 다른 거래자들은 네이신의 행동을 보고 네이선이 영국의 패배를 먼저 알아냈다고 짐작하고서는 덩달아 영국 국채를 팔기 시작했다. 영국 국채 값은 곤두박질치기 시작했다. 그러자 네이선은 이제는 반대로 프랑스 국채를 팔면서 영국 국채를 사들이기 시작한다. 영국이 전쟁에서 이겼다는 소식은 네이선이 알게 된 시점보다 무려 하루가 늦은 6월 21일 밤 11시가 되어서야 런던에 도착했다. 결과적으로 네이선은 자신의 정보력을 바탕으로 무려 20배 차익을 챙겼다. 이후 로스차일드 가문은 유럽과 미국의 금융업을 지배하기 시작하며 지금은 50조 달러 이상을 가지고 있는 거대 금융 가문으로 성장한다.

저자는 현대 금융에 깃들어 있는 로스차일드 가문의 영향력 아래에서 벌어지고 있는 화폐 전쟁을 다음과 같이 설명한다.

"중국의 역사는 정치 권력 투쟁을 둘러싸고 전개되었으며 제왕의 마음을 읽지 못하면 중국 역사의 진수를 통찰할 수가 없다. 반면, 서양의 근대사는 금전을 둘러싼 각축전으로 금전의 계약을 제대로 이해하지 못하면 서방 역사의 흐름을 제대로 파악할 수가 없다. 미국의 성장 과정은 국제 세력의 개입과 음모로 점철되었다."

이 내용은 이 책의 핵심적인 내용이라고 할 수 있다. 저자는 특히 현대 미국의 금융 제도를 로스차일드 가문을 비롯한 국제 금융 재벌의 침탈 과정으로 보았다. 실제로 미국의 중앙은행에 해당되는 '연방준비제도(FRB)'는 정부 기관이 아닌 민영 은행의 연합체에 불과하다는(시중 사립 은행들이 지분 100%를 소유하고 있다) 사실도 이 책을 통해서야 대중들에게 알려지기 시작했다.

저자는 로스차일드 가문 외에도 국제 금융 재벌들이 설립하여 서구의 금융 시스템을 좌지우지하는 엘리트 그룹이 있다고 말하는데, 경제 분야의 '빌더버그 클럽'과 정치 분야의 '삼각 위원회'가 그것이다. 이 두 조직은 영미 엘리트가 통치하는 세계 정부와 화폐 제도를 내세워서 전 세계인들 모두에게 세금을 징수하고자 하는 '신세계 질서'의 수립을 목표로 한다. 이들은 금과 은이 화폐가 되는 금본위제가 아닌 지폐 같은 불태환(不兌換) 화폐를 중심에 두려고 했다. 왜냐하면 금은 현물에 대상을 둔 화폐이기 때문에 현물을 새로 만들지 않는 이상 가치 역시 새로 만들어지지 않지만, 종이에 인쇄를 하는 지폐의 경우 누군가가 인쇄만 하게 되면 세상에 없던 가치가 저절로 만들어지기 때문에 화폐 발행권의 확보는 곧 자신의 이익을 보호할 수 있는 엄청난 권력이 되기 때문이다.

"화폐는 누구에게나 필요한 일종의 상품이다. 한 나라의 화폐 발행을 독점할 수 있다면 무한정으로 높은 이윤을 내는 수단을 갖게 되는 것과 같다. 이것이 곧 수백 년 동안 국제 금융 재벌들이 한 나라의 화폐 발행권을 독점적으로 갖고자 온갖 지혜와 수단을 동원한 이유이다. 그들이 원하는 가장 높은 경지는 전 세계 화폐 발행의 독점권이다."

서구 금융 그룹은 그 독점권을 갖기 위해 일본을 공격하였고, 또 앞으로 중국을 공격할 것이라고 한다. 이들의 공격은 과거 일본에게 했던 것처럼 처음에는 돕는 척하다가 최고의 번영기에 무자비한 공격을 퍼부어 중국의 핵심 자산을 헐값에 사들이고 중국 경제를 철저하게 해체하는 방식을 취할 것이다.

그런데 이 책 저자인 쑹훙빙은 이러한 음모가 성공할 것 같지는 않다고 말한다. 그러면서 한국의 IMF 금융 위기 사례를 예로 든다. "한국은 IMF를 내세운 서구 금융 그룹들의 공격에 대항하여 금 모으기 운동, 정부의 기업 부채 인수 등을 통해 어렵사리 그 과정을 극복해 냈다. 그리고 중국 역시 이러한 사태를 맞지 않으려면 중국 화폐 자체가 세계의 기축 통화가 되어야 한다." 그리고 미래의 중국 화폐는 금본위 화폐인 황금 화폐여야 한다고 말하면서 중국의 화려한 미래를 꿈꾸며 다음과 같이 결론을 맺는다.

"황금을 기반으로 하는 중국 위안화는 과도한 채무의 욕심으로 무너진 국제 금융의 폐허를 딛고 우뚝 설 것이며 중화 문명은 찬란하게 빛날 것이다."

그러나 현재 중국의 상황은 안타깝게도 쑹훙빙의 기대와는 달리 미국과의 무역 전쟁, 홍콩의 자유화 시위 그리고 코로나 바이러스 등의 문제로 쉽지만은 않은 시절을 보내고 있다.

(서평 : 홍재화)

훔치고 싶은 문장
심각한 생산 과잉과 자산에 대한 거품이 급격히 증가하면 국제 금융 재벌들이 중국 국민의 양털을 깎기 시작할 것이다. 국제 금융 재벌들이 가장 돈 벌기 쉬운 때는 언제나 경기가 붕괴하는 순간이다.

함께 읽으면 좋은 책
『금융의 지배』 니얼 퍼거슨 지음, 김선영 옮김, 민음사, 2010년

74

죽은 경제학자의 살아있는 아이디어

현대 경제사상의 이해를 위한 입문서

토드 부크홀츠 지음, 류현 옮김, 김영사, 2009년(개정판)
New Ideas from Dead Economists: An Introduction to Modern Economic Thought,
Todd G. Buchholz, Plume, 2007

◆ ◆ ◆

어떤 학문이든 이론과 학설 더 나아가 사상이 있기 마련이다. 경제학
도 마찬가지여서 경제 이론, 경제 학설, 경제 사상이 있다. 일반적으
로 경제학의 역사는 300년이라고 하는데, 그동안에 탁월한 경제학
자들이 등장하여 자본주의에 정당성을 부여했고 또 날카로운 비판을
가했다. 어떤 역할을 맡았든 경제학자들은 자본주의의 진화에 기여
했다. 이 책은 역사적으로 탁월했던 경제학자들이 어떤 아이디어를
제시했는지 알려주는 책이다. 1989년에 첫 출간되었으나 20년이 지
난 2009년에 최신 경제사상을 포함하며 개정판이 출간되었다.

20세기 초반 실천적 경제학자로 맹활약한 존 메이너드 케인스는 이
렇게 말한 적이 있다. "경제학자와 정치 철학자가 가진 아이디어의
힘은 옳고 그름을 떠나 일반적으로 이해되는 것보다 훨씬 강력하다.

세상은 그 아이디어들에 의해 움직여진다." 이처럼 이미 죽은 경제학자라 하더라도 그가 개진했던 아이디어는 지금까지도 우리 사회를 들었다 놨다 하는 영향력을 갖고 있다.

그동안 수많은 경제학자들이 나타났다 사라졌다. 지금까지도 거론되는 경제학자들은 누구일까? 이 책에서는 흔히 빅3라 일컬어지는 애덤 스미스, 카를 마르크스, 존 메이너드 케인스를 비롯하여 고전파의 토머스 로버트 맬서스, 데이비드 리카도, 존 스튜어트 밀과 신고전파의 앨프리드 마셜에 대해 이야기 한다. 독일 출신으로 영국에서 오랜 기간 생활을 했던 카를 마르크스 외에는 모두 영국인이다. 19세기 주류 경제학이 상당히 영국 중심이었다 하더라도 이 책은 지나치게 영국 경제학자들을 많이 소개한 느낌이 든다. 20세기 들어서는 영국인 경제학자에서 미국인 경제학자로 옮겨간다. 소수파인 베블런, 밀턴 프리드먼, 제임스 뷰캐넌, 로버트 루카스가 바로 그들이다. 제도학파의 존 케네스 갤브레이스는 캐나다 출신이지만 미국에서 활동을 많이 한 학자다. 그외 프랑스와 독일을 비롯해 유럽 대륙 경제학자들은 간단히 소개만 되고 있다. 경제학이 영미 중심이라고는 하지만 아무래도 전체적인 균형 감각은 아쉽다. 국가 간, 좌우 간 균형감을 다소 갖추려면 로버트 L. 하일브로너의 『세속의 철학자들』을 추가적으로 읽어보면 좋겠다.

이런 약점에도 불구하고 토드 부크홀츠의 이 책은 상당히 좋다. 주요 경제학자들의 사생활을 파헤쳐 흥미로운 에피소드를 들려주고, 동시대 상황에서 다른 경제학자들과 어떻게 교류하며 자신의 경제

이론을 발전시켜 나갔는지도 알려준다. 경제학은 딱딱하고 우울한 학문이라는 이미지를 가지고 있지만 이 책을 읽다 보면 그런 생각이 전혀 들지 않는다. 저자의 글이 위트로 넘치기 때문이다.

하나, 예를 들어보자. 경제학의 많은 학파 중에 제임스 뷰캐넌을 중심으로 형성된 공공선택학파가 있다. 1986년에 노벨경제학상을 수상한 그는 정치가가 국민의 복지를 위해 의사 결정을 한다는 것을 통렬히 비판했다. 정치가들은 로비스트로부터 거금을 받기도 하고 자신의 권력과 능력을 극대화하여 선거에서 승리하려고 하는데, 이는 비즈니스와 마찬가지라는 것이다. 그래서 뷰캐넌은 정부 관료들도 일종의 정치적 사업가(political entrepreneur)로 보았다. "정치가와 정부 관료의 공공성 부족 때문에 정부는 만성적인 예산 적자에 시달리고 선거 공약과는 달리 정부 부서들은 계속 비대해져만 간다. 또 정부 규제안들은 소비자보다는 기업가를 더 보호해준다. 이런 트렌드에 편승해 미국 동부의 학계 엘리트들은 정부 관료나 정치가에게 자문을 해주고 자신들의 영향력을 키운다." 남부 테네시주 출신이었던 제임스 뷰캐넌은 성장 과정에서 경험한 차별과 불합리를 바탕으로 스스로를 '나는 항상 세상이 어떻게 돌아가는지 알아내기 위해 고군분투하는 위대한 하층민'이라고 말하며 정치가, 정부 관료, 특수 이익 집단, 농부 학계 엘리트를 비판했다.

이처럼 이 책에는 한 경제학자의 성장 과정을 토대로 하여 어떻게 해서 그 같은 경제학 아이디어가 나오게 되었는지를 추론한다. 그래서 딱딱한 이론만 있는 책이 아니라 이야기가 있는 책이라고 할 수 있다.

　이 책이 나온 후에 노벨경제학상 수상자도 늘어났고 새로운 경제 이론도 여럿 나왔다. 경제학에 대해 관심이 많은 독자라면 이 책의 마지막 챕터를 직접 쓴다고 생각하고, 어떤 경제학 아이디어를 추가하면 좋을지 고민해보면 좋겠다.

(서평 : 김민주)

훔치고 싶은 문장

위대한 경제학자들의 가르침이 우리에게 호소력이 있다는 것은 놀라운 일이다. 그들이 고심 끝에 내놓은 훌륭한 이론들은 오늘날까지도 그대로 유효하다.

함께 읽으면 좋은 책

『세속의 철학자들』로버트 하일브로너 지음, 장상환 옮김, 이마고, 2008년 (개정판)
『경제학의 모험』니알 키시타이니 지음, 김진원 옮김, 부키, 2018년
『경제학의 역사』홍훈 지음, 박영사, 2010년

75

도시의 승리

도시는 어떻게 인간을 더 풍요롭고 더 행복하게 만들었나?

에드워드 글레이저 지음, 이진원 옮김, 해냄, 2011년
Triumph of the City: How Our Greatest Invention Makes Us Richer, Smarter,
Greener, Healthier, and Happier, Edward Glaeser, Penguin Press, 2011

◆ ◆ ◆

인류 문명화를 측정하는 지표 중 하나가 도시화율이다. 도시는 인류의 위대한 발명품으로 문명의 집적물이기도 하다. 2019년 현재 전 세계 도시화율은 55%이고, 30년 후인 2050년에는 68%로 상승할 전망이다. 우리나라의 경우에도 1950년 18%였던 도시화율은 1980년에 67%, 이제는 90%를 넘어섰다. 싱가포르는 이미 100%다. 이 책은 경제학과 역사를 넘나들며 도시가 운용되는 방법과 원리를 알기 쉽게 알려준다. 도시 경제학, 도시 마케팅, 도시 사회학, 도시 문화학을 모두 아우르는 도시학책이다.

도시를 좋아하는 사람도 많지만 도시를 싫어하는 사람도 꽤 많다. 도시 찬양자는 도시에서는 돈을 벌 수 있는 기회가 많고 사람들과의 만남을 즐기고 마음대로 소비할 수 있어서 좋다고 말한다. 반대로 도시

혐오자는 도시는 범죄와 부패의 온상이고 에너지 소비가 많아서 미세 먼지가 많이 배출되는 등 자연환경과 우리의 건강을 망가뜨리는 주범이라고 말한다. 둘 다 맞는 얘기다.

이 두 가지 관점 중, 이 책의 저자인 에드워드 글레이저는 도시의 긍정적인 면에 훨씬 더 초점을 맞추고 있다. 사람들이 긴밀하게 만나서 학습을 통해 서로의 강점을 키울 수 있는 곳이 바로 도시이기 때문이다. 성보 기술이 발달하면 도시의 이점은 점점 사라질 것이라고 많은 전문가들이 예측했지만 지금 와서 보면 이러한 예측은 틀렸음에 틀림 없다. 많은 사람들이 여전히 도시로 몰려들고 있기 때문이다.

저자는 쇠퇴하는 도시의 쇄락 속도를 일부러 막을 필요는 없다고 주장한다. 그리고 가난한 장소가 아니라 가난한 사람을 도우라고 말한다. 예를 들어 자동차 산업의 몰락으로 미국의 디트로이트시가 몰락의 위기에 놓였지만 이를 막기 위한 노력을 할 필요는 없고 오히려 디트로이트 시민들을 다른 성장 도시로 이주할 수 있도록 국가가 나서서 도우라고 주장한다. 이런 정책적 처방이 쉽게 집행 될 수 있는 것은 아니라 하더라도 사실 경제적으로 틀린 말은 아니다.

미국 중서부에서 잠시 쇠퇴기를 겪었지만 최근 들어 다시 성장을 거듭하는 도시가 있다. 바로 시카고다. 시카고 시장 리처드 데일리는 임기 초기에 나무를 많이 심는 데 집착했고, 미시건 호수 변에 고층 건물을 짓는 것을 허용해 다른 도시에 비해 부동산 가격을 안정시키는 데 성공을 한다. 뉴욕, 보스턴, 샌프란시스코에 비해 시카고의 사무실이나 주거 공간은 훨씬 새것이 되었으며 가격은 오히려 저렴해

시카고로 이주하려는 사람들이 크게 늘었다. 즉 공격적인 부동산 확대 정책이 도시의 경쟁력을 강화시켰다고 볼 수 있다.

현재 서울시는 용적률을 낮추어 아파트 신축과 재건축을 억제하고 있다. 그 대신 경기도는 건축 규제를 완화하여 고층 아파트들이 계속해서 세워지고 있다. 그래서 서울시 인구는 1,000만 명 아래에 머물고 있는데 반해, 경기도의 인구는 계속해서 늘어나 1,400만 명에 육박하고 있다. 이런 용적률 제한은 주거 쾌적성을 개선하지 못하고 계속적인 교통 문제를 야기해 주변 도시들로 인구가 이동하는 풍선 효과를 낳고 있다. 그래서 저자는 이런 고층 건물 반대론을 비판한다.

저자는 책 제목처럼 도시를 찬미하고 도시에 대한 나쁜 선입견을 불식시키려는 내용을 계속적으로 언급한다. 예를 들면, 도시가 반환경적이고 시골이 친환경적이라는 것은 잘못된 생각이라는 것. 그는 미국 환경 보호 운동의 수호자로 반도시주의자였던 헨리 데이비드 소로도 비판한다. 그리고 캘리포니아 해안 지대에서 활동하는 환경 보호자들이 자신들이 사는 지역을 더 쾌적한 공간으로 만들었는지는 몰라도 다른 교외 지역으로 신축 건물들을 몰아내는 바람에 오히려 환경 파괴는 더 커졌다고 말한다. 그리고 사람들이 교외로 나갈 수밖에 없는 상황이 자꾸 만들어지면서 결과적으로 자동차 사용이나 에너지 소비가 늘고 있다는 주장을 한다. 그래서 저자는 정부가 주택 구입자들로 하여금 교외 주택지에서 대형 맨션을 사도록 유도하지 말고, 적당한 크기와 높이를 가진 도시 지역에 살 수 있도록 권장해야 한다고 주문한다. 그래서 진정한 환경운동은 친환경 도시화여야 한다고 역설한다.

저자는 책에서 미국 도시만 분석하고 있지는 않다. 밴쿠버, 런던, 파리, 도쿄, 밀라노를 포함하여 인도의 벵갈루루, 뭄바이, 싱가포르, 두바이 등을 분석한다. 그리고 천연자원을 적절히 활용해 인적 자본에 대한 투자와 대중교통 정비로 최근 고도성장을 거듭하고 있는 보츠와나의 수도인 가보로네의 성장 사례도 언급한다. 앞으로 도시의 성장은 어디까지 지속될 수 있을까?

(서평 : 김민주)

훔치고 싶은 문장

우리의 번영과 자유는 결국에는 사람들이 함께 살고, 일하고, 생각함으로써 얻게 된 선물이다. 도시는 궁극적으로 승리한다!

함께 읽으면 좋은 책

『작은 도시 큰 기업』 모종린 지음, 알에이치코리아, 2014년

76

폴트라인

보이지 않는 균열이 어떻게 세계 경제를 위협하는가

라구람 라잔 지음, 김민주/송희령 옮김, 에코리브르, 2011년
Fault Lines: How Hidden Fractures Still Threaten the World Economy,
Raghuram G. Rajan, Princeton University Press, 2010

◆ ◆ ◆

어떤 큰 사건이 일어난 후 진단은 쉽다. 하지만 반대로 그 사건이 일어나기 전을 예측하기란 매우 어려운 일이다. 2008년 발생한 미국발 경제 위기에 대해 IMF 수석 이코노미스트였던 라구람 라잔은 3년 전에 위기를 경고해 논쟁을 일으킨 장본인이다. 그는 금융 위기 발생 직후 2010년에 이 책을 출간했는데, 골드만삭스와 파이낸셜타임스는 이 책을 2010년 '올해의 비즈니스 도서'로 선정했다.

지질학에서 말하는 단층(fault)을 모두 알고 있을 것이다. 지진 등의 지질 활동으로 지층이 어긋나 있는 것을 말한다. 그래서 단층 지대에서는 지진이 발생할 가능성이 매우 크다. 그리고 단층이 이루어진 면을 단층면이라고 하고, 선으로 보면 단층선(fault line)이라고도 한다.

이러한 지진의 진원지가 되는 단층선이 미국 경제에도 나타나고

있다고 주장한 학자가 있다. 시카고 대학교의 경제학자인 라구람 라잔은 2007년 미국 금융위기가 발생하기 2년 전인 2005년에 이미 글로벌 금융 위기를 경고한 바 있다.

　미국 캔자스시티 연방준비은행 잭슨 홀에서 있었던 회의는 FRB 의장 앨런 그린스펀이 마지막으로 주재하던 회의였다. 이곳에서 그는 〈금융 발전이 세계를 더 위험하게 했는가?〉라는 논문을 발표하며 대논쟁을 일으킨다. 금융 완화 정책으로 그동안 미국의 전성기를 구가하는데 일등 공신이었던 앨런 그린스펀을 정조준하며 그의 정책을 비판했기 때문이었다. 그렇다면 2007년 금융위기의 진짜 원인 제공자는 누구일까? 골드만삭스 같은 미국 투자 은행의 과도한 금융 투자와 미국 정부의 방만한 금융 완화를 지적하기 쉽겠지만 과연 금융 당사자들만 비난할 수 있을까? 경제 전반을 진단해보면 결국 수많은 경제 주체 모두가 원인 제공자라고 할 수 있다.

　라잔이 진단한 미국 금융 위기의 첫 번째 단층선은 미국 내 계층 간 소득 불평등과 정치적 압력으로 인한 금융 완화에서 나온다. 라잔 교수는 1976년부터 2007년까지 만들어진 실질 소득 증가분의 58% 가 상위 1% 가계로 집중됐다며 여기에 대한 정치적 대응은 (저소득층에게) 가계 대출을 늘리는 것이었고, 이것이 금융 붕괴로 이어졌다고 지적한다. 좀 더 자세히 들여다보자. 1975년에서 2005년 사이에 소득 상위 10%에 속한 사람들의 임금 증가율은 하위 10% 소득에 속한 사람보다 임금 증가율이 65%나 더 높았다. 1975년 상위 10% 사람들의 평균 소득과 하위 10% 사람들의 평균 소득을 비교한 소득 10

분위 배율(상위 10%의 평균 소득을 하위 10%의 평균 소득으로 나눈 수치)은 3이었는데, 2005년에는 5이상으로 증가했다. 소득 증대가 상위 10%에서만 두드러졌다는 것을 알 수 있다. 정리하면, 하위 소득층과 중간 소득층 사이의 소득 격차는 그렇게 심하지 않은 반면에 중간 소득층과 상위 소득층 사이의 격차는 더욱 크게 벌어진 것이다.

두 번째 단층선은 국가 간 무역에서 나타난다. 중국, 독일, 일본 등은 구조적으로 수출 의존 경제라는 단층선을 지니고 있는데 이것이 미국과 유럽 내부의 단층선과 충돌하면서 금융 위기라는 지진을 일으킨다는 것이다.

세 번째 단층선은 국가 간 금융체제의 차이에서 나온다. 미국과 영국의 금융 시스템은 투명한 데 반해, 개발도상국의 금융 시스템은 불투명한 경우가 많다는 주장이다.

사실 이 같은 금융 위기에 대한 전망은 라잔만의 예측은 아니었다. 케네스 로고프, 누리엘 루비니, 로버트 쉴러, 윌리엄 화이트는 미국 주택 가격과 가계 부채의 높은 수준에 대해 반복적인 경고를 했다. 니얼 퍼거슨 같은 역사학자도 경기 호황의 비참한 말로를 거론하며 미국 경제 시스템에 경고를 보냈다. "미국인들은 소비가 지나쳐 빚도 많고, 미비한 사회 보장 제도로 인해 의료비도 지나치게 비싸다. 또 미국 제품의 경쟁력을 올리기 위해서는 달러 가치를 떨어뜨려야 하는데 금융 산업의 파워가 워낙 세기 때문에 함부로 그럴 수도 없다."

이 같은 미국 경제의 문제점을 모두가 모르는 바는 아니었다. 하지만 정치적, 사회적 이유 때문에 비관적인 진단을 애써 회피하는 것은 문제가 될 수 있다. 이외에도 수출 주도형 국가와의 미국의 경제 정책 사이의 협력 문제나 정치적 압력을 넣어서 정치적으로 이를 해결하려는 시도 등도 문제라 할 수 있다.

미국 자체의 제도 개혁과 소비 행태의 변화가 이루어지지 않는다면 미국의 쇠퇴는 불가피하다. 앞으로 미국의 운명은 미국인에게 달려 있다고 할 수 있다.

(서평 : 이엽)

훑치고 싶은 문장
그리고 정확하게 2년 후, 그 경고는 현실이 되었다.

함께 읽으면 좋은 책
『시장경제의 미래』 라구람 라잔 등 지음, 고승의 옮김, 앤트출판, 2008년

| 77 |

안티프래질

불확실성과 충격을 성장으로 이끄는 힘

나심 니콜라스 탈레브 지음, 안세민 옮김, 와이즈베리, 2013년
Antifragile: Things That Gain from Disorder, Nassim Nicholas Taleb,
Random House, 2012

◆ ◆ ◆

불확실성에 대처하는 기본자세는 무엇일까? 모든 리스크를 재고하고 회피하려는 시스템은 작은 리스크에도 크게 휘청거릴 수밖에 없다. 깨지기 쉬운 프래질(fragile) 상태이기 때문이다. 프래질의 반대말은 강한 것이 아니라, 충격을 받을수록 강해지는 안티프래질(anti-fragile)이다. 월스트리트의 이단아 나심 탈레브는 이 책에서 매력적인 필치로 불확실성과 무작위성 그리고 시행착오를 수용하는 것이 결국 시스템을 안티프래질로 만드는 것임을 설명했다.《타임스》지는 이 책이 우리 시대의 사고방식을 바꿔 놓았다고 평가했다.

이 책은 문제를 빨리 파악해서 증상을 없애고 리스크를 최대한 회피하려는 대응 방식이 우리에게 지속 가능한지를 물어보는 책이다. 우리 몸에는 자연 치유력이라는 게 있다. 이걸 무시하고 모든 증상마다

약을 먹게 되는 지나친 개입이 있게 되면 몸은 오히려 더 '프래질'해 진다. 한마디로 더 취약해진다는 것이다.

경제 시스템은 어떨까? 마치 식당이 망하는 게 개별 식당에는 해 롭지만 그로 인해 경쟁력이 있는 새로운 식당이 등장해서 업계 전체 의 경쟁력을 키워주면 얘기가 달라진다. 개입주의 정책가들은 경제 를 마치 끊임없이 수리해야 하는 세탁기처럼 생각하고 계속해서 처 방을 내린다. 그리고 구제 금융이나 공적 자금 지원을 통해 살려내려 고 애를 쓴다. 하지만 경제 체제는 세탁기가 아니라 복잡계로 이루어 진 유기체에 가깝기 때문에 그대로 두는 것이 더 나을 때가 있다. 오 히려 문제에 대응하기 위한 조처가 예상치 못한 결과로 이어져 시스 템을 약화시킬 수 있다. 그런 점에서 경기 침체는 부실기업을 정리하 는데 효과적인 타이밍이고, 인위적 지원으로 부실기업을 살려 두게 되면 전체 경제를 위협하는 리스크를 쌓아가는 꼴이 된다. 만약 우리 가 경제를 인위적인 개입 없이 자연법칙 그대로 둔다면 부실이 있는 구성원과 조직이 계속해서 생존할 수 있게 각종 지원을 하지는 않을 것이다.

실수를 싫어하는 은행 시스템이 '프래질'이라면 '안티프래질'은 작은 실수를 사랑함으로써 번성하는 실리콘 밸리와 같다. 자녀 교육 도 그렇다. 자녀가 잘못될까 봐 모든 걸 챙겨주는 사커맘이 '프래질' 이라면 책을 가까이하는 환경만 제공해주고 친구들과 부딪혀가며 싸 우면서 자라게 하는 건 '안티프래질'이다.

항공기 운행이 자동화되면서 오히려 대형 사고 가능성이 높아졌다고 한다. 엄청난 책임이 있는데도 불구하고 조종사들의 책임 의식이 느슨해졌기 때문이다. 마찬가지로 사람들은 시간이 남아돌면 게을러지고 시간을 더 허비하지만, 바쁜 일들이 겹치게 되면 오히려 다른 일도 더 능동적으로 처리한다.

수입이 불안정한 택시 운전사보다 안정적인 월급을 받는 은행원이 더 낫다고 할 수 있을까? 은행원은 직장을 그만두는 날부터 한 번도 대응해본 적이 없는 리스크에 노출되지만 매일 작은 리스크에 시달리는 운전사는 웬만해선 작은 리스크 정도는 리스크라고 생각조차도 하지 않는다. 학교는 체계적인 환경에서 공부 잘하는 사람을 선호한다. 하지만 그들은 모르는 분야에 대해서는 자신감을 잃기 마련이다. 마치 헬스클럽에서 근육을 다진 사람들이 길거리 싸움에서는 부랑아들에게 두들겨 맞는 것과 같다. 그래서 학교 성적이 좋은 사람에게는 분명하게 정의된 일을 주는 게 낫지만 불확실한 상황에서 해야하는 일이라면 다른 사람과 잘 어울려본 사람에게 일을 주는 게 더 낫다. 적어도 불확실성에 대한 적응력은 높기 때문이다.

인간이 프로세스를 매끄럽게 통제하기 위해 지나치게 개입하기 시작하면 평범했던 세계는 극단의 왕국으로 바뀐다. 나심 탈레브는 시스템에서 누적된 리스크는 드물지만 한번 발생하게 되면 엄청난 규모의 재잉이 된다고 보았다. 이것이 바로 그 유명한 '블랙 스완 현상'이다. 그는 이런 원리를 바탕으로 2008년 세계 경제 위기를 1년 전에 미리 예측해서 유명해졌다. 무작위성과 불확실성을 인위적으로 억누르면 시스템이 프래질하게 되고 숨어 있는 리스크를 확인할 길이 없어지지만, 언젠가는 어떤 순간을 맞아 거대한 붕괴를 맞을 수 있다는 것이다. 그렇다면 이런 위험에서 벗어날 수 있는 안티프래질을 추구하는 방법은 어떤게 있을까? 답은 '바벨 전략(Barbell Maturity)'에 있다. 바벨 전략은 바벨의 양쪽 추가 각각 무겁게 자리 잡고 있는 것처럼 평균적인 중간 입장을 취하지 않고, 양극단의 조합을 추구하는 이원적인 전략을 말한다. 예를 들어 포트폴리오를 짤 때, 재산의 90%는 인플레이션 위험에서 보호받는 안전 자산으로 보유하고 나머지 10%는 가장 위험한 종목에 투자하는 것이 바벨 전략이다. 운이 좋으면 많은 돈을 벌 수 있지만 최악의 경우에도 10% 이상을 잃지는 않는 방법이다. 그러나 평균적인 접근으로 전 재산을 중간 정도의 리스크를 갖는 주식에 넣어두게 되면 운이 나쁘면 전 재산을 날리게 된다. 그래서 바벨 전략은 드물게 발생하는 리스크의 문제점을 해결하면서 동시에 극단적인 피해로부터 벗어날 수 있다는 안티프래질을 확보하는 전략이라고 할 수 있다.

이처럼 이 책은 문제가 생길 때마다 개입을 하는 것이 능사가 아니라는 것을 설득력 있게 보여준다. 잠재적인 부작용을 인위적인 정책으로 컨트롤하기 시작하면 시스템 자체가 프래질 해진다는 것. 그래서 어떤 탐욕에도 흔들리지 않는 세상, 인간의 결점으로부터 안전한 세상, 탐욕으로부터 벗어난 세상을 만들려면 안티프래질 해야 한다고 말하는 것. 이것이 이 책의 핵심 주장이다.

(서평 : 고현숙)

훔치고 싶은 문장

바람은 촛불 하나를 꺼뜨리지만 모닥불은 살린다. 무작위성, 불확실성, 카오스도 마찬가지다. 불이 되어 바람을 맞이하라.

함께 읽으면 좋은 책

『마이클 모부신 운과 실력의 성공 방정식』마이클 모부신 지음, 이건 등 옮김, 에프엔미디어, 2019년

『행운에 속지마라』나심 니콜라스 탈레브 지음, 이건 옮김, 중앙북스, 2016년 (개정판)

『투자에 대한 생각』하워드 막스 지음, 김경미 옮김, 비즈니스맵, 2012년

78

빛으로 지은 집

가계 부채는 왜 위험한가

아티프 미안/아미르 수피 지음, 박기영 옮김, 열린책들, 2014년
House of Debt: How They (and You) Caused the Great Recession,
and How We Can Prevent It from Happening Again, Atif Mian, Amir Sufi,
The University of Chicago Press, 2014

◆ ◆ ◆

한때 이 책은 금융감독위원회 직원들의 필독 도서였다. "대규모 위기에는 가계 부채의 급증이 선행된다"는 저자들의 주장은 부동산이 폭등하고 가계 부채도 급증하는 우리의 현실을 잘 대변해 주기 때문이다. 부동산 폭등과 가계 부채 문제를 어떻게 해결해야 할 수 있을까? 이 책을 통해 해법을 모색해보자.

대침체를 과연 예측할 수 있을까? 저자들은 "그렇다!"고 말한다. 가계 부채의 급증이 장기 불황의 징후이고, 경제적 재앙에는 언제나 가계 부채의 급증이 선행되었다고 주장한다. 그래서 저자들은 은행들의 위기보다 가계 부채가 더 위험하다고 지적한다.

2008년 대침체(경제 위기)가 대표적이다. 저자들은 우편 번호 단

위로 미국의 가계 소득 변화를 수집해서 분석해본 결과 집값이 크게 뛴 지역에 거주하는 신용 등급이 낮은 사람들이 더 많은 대출을 받았다는 사실을 알아 낸다. 그리고 빚을 내서 집을 산 채무자들이 그렇지 않은 사람들보다 부동산 거품이 빠졌을 때 더 큰 피해를 보았다는 것도 알아 낸다. 위기가 왔을 때 불평등이 확대되고 뒤이어 대침체가 따라온다는 것이다.

저자들은 '레버드 로스(Levered Loss)'라는 개념으로 이를 설명한다. 레버드 로스란 대출을 받아서 산 집값이 폭락하면 그 하락 폭보다 순자산의 손실이 더 크게 발생하는 현상이다. 이럴 경우 소비가 급속하게 위축되면서 경제 침체 현상이 일어나는 것을 말한다. 예를 들어 당신이 10만 달러 집을 구매하는데 8만 달러의 대출을 받았다고 가정해보자. 순자산은 2만 달러다. 집값이 떨어지면 어떻게 될까? 만약 집값이 8만 달러 이하로 곤두박질친다면 집을 팔아 대출금을 갚아도 아무것도 남지 않거나 오히려 마이너스가 된다. 즉 집값은 20% 하락했지만 순자산은 100% 하락하게 된다. 이렇듯 가난한 사람에게 집값 하락은 더 큰 폭의 순자산 하락으로 이어진다. 반면 부자들은 금융 자산에 투자하면서 안전망도 구축하기 때문에 상대적으로 안전하다고 할 수 있다. 즉, 집값이 떨어지면 가진 게 집밖에 없는 사람들의 순자산은 큰 폭으로 떨어지는데 비해, 부자들의 자산은 상대적으로 감소 폭이 작아 진다는 것이다. 이 같은 문제는 집값 하락에 따른 불평등으로 이어지며 경제 전체에는 심각한 소비 위축을 불러 일으킨다.

집값이 떨어지게 되면 빚을 내서 집을 산 사람들은 급격하게 소비를 줄인다. 위에서 언급했듯이 이미 큰 빚이 있는 사람들이 더 큰 타격을 입기 때문이다. 대출금을 상환하지 못한 이들은 채무 불이행을 하거나 집을 압류당하는데, 그러면 집값은 더욱 떨어지는 악순환이 발생한다. 이렇게 되면 집값 하락의 폭이 큰 지역부터 소비가 크게 둔화되면서 상권도 죽게 되고 결국 기업들의 투자도 줄어들게 된다. 불황이 시작된 것이다.

금융 계약 방식은 대출을 부추기고 채권자(은행 등)들을 보호하면서 레버드 로스를 부채질한다. 채무는 계좌에 찍힌 명목상의 금액이기 때문에 채무자의 자산이 늘거나 줄어도 갚아야 할 금액 자체에는 변함이 없다. 게다가 채무자가 채무 불이행을 하더라도 은행에는 우선 청구권이 있기 때문에 채무자의 자산을 차지해 버린다. 즉 채무자가 파산하면 은행은 집을 가져가거나 자동차를 가져가면 된다. 그렇기에 채권자는 잃을 것이 상대적으로 적기 때문에 대출을 더욱 적극적으로 권유한다.

빚은 거품을 팽창시킨다. 대출이 쉬우면 '낙관주의자'들의 구매력은 크게 증가한다. 집값은 낙관주의자들이 지불하고자 하는 액수에 의해 결정된다. 누군가가 어떤 집을 10만 달러에 구매하면 '더 큰 낙관주의자'는 대출을 받고 11만 달러에 구매하고, 이보다 더 더 큰 낙관주의자는 대출을 조금 더 받고 12만 달러에 구매하는 식이다. 따라서 "빚은 낙관주의자들이 시장 가격에 미치는 영향을 증대시킴으로써 자산 가격의 상승을 용이하게 해준다." 반대로 대출이 어려우면 아무리 낙관주의자라도 빚을 내서 집을 사지 못한다. 이처럼 돈 빌리기가 쉬워지면 더 많은 낙관주의자들이 지금뿐만 아니라 미래 시장에 진입하면서 거품을 더욱 크게 만든다. 2008년 대침체를 다룬 영화 《빅 쇼트》에는 죽은 사람의 이름이나 애완견의 이름으로도 대출받은 사람들이 등장하기도 한다.

저자는 2008년 직전의 대출 급증이 부동산 거품을 일으켰다고 말한다. 특히 신용 등급이 낮은 사람들이 더 많은 대출을 받았던 것이 가장 큰 문제였다. 저자들이 집값 상승률이 컸던 지역을 분석한 결과 신용 점수가 낮은 사람들의 대출은 2002년부터 2007년까지 70% 증가한 반면, 집값 상승률이 작았던 지역에서는 이 비율이 20%에 불과했다. 즉, 집값이 오르자 신용 점수가 낮은 주택 소유자들이 공격적으로 대출을 받고, 이런 상황에서 집값이 하락하자 레버드 로스가 발현된 것이다.

그럼, 해결책은 무엇일까? 저자들은 가계 부채를 직접 줄이는 '부채 탕감'을 제시한다. 이론적 배경은 가난한 사람들의 한계 소비 성향 때문이다. 부채가 생기면 이들의 소비는 크게 줄지만 부담이 적어지면 소비는 크게 증가한다. 부채를 탕감하게 되면 시장 붕괴에 따른 손실이 고르게 분담되면서 총 수요에 큰 부담을 주지 않게 된다는 주장이다.

이 같은 부채 탕감은 채무 재조정을 통해 이뤄질 수 있다. 명목상의 금액으로 이뤄지는 부채 계약을 이익과 손실을 함께 나누는 주식 투자 같은 방식으로 바꾸는 것이다. 즉 집값이 오르면 채무자와 채권자가 모두 이득을 얻고, 손실이 발생하면 함께 분담하는 시스템이다. 그러면 은행도 손실을 최소화하기 위해서 무리하게 대출을 권하지 않게 된다. 다시 말하자면 이런 방식으로 시장 붕괴에 따른 손실을 고르게 분담하게 되면 총 수요에는 큰 부담을 주지 않는 상태가 되는 것이다. 이런 정책에 대해 은행을 위시한 채권자들은 반발하겠지만 저자들은 이렇게 해야만 대침체가 발생하지 않는다고 말한다.

우리나라의 가계 부채는 국가 GDP의 80%를 넘기면서 '경제의 뇌관'이 된 지 오래다. 특히 대부분의 가계 부채가 부동산에 묶여 있는데, 이는 2008년 대침체 직전의 미국과 흡사한 모양새다. 과도한 부채로 내수가 줄어드는 것도 똑같다. 우리는 이 책에서 어떤 교훈을 얻어야 할까?

(서평 : 김민주)

훔치고 싶은 문장

빚으로 인한 거품은 거의 언제나 더 규모가 크며, 경제 전체에 위협을 가한다. 역사를 살펴봐도 빚에 의한 자산 거품이 꺼질 때 경제 전체가 주저앉는 사례는 많았다.

함께 보면 좋을 책과 영화

『빅 숏』마이클 루이스 지음, 이미정 옮김, 비즈니스맵, 2010년
《빅쇼트》크리스찬 베일 등 출연, 애덤 맥케이 감독, 2015년

79

21세기 자본

21세기 마르크스의 부활 피케티, 소득과 부의 불평등을 말하다!

토마 피케티 지음, 장경덕 옮김, 글항아리, 2014년
Le Capital au XXIe siècle, Thomas Piketty, Seuil, 2013

◆ ◆ ◆

프랑스 경제학자인 토마 피케티가 2013년에 발간한 이 책은 출간됨과 동시에 온 세상을 들썩이게 만들었다. 이 책이 그토록 선풍적인 인기를 끈 이유는 무엇일까? 부유층 자산에 대한 큰 폭의 누진세 도입을 주문했고 무엇보다 부자에 대한 세금을 전 세계적으로 동시에 부과하라는 강력한 주문을 했기 때문이다. 이렇게 주장한 근거로 과거 250년의 자본 수익률이 경제 성장률보다 앞선 것을 들고 있다. 각국의 국세청 자료를 꼼꼼히 조사하여 추정했다는 점은 이 주장의 신뢰성을 높여주고 있다.

피케티의 연구에 따르면 자본가의 소득 점유율은 1920년대에 피크에 올랐다가 1950년대에서부터 70년대까지 바닥을 쳤다. 하지만 1980년대 들어 레이건과 대처 정부의 신자유주의 정책으로 인해 자본가의 파워는 급상승하였고, 2000년대 후반에는 1920년대 후반 수

준까지 다시 올라갔다. 문제는 자본가의 수입이 지나치게 많아지면서 소득 분배가 악화되어 사회가 크게 불안해지고 총수요가 줄어들어 경기마저 식게 되었다는 것이다.

피케티는 이런 심각한 경제 문제를 해결하려면 자본가에 대한 과세를 늘려야 한다고 주장한다. 예를 들면 최상위 1% 부유층에게는 최고 80%의 소득세를 물려야 하고, 한 나라에서만 부유세를 늘리면 부자는 다른 나라로 소득을 이전만 하면 되니 전 세계적으로 10% 수준의 글로벌 부유세를 동시에 강화해야 한다는 것이다. 이런 이유로 혹자는 피케티를 '현대판 마르크스'라고 부르기도 한다.

피케티는 현재의 자본주의를 '세습 자본주의(Patrimonial Capitalism)'라고도 부른다. 예전 19세기의 경우처럼 부모의 부를 자식이 물려받고 있기 때문이다. 이는 일하지 않는 사람들의 소득이 계속 늘어나는 것과 마찬가지인데, 일찍이 미국의 경제학자 사이먼 쿠즈네츠가 주장한 한 국가의 소득 수준이 늘어나면 자본가의 수입이 함께 오르다가 일정 수준에 도달하면 다시 줄어든다며 종(bell) 모양의 곡선과 배치되는 주장이다. 피케티는 이러한 종 모양은 자연스럽게 이루어지는 것이 아니라 부자 소득에 대해 누진세가 부과되어야 이루어진다며 정부의 적극적인 정책 개입을 권고한다.

그의 주장이 이처럼 많은 사람들로부터 지지를 받게 된 이유는 그의 주장이 단지 예측과 전망에만 그치는 것이 아니라 아주 명확한 데이터를 가지고서 주장하고 있기 때문이다. 책에서는 주류 경제학자들이 말하는 시간이 지나면 소득 불평등은 완화된다는 주장이 실제로는 그렇게 되지 않는다는 것을 숫자로 명확히 보여준다. 물론 그의 통계 자료가 허술하다는 비판을 하는 사람도 있다. 하지만 그가 제시하는 소득 불평등의 통계와 해석의 방향성이 전혀 틀린 것은 아니다. 그래서 시장에 내버려 두면 안 되고, 정부가 적극적으로 개입하는 처방이 필요하다.

피케티는 특히 악화일로를 걷고 있는 불평등을 해결하기 위해 부자들에 대한 누진세 부과와 국제적인 동시 부유세 부과를 제안한다. 금융 기관의 부도덕성과 빈부 격차 악화를 비난하는 '월가를 점령하라' 슬로건은 그의 이런 주장을 뒷받침하며 탄생되었다고 볼 수 있다.

이른바 정치 경제학(Political Economy)의 시대다. 사회 불안이 고조되고 세계 경제가 휘청거릴수록 피케티의 인기는 더욱 치솟을 것으로 보인다. 이 책은 800페이지에 이르는 거대한 책이지만 지금의 시대상과 큰 흐름을 알기 위해선 반드시 읽어봐야 할 책이다. 하지만 이 거대한 책이 부담스럽다면 좀 더 축약된 다른 책을 읽어봐도 좋겠다.

(서평 : 김민주)

훔치고 싶은 문장
"사회적 차별은 오직 공익에 바탕을 둘 때에만 가능하다." - 1789년 프랑스 혁명 당시 인간과 시민의 권리에 관한 선언 제1조

함께 읽으면 좋은 책
『애프터 피케티』토마 피케티, 폴 크루그먼 등 지음, 유엔제이 옮김, 율리시즈, 2017년

80

불황의 경제학

노벨경제학상 수상자 폴 크루그먼의 세계 경제 대진단

폴 크루그먼 지음, 안진환 옮김, 세종서적, 2015년(개정판)
The Return of Depression Economics and the Crisis of 2008, Paul Krugman,
W. W. Norton. 2008

◆ ◆ ◆

기술은 발전하고 사람들은 똑똑해지며 경제 시스템은 좀 더 촘촘해
지는데, 왜 경제는 주기적으로 불황에 빠질까? 아직 기술이 부족한
것일까? 경제 및 금융 시스템이 완벽하지 않은 것일까? 아니면 다른
이유가 있는 것일까? 이 책에서 크루그먼은 불황은 경제의 건전성보
다는 각기 다른 이유로 수요가 침체됐을 때 발생한다고 주장한다. 다
시 케인스가 필요한 이유다.

1990년대는 미국의 황금기였다. 기술 발전 덕에 경제는 꾸준하게 성
장했고 실업률과 인플레이션은 낮게 유지되었다. 경제학도 달라졌
다. 경제학자들에게 비즈니스 사이클은 이제 귀찮은 문제이자 성장
의 과정에서 생기는 '소폭의 흔들림'에 불과했다. 더욱이 공산권이 무
너지면서 자본주의는 성장을 위한 필수 조건임이 확인되었고 노벨

경제학상 수상자인 로버트 루카스는 "경제 공황을 예방하기 위한 핵심 문제는 해결되었다"고 말하기까지 했다. 과연 그랬을까? 안타깝지만 현실은 그렇지가 않았다.

1990년대의 미국은 황금기였을지 몰라도 전 세계적으로는 그렇지가 않았다. 멕시코와 남미의 경제 위기, 일본의 잃어버린 10년, 동북아시아의 외환 위기까지 위기는 쉼 없이 발생했다. 그리고 2008년에는 대공황 이후 최악의 불황이라는 대불황이 덮쳤다. 저자는 '박멸된 줄 알았던 치명적인 병원균이 기존의 모든 항생제에 내성을 지닌 형태로 재출현'했다고 말한다. 기술이 발전하고 최신 이론으로 무장한 금융 공학 전문가들이 더 튼튼한 안전장치를 만들었지만 경제 위기는 계속해서 반복되고 있다는 것이다. 우리의 가치관에 문제가 생겨서도 아니고 편파주의에 빠져서도 아니다. 단지 아직도 우리는 충분히 이성적이지 않고 아직도 글로벌 경제는 완벽하지도 않으며 전문가들의 정책도 아직은 오락가락하기 때문이다.

크루그먼은 멕시코와 아르헨티나를 덮친 '테킬라 위기'부터 살펴본다. 이 위기는 정책 오류로 인한 경제 위기였다. 1990년대 멕시코의 경제 성장이 둔화되고 정치까지 불안정해지면서 외국인 투자자들은 투자금을 회수하기 시작한다. 멕시코는 환율 조정으로 수출 경쟁력을 확보하고 외국인 투자까지 유치하고자 했지만 정책을 너무나도 엉성하게 추진하는 바람에 투자자들의 불안감만 야기됐고 외환 보유고는 급감하기 시작했다. 이렇게 시작한 테킬라 위기는 아르헨티나로까지 번졌다. 외국인 투자자들은 멕시코와 아르헨티나를 '비슷'한

국가로 보았다. 두 국가는 미국과 국제기구의 도움으로 간신히 위기에서 벗어난다. 사실 테킬라 위기는 잘못된 경제 정책이 지속되면서 발생한 위기로 발생하지 않아도 될 경제 위기였다. 크루그먼은 '테킬라 위기는 오직 멕시코였기 때문에 일어난 일'이지만 한 나라에서 일어난 사소한 정책상의 실수가 인접 국가에게까지 번지면서 엄청난 경제적 재앙이 되는 매커니즘이 존재할 수 있는 걸 보여준 사례라고 분서했다. 건강해 보이는 국가에도 갑작스러운 위기는 언제든지 찾아올 수 있다는 것이다.

일본의 '잃어버린 10년'도 이와 유사하다. 일본은 '건강한 경제가 갑자기 불황에 빠진' 대표적인 사례다. 그리고 '활용 가능한 모든 처방에도 경제가 회생되지 못 할 수 있다'는 것을 보여준 사례이기도 하다. 일본의 이런 암울한 모습은 1980년대 미국을 위협할 정도로 성장했던 과거의 일본과 비교하면 하늘과 땅 차이라 할 수 있다. 1980년대 일본의 은행과 기업들은 도덕적 해이로 인한 '묻지마 부동산 투자'로 버블을 만들었다. 당시 일본 은행들은 차용증 없이도 돈을 빌려줄 정도였다. 결국 일본의 거품은 터졌고 이자율 인하와 공공지출의 확대, 적자 지출, 은행 구제 그리고 인플레이션 유도 등 모든 해결책을 동원했지만 경제는 회복되지 못했다. 유동성 함정에 빠진 일본은 그후 잃어버린 10년을 겪었다. 2010년대에 들어와서 일본은 '아베노믹스'라는 이름으로 엄청난 돈을 경제 회생에 쏟아 부었지만 일본 경제 성장률은 여전히 답보 상태에 빠져있다.

1990년대 후반의 동아시아 외환 위기는 자기 예언적 패닉이 불러온 참사였다. 태국 바트화가 무너지기 시작하자 패닉에 휩싸인 외국인 투자자들은 투자금을 회수하기 시작했고, 바트화 사수를 원했던 태국의 잘못된 정책으로 정부에 대한 신뢰감이 상실되자 투자금은 더욱 빠져나가기 시작했다. 이런 악순환은 걷잡을 수 없을 정도로 커졌고 결국 한국에까지 번졌다. 태국과 한국은 경제 구조가 달랐지만 외국인 투자자 눈에는 '비슷'해 보였기 때문에 태국 위기에 놀란 외국인 투자자들이 한국 금융 시장에서 철수를 시작했다. 경제 침체를 예상해 투자금을 회수하고 이런 조치 때문에 실제로 경제가 나빠지면 경제가 나빠질 것이라는 자신의 예상이 옳았다며 더욱 대응책을 강화하는 일종의 '자기 입증형 패닉'이 발생한 것이었다. 멕시코에서 시작한 테킬라 위기가 아르헨티나로 번진 것과 비슷하다고 볼 수 있다.

그러면, 경제는 왜 이토록 취약한 걸까? 정부가 자국 경제를 완전히 통제할 순 없기 때문에 경제가 어려워져도 대처에는 한계가 있을 수밖에 없다. 예를 들어 독자적 통화 정책과 환율 변동을 감수하면 경기 후퇴에는 대처할 수 있지만 기업 활동이 어려워진다. 반대로 단일 통화를 유지하면 기업 활동은 편해지지만 독자적 통화 정책이 어려워진다. 이처럼 어떤 제도를 선택하든 장단점은 뚜렷하다.

저자는 여기에 더 큰 문제는 따로 있다고 말한다. 바로 '신뢰'다. 한 나라가 대외 신뢰도를 상실히게 되면 경세 위기는 당장 현실이 될 수 있다. 그러다 실제로 경제 위기가 발생하면 그 나라의 신뢰는 더욱 하락해 신뢰 상실 자체를 정당화하게 된다. 위에서 살펴본 '자기 입증형 패닉'과 같다. 자기 입증형 패닉이 퍼지면 사람들의 기대치와 편견까지도 경제 펀더멘털의 한 부분이 된다.

구제 금융을 요청한 국가들에게 이율과 세금을 올리고 정부 지출을 줄이라는 IMF의 요구도 일종의 신뢰 회복이다. 하지만 이미 경제적으로 어려운 나라 입장에서 돈을 푸는 대신 이율과 세율을 올리고 정부 지출을 줄이게 되면 경제 위기가 악화될 것이 뻔하지만, 대외 신뢰 회복을 위해서는 어쩔 수 없다는 것이 국제 금융 기구의 입장이다. 하지만 크루그먼은 환율이 투자자 입장에서 충분히 싸다고 느껴질 때까지 하락하도록 내버려두어야 한다면서 국제 금융 기구를 비판한다.

1997년 위기가 있은 후 10년 뒤 다시 발생한 글로벌 금융 위기는 이 모든 위기를 합친 것과 같았다. 미국의 부동산 버블과 붕괴는 일본의 경험과 비슷했다. 그리고 자기입증적 패닉에 따른 뱅크런은 1930년대와 같았다. 이자율을 대폭 낮추고 돈을 풀어도 경제가 회복되지 못한 것은 일본이 겪었던 상황과도 닮았다고 볼 수 있다.

시도때도 없이 찾아오는 불황에 대비하는 해결책은 무엇일까? 크루그먼은 '케인스식의 오래된 경기 부양 재정 정책'을 해법으로 꼽는다. 지금까지의 위기는 결국 수요 부문에서 비롯된 문제들로 보고 이를 해결하기 위해 케인스식의 경기 부양이 필요하다는 것이다.

1990년대의 경제학은 기술 발전과 장기적 성장에 더 많은 관심을 가졌다. 그리고 비즈니스 사이클을 귀찮은 문제이자 '소폭의 흔들림'으로만 간주했지만 현실은 그렇지가 않았다. 수요 침체에 의한 불황은 사라지지가 않는다. 그렇기 때문에 기술과 금융 시스템의 발전에도 글로벌 경제는 언제든 크게 휘청거릴 수 있다. 2020년 현재 전 세계적으로 강타한 코로나 팬데믹 상황만 봐도 알 수 있지 않은가?

(서평 : 이엽)

훔치고 싶은 문장

비즈니스 사이클 상의 불황은 한 경제의 근본적인 강점이나 약점과는 거의 혹은 아무런 상관이 없을 수도 있다. 튼튼한 경제에도 나쁜 일이 일어날 수 있다는 이야기다.

함께 읽으면 좋은 책 들:

『행동하는 용기』 벤 버냉키 지음, 안세민 옮김, 까치, 2015년
『위기는 왜 반복되는가』 로버트 라이시 지음, 안진환/박슬라 옮김, 김영사, 2011년

| 81 |

정해진 미래

인구학이 말하는 10년 후 한국 그리고 생존전략

조영태 지음, 북스톤, 2016년

◆ ◆ ◆

저출산 고령화는 귀에 못이 박히도록 들은 얘기다. 결혼을 안 하고 애를 안 낳으니까 고령화가 진행된다는 것인데, 이 문제를 풀기 위한 해법은 무엇일까? 인구로 인해 벌어지는 지금의 문제와 미래의 문제 그리고 이를 풀기 위한 방법. 인구로 인해 초래되는 여러 가지 문제들을 생각해 볼 수 있도록 도와주는 책이다.

미래를 예측하는 가장 정확한 방법은 무엇일까? 바로 인구 분포를 보는 것이다. 아이를 얼마나 낳았는지, 언제까지 사는지, 노인 인구가 많은지, 아니면 청년이 많은지. 이런 것들을 보면 그 나라의 미래를 볼 수가 있다. 바로 피터 드러커의 주장이다. 그렇다면 현재 우리나라는 어떨까? 출산율은 지난 40년간 지속적으로 감소했고 급기야

2002년부터는 전 세계에서 가장 낮은 출산율을 보이고 있다. 그런데 과연 이런 문제가 먼 미래의 문제일까? 우리와는 상관이 없는 걸까?

우선, 인구와 경제 사이에는 어떤 관계가 있을까? 인구가 많은 게 좋을까? 아니면 적은 게 좋을까? 출산 촉진론자는 인구는 많을수록 좋다고 주장하고 산아 제한론자는 인구는 조절의 대상이라고 말한다.

인구학자 토마스 맬더스는 대표적인 산아 제한론자다. 그의 주장은 이렇다. "식량은 산술급수적으로 늘어나지만 인구는 기하급수적으로 늘어난다. 인구 증가 속도가 자원 증가 속도를 추월하는 순간이 인구 과잉이고 이를 넘어서면 가난하기 때문에 그때부터는 인구를 조절해야 한다." 이 같은 그의 주장은 현재까지도 전 세계 모든 인구 정책의 근간이 되고 있다. 우리 역시 그의 주장을 바이블처럼 생각하며 살아왔고, 그의 주장에 따라 인구를 조절해왔다. 그래서 UN은 한국의 인구 정책을 성공 사례로 손꼽기도 한다. 그런데 과연 그것이 인구 조절 때문일까? 인구 문제가 중요하긴 하지만 인구가 줄었기 때문에 잘살게 되었다고 말하는 것이 맞는 말일까? 사실 그렇게 말하기는 어렵다. 이를 뒷받침할 근거도 없다. 이는 마치 아프리카가 인구만 줄인다면 지금보다 훨씬 더 잘 살 수 있다고 말하는 것만큼이나 논리적이지 않다.

그렇다면 이미 어느 정도 잘살게 된 우리나라의 인구는 왜 계속해서 줄어들고 있는 걸까? 정부의 정책 때문인가? 물론, 정부가 애를 낳으라고 해서 낳고 낳지 말라고 해서 낳지 않는 것은 아니다. 그보다는 시대 변화에 따른 사람들 생각 변화가 원인이라고 볼 수 있다.

이와 함께 경제의 발전, 정보 기술의 발달, 여성들의 사회 참여 향상과 그에 따른 소득의 증가 등이 어우러지면서 일어난 현상이라고 볼수가 있다. 그리고 무엇보다 출산율의 문제는 경제적인 이유에서 원인을 찾는 게 바람직하다.

2000년에서 2007년 사이의 초등학생 숫자는 400만 명쯤 된다. 하지만 그 후 학생 수는 크게 감소해서 2013년에는 300만 명에도 미치지 못한다. 하지만 초등학교는 계속 늘어났고 교원도 계속 늘어났다. 결론적으로 말해, 초등학교 선생님은 2000년 14만 명에서 2013년 18만 명으로 30%나 늘어났는데, 학생 숫자는 400만에서 300만으로 25% 줄었다. 어떻게 이런 일이 일어났을까? 이유는 미래가 아닌 현재를 기준으로 정책을 수립했기 때문이다. 이들이 대학에 들어가는 2021년 이후에는 어떤 일이 일어날까? 아마도 등록금 의존도가높은 사립 대학은 생존이 쉽지 않을 것이다. 대학이 사라지면 교수와직원들 역시 직업을 잃게 된다. 그래서 인구 문제는 결코 남의 일이라 할 수 없다.

아이들이 줄면 실업률은 어떻게 될까? 지금 같은 취업 전쟁은 사라지게 되는 걸까? 상식적으로는 인구가 줄면 실업률이 떨어져야 하는 게 맞겠지만 실제로는 그렇지가 않다. 경기가 어려워지면서 당장성과를 낼 수 있는 숙련자를 주로 채용하게 되니 상대적으로 청년들은 취업하기가 더 힘들어진다. 같은 일자리를 놓고 노인과 청년이 갈등을 겪게 되는 상황이 생기게 되는 것이다. 적은 숫자의 청년들이많은 노인을 먹여 살려야 하는 것 역시도 갈등의 불씨가 된다. 이렇듯 세대 간의 갈등은 불 보듯 뻔한 일이 된다.

그럼 어떻게 해야 할까? 우선, 이민에 대해 긍정적으로 생각해야 한다. 다만 문호를 확 개방할 것인지 엄격하게 제한할 것인지의 문제는 남는다. 그러나 이민은 매력적인 요소가 있어야 가능하다. 또 다른 해법은 해외 투자다. 국내가 아닌 해외에서 답을 구해야 한다. 해외 진출의 의미를 OEM(주문자 상표부착 생산)보다는 시장 개척에서 찾아야 한다. 생산한 제품을 그곳에서 소비할 수 있는 시장을 발굴하고 판매해야 한다. 더 많은 젊은이들이 해외에서 기회를 찾고 그곳에서 자신의 사업을 할 수 있도록 지원하는 방안도 절실하다.

정부와 기업의 역할도 달라져야 한다. 유럽은 출산율이 급격히 떨어졌을 때 출산과 육아에 관한 장애 요인을 없애기로 했다. 개인의 문제를 공공이 책임져야 한다고 생각하고 출산의 장애 요인이 되는 고용 불안, 높은 집값 그리고 육아 휴직이나 보육비 등의 인센티브를 대대적으로 혁신했다. 출산과 양육이 직장 생활에 걸림돌이 되지 않도록 제도를 정비한 것이다. 다만 저출산 대책이 출산 보육 수당 같은 복지에 집중되어서는 안 된다. 복지보다는 투자의 개념으로 접근해야 할 필요가 있다. 아이들 한 명 한 명을 훌륭하게 성장시켜 아래 세대의 부가 쌓이도록 해야 한다. 그러기 위해선 기업의 역할도 중요하다. 더 이상 회사의 이익과 업무를 위해 개인의 생활을 희생하게끔 해서는 안 된다. 젊은 부부가 아이를 잘 낳고 잘 키울 수 있도록 기업이 노력해야 한다.

인구 변화에 따른 전망은 비관적이지만 반면 긍정적인 요소도 있다. 인구는 완벽한 예측이 가능하기 때문에 적절한 대응책을 마련할 수 있다. 이럴 때는 개인도 새로운 판단을 해야 한다. 한마디로 수년 내로 경쟁률이 뚝뚝 떨어질 자녀의 대학 입시를 위해 월급을 탕진하는 일은 그만둘 필요가 있다. 더 늦게, 더 적은 연금을 받게 될 노후를 어떻게 대비할지 고민해 보자. 내 핏줄은 아니지만 자라나는 새싹들을 위해 보육 수당, 무료 급식 등을 위한 세금을 아낌없이 내야 한다. 그래야 이들도 100세까지 살아 있을 우리를 위해 기꺼이 세금을 낼 것이다.

(서평 : 한근태)

훔치고 싶은 문장
눈에 보이는 팩트만 이어 붙여서는 출구 없는 비관론밖에 나오지 않는다. 우리가 인구 변화에 관심을 갖는 이유는 '앞으로 미래가 얼마나 암울할지' 궁금해서가 결코 아니다. 우리가 던지는 질문은 언제나 이것이다. '인구 변동 속에 기회는 없는가?' '인구 변동에 대비해 어떤 준비를 해야 하는가?'이다.

함께 읽으면 좋은 책
『인구 쇼크』앨런 와이즈먼 지음, 이한음 옮김, 알에이치코리아, 2015년
『2050 미래쇼크』로렌스 스미스 지음, 장호연 옮김, 동아시아, 2012년

8부. 인문 사회

82

경주 최부잣집 300년 부의 비밀

10대를 이어온 명가, 경주 최 부자의 모든 것

전진문 지음, 민음인, 2010년(개정판)

◆ ◆ ◆

'부자는 3대를 못 간다'는 말이 있다. 부정적인 의미이기도 하고 그만큼 부를 지키기 어렵다는 말이기도 하다. 부를 지키려면 스스로 지켜야 할 것도 있지만 사회 안에서 해야 할 일도 있다. 경주 최부잣집은 노블레스 오블리주를 지켜가며 300여 년간 부를 지키고, 사회에 자신들의 재산을 헌사함으로써 명예를 지켰다. 이 책은 발간 당시 많은 사람들에게 감명을 주었고 오랜 기간 베스트셀러의 자리를 지켰다.

저자 전진문은 대학에서 경영학을 강의하면서 학생들로부터 '우리나라에도 존경할 만한 부자가 있습니까?'라는 실문을 받고 곤혹스러웠다고 한다. 그는 우리나라에서 존경할 만한 부자의 모델을 찾아야겠다는 생각을 하고, 그렇게 대상을 찾던 중 '경주 최부잣집의 독특한 가훈'에 대한 자료를 보면서 본격적으로 취재를 결심하게 되었다고 한다.

외국의 사례를 보면 중세 이탈리아의 메디치 가문이 200년 동안 유럽을 지배했지만 최부잣집은 그보다 100년이나 더 오랫동안 부를 지켰다. 그만큼 세계적으로도 유례가 드문 일이다. "과거를 보되 진사 이상은 하지 마라, 재산은 만 석 이상 지니지 마라, 사방 백리 안에 굶어 죽는 사람이 없게 하라" 등 경주 최씨 가문의 여섯 개 가훈은 10대에 걸쳐서 부를 유지할 수 있게 된 비결이 무엇인지 한 눈에 보여준다. 가훈에 스며있는 철학은 한마디로 말해 "재산을 통해 지역 사회에 이바지하라"이다.

최부잣집의 시작은 마지막 최부자인 최준의 11대조인 정무공 최진립 장군에서 시작된다. 장군은 조선 선조 시대인 1568년 경주부 현곡촌 구미동에서 태어나 1636년 병자호란 때 최전선에서 적군과 싸우다 순국했다. 그는 관직에 있는 동안 자신의 잘못이 아님에도 불구하고 억울하게 귀양을 간 적이 있는데, 자신이 누명을 쓰게 된 게 복잡하게 얽힌 당파 사이의 권력 구조 때문이라는 것을 알고 권세의 자리에 있음은 칼날 위에 서 있는 것과 같다는 생각하고서 진사 이상의 벼슬을 하지 말라는 첫 번째 가훈을 남긴다.

최부잣집이 부자가 된 데에는 양반 임에도 불구하고 직접 농사를 짓고 최신 농법을 연구한 덕도 있다. 최부잣집은 명실공히 만석꾼이었고 절약이 몸에 밴 집안이었지만 절약이라는 허명 하에 인색하기만 했던 집안은 아니었다. 1671년 삼남 지방에 큰 흉년이 들어 굶어 죽는 사람이 허다했을 때, 최부잣집의 3대손인 최국선은 과감히 곳간을 열어 굶는 이들에게 죽을 끓여 먹이고 헐벗는 이들에게 옷을 지어 입혀주었다. 죽을 쑤어 나누어주던 그 자리는 지금도 '활인당(活人堂)'이라는 이름으로 남아있다. '사방 백 리 안에 굶어 죽는 사람이 없게 하라'는 가훈은 바로 그때 생겼다.

최부잣집이 항상 잘 되기만 한 것은 아니었다. 최부잣집이 모두 불타버릴 듯한 위기를 겪은 적도 있었다. 1894년 동학 혁명이 일어나 삼남 지방이 온통 난리에 휩싸이게 되었을 때 경주에서도 구물천이라는 사람이 혼란을 틈타 불평이 있는 농민들을 규합하여 활빈당을 조직하였다. 의적을 자처한 구물천은 흥분한 농민들을 모아 이리저리 떼를 지어 다니며 불을 지르고 약탈과 살인을 서슴지 않았다. 그리고 마침내 최부잣집에 이르렀을 때 군중을 선동하여 최부잣집을 불태우자고 했지만 농민들은 따르지 않았다. 농민들이나 활빈당도 그동안의 최부잣집의 선행을 알고 있었기 때문이었다. 그래서 동학 난리 와중에도 최부잣집은 불타지 않고 온전히 재물을 지킬 수가 있었다.

최부잣집의 마지막도 대단했다. 마지막 부자인 최준은 98만 5,000평의 땅과 장서 5,500여 권을 기증하면서 대구대학을 설립하였다. 그가 기증한 도서들은 현재 영남대학교 중앙도서관에 그의 호를 따서 '문파문고'로 보존되어 있다. 그가 세운 내구대학은 나중에 청구대학과 합쳐져 영남대학교로 개명이 된다. 가문이 지켜온 재산을 향토 인재 양성을 위해 단 한 번에 쾌척할 수 있었던 것은 최준의 고매한 지조와 용단 덕분이었다.

이 책에는 경주 최씨가 어떻게 엄청난 부를 모았는지에 대한 자세한 언급은 없다. 다만 엄청난 부를 300여 년이라는 긴 세월 동안 지킬 수 있었던 것이 경주 지역 사람들이 최씨 가문을 좋아했기 때문에 가능했다고 말한다. 가훈 중에 '재산은 만 석 이상을 지니지 마라'는 가훈이 있다. 전체 소작료 수입은 1년에 만 석을 넘지 않도록 해야 한다는 것인데, 이는 거꾸로 최부잣집의 토지가 많아질수록 소작인이 내야 하는 소작료는 줄어든다는 것을 의미한다. 그래서 농민들은 최부잣집이 더욱더 많은 땅을 가지기를 원해 누군가가 땅을 판다는 소문을 듣기만 하면 최부자에게 소개해서 최부잣집에서 그 땅을 사도록 권했다고 한다. 그렇다고 무한정 땅 욕심을 낸 것도 아니었다.

최부잣집의 또 다른 가훈 중에 '흉년 기에는 땅을 사지 마라'도 있다. 즉, 남의 불행을 이용하여 부당한 이득을 취하지 말라는 뜻인데, 만약 최부잣집이 욕심을 부렸다면 한 해 만석이 아니라 2만 석, 3만 석도 가능했을 것이다. 아마도 그랬다면 지역 사람들로부터 인심을 얻지 못했을 것이고 동학 혁명 때 가문이 불타버렸거나 그 이전에 소멸되었을 것이다. 결과적으로 보면 1만 석을 300년 동안 벌어들였으니 전체적으로 보면 최부잣집의 한 해 만석 원칙은 경영 측면에서 보아도 훌륭한 전략이었다고 할 수 있다.

(서평 : 홍재화)

훔치고 싶은 문장

최부잣집 6훈. '과거를 보되 진사 이상은 하지 마라' '재산은 만 석 이상 지니지 마라' '사방 백 리 안에 굶어 죽는 사람이 없게 하라' '흉년 기에는 땅을 사지 마라' '과객을 후하게 대접하라' '시집온 며느리들은 3년간 무명옷을 입으라'.

함께 읽으면 좋은 책

『메디치 가문 이야기』 G.F. 영 지음, 이길상 옮김, 현대지성, 2017년
『로스 차일드』 니얼 퍼거슨 지음, 윤영애 옮김, 21세기북스, 2013년
『세계 장수기업, 세기를 뛰어넘은 성공』 윌리엄 오하라 지음, 주덕영 옮김, 예지, 2007년

83

88만원 세대

절망의 시대에 쓰는 희망의 경제학

우석훈/박권일 지음, 레디앙, 2007년

◆ ◆ ◆

우리는 사람들과 이야기를 나눌 때 세대 이슈를 자주 거론하곤 한다. X 세대, Y 세대, 밀레니얼 세대, 베이비붐 세대, 386세대 등등 너무나도 많다. 2007년 우석훈, 박권일이 쓴 책 『88만원 세대』가 출간되면서 '88만원 세대'라는 새로운 신조어도 함께 등장했다. 당시 한국의 20대 비정규직 평균 임금이 88만 원 임에 착안하여 제목을 뽑았다. 책이 출간되고 10년이 넘었지만 청년 실업이나 청년들의 불안전한 고용 상황 등은 여전히 진행형이다. 이 책을 곱씹어야 할 이유이다.

연령별로 행복도를 조사하게 되면 20대의 행복도가 가장 낮다. 경제 성장이 둔화되면서 기업은 신규 채용을 줄이고 기성세대는 자신의 밥줄이 끊어질까 봐 다니던 직장에 계속 매달리게 되고, 이런 상황이 지속되다보니 청년들 설 자리가 점점 줄어들게 되어서 그렇다. 이 책의 제목이기도 한 88만 원은 청년들의 행복도를 가장 잘 빗대어 표현한 금액이라고 할 수 있다.

사실 88만 원 세대와 비슷한 용어가 유럽에 먼저 있었다. 이른바 '1,000유로 세대'다. 이탈리아의 안토니오 인코르바이아와 알레산드로 리마싸의 자전적 소설 『천 유로 세대』에서 유래된 말로 유럽의 젊은 세대는 계약직이나 아르바이트로 하루 12시간 이상 일하지만 1,000유로의 낮은 월급을 받으며 한 달을 가까스로 살아간다는 뜻을 담고 있다. 당시 환율을 적용해보면 천 유로는 우리 돈으로 120만 원 정도에 해당된다.

이 책의 작가 우석훈, 박권일 두 저자는 IMF 위기 이후 우리나라의 청년 문제를 다양한 경제 지식과 다른 나라의 사례 등을 들며 자세히 설명하고 있다. 책에는 경제학에서 사용되는 용어들인 소수자 노동, 이전 소득, 포스트 포디즘, 신자유주의, 승자 독식 게임, 구축 효과, 경연 시장, 사회적 자본, 공진화, 인질 경제, 네트워크 효과, 복원성, 1318 마케팅 같은 키워드를 볼 수 있다. 그리고 기존 용어만이 아니라 새로운 용어를 만들어 소개하기도 한다. 이 책에는 다안성(多安性, diverstability)이라는 용어가 나오는데 다양성(diversity)과 안정성(stability)을 동시에 갖춘 균형적 상태를 말한다. 한 시스템이 다양성을 확보했을 때 원래의 균형 혹은 새로운 균형을 찾아갈 가능성이 높이진다는 것을 의미하는 단어다.

꼭 이 책 때문이 아니더라도 단기 계약직, 일용직, 간접 고용 형태의 비정규직 문제를 우리는 너무나도 잘 알고 있다. 새로운 정부가 들어설 때마다 비정규직 문제를 해결하기 위해 많은 노력을 기울이고 있지만 쉽사리 해결되지는 않아 보인다.

이 책에서는 일본에도 비정규직이 많지만 상대적으로 만족하고 있다는 점을 지적하고 있다. 비정규직 문제는 사실 경제 전체로 보면 분명 불가피한 측면이 있다. 하지만 지금의 비정규직은 정규직에 비해 하는 일은 비슷하지만 급여나 대우가 현격히 차이가 나는 등 차별의 정도가 심한 게 가장 큰 문제이다. 그래서 그 격차를 줄이려는 노력이 전 사회적으로 필요하다.

이 책에서는 청년들에게 자신들의 문제를 직접 해결하기 위해 바리케이드를 치고 짱돌도 던지면서 기성세대로 똘똘 뭉친 꼰대 사회에 항거하라고 주문한다. 그동안 청년들의 저항이 없었던 것은 아니지만 상당히 미약했다. 과거에는 20, 30대 국회 의원들도 많았지만 이제는 40세 이하의 국회 의원은 1% 이하로 거의 보이지도 않는다.

88만 원 세대의 문제는 사실 정치적 투쟁으로 해결해야 할 이슈이기도 하다. 2020년부터 선거 참여 연령이 만 19세에서 만 18세로 하향 조정되었는데, 앞으로 청년들의 목소리가 정치권에 좀 더 반영될 수 있기를 기대해본다.

(서평 : 김민주)

훔치고 싶은 문장

가장 잔인한 고문 중 하나가 바로 '희망 고문'이다. 희망을 슬쩍 보여줬다가 그걸 움켜쥐려는 찰나 다시 빼앗아 버리는 것. 그것은 인간에게 말로 다할 수 없는 절망감을 안겨준다.

함께 읽으면 좋은 책

『천 유로 세대』안토니오 인코르바이아/알레산드로 리마싸 지음, 김효진 옮김, 예담, 2006년

84

냉정한 이타주의자

세상을 바꾸는 건 열정이 아닌 냉정이다

윌리엄 맥어스킬 지음, 전미영 옮김, 부키, 2017
Doing Good Better: How Effective Altruism Can Help You Make a Difference,
William MacAskill, Avery, 2015

◆ ◆ ◆

많은 시민 단체와 NGO들이 있다. 전부가 그런 것은 아니겠지만 일부 단체들은 공동의 선을 위한다는 명목으로 마구잡이 식으로 일을 한다. 문제는 이런 일들이 현실에서는 제대로 작동되지 않을 때가 많다는 것이다. 선한 일에도 자원이 필요하고, 시간과 비용 대비 효과를 거둘 수 있는 일을 해야 한다. 선한 일에도 생산성이 중요하다는 얘기다. 그래서 열정보다 냉정이 필요하다.

"자선 단체에 기부를 하시나요? 그런데 그 돈이 어떻게 사용되는지 아시나요? 윤리적 소비, 공정 무역에도 관심이 있나요? 그것의 효용성에 대해서는 어떻게 생각하시나요?"

우리는 선의로 많은 일을 한다. 하지만 선의만으로 모든 문제가 해결되는 것은 아니다. 선의에도 생산성이 필요하다. 이 두 개가 결합될 때 비로소 세상의 변화가 시작된다. 선행 중에는 무분별한 선행이 있다. 이런 선행은 실효가 없거나 오히려 해악을 끼친다. 아프리카 물 부족 국가에 식수 펌프를 보급하려고 했던 플레이펌프스인터내셔널 사례를 살펴보자. 단체 창립자 트레버 필드는 회전 놀이기구인 뺑뺑이와 펌프 기능을 결합시킨 플레이 펌프를 아프리카 시골 마을에 보급해 식수 부족에 시달리는 사람들을 돕고 싶어했다. 아이들이 기구를 돌리며 놀 때, 이때 발생하는 회전력으로 지하수를 끌어올린다는 아이디어였다. 이 아이디어에 기업인, 정치인, 유명인들이 열광했고 이들의 후원에 힘입어 이 단체는 급성장을 했다. 그러면 실제 효과는 어땠을까? 결론부터 얘기하면 아무런 도움도 되지 않았다. 오히려 펌프를 돌리는데 아이들이 동원되면서 사고가 속출했고 고장이 나기도 했다. 유지보수가 불가능해지면서 플레이펌프는 마을의 흉물로 전락해 버렸다.

선의를 가지고 진행한 일도 효과성을 따져보아야 한다. 가성비를 따지는 것처럼 투자 대비 효과를 측정해야 한다는 뜻이다. 아프리카에서 학생들의 학교 출석률을 높이기 위해 시행한 프로그램도 마찬가지였다. 여러 가지 프로그램이 있었지만 가장 효과가 두드러진 방법은 무엇이었을까? 교과서 및 수업 교구 제공은 효과가 없었고, 교사 1인당 학생 수를 줄이는 것도 효과가 없었나. 그런데 뜻하지 않게 기생충 감염 치료가 결석률을 25%나 줄이는 데 효과가 있다는 것으로 드러났다. 이를 비용을 환산하게 되면 100달러를 쓰고 10년이 늘어난 수치였다. 아주 적은 비용으로 최대의 효과를 거둔 셈이다.

이미 관심과 자금이 집중한 곳에 투자하는 것보다는 방치된 분야에 투자하는 것이 더 효과적이다. 특정 분야에 이미 많은 관심과 자금이 모였는데, 그 분야에 다시금 추가 지원을 하는 건 아무런 의미가 없다. 대표적인 것이 긴급 재해 자금의 투자다. 2011년 일본 도호쿠 지방의 지진으로 1만 5천 명의 사망자가 발생하고 사망자 1인당 무려 33만 달러라는 성금이 지원되었다. 그런데 훨씬 많은 아이들을 죽이는 결핵 같은 병에는 고작 1만 5천 달러가 지원된다. 이처럼 긴급 재난 구조 활동은 오랜 기간에 걸쳐 검증된 보건 사업들에 비해 비용은 많이 들고 효율은 떨어진다.

윤리적 소비라는 것도 그렇다. 아동 착취를 통해 만들어진 물건이라는 뉴스에 사람들은 분개하고 그 회사 제품을 사지 않으려 했다. 그런데 그게 과연 진실일까? 안타깝게도 소득 수준이 낮은 저개발 국가에서는 노동 착취가 일어나는 공장이 그나마 좋은 일거리를 제공해주는 곳이다. 이 직업마저도 사라지게 되면 할 일이라곤 훨씬 더 열악한 농장의 일과 넝마주이밖에 없기 때문이다. 그래서 진보와 보수를 막론하고 경제학자들은 노동 착취 공장이 가난한 나라에 도움이 된다는 것에 이의를 달지 않는다. 세계적 경제학자 폴 크루그만은 여기에 더 보태어 이렇게도 말한다. "내가 걱정하는 건 노동 착취 공장이 너무 많은 게 아니라 너무 적은 것이다." 크루그만이 노동 착취 공장을 옹호하는 이유는 노동 집약적 제조업이 부유한 산업 사회로 가기 위한 징검다리 역할을 한다고 보기 때문이다.

공정 무역도 그렇다. 공정 무역 제품을 구입한다고 해서 가난한 나라의 빈곤층에게 수익이 100% 돌아가는 것은 아니다. 기준이 까다롭기 때문이다. 추가로 지불한 돈 중 농부들 수중에 떨어지는 건 극히 일부이고 나머지는 결국 중개인이 갖는다. 생산자에게 돌아가는 작은 몫이 많은 임금으로 바뀐다는 보장도 없다. 우리의 의도와는 달리 별 효과가 없다는 것이다.

그럼 우리는 타인을 돕는 선한 행동을 더 이상 하지 말아야 하는 것일까? 그런 뜻은 아니다. 오히려 그 반대다. 우리는 더욱더 적극적으로 이런 일에 나서야 한다. 우리는 생각보다 훨씬 더 큰 힘을 갖고 있다. 다만 인지하지 못할 뿐이다. 연 소득이 5만 2천 달러 이상이면 전 세계 상위 1%에 해당한다. 하루 수입이 1.5달러 미만인 극빈층이 12억 2천만 명이고, 지구 인구의 20%에 해당한다. 극빈층은 수입 대부분을 식비로 쓰지만 하루 섭취 열량은 1,400칼로리에 불과하다. 같은 돈도 극빈층을 위해 쓴다면 그들에게 더 큰 편익을 제공할 수가 있다. 같은 비용으로도 자신보다 빈곤층에 최소 100배의 더 큰 혜택을 줄 수가 있다.

대부분 사람들은 내가 도와봤자 양동이에 물 한 방울 보태는 격이라고 생각한다. 우리에게는 물 한 방울 정도밖에 안 되는 작은 크기지만 그들에겐 큰 양동이의 물에 해당하는 혜택이다. 다만 이런 선한 일을 효과적으로 하자는 것이 이 책이 말하고자 하는 핵심이다.

르완다에서 수십만의 투치족이 학살당하던 당시 현장에서 환자를 살리기 위해 동분서주했던 의사 오르빈스키는 당시를 이렇게 회상한다. "부상자가 넘쳤다. 환자 이마에 테이프를 붙였다. 1은 즉시 치료, 2는 24시간 내 치료, 3은 치료 불가능. 이렇게 구분하고 치료를 했다. 넘쳐나는 환자를 모두 구할 수는 없었다. 등급을 나누지 않았다면 아마도 더 많은 사람들이 죽었을 것이다." 돈 그리고 시간 배분도 그렇다. 효율적 이타주의의 핵심은 살기 좋은 세상을 만들기 위해 가장 효율적인 방법을 결정하는 것이다. 즉각 해결 가능한 것, 영양가가 적은 것, 미뤄도 될 것 등을 구분하는 것이다.

이를 위한 핵심 질문 다섯 가지는 다음과 같다.

첫 번째, 얼마나 많은 사람에게 큰 혜택이 돌아가는가를 봐야 한다. 다양한 선행의 방식들이 타인의 삶에 어떤 영향을 미치는지 구체적으로 판단하고 도움이 되지 않는 일에는 시간과 돈을 쓰지 않도록 해야 한다. 두 번째, 이것이 최선의 방법인가를 봐야 한다. 그저 좋은 선행으로 그치는 것이 아니라 최대 효과를 이끌어내는 선행이어야 한다. 세 번째, 방치되고 있는 분야는 없는가를 보아야 한다. 관심을 덜 받고 있지만 세상을 변화시킬 수 있는 기회가 숨어 있는 분야는 없는지 살펴야 한다. 네 번째, 만약 하지 않았다면 어떻게 됐을까를 생각해야 한다. 굳이 우리가 개입하지 않아도 어차피 좋은 결과를 거둘 수 있는 일이라면 굳이 노력을 쏟을 이유는 없다. 마지막 다섯 번째, 성공 가능성은 어느 정도이고 성공했을 때의 효과는 어느 정도인가를 봐야 한다. 성과가 적은 일과 실현 가능성은 낮아도 성공만 하면 막대한 보상이 따르는 일은 구분할 수 있어야 한다.

(서평 : 한근태)

훔치고 싶은 문장

세상을 바꾸는 건 열정이 아닌 냉정이다.

함께 읽으면 좋은 책

『국가는 내 돈을 어떻게 쓰는가』 김태일 지음, 웅진지식하우스, 2013년

85

가난한 사람이 더 합리적이다

MIT 경제학자들이 밝혀낸 빈곤의 비밀

아비지트 배너지/에스테르 뒤플로 지음, 이순희 옮김, 생각연구소, 2012
Poor Economics: A Radical Rethinking of the Way to Fight Global Poverty, Abhijit Banerjee/
Esther Duflo, PublicAffairs, 2011

◆ ◆ ◆

경제학의 목표는 '빈곤 탈출'이다. 빈곤에서 벗어나는 것이 개인과 국
가의 가장 기본적이면서도 궁극적인 목표다. 이 책 저자들은 '빈곤의
덫' 때문에 가난이 지속된다고 주장했다. 여기에서 빈곤의 덫이란 약
간의 투자만으로도 빨리 일어설 수 있지만 결국에는 투자할 여력이
없어 소득이나 부를 빠르게 불릴 기회가 제한적인 상황을 말한다. 쉽
게 말해 가난이 가난을 낳는 상황이다.

빈곤의 덫을 어떻게 탈출할 수 있을까? 공급주의자들은 국제 사회의
대규모 원조로 빈곤의 덫을 끝내야 한다고 주장한다. 반면 수요론자
들은 원조는 피원조국 정부를 부패시키고 시장의 발전을 저해하기
때문에 가난에서 벗어나는 길은 자유 시장의 도입뿐이라고 말한다.
하지만 빈곤 탈출은 하나의 이론으로만 해결할 수 있는 단순한 문제

가 아니다.

현장 경험이 풍부한 저자는 "빈곤의 덫에서 벗어나려면 공급과 수요의 해결책 모두가 필요하다"고 말한다. 예를 들어 보자. 공공의 료는 적은 투자로 큰 효과를 낼 수 있는 서비스지만 결코 쉽게 얻어 지지가 않는다. 국제 사회의 도움으로 말라리아가 박멸된 지역의 아 이들 학업 성취도는 말라리아가 없는 지역 아이들 수준만큼이나 올 라온다. 이는 대규모 원조(즉, 공급)가 필요하다는 주장의 근거가 된 다. 하지만 빈곤 지역에 사는 사람들은 국제 사회로부터 받은 원조를 다른 용도로 사용하기도 하고 예방보다는 치료에 더 많은 돈을 쓰기 도 하면서 의료 원조의 효과를 떨어뜨리기도 한다. 그리고 의료 문제 가 생겼을 때 공중 의료 시설을 찾기보다 미신에 의존하는 경우도 있 다. 공급만으로 문제 해결이 안 된다는 것이다.

교육도 마찬가지다. 낮은 교육 수준을 해결하려면 정부가 공급 을 늘리면 될까? 아니면 교육에 대한 수요를 자극해야 할까? 답은 둘 다 해야 한다, 이다. 많은 연구 결과에 의하면 공교육은 유용하며 학 교가 많은 지역은 그렇지 않은 지역보다 소득이 높아 교육에는 빈곤 의 덫이 없다고 저자들은 말한다. 많은 선진국들이 정부 주도의 교육 공급이라 할 수 있는 의무 교육을 채택하는 이유다. 그렇다면 학교를 더 많이 설립해서 공교육의 공급을 늘리년 될 일이 아닌가? 하지만 그렇게 간단한 문제는 아니다. 수요가 공급만큼 함께 따라와 주어야 효과성을 발휘할 수 있기 때문이다.

가난한 부모들은 교육에 대한 믿음이 없고 가난한 가정에선 자녀 모두를 교육할 수 없기에 가장 뛰어난 자식 한두 명만 학교에 보낸다. 이런 가정에 공적 보조금 지급과 같은 방식으로 교육비 부담을 줄여주고서 교육 수요를 자극시킬 수는 있지만, 교육을 무슨 복권처럼 생각하는 부모들은 지급받는 보조금을 자식 전부에게 골고루 나누어 주는 것이 아니라 한 명의 자식에게만 집중 투자한다. 그래서 결과적으로 많은 아이들의 재능은 사장되고 국가는 계속해서 잠재적 인재를 잃어버리는 결과를 낳게 된다. 이처럼 교육도 공급과 수요가 적절히 공존해야 그 효과가 발휘된다.

반복되는 가난의 악순환을 끊기 위한 방안으로 저자들은 보험과 소액 금융을 꼽는다. 보험은 가난한 사람들이 자신의 미래를 생각하게끔 도와주고 소액 금융은 사업을 통해 자립할 수 있는 터전을 만들어 준다. 가난한 사람 주변에는 항상 위험이 도사리고 있다. 병에 걸릴 수도 있고, 가정 경제가 악화될 수 있고, 사기를 당할 수도 있다. 부자 나라의 국민들은 만약을 대비해 보험에 가입하지만 부자 나라의 '만약'은 가난한 나라에선 '항상'과 다름이 없다. 그럼에도 가난한 나라의 보험 가입률은 언제나 낮다. 그 이유 역시 수요와 공급이 일치하지 않기 때문이다.

이런 수요와 공급의 차이가 생기는 이유는 무엇일까? 첫 번째는 도덕적 해이 때문이다. 의료 기관과 보험 회사에 대한 규제력이 약한 나라에서는 과잉 의료 공급이 이뤄지고, 피보험자들 역시 과잉 청구와 허위 청구를 통해 보험금을 타내는 등 공급과 수요 양측에서 도덕적 해이가 빈번히 발생한다. 이렇게 되면 밑 빠진 독에 물 붓기 식으로 의료 보험은 파산할 수밖에 없다. 두 번째는 위험성이 높은 사람들만 보험에 가입하는 역선택의 문제 때문이기도 하다. 역선택의 문제를 해결하기 위해서는 조직 차원에서 모든 사람을 보험에 가입시키는 방안이 필요하지만 의료 보험이 의무화되지 않은 나라에서는 채택하기 쉬운 정책은 아니다.

그래서 저자들은 당분간만이라도 정부가 보험료 일부를 지원해야 할 필요가 있다고 말한다. 그 근거로 아프리카의 가나를 든다. 정부가 보험료의 일부를 지원해 대다수 농민들이 보험에 가입한 가나는 보험에 가입하지 않는 농민들보다 소득이 높았고 끼니를 거르는 비율은 훨씬 낮았다.

보험이 미래를 대비하도록 도와주었다면 소액 금융은 미래의 터전을 만드는 데 도움을 준다. 소액 금융이 중요한 이유는 가난한 사람들에게 일반 은행이 문을 잘 열어주지 않기 때문이다. 가난한 사람들은 보통 돈을 잘 빌려주지 않는 은행과 돈은 빌려주되 높은 이자를 부과하는 대부업 사이에서 고민을 하는데, 소액 금융은 이런 사람들에게 저리로 돈을 빌려주고 가난의 고리를 끊을 수 있도록 도와주는 역할을 한다. 물론 소액 금융이 완벽한 것은 아니다. 소액 금융도 원금 회수를 위해서는 기존의 은행처럼 위험 회피적인 행동을 할 수밖에 없다. 만약 은행의 이 같은 행동이 심해진다면 가난한 사람들은 다시 대부업에 의존할 수밖에 없을 것이다.

가난한 사람들도 나름 합리적이고 현명한 방식으로 가난에 대처한다. 불성실한 공공 의료에 대처해서는 선무당을 찾고 은행 대출의 문턱이 높을 땐 어쩔 수 없이 대부 업체를 방문한다. 그리고 자식을 많이 낳는다. 이들에게 자식은 일종의 노후를 대비한 보험이자 투자라고 할 수 있다. 많은 자식을 낳으면 일종의 투자 포트폴리오가 구축되는 것이다. 이들의 이런 시각이 무조건 잘못되었다고 탓할 수는 없다. 저자는 이들이 좀 더 나은 합리적 선택을 할 수 있도록 적절한 지원을 해야 한다고 말한다. 지원을 받아 예금을 일부라도 갖게 된 사람은 그렇지 않은 사람보다 더 많은 저축을 하게 된다. 결과적으로 보게 되면 사업 보조금을 받은 사람들은 그렇지 않은 사람들보다 평균 수익률이 60%나 더 높았다. 그리고 극빈자 지원 프로그램의 수혜자들은 그렇지 않은 사람들보다 가축 수, 사업 자금, 임금 소득, 노동 시간 등에서 모두 면에서 좋은 방향으로 지표 전환을 했다.

저자들은 가난한 사람에게도 희망이 생기면 자제력이 향상되고 극빈자들에게도 적절한 지원만 제공된다면 자립할 수 있다고 강조한다. '미래가 있다는 믿음은 빈곤층과 중상층을 가르는 표지'라는 것이다. 그들의 가난은 그들의 잘못 때문만이 아니다. 가난한 사람들은 자신이 처한 상황에 맞게 '합리적'으로 행동하고 있을 뿐이었다.

(서평 : 이엽)

훔치고 싶은 문장

가난한 사람에게 지나치게 많은 혜택을 주면 게으른 상태에서 벗어나지 못할 거라고 걱정한다. (…) 자신이 원하는 모든 것이 멀리 떨어져 있는 상황에서 희망을 유지하기는 매우 어렵다. 골대를 조금 가깝게 밀어주는 것은 가난한 사람이 골대를 향해 달려가는 첫 걸음을 내딛는 데 반드시 필요한 일이다.

함께 읽으면 좋은 책

『빈곤의 종말』 제프리 삭스 지음, 김현구 옮김, 21세기북스, 2006년
『힘든 시대를 위한 좋은 경제학』 아비지트 배너지/에스테르 뒤플로 지음, 김
승진 옮김, 생각의힘, 2020년

86

돈으로 살 수 없는 것들

무엇이 가치를 결정하는가

마이클 샌델 지음, 안기순 옮김, 와이즈베리, 2012년
What Money Can't Buy: The Moral Limits of Markets, Michael J. Sandel,
Farrar, Straus and Giroux, 2012

◆ ◆ ◆

시장 지상주의, 거래 만능, 돈 만능 시대에 살고 있으면서 과거에는
돈으로 살 수 없었던 것들을 지금은 얼마든지 쉽게 구할 수가 있다.
성, 입학, 명예, 사랑, 병역 면제, 새치기가 바로 그런 것들이다. 몇 년
전에 한 신학대학원에서 '경제 윤리'라는 제목으로 한 학기 강의를 한
적이 있다. 그때 이 책이 부교재였다. 경제와 도덕 윤리라는 미묘한
화두를 마이클 샌델은 어떻게 얘기했을까?

인간의 탐욕에는 끝이 없다. 돈이 많은 사람은 자신이 원하는 것을
돈으로 얻고 싶어 한다. 과거에는 도덕, 윤리, 정서, 법 때문에 어려웠
던 것들이 이제는 돈으로 모두 해결 가능한 세상이다. 교도소의 감방
업그레이드, 미국으로 이민하는 권리, 대기에 탄소를 배출할 권리, 자
녀의 명문대 입학 허가, 대리모를 통한 출산, 의사 휴대 전화 번호 얻

기, 멸종 위기에 놓인 검정 코뿔소를 사냥할 권리, 전쟁을 민간 군사 기업에게 위탁하기 등이 바로 그런 예다.

시장 영역이 아니었던 부분이 시장 안으로 들어오면서 거래 규모는 점점 커져만 간다. 소위 말하는 GDP 산정 안으로 들어오게 되는 것이다. 과거에 여성이 집에서 집안일을 할 때보다 직장에 나가 일을 하게 되면서 GDP 경제 규모가 급증한 것과 유사하다. 신자유주의, 시장 지상주의를 외치는 사람들은 이런 추세를 무척이나 환영한다. 사업 기회가 그만큼 늘어나기 때문이다. 물론 그렇게 되면 취업 기회도 늘어나고 실업률 감소에도 도움이 된다.

그렇다면, 왜 이 책 저자 마이클 샌델은 거래 만능주의를 경계하는 걸까? 크게 보면 두 가지다. 우선, 거래 만능은 불평등을 더욱더 심화시킨다. 모든 것이 거래 대상인 사회에서 재산이 없는 사람은 최소한의 것들만 구매하고 살아가지만, 돈이 많은 사람들은 돈을 내고 명문 학교에 입학할 권리를 사는 것처럼 거래 대상이 되는 온갖 것들을 돈으로 구매한다. 즉, 거래 대상이 되는 품목이 많아질수록 가난한 사람의 좌절감은 더욱 깊어만 갈 수밖에 없다.

둘째, 삶 속에 나타나는 좋은 것에 가격을 매기는 행위는 시장의 부패를 더욱 심화시킨다. 시장이 단순히 재화를 분배하는 역할에만 머물지 않고 교환되는 재화에 대해 어떤 태도를 부추긴다. 예를 들어 책을 읽는다고 아이들에게 돈을 준다면 독서율이 올라가긴 하겠지만 아이들은 독서를 내재적 만족이 아니라 일종의 노동으로 여기게 된다. 자국의 전쟁에 외국인 용병을 투입한다면 자국민의 생명을 구할

지는 모르나 시민 정신을 퇴색시키는 것과도 같다. 루소도 일찍이 이렇게 말한 바 있다. "대중에 대한 봉사가 더 이상 시민의 주요 임무가 아니고 시민들이 직접 봉사하는 대신 돈으로 봉사하려 한다면 국가는 머지않아 멸망하고 만다."

우리가 특정 재화를 사고팔아도 무방하다고 결정한다면 우리는 자연스레 이윤을 추구하는 것에만 집중하지 그 재화를 통해 구현되는 가치에 대한 생각은 점점 잊게 된다. 만약 아동을 시장에서 거래하기 시작한다면 아동의 가치를 그릇되게 평가하는 방식을 다른 사람들에게 전파하는 것과 같아 아동 거래를 더욱 부추기게 되는 꼴이 된다. 또, 시민이 선거권을 다른 사람에게 팔 수 있게 된다면 선거가 왜곡되고 결국 민주 정치는 붕괴되고 금권 정치가 횡행하게 된다.

과거에 비해 다른 사람에게 감사나 축하 표시를 할 때 선물을 주기보다 현금을 주는 경우가 많아졌다. 선물을 받는 사람 입장에서 보면 자신이 가지고 있는 물건과 겹칠 수도 있고 자신이 원하는 것이 아닐 수도 있다. 그리고 선물을 주는 입장에서도 상대편이 어떤 선물을 좋아할지 모르니 고민을 해야 하고 선물을 사러 가는데도 시간을 들여야 한다. 그래서 경제적으로만 보면 물품보다 현금을 상대방에게 주는 것이 훨씬 효율적이다. 하지만 정말 그럴까? 이 책을 보고 그 해답을 찾아보기 바란다.

요즈음 학교의 멋진 건물에는 사람 이름이 붙어 있는 경우가 많다. 운동장에도 도서관에도 강의실에도 기부자의 이름이 붙어 있다. 기부자가 기부를 많이 하면 건물 이름을, 기부를 적게 하면 강의실

이름을 갖게 된다. 스포츠 스타는 자신이 사인을 한 물품. 예를 들면 야구공, 모자, 유니폼을 돈을 받고 판다. 과거에는 운동선수가 팬에게 모두 무료로 주던 것이었다. 작가가 책을 팔 때에도 자신의 사인이 들어간 책은 더 비싸게 판매한다. 돈을 내고 사려는 고객이 있기 때문에 이런 거래가 이루어진다고 볼 수 있다. 하지만 한 번쯤 다시 생각해보자. 여러분은 이런 상업화 행태에 대해 어떻게 생각하는가?

(서평 : 김민주)

훔치고 싶은 문장
시장 경제는 그렇다 하더라도 사회의 모든 것이 거래되는 시장 사회를 우리는 배격해야 한다. 그렇지 않다면 우리는 비참한 사회에 살 수밖에 없다.

함께 읽으면 좋은 책
『정치와 도덕을 말하다』 마이클 샌델 지음, 안진환 옮김, 와이즈베리, 2016년 (개정판)

87

유대인 이야기

그들은 어떻게 부의 역사를 만들었는가

홍익희 지음, 행성B잎새, 2013년

◆ ◆ ◆

지금 이 순간 전 세계적으로 정치, 경제, 문화 등 다방면에서 가장 영향력이 높고 강한 민족은? 그렇다. 바로 유대인이다. 어느 분야를 막론하고 유대인을 볼 수 없는 영역은 없다. 세계 인구의 0.2%밖에 되지 않는 유대인들의 상당수가 천재와 부자가 되어 세상의 중심에 서 있다. 이 책은 바로 그 유대인의 생성과 고난 그리고 발전을 정리한 책이다. 그리고 유대인의 이야기를 따라가다 보면 세계 경제사에 대한 지식까지도 덤으로 얻을 수 있다.

유대인들이 만든 국가, 이스라엘의 경제적 성과는 눈부시다. 저성장이라는 세계적 경제 위기 상황에서도 최저의 실업률, 호황을 맞은 부동산, GDP 대비 연구 개발 투자 비율 세계 1위 등의 실적을 유지하고 있다. 자원이 풍부한 것도 아니고 연일 이슬람 국가들의 테러 위협 속에서 살고 있지만 이스라엘의 잠재력은 계속 커져만 가고 있다.

이 책은 유대인들이 어떻게 이런 지배력을 갖게 되었는지 알려주는 책이다. 22년간 KOTRA(대한무역투자진흥공사)에서 근무하면서 세계 곳곳의 다양한 경제 환경을 경험한 저자는 유대인들이 어떻게 지금의 성공을 이룰 수 있었는지 세세히 밝히고 있다. 읽다 보면 정말 유대인들이 세계사에 끼친 영향이 대단하다는 것을 실감할 수 있게 된다.

유대인들은 기원전 3761년 전 아담에 의해 자신들이 창조되었다고 믿는다. 그래서 유대력은 양력에 3760년을 더해 계산을 한다. 흔히 인류 5천 년사 혹은 유대인의 5천 년사라 함은 바로 이런 연유에서 나온 말이다. 우리 한민족도 단군왕검이 고조선을 세운 기원전 2333년을 원년으로 하는 단기를 쓰고 있다. 이런 점은 유대인과 한민족이 비슷하다. 하지만, 한민족은 한반도에서 잘 정착했지만 유대인들은 그러질 못하고 전 세계를 떠돌아다녔다. 그 이유는 뭘까? 그것은 유대인들의 사상과 자신들이 신과 계약을 맺은 유일한 민족이라고 믿는 배타성 때문이다.

유대인들은 2500여 년 동안 전 세계를 떠돌아다니면서도 자신들의 혈통을 잘 지킬 수 있었던 데에는 유대인인지 아닌지를 판단하는 기준을 '유대인 어머니에게서 태어났거나 유대교로 개종한 사람 중에서 다른 종교에 속하지 않는 자'로 삼고 있기 때문이다. 그래서 꼭 유대인 출신이 아니더라도 유대교를 믿고 따르면 유대인으로 인정받을 수 있다. 예전에 어느 분에게서 이와 관련해서 이런 말을 들은 적 있다. "유대인은 없다. 2500여 년 동안 떠돌면서 혈통의 순수성은 사라졌고 오직 유대 문화만이 있을 뿐이다." 어쩌면 이 얘기가 맞을 수 있겠다. 오랜 시간 동안 땅도 주권도 없이 떠돌면서 순수 혈통을 유지한다는 게 말처럼 쉬운 일은 아니었을 것이다. 그럼 무엇이 그들로 하여금 하나의 유대인으로 뭉치게 한 걸까?

책에서는 유대인들이 자신만의 문화를 유지할 수 있었던 이유를 글을 읽고 쓸 줄 아는 능력 때문이라고 말한다. "유대교에서는 종교를 지켜야 하는 책임 때문에 열세 살에 성인식을 치르고 나면 누구나 의무적으로 성경을 읽어야 한다. 가톨릭이나 개신교에서는 성경을 읽고 해석하는 것은 주로 신부나 목사 같은 성직자의 몫이다. 신자들은 성경을 읽고 해석한 성경 내용을 그대로 받아들이기만 하는 수동적 입장이다. 하지만 유대교는 그렇지 않다. 성직자가 없다 보니 유대인 스스로 성경을 해석한다. 랍비는 단지 더 많은 공부를 한 사람으로서 그렇지 않은 사람을 도울 뿐이다. (…) 이렇게 십 수 세기 동안 축적된 교육의 힘이 엄청난 에너지를 내재한 민족의 힘이 되었다."

이처럼 읽고 쓰는 교육을 중시한다는 점에서는 한민족과도 유사한 점이 있다. 이렇게 유사한 점이 많음에도 불구하고 유대인들은 세계의 부를 모두 차지했고, 우리는 그러질 못했다. 그 이유는 무엇 때문일까? 저자는 이렇게 얘기한다. "대부분의 종교가 한결같이 물욕을 버리라고 가르치는데, 딱 두 개의 종교가 부를 인정하고 부자가 돼도 좋다는 교리를 강조한다. 이 두 종교가 바로 유대교와 청교도이다."

유대인들 사이에는 부자가 많다. 세계 금융계의 막후 조정자 로스차일드, 세계 석유 시장을 석권한 록펠러, 유대계 자본의 상징이 된

골드만 삭스, 투기판의 살아있는 전설 조지 소로스 등등. 이 모두가 유대인이다. 하지만 이런 엄청난 영향력만큼이나 유대인에 대한 반감과 시기가 많은 것도 현실이다. 어디를 가나 뛰어난 능력으로 부를 모으고 사회 문화적으로 영향력을 끼쳤던 이들이지만 전 세계 속에서는 늘 환영받지 못했다. 무슨 이유 때문일까? 그 이유를 많은 학자들이 연구하고 진실을 밝혀 보려 했지만 속 시원하게 하지는 못했다. 이 책 저자 역시 이미 『유대인 경제사』 『유대인 창의성의 비밀』 등 여러 권의 유대인 관련 책을 펴냈지만, 소송을 무기로 유대인 연구를 감시하는 '유대인 비방대응기구(Anti Defamation League, ADL)' 때문에 유대인 관한 자료를 구하기 힘들었다고 고백을 한다. 이런 이유 때문인지 유대인 관련 책들 중 비유대인이 쓴 책은 무척이나 찾아보기가 힘들다.

이 책은 비유대인인 한국인이 유대인의 역사에서부터 부를 쟁취하게 된 경제사까지를 총정리한 책이다. 저자는 이 책 외에도 유대인 경제사를 총 10권으로 집필했고, 유대교 기독교 이슬람교의 근원과 뿌리를 다룬 책도 집필했다.

(서평 : 홍재화)

훔치고 싶은 문장

유대인들은 자녀가 성인식을 치를 때 보통 3~10만 달러 내외를 축의금으로 마련해준다. (…) 유대인들은 사회 생활을 시작하면서 돈은 '버는 게' 아니라 '불리는 것'이라는 점을 먼저 배우게 된다.

함께 읽으면 좋은 책

『폴 존슨 유대인의 역사』 폴 존슨 지음, 김한성 옮김, 포이에마, 2014년
『세 종교 이야기』 홍익희 지음, 행성B잎새, 2014년
『한국, 한국인』 마이클 브린 지음, 장영재 옮김, 실레북스, 2018년

88

사피엔스

유인원에서 사이보그까지, 인간 역사의 대담하고 위대한 질문

유발 하라리 지음, 조현욱 옮김, 김영사, 2015년
Sapiens: A Brief History of Humankind, Yuval Noah Harari, HarperCollins US, 2015

◆ ◆ ◆

'호모 사피엔스 인류의 진화, 그들이 창조해낸 사회, 문화, 경제 체제의 역사'라는 거대한 주제를 인문학, 사회 과학, 자연 과학의 현존 연구 성과를 종횡무진 집대성하여 놀랍도록 흥미로운 한편의 이야기로 담아냈다.

이 책의 저자 유발 하라리는 호모 사피엔스 종이 등장한 이후, 인류 문화가 전개된 지난 7만 년 동안 세 개의 근 힉밍이 세계사의 흐름을 결정지었다고 말한다.

첫 번째는 인지 혁명이다. 이는 지금으로부터 약 7만 년 전에 시작하여 3만 년 전까지 있었던 새로운 사고방식과 의사소통 방식의 출현을 말한다. 인류는 진화 과정의 우연한 돌연변이로 뇌 배선이 바뀌게 되면서 전에 없던 새로운 방식으로 생각을 하고 언어를 사용하는 능력을 가지게 된다. 즉 유한 개수의 소리와 기호로 무한 개수의 문장을 만들고, 이를 통해 인류는 막대한 양의 정보를 저장하고 소통하는 능력을 가지게 된다. 물론 다른 동물에게도 그들만의 언어가 있지만 인류의 언어 능력은 전혀 새로운 것이었다. 무엇보다 전설, 신화, 종교처럼 물질적으로 전혀 존재하지 않는 허구에 대해 정보를 생산하고 전달하는 언어 능력은 사피엔스 종의 가장 독특한 측면이자 인류가 지구를 지배하게 된 근본적인 힘이라고 할 수 있다.

집단의 공동 상상으로 탄생한 신화들 덕분에 인류는 공동의 목적을 위해 유연하게 협력하는 능력을 갖게 된다. 이 능력은 다양한 층위에서 인류 사회의 협력 기제로 힘을 발휘한다. 이제 인류는 '부족 정신' '국가' '회사 법인' 등 가상의 실재를 창조하였고 서로 모르는 사람과도 공동체 단위, 국가 단위, 회사 단위에서 협력할 수 있게 되었다. 그리고 필요한 경우에는 가상의 실재가 재창조되기도 했는데, 1789년 프랑스인들이 '왕권의 신성함'이라는 신화를 믿다가 어느 순간 '국민의 주권'이라는 신화로 돌아선 것이 대표적인 예라 할 수 있다.

두 번째 혁명은 기원전 9500년에서 3500년 사이에 일어난 농업 혁명이다. 오늘날 인류를 먹여 살리는 재배 작물화와 가축화의 90% 이상이 이때 일어난다. 농경은 인류에게 급속한 인구 성장의 길을 열어 주었고, 마을이 읍이 되고 나아가 도시와 왕국으로 커갈 수 있는 물적 조건을 마련해 주었다. 이 조건 위에서 사람들은 앞서 말한 공동 상상의 산물인 가상 실재를 만들어 내고 이를 바탕으로 도시와 제국을 출현시키고 교역망을 확대하였다. 그 과정에서 문자와 숫자가 발명되었고 인류는 제국, 돈, 종교라는 '상상의 질서' 속에 '통합'되고 번영과 진보의 길로 들어서게 된다.

그러나 저자는 사피엔스 종으로서 번영을 낳은 농업 혁명이 실제로는 개체로서의 농민 삶을 수렵시대보다 더 힘들게 만들었다고 말한다. 계급의 분화로 생산물의 대부분을 소수 엘리트 지배 계급이 가져가고, 정착의 필요로 인해 활동 공간은 점점 좁아지고, 날씨에 의존해야 하는 농경의 특성상 앞날에 대한 걱정은 더욱 많아졌다는 것이다. 그래서 저자는 농업 혁명을 각각의 농민 입장에서 보게 되면 '역사상 최대의 사기'라고 말한다.

마지막 세 번째 혁명은 1500년 무렵 시작된 과학 혁명이다. 오늘날에도 계속되고 있는 과학 혁명은 인류의 역량을 경이롭게 키우는 역할을 한다. 과학 혁명 이전에도 인류는 교육과 학문에 투자했지만, 그 목적은 새로운 능력을 얻기 위해서라기보다는 '지배의 정당화 및 유지'를 위해 사제와 철학자 등에게 자원을 제공하는 차원이었다.

지난 500년간의 인류는 '진보의 이상'을 믿고 과학 연구에 매진해 왔고, 제국주의와 자본주의라는 정치 경제적 체제와 연계되면서 상호 상승 작용으로 인류 사회를 빠르게 변화시켜 왔나. 그리고 과학 혁명의 결과로 인류는 유기체로서의 생물학적 한계를 초월하기 시작했다. 유기체의 진화를 지배하는 '자연 선택의 법칙'을 깨고 이를 생명 공학, 사이보그 공학, 비유기물 공학 등 '지적 설계의 법칙'으로 대체하는 시도를 시작했다. 저자는 이를 두고 "오늘날 사피엔스 종은 죽음을 극복하고 창조와 파괴라는 신의 권능까지 가지려고 한다"고 말한다.

이 책은 『호모 데우스』 『21세기를 위한 21개의 제언』으로 이어지는 유발 하라리의 인류사 3부작 중 1부에 해당하며, 그를 이 시대 거대 담론의 최고 지성 중 한 명으로 자리 잡게 해주었다. 3부작을 다 읽으면 좋겠지만 한 권만 읽는다면 이 책 『사피엔스』를 권한다. 인류 진화의 역사가 인지 혁명, 농업 혁명, 과학 혁명이라는 세 개의 굵직한 주제로 흥미진진하게 전개된다는 점도 매력적이지만 책의 뒷부분에 담겨있는 진화의 역사와 행복의 관계를 추론하는 것도 무척이나 재미있다.

책의 말미에서 저자는 이렇게 질문을 한다. 진화의 결과 "인류는 더 행복해졌을까?" 저자는 "행복은 자신의 진실한 모습을 파악하고, 관찰자로서 자신을 객관적으로 바라볼 수 있는 힘을 기르는 것, 내면의 성찰과 자기 수양에 있다"라고 하며 "진화와 행복은 별개의 것이다"라고 말한다. 이는 사실 최근 각광받고 있는 긍정 심리학의 기본 내용과도 유사하다.

역사와 행복, 인류 진화의 흐름과 개인 삶의 연계 그리고 인류 진화라는 거대 흐름이 내 삶 속으로 다시 살아나는 느낌이다.

(서평 : 허보희)

훔치고 싶은 문장

스스로 무엇을 원하는지도 모르는 채 불만스러워하며 무책임한 신들, 이보다 더 위험한 존재가 있을까?

함께 읽으면 좋은 책

『총, 균, 쇠』재레드 다이아몬드 지음, 김진준 옮김, 문학사상, 2005년(개정증보판)

『빅 히스토리』데이비드 크리스천/밥 베인 지음, 조지형 옮김, 해나무, 2013년

| 89 |

이것이 모든 것을 바꾼다

자본주의 대 기후

나오미 클라인 지음, 이순희 옮김, 열린책들, 2016년
This Changes Everything: Capitalism vs. The Climate, Naomi Klein, Simon & Schuster, 2014

◆ ◆ ◆

전 세계적으로 진행되고 있는 기후 변화. 얼마 전까지도 지구 온난화
라 불렀다. 하지만 상황이 악화되면서 앞으로는 기후 재앙으로 바뀔
태세다. 기후 변화를 입증하는 객관적인 데이터는 명백한데도 아직
도 허구라고 주장하는 사람들이 있다. 기후 변화가 진실이라고 믿는
사람들도 이를 막기 위한 행동을 하는데 있어서는 굼뜨다. 단지 온실
가스만 줄이면 될까? 아니다. 자본주의 자체가 통째로 바뀌어야 인류
는 살아남을 수 있다.

'불편한 진실'은 모르면 그만이지만, 알고 나면 마음이 불편해지는 진
실을 말한다. 그래서 이 표현을 딴 TV 프로그램과 책도 많이 나와 있
다. 이 표현을 처음으로 사용한 사람은 누구일까? 바로 미국의 부통
령 앨 고어다. 그가 2006년에 쓴 책 『불편한 진실』이 그 시작이다.

앨 고어는 테네시주에서 상원 의원을 하다가 민주당 대통령 후보인 빌 클린턴의 러닝메이트로 대선에 출마하고, 1993년부터 2001년까지 빌 클린턴 대통령과 멋진 콤비를 이루며 부통령직을 수행했다. 2000년에는 미 대통령 선거에서 민주당 후보로 나와 선전했지만, 공화당의 조지 W. 부시에게 아슬아슬하게 패배를 당했다. 당시 그의 낙선은 사람들에게 대단한 충격이었다. 이후 그는 정치적 실패를 딛고 환경 운동가로 대변신을 한다. 사실 앨 고어는 부통령 시절에도 환경 문제에 관심이 많았다. 1997년에 기후 변화에 관한 교토 의정서 창설을 주도했고, 온실가스 배출 최소화와 국립 공원 확대 조치를 이끌어내기도 했다. 부통령직을 끝낸 이후에는 지구 온난화에 관한 다큐멘터리 영화 《불편한 진실》에 출연했고(2006년), 동명의 책도 출간하여 전 세계적인 베스트셀러를 만들기도 했다. 이듬해인 2007년에는 기후 변화에 관한 정부 간 패널(IPCC)과 함께 노벨 평화상을 공동 수상하기도 했다. 당시 환경 운동가로서 앨 고어의 인기는 대단했다. 그는 지구 온난화와 그에 따른 환경 파괴의 위험성을 전 세계에 알린 공로자였다.

하지만, 다른 한편에서는 기후 변화가 인간의 온실가스 배출 때문이 아니라 자연적인 변화에 불과할 뿐이라는 주장도 있다. 현 미국 대통령인 도널드 트럼프의 경우 지구 온난화의 원인이 화석 연료인 것을 부정하고 지구 온난화의 허구설 주장하는 사람을 대통령직 인수위에 앉히는 듯 반대의 행보를 보였다. 결국 미국은 2017년에 파리기후협약에서 탈퇴한다.

이 책을 쓴 저널리스트이자 시민 운동가인 나오미 클라인은 『슈퍼 브랜드의 불편한 진실』과 『쇼크 독트린』으로 밀리언셀러를 냈던 인물이다. 그녀는 2014년에 기후 변화에 대한 현장 답사와 자료 조사 그리고 인터뷰를 바탕으로 이 책을 출간했다.

이 책은 우선 석유, 석탄, 가스를 채굴하는 기업들이 어떤 방식으로 작업하는지 알려준다. 그리고 이들이 대형 환경단체들과 어떤 관계를 맺고 있는지도 보여준다. 그리고 탄소를 감축하는 획기적인 아이디어로 각광을 받았던 탄소 거래제는 어떻게 참담한 실패를 맛보았는지도 알려준다. 그리고 기후 변화 부정론자들의 막강한 로비가 전 정권에서 진행되던 녹색 경제를 어떻게 원점으로 돌려 놓았는지도 보여준다. 궁극적으로 나오미는 기후 문제의 근본 원인은 탄소가 아니라 '자본주의'이므로 자본주의가 통째로 바뀌지 않으면 기후 문제는 절대 해결되지 않는다고 주장을 한다.

지금의 경제 시스템은 지구 시스템과 전쟁을 벌이고 있는 것과 마찬가지다. 우리 경제는 인간을 비롯한 지구 상의 수많은 생명체들과 전쟁을 벌이는 중이다. 기후 파멸을 피하려면 인류의 자원 이용 억제를 대원칙으로 삼아야 한다. 그간 우리는 단계적으로 대응할 수 있었던 시간을 회의만 하느라 모두 허비해 버렸다. 이제는 온건한 조정 방식으로는 안되며 우리가 취할 행동은 좀 더 과격하고 근본적이어야 한다. 즉, 시장 근본주의에서 완전히 벗어나야 한다. 채취 산업의 의존도를 줄이고, 고탄소 사회를 저탄소 사회로 바꾸어야 하고, 전기료도 올려 전기 소비를 줄이는 등 대량 소비 사회에서 벗어나야 한다.

이 같은 저자의 주장은 다소 과감하지만 일부 순기능을 할 수도 있다고 생각한다. 위기감이 들어야 사람들과 국가는 행동과 정책을 바꾸기 때문이다. 이렇게 되면 자본주의는 시장 근본주의를 포기할 가능성이 크다. 위기감은 생존을 위한 자연스러운 반응이다. 위기감에 휩싸이면 달아날 힘이 생기고 높은 곳으로 뛰어오를 힘이 생기며 때로는 초인적인 힘이 나오기도 한다. 그래서 때로는 위기가 필요하다.

책은 이해하기 쉽게 이 같은 메시지를 잘 간추려 전달하지는 않는다. 그러나 책을 읽다 보면 기후 변화와 관련하여 어떤 일들이 은밀하게 벌어지고 있는지 알 수 있다. 그래서일까? 제목에서도 『이것이 모든 것을 바꾼다』에서 '이것'이라고 지칭을 해두고서 정답을 감춰 버렸다. 여기에서 이것은 다들 짐작하겠지만 '기후 변화'를 말한다.

(서평 : 이엽)

훔치고 싶은 문장
세계가 급격히 바뀌어 우리 모두를 위험한 상황으로 몰아넣기 전에 우리가 세계를 바꾸어야 한다. 지금 도약하지 않으면 우리는 물에 잠기고 말 것이다.

함께 읽으면 좋은 책
『불편한 진실』앨 고어 지음, 김명남 옮김, 좋은생각, 2006년
『기후변화의 정치학』앤서니 기든스 지음, 홍욱희 옮김, 에코리브르, 2009년
『침묵의 봄』레이첼 카슨 지음, 김은령 옮김, 에코리브르, 2011년

90

미래는 누구의 것인가

재런 러니어 지음, 노승영 옮김, 열린책들, 2016년
Who owns the future?, Jaron Lanier, Simon & Schuster, 2013

◆ ◆ ◆

아바타를 개발해 '가상 현실의 아버지'라고 불리는 컴퓨터 과학자 재런 러니어는 특정 기술과 정보 위주로 경제가 불공평하게 돌아가고 있다고 비판을 한다. 그리고 미래는 지금보다 더 불공평해지고 양극화도 심해질 것이라고 전망한다. 저자가 이렇게 말하는 이유는 단순하다. 더 좋은 컴퓨터를 가지고 있는 사람이 그렇지 않은 사람보다 더 많아지기 때문이다. 이 책을 읽다 보면 정보화가 사회 발전에 과연 바람직한가를 고민해보게 된다.

"정보화 시대가 되면 모든 사람들이 정보를 공유하며 평등해지는 세상이 올 것이다." 이런 낙관론이 떠돌던 적이 있었다. 그러나 이제 와서 생각해 보면 자유로운 정보 공유라는 건 이상에 불과하다. 평등하고 자유로운 정보 공유는 왜 실패하고 있는 걸까? 저자는 우리가 컴퓨터 활용의 본질을 간과했기 때문이라고 지적한다.

컴퓨터 네트워크를 활용하면 할수록 더욱 강력한 컴퓨터를 가진 누군가가 나타난다. 그리고 최상위 컴퓨터를 가진 사람은 무한한 부와 영향력을 가지게 되지만 그렇지 않은 사람은 계속해서 불안정, 빈곤, 실업의 나락으로 떨어질 수밖에 없다. 그뿐만이 아니다. 정보를 활용해서 돈을 버는 사람들도 생겨난다. 구글, 페이스북, 네이버, 카카오톡 같은 기업들이 그들이라 할 수 있다. 이들은 사실 정보를 만드는 사람이 아니라 정보를 모으고 이용하는 사람들이다. 그래서 이들을 '세이렌 서버'라고 부른다. 선원들을 아름다운 노래로 꾀어 난파시켰다는 호메로스의 이야기처럼 사람들을 꾀어 자신들의 서버에 정보를 저장하게 한 다음, 이를 활용해 돈 벌기를 하는 것이다. 여기에서 사람들을 꾀어내는 노래가 바로 공짜 서비스이다. 이들이 제공하는 서비스는 디지털 시대를 살고 있는 우리에게 이제 생필품이나 다름없다. 우리의 일거수일투족은 이들에게 지배받고 있으며 우리는 그 세계 안에서만 온전한 존재가 되고 있다.

어떤 서비스가 공짜로 제공될 때마다 유사한 서비스를 돈을 주고 팔던 산업은 몰락하고, 수많은 사람들이 일자리를 잃는다. 전환기에 '창조적 파괴'가 일어나 기존 일자리가 사라지고 새로운 일자리가 생기는 것은 늘 있던 일이었다. 하지만 인공 지능과 3D 프린터가 대세가 되면 모든 일자리, 적어도 인간이 품위 있게 종사할 수 있는 서의 모든 일자리가 위협을 받는다. 음악가가 음반을 팔아서 생계를 유지하는 것은 이미 불가능한 일이 되었고, 자율 주행이 상용화되면 운전 기사들도 길바닥에 나앉게 될 것이다. 의사, 변호사, 회계사, 변리사,

생산직 노동자 등도 인공 지능과 로봇에 의해 밀려날 것이 확실시된다. 이처럼 우리가 이미 마주하고 있는 새로운 경제는 일반인의 가치를 인정하지 않는 세계다.

반면 최상위 컴퓨터에 가깝게 있는 자들은 엄청난 혜택을 얻는다. 유튜브만 해도 그렇다. 무려 1,000명의 독자가 4,000시간을 보아야 겨우 쥐꼬리만 한 보상을 해준다. 그리고 유튜브를 보는 사람은 매번 광고를 보는 노력을 해야 5~10분짜리 동영상을 즐길 수 있다. 유튜브를 보는 시청자는 돈을 내지 않고 즐거움을 취한다고 볼 수 있지만 서로가 의식하지 못해서 그렇지 실상은 서로가 서로를 착취하는 구조이다. 세이렌 서버의 소유자들은 이 사이에서 실질적인 이익을 얻는다. 그리고 그들은 냉혹하게도 세이렌 서버에 들어올 콘텐츠가 없거나 지속적으로 올릴 열정과 끈기가 없는 사람들을 금방 도태시켜 버린다. 결국 일반인들은 끊임없이 뭔가를 만들어내다 결국에는 스스로의 가치를 고갈시키고 사라지고 만다. 이를 가만히 보게 되면 마치 인터넷을 활용하는 것이 모든 사람에게 이익이 되는 것처럼 보이지만 결국에는 빈부 격차를 증가시키고 사회 계급 간의 변동성은 줄이는 등 고착화된 현실만 계속해서 양산해 내는 꼴이 된다.

정보 통신 사회가 발전하고 효율의 정점에 도달하게 되면 인류는 어떻게 될까? 컴퓨터의 효율이 높아지면 세상은 어떤 사람들을 필요로 할까? 남은 사람들은 무슨 역할을 해야 하는 할까? 할 일이 없는 사람은 굶어 죽어야 하는 걸까? 어떻게 하는 것이 잘 먹고 잘사는 것일까? 이 모든 사항을 누가 어떻게 결정하는 걸까? 고성능 기계와 인공 지능에 대한 우리 대응에서 가장 중요한 점은 기계가 할 수 없는 일을 어떻게 상상할 것인가이다. 기술의 발달로 기계와 인공 지능이 하지 못 하는 일을 상상해내기는 점점 더 어려워졌고, 이에 따라 보통 사람들의 고용 전망은 나날이 어두워지고 있다. 반면 꼭대기의 엘리트 일자리로 몰리는 사람은 점점 많아지고 있다. 엘리트 기술자와 첨단 기계가 지배하는 세상에서 천재 아닌 일반인이 어떤 가치를 내놓기는 정말로 어려운 일이 돼버렸다.

저자는 이런 문제에 대해 어떤 해법을 내놓았을까? 저자는 세이런 서버에 제공하는 데이터들을 모두 유료화해야 한다고 주장한다. 지금보다 데이터 교환 시장의 규모를 키우고 데이터 제공에 대한 대가를 충분히 보상받을 수 있도록 해야 한다고 말한다. 즉 '비즈니스 데이터' 시장을 제대로 키워서 개인들이 '더' 성공을 거두도록 하자는 것이다. 시장이 커질수록 사람들은 행복해진다. 시장이 정체하거나 위축되면 참가자들은 자신의 위치를 지키거나 남의 위치를 빼앗는 것에 집중한다. 제로섬 게임을 하는 입장에서는 적대감만 팽배해진다. 그러나 시장이 팽창하면 게임은 제로섬이 아니게 된다. 그러면 윈윈하는 방식이 더 합리적이게 된다. 새것을 차지할 기회가 옛것을 놓고 싸울 때의 기회를 훨씬 능가하기 때문이다.

페이스북이나 구글, 네이버의 돈 버는 방식은 무에서 유를 창조한 것이 아니라 많은 사람들이 생산해내는 정보를 공짜로 이용하고 있는 것뿐이다. 그래서 이들에게 사람들이 만들어내는 정보, 데이터 비용을 정산하게끔 해야 한다. 즉, 가치를 직접 창조하는 사람들에게 정보화 시대의 산출물을 나눠주어야 한다. 물론 그 과정은 복잡하고 부작용이 따른다. 저자는 그 점에 대해서도 충분히 설명한다. 저자는 세이렌 서버에게 부여되는 권력이 지나치지 않을 정도로만 정보를 생산하는 사람들에게 비용을 정산해주면 된다고 주장한다. 지나치게 많은 비용을 부과하면 정보 사회는 무너질 것이고, 지나치게 적으면 세이렌 서버들의 권력이 지나치게 커지기 때문에 적정한 선을 찾는 게 중요하다는 것이다.

저자는 정보를 제공하는 일반인들에게 주는 비용을 '소름의 대가'라고 표현했다. "정말 소름 끼치는 것은 세이렌 서버가 이것을 어떻게 활용할 것인가이다. 여러분의 외부화된 기억을 제3자가 관리하고 사유화한다면 그 기술은 정말로 소름 끼치는 일이 된다." 사람들이 정보 통신을 이용함으로써 겪게 될 이 소름을 '상업적 권리'로 제한할 수 있다는 게 저자의 생각이다.

필자는 이 대목에서 좋은 의미로 소름이 확 끼쳤다. 이처럼 사업적 영역을 온전히 정보 공간에서 확장하면 세이렌 서버의 무비용 권력을 제한할 수 있고, 정보의 생산자와 좋은 컴퓨터를 활용하여 수익을 취하는 자 사이에서의 균형도 취할 수 있을 것이다.

(서평 : 홍재화)

훔치고 싶은 문장

경제가 인본주의인지 아닌지 검증하는 좋은 잣대는 체제에서 잠시 벗어나 있어도 불쾌한 일이나 모욕을 겪지 않을 수 있는지 여부이다.

함께 읽으면 좋은 책

『대량살상 수학무기』 캐시 오닐 지음, 김정혜 옮김, 흐름출판, 2017년
『바이오테크 시대』 제러미 리프킨 지음, 전영택/전병기 옮김, 민음사, 2020년(개정판)

91

기후 카지노

지구 온난화를 어떻게 해결할 것인가

윌리엄 노드하우스 지음, 황성원 옮김, 한길사, 2017년
The Climate Casino: Risk, Uncertainty, and Economics for a Warming World,
William D. Nordhaus, Yale University Press, 2013

◆ ◆ ◆

기후 변화에 대한 책은 많지만 경제학자가 쓴 기후 변화 책은 별로 없다. 경제학자 윌리엄 노드하우스는 40년 전부터 에너지 사용과 기후 변화간의 관계를 연구해왔으며 2018년에는 노벨 경제학상을 수상했다. 그는 경제학자답게 이산화탄소 배출의 보이지 않는 외부 효과에 주목하고, 탄소 배출을 유발한 사람에게 탄소세를 부과하는 방법으로 기후 변화 문제를 해결해 가자고 제안한다. 현재 미국 환경 보호청은 기후 변화의 경제적 영향력을 평가할 때 그가 만든 DICE 컴퓨터 모델을 활용하고 있다.

예일대학교 경제학 석좌 교수로 있는 윌리엄 노드하우스는 일반인들에게 잘 알려진 스타 경제학자는 아니다. 하지만 1985년부터 부동의 경제학 원론 책 중 하나인 폴 새뮤얼슨의 『경제학』의 공저자로 참여

하면서 대중들 사이에 자신의 존재를 조금씩 알리고 있다.

노드하우스는 일찍이 1970년대부터 기후 변화 이슈에 관심이 많았다. 일부 사람들은 기후 변화가 경제 성장의 결과물이라는 것을 아직도 애써 부정하는데 노드하우스는 이를 철저히 인정한다. 인간이 화석 연료를 연소하면서 의도치 않게 이산화탄소를 배출하여 잠재적으로 무수히 해로운 문제를 일으킨다는 외부 효과에 동의하는 것이다. 그는 이런 상황에서 이산화탄소를 배출한 사람은 이에 대한 비용을 지불하지도, 해를 입은 사람에게는 보상을 하지도 않고 있어서 탄소세 같은 시장 가격을 매겨 무임승차를 막고 외부 효과를 제대로 바로잡아야 한다고 주장한다. 정부가 탄소세를 높게 부과하면 소비자에게 어떤 상품을 사용해야 하는지에 대한 신호를 줄 수 있고 기업의 저탄소 기술 전환을 유도해낼 수 있다는 주장이다. 또 발명가, 혁신가, 투자 은행들이 신규 저탄소 상품과 저탄소화 과정에 인센티브를 준다면 경제 구조를 친환경으로도 바꿀 수 있다고 말한다.

노드하우스는 오랫동안 사람들이 석탄, 석유, 천연 가스 같은 화석 연료 에너지 사용을 크게 늘리면 경제에 어떤 영향을 미치고, 그로 인해 사람들의 에너지 사용 습관에는 어떤 영향을 주는지 연구해 왔다. 그래서 기후 변화가 경제에 미치는 영향을 숫자로 추계하는 방법을 고안했다. 그리고 향후 화석 연료를 이용하는 비용이 증가해 친환경 에너지 기술이 이를 대체할 것이란 관측도 내놓았다. 여기에 온실가스 감축, 탄소 비용 산출과 같은 공동의 목적 달성을 위한 국제 협약도 연구했다. 한 마디로 그는 이 분야에 있어 선구적인 기후 경제학자라고 할 수 있다.

노드하우스는 1970년대 초반에 이미 '백스톱 기술(Back Stop Technology)' 개념을 고안했다. 화석 연료 수요는 늘어나지만 공급 감소로 비용이 점점 늘어날 것을 가정하고 이로 인해 대체 에너지 개발이 촉진될 것이라는 주장이었다. 이때 기존 기술을 멈추게 할 수 있는 새로운 기술이 바로 백스톱 기술인데 핵융합이나 태양광 같은 대체 에너지 기술이 여기에 해당된다. 그래서 이런 기술이 완성되면 더 이상 화석 에너지원을 사용할 일이 없어져 환경 문제나 경제 비용 등의 문제가 해결될 것으로 보았다. 하지만 50년이 지난 2020년 지금의 우리 현실은 어떤가? 그의 예측대로 가고는 있지만 그 속도는 너무 늦다고밖에 말할 수 없다.

그는 기후변화와 관련한 경제 모형·이론으로 1990년대 초반에 'DICE(Dynamic Integrated Climate-Economy)'라는 컴퓨터 모델을 발표했다. 이 모델은 정책 결정자들이 온실 효과를 늦추는 정책을 어떻게 펼치느냐에 따라 비용과 편익이 얼마나 변하는지를 계산해주는 프로그램이다. 현재 미국 환경 보호청은 기후 변화의 경제적 영향을 평가할 때 이 모델을 활용하고 있다.

다른 국가들이 많은 돈을 들여 탄소 배출을 줄이려 하면 일부 국가들은 그냥 무임승차하려는 행보를 취하는 등 기후를 대상으로 한 위험한 도박을 빗대어 노드하우스는 '기후 카지노'라 불렀다. 2017년에 도널드 트럼프가 미국 대통령에 취임하면서 온난화 위험이 과장되었다고 말했는데 저자의 용어를 빌리자면 이 또한 '기후 카지노'를 벌이고 있는 셈이라 할 수 있다. 이 발언을 하고 2년 5개월 후 미국은 실제로 파리기후변화협약에서 탈퇴했다.

노드하우스는 이 책에서 '주사위를 가장 잘 던지는 법은 갖다 버리는 것이다'라는 영국 속담을 인용하며 하루빨리 기후 카지노에서 벗어나자고 촉구한다. 노드하우스의 기후 변화에 대한 시장 경제적 접근 노력에 화답이라도 하듯 노벨상 위원회는 2018년에 기후 변화의 장기적 거시 경제 분석에 대한 공로로 노드하우스에게 노벨 경제학상을 수여했다. 그의 모델은 단순히 경제학을 넘어서 물리학, 화학, 지구공학, 기후과학 등 다양한 분야를 넘나드는 연구 결과물이다.

이 책은 읽기가 쉬운 책은 아니다. 하지만 기후 변화에 대한 노벨 경제학 수상자의 접근 방법과 처방이 어떠한지 이모저모 살펴볼 수 있는 좋은 기회를 주는 책이다. 더군다나 노드하우스의 처방은 이미 널리 시행되고 있으니 이미 우리가 감지하고 있는 처방이라고도 할 수 있다.

(서평 : 이엽)

훔치고 싶은 문장
경제 성장은 의도하지 않았지만 기후와 지구시스템에 위험한 변화를 양산하고 있다. 우리는 기후라는 주사위를 굴리고 있다.

함께 읽으면 좋은 책
『2050 거주불능 지구』 데이비드 월러스 웰즈 지음, 김재경 옮김, 추수밭, 2020년
『인간 없는 세상』 앨런 와이즈먼 지음, 이한중 옮김, 알에이치코리아, 2020

년(개정판)

『Why Are We Waiting?』 Nicholas Stern, MIT Press, 2015

『작은 것이 아름답다』 에른스트 슈마허 지음, 이상호 옮김, 문예출판사, 2002년

92

수축사회

성장 신화를 버려야 미래가 보인다

홍성국 지음, 메디치미디어, 2018년

◆ ◆ ◆

여러 이분법이 있다. 긍정과 부정, 낙관과 비관, 플러스와 마이너스,
인플레이션과 디플레이션. 그리고 성장과 수축도 있다. 지난 50년간
우리는 성장에 매우 익숙했다. 그래서 성장률이 높다 낮다를 구분했
지 성장과 수축으로 구분하지는 않았다. 하지만 이제 성장은 한낱 신
화일 뿐이다. 수축 현상에 점차 익숙해져야 하는 시대에 접어들고 있
기 때문이다. 이 책은 우리 사회를 '수축 사회'로 봐야 하는 이유와 특
징 그리고 대처 방법을 알려준다.

증권사 출신의 미래학자인 홍성국(현재는 21대 국회의원)은 『디플레이
션 속으로』부터 시작해서 『글로벌 위기 이후』 『세계가 일본 된나』까
지 주로 국제 금융이나 경제에 관한 책을 써왔다. 특히 25년이 넘는
장기 불황을 겪은 일본처럼 다른 나라들도 장기 침체로 접어들 수 있
으니 이에 대한 대비를 해야 한다는 취지로 쓴 『세계가 일본 된다』는

개인, 기업, 국가 모두에게 경종을 울리는 책이었다. 그리고 2018년 '수축 사회'라는 키워드를 다시 가지고 나왔다.

"크게 볼 때 1만 년 인류의 역사는 진보와 발전의 역사였다. 간간이 후퇴나 불황 국면 또는 제로섬 게임이 나타나기는 했지만, 전반적인 상황은 플러스섬 게임이 지배하는 장기 팽창 사회였다. 팽창 사회에서 미래는 희망이었다. 그러나 이제 그런 사회는 거의 끝나가고 있다."

과거를 통해 현재를 보고, 현재를 통해 미래를 본다는 '온고지신(溫故知新)'이라는 말이 있다. 이 책에서는 온고지신이라는 말이 이제는 틀릴 수도 있다고 말한다. 앞으로의 사회를 이제까지 우리가 봐왔던 과거의 시각으로 보면 안 된다는 것이다. 그러면서 앞으로 다가올 사회는 경제와 인구가 축소되는 '수축 사회'가 될 것이라며 그 이전까지의 성장 중심의 사회는 '팽창 사회'였다고 말한다.

수축 사회와 팽창 사회의 가장 큰 차이점은 무엇일까? 팽창 사회는 모두의 발전이 플러스섬이 되는 사회인 반면, 수축 사회는 제로섬을 넘어서 사회 전체의 규모가 줄어드는 마이너스섬이 되는 사회를 말한다. 그렇기에 서로 상부상조하는 일이 줄어들고 오직 생존이라는 이데올로기만 남는다. 국가 vs 국가, 보수 vs 진보, 대기업 vs 중소기업이 벌이는 전투에서 자기 조직의 생존에만 집착하는 싸움만 하게 되고 패배자를 돌볼 의지나 여유는 사라져 버리게 된다. '생존'이라는 유일한 이데올로기 앞에 모든 원칙은 약화되고 사라져 버리는 것이다. 사회는 불안해지고 정부도 어떤 정책 방향을 잡아야 할지 혼란스럽기만 하다. 저자는 이처럼 사회의 안정성은 낮아지고 갈등이 증폭되면 민주주의는 퇴화될 것이라고 전망한다.

증권회사 애널리스트 출신인 저자는 2008년 9월 글로벌 금융 위기로 불리는 세계적 경제 쇼크가 발생한 시점부터 세계는 수축 사회로 진입하기 시작했다고 보고 있다. 이 시점을 저자는 '전환형 복합 위기'라고 하는데 이때부터 전 세계적인 시스템 전환 요구가 불붙듯 일어나고 고령화 현상과 인구 증가의 둔화 그리고 부채 증가 등이 본격화되기 시작했다고 본다. 그리고 여기에 더해 4차 산업 혁명이라는 새로운 과학 기술은 기존 질서를 송두리째 파괴하며 전 세계를 더욱더 수축 사회로 몰아넣고 있다고 본다.

수축 사회가 되는 요인으로는 인구 감소와 과학 기술 발전 그리고 개인주의와 이기심 강화를 들었다. "최근 거의 모든 국가에서 중산층의 소득이 급속히 줄어들고 있는데, 이는 다시 수요 감소를 초래하면서 경제 발전을 저해한다. 물론 각국 정부는 다양한 분배 정책으로 소득 양극화를 해소하려고 노력하고 있지만 기본적으로 사람의 마음이 바뀌지 않는 한 이런 (팽창 사회를 전제로 한) 정책의 한계는 명확하다."

수축 사회가 쉽게 사라지지 않고 점점 더 강화된다고 보는 요인으로는 공급 파잉으로 인한 완전 경쟁의 현실화, 모든 문제를 선 시구적 차원으로 확대시키는 세계화에 있다고 본다. 저자는 사회의 리더 그룹들이 이런 거대한 수축 사이클을 전혀 이해하지 못하면서 계속해서 팽창식의 사고를 가지고서 파이 쟁탈전에만 몰입하는 모습을 비판한다. 이런 상황에서 저자는 정책 담당자들에게 목표 시간을 10년쯤 후로 정하고, 전반 5년은 구체적 숫자로 후반 5년은 물가 상승률과 연동한 계획을 추진하라고 권한다. 모든 문제를 자신의 집권기에 해결하려 하고 성과도 집권기에 모두 내려고 하는 생각을 없애고, 시간을 10년으로 잡고 정책을 구체화하고 문제점을 보완할 여유를 가져야 한다는 것이다.

이 밖에도 저자는 인구가 늘거나 사람들이 이타적으로 변해 양극화를 감내하게 되면 수축 사회의 고민을 해결할 수도 있다고 말한다. 그러나 실현 가능성은 거의 없다고 본다. 우선 사회적 합의가 일어나기 어렵기 때문이다. 수축 사회에서는 강력한 리더십이 필요하지만 정치는 사회를 분열시키고 이권을 둘러싼 권력 투쟁만 일삼고 있다. 한국 정치권의 이념 지향적 분위기는 일종의 투쟁 강도를 높일 순 있지만 사회 발전에 기여하는 바는 오히려 적다고 봐야 한다. 중도가 존재할 수 없는 양극단의 이데올로기 편향성 때문에 한국 정치는 스스로 수축 사회를 지향하고 있다. 하지만 이는 정도의 차이일 뿐 어느 나라나 비슷하다.

현재로는 인류가 수축 사회에 진입하는 것을 알면서도 피할 방도를 만들어 내지는 못하고 있다. 끔찍한 수축 사회를 오랜 시간 동안 경험하고 나서야 새로운 세상이 다시 만들어 질 것이다.

(서평 : 홍재화)

훔치고 싶은 문장

일단 수축 사회에 진입하면 의사 결정 자체가 불가능할 지도 모른다. 집단적인 의사결정 장애가 나타나는 것이다.

함께 읽으면 좋은 책

『폴 크루그먼 기대감소의 시대』 폴 크루그먼 지음, 윤태경 옮김, 황금사자, 2009년
『우리도 행복할 수 있을까』 오연호 지음, 오마이북, 2014년

93

스킨 인 더 게임

선택과 책임의 불균형이 가져올 위험한 미래에 대한 경고

나심 니콜라스 탈레브 지음, 김원호 옮김, 비즈니스북스, 2019년
Skin in the Game: Hidden Asymmetries Daily Life, Nassim Nicholas Taleb,
Random House, 2018

◆ ◆ ◆

잘못된 선택으로 이미 많은 사람들을 힘들게 한 사람이 있다. 그리고 앞으로 다른 사람들을 힘들게 할 사람도 있다. 어떻게 책임을 물을 것인가? 이 책은 선택과 책임의 불균형이 가져올 위험에 대한 경고를 하는 있는 책이다. 누군가에게 큰 영향을 줄 수 있는 의사결정자들이 꼭 읽어야 할 책이다.

교수들의 정치 참여에 대해 어떻게 생각하는가? 전문가라고 자처하는 사람들의 무책임한 말과 행동에 대해서는 어떻게 생각하는가? 그들의 주장대로 정책을 펼치다 잘못되면 그 책임은 누가 져야 하는가? 그들에게 책임을 물을 수 있을까? 당연히 없다. 세상에는 책임지지 못하는 주장을 하는 전문가가 많다. 이 책은 그런 것에 일침을 가

하는 책이다. '스킨 인 더 게임(skin in the game)'이라는 말은 '책임을 안고 직접 현실에 참여하라'는 뜻이다. 선택과 행동에 숨어있는 위험과 실패를 회피하는 현상을 지적할 때 사용하는 용어다.

『21세기 자본』을 쓴 피케티는 전 세계적으로 불평등이 확산되고 있다는 주장을 하는 대표적인 학자다. 그는 자신의 책에서 자본 소득이 노동 소득보다 훨씬 빠르게 성장함으로써 불평등이 커지고 있고, 이를 재분배와 세금 정책으로 해소해야 한다고 주장한다. 하지만 그의 이런 주장은 틀렸을 수도 있다. 그가 제시한 불평등 확산의 증거들이 잘못된 해석의 결과일 수도 있다는 뜻이다. 그런데, 정부의 어떤 정책 입안자가 그의 말을 그대로 쫓아서 정책 실행을 단행했다고 생각해 보자. 그런데 문제가 발생했다. 그렇게 되면 고스란히 피해를 보는 것은 선량한 국민들이 된다. 주장을 펼친 피케티가 어떤 책임을 지지는 않는다.

저자는 지금 우리 주변에는 엉터리 연구를 하는 사람들이 많고 그들로 인해 정책 실패 사례들이 너무 많아지고 있고 그걸 고스란히 국민들이 감내해 내고 있다고 말한다. 어떤 중요한 주장을 하는 사람일수록 자신의 학자적 생명을 걸 정도로 큰 것을 걸고 주장해야지, 문제가 생기더라도 책임이나 손실이 없는 주장을 해서는 안 된다고 말한다. 그러면서 누가 진짜 전문가인지를 묻는다.

저자의 결론은 이렇다. 살아남은 자가 전문가이며 판단이 옳았는지 그렇지 않았는지는 시간이 말해준다는 것. 살아남은 것은 그만한 이유가 있었기 때문이고 시간이 흐른 뒤 생존해 있는 사람만이 진짜 전문가라고 할 수 있다는 얘기다.

또 다른 얘기를 해보자. 불평등에는 두 종류가 있다. 용인할 수 있는 불평등과 용인할 수 없는 불평등. 아인슈타인, 미켈란젤로 같은 천재 수학자들은 '넘사벽'이다. 사람들은 이들과의 격차를 기쁜 마음으로 받아들인다. 그래서 오히려 그들을 좋아하고 따르는 팬이 된다. 문제는 나와 별로 다를 것이 없는 사람들이 시스템을 소유해 부를 독점하는 것이다. 과도한 부동산 임대 소득을 올리거나 지나친 특권을 갖고 있는 사람들은 질투의 대상이 된다. 특히 미국인들은 엄청난 돈을 가져가는 월급쟁이를 아주 싫어한다. 스위스만 해도 경영자의 임금을 제한하는 입법을 추진했다. 규제나 면허로 돈을 버는 것도 그렇다. 저자가 보는 가장 최악은 높은 자리에 앉아 고소득을 올리고 있지만 책임을 지지 않는 사람들이다.

미국은 500대 부자의 90%가 지난 30년 동안 새롭게 진입했지만 프랑스의 경우 60% 이상은 상속으로 진입했고 30% 이상은 100년 동안 바뀌지 않은 채 그대로라고 한다. 일반인들은 누구나 부자가 될 수 있는 평등을 원한다. 그래서 이를 위해서 부자가 될 수 있는 기회를 넓히고 부자 계층이 순환되도록 유도해야 한다. 상위 1%가 바뀌는 사회이어야 역동적인 사회라고 할 수 있다.

불평등한 현상 중 또 다른 하나는 소수와 다수의 대결이다. 얘기를 하기 전 퀴즈 하나를 풀어보자. 절대 양보하지 않는 소수와 유연하게 사고하는 다수가 부딪히면 누가 승리할까? 다수가 승리한다? 그렇지 않다. 오히려 양보하지 않는 소수가 다수를 지배한다. 이런 상황을 가정해보자. 코셔(유대인 음식)만 먹는 친구가 파티에 왔다. 그럼 어떤 일이 벌어질까? 그 친구만을 위한 코셔 음식을 준비해야 한다. 왜 그럴까? 일반인은 코셔 음식을 먹을 수 있지만, 유대인은 코셔 음식만 먹기 때문이다. 코셔 식품을 위한 별도의 생산과 관리를 하는 것보다 차라리 모든 식품을 코셔로 만드는 것이 효과적이기 때문이다. 이때 소수는 더 이상 소수가 아닌 게 된다.

소수에 의한 장악도 가능할까? 당연히 가능하다. 두 가지 측면이 있기 때문이다. 첫 번째는 물리적 구역 때문이다. 절대 양보하지 않는 소수가 그들만의 물리적 구역에서 다수와 분리된 생활을 하느냐 아니면 다수와 같은 공간에서 생활하느냐에 따라 완전 다른 양상이 전개된다. 자신들만의 구역에서 산다면 그들의 생각은 확산되지 않지만 같이 산다면 이들의 행동은 많은 이들에게 영향을 준다. 둘째는 비용 구조 때문이다. 영국의 무슬림 인구는 전체인구의 3~4% 정도다. 하지만 전체 육류의 상당 부분은 할랄 방식으로 도축된 고기로 소비된다. 절대로 양보하지 않는 소수의 식습관이 지배적인 식습관으로 확산된다는 것이다. 이런 현상을 '재규격화군(Renormalization Group)'이라고 한다. 어떤 특성이 전체로 확산되는 상황을 말한다. 한 사람이 고기를 먹지 않으면 다른 가족도 고기를 잘 안 먹게 되고 메뉴를 정할 때도 그를 중심으로 생각하게 된다. 또 이런 4인 가족은 다른 가족에게도 영향을 주면서 점점 넓은 영역으로 확대된다. 프랑스 물리학자 세르주 갈람이 만든 개념인데, 이를 확장하면 소수의 결집 층만 있으면 그들의 정치적 주장이 우세한 여론으로 확산될 수 있다는 것을 보여주는 예시다.

소수의 의견이 다수의 의견처럼 결정되어 시행되는 경우를 간간히 만날 수가 있다. 소위 전문가라고 칭하는 사람들이 검증되지 않은 정책을 펴고 이 때문에 많은 사람들이 고통을 받는 경우이다. 이 책은 그런 잘못된 선택이 얼마나 위험하고 문제가 될 수 있는지를 고발하는 책이다.

(서평 : 한근태)

훔치고 싶은 문장

책임 있는 사람들이 나서서 분권화를 추진하고 책임을 분산시키지 않으면 그 사회는 결국 쪼개지고 만다. 행동과 책임이 따로 가는 메커니즘을 가진 사회는 구조적으로 유발되는 불균형으로 큰 파열음을 일으키며 아주 힘든 방식으로 분권의 길을 걷게 될 것이다. 다행히 붕괴에까지 이르지 않는다면 말이다.

함께 읽으면 좋은 책

『초예측』 유발 하라리/재레드 다이아몬드 등 지음, 정현옥 옮김, 웅진지식하우스, 2019년
『진실 따위는 중요하지 않다』 미치코 가쿠타니 지음, 김영선 옮김, 돌베개, 2019년

94

팩트풀니스

우리가 세상을 오해하는 10가지 이유와 세상이 생각보다 괜찮은 이유

한스 로슬링/올라 로슬링/안나 로슬링 뢴룬드 지음, 이창신 옮김, 김영사, 2019
Factfulness: Ten Reasons We're Wrong About the World - and Why Things Are Better Than
You Think, Hans Rosling/Anna Rosling R?nnlund/Ola Rosling, Flatiron Books, 2018

◆ ◆ ◆

예전에 비하면 사실을 근거로 말하는 사람들이 늘어났다. 여기서 사실이란 숫자, 통계에 근거한 사실을 말한다. 하지만 알고 보면 자신이 사실이라고 알고 있는 것이 현재가 아니라 20년 전, 30년 전 사실인 경우가 있다. 이런 현실이 안타까워서 한스 로슬링은 이 책을 썼다. 책을 읽으면 우리가 얼마나 팩트를 모르고 있는지 그리고 이와 관련해 사람들이 얼마나 어리석은 본능을 가지고 있는지 알 수 있다.

책 제목이 팩트풀니스(Factfulness)다. 무슨 뜻인지 얼핏 알아차리기가 어렵다. 사실과 관련된 말인데 정확히 무엇일까? 번역가는 '사실충실성'이라고 번역했다. '팩트(사실)'에 근거해 세계를 바라보고 이해하는 습관을 뜻하는 말이다. 맞다. 엄청 중요한 메시지다.

우리는 세상의 팩트를 얼마나 잘 알고 있을까? 저자는 책의 앞부분에서 3지 선다형 문제 13개를 내고 정답을 맞춰 보라고 우리에게 도전장을 던진다. 예를 들면 "오늘날 세계 모든 저소득 국가에서 초등학교를 나온 여성은 얼마나 될까?" 같은 질문이다. 정답 보기는 다음과 같다. A)20% B)40% C)60%. 독자 여러분은 무엇이 정답이라 생각하는가? 필자는 정답을 A로 생각했다. 그런데 실제 정답은 C였다. 저소득국의 초등학교 졸업자가 그사이에 그렇게 높아졌는지 몰랐다.

2017년 이 책의 저자들이 세계 14개 국가의 1만 2,000명을 대상으로 똑같은 질문을 했을 때에도 정답을 맞춘 사람의 비율은 상당히 낮았다. 제대로 답한 사람을 국가별로 보게 되면 스웨덴인이 11%, 미국인과 한국인은 각각 10%, 영국인은 6%, 프랑스인은 4%에 불과했다. 이런 식으로 책에서 제시한 13개 질문에 대해 필자 나름대로 답을 적어보았지만 결과는 참혹했다. 여러분도 이 책을 읽게 된다면 책의 맨 앞부분에 나오는 13개의 문제에 도전해 보기 바란다.

필자가 정답을 맞췄던 문제는 13번째 질문이었는데, 이 질문의 정답자 비율이 86%로 유난히 높았다고 한다. 어떤 질문이었을까? "세계 기후 전문가들은 앞으로 100년 동안의 평균 기온 변화를 어떻게 될 것으로 예상하나?" A)더 더워질 거라고 예상한다 B)그대로일 거라고 예상한다 C)더 추워질 거라고 예상한다. 정답은 다들 예상한 대로 A다. 몇십 년 전만 해도 이런 과학적 발견이 대중에게 전파되기가 힘들었다. 하지만 지금은 기후 환경 전문가와 환경 단체, 미디어의 많은 노력이 바탕이 되어 기후 변화 사실은 누구나 알고 있는 팩트가 되었다.

우리에게는 어떤 본능이 있길래 팩트를 제대로 인식하지 못하는 실수를 저지르게 되는 걸까? 저자들은 10가지의 원인이 있다고 말한다. 간극 본능, 부정 본능, 직선 본능, 공포 본능, 크기 본능, 일반화 본능, 운명 본능, 단일 관점 본능, 비난 본능이 바로 그것이다.

여기서는 '간극 본능' 이 한 가지에 대해서만 이야기를 해보자. 흔히 세상은 둘로 나뉜다는 커다란 오해를 하고 있다. 한마디로 이분법과 양분법이다. 가난한 나라와 부유한 나라, 서양과 그 외, 북부와 남부, 개발도상국과 선진국, 우리와 그들이 대표적이다. 우리에게는 모든 것을 서로 다른 두 집단, 나아가 상충하는 두 집단으로 나누고 둘 사이에 거대한 불평등의 틈을 자꾸만 상상하는 본능이 있다. 일종의 흑백논리 같은 것이라 할 수 있다. 그래서 이런 간극 본능에 빠지지 않으려면 세상을 둘이 아닌 넷으로 나눠보는 훈련이 필요하다. 예를 들면 국가의 소득 수준을 못사는 나라부터 잘사는 나라까지 4단계로 나누어 보는 것이다. 그러면 세상을 훨씬 더 잘 이해할 수 있고 평균의 함정에 빠지지 않으면서 극단만 비교하는 우를 범하지 않게 된다.

이 책의 저자 세 명은 사실에 근거한 세계관으로 심각한 무지와 싸우겠다는 사명감을 갖고 2005년 갭마인더재단(Gapminder Foundation)을 설립했다. 이러한 목적으로 새단을 민든다는 것이 우선 상당히 독특하다. 재단은 데이터와 팩트를 쉽게 사람들에게 알리기 위해 다양한 프레젠테이션 기법들을 개발했다. 그중 하나가 '트렌달라이저(Trendalyzer)'라고 불리는 물방울 도표다. 횡축에는 국가의 일인당 소득, 종축에는 기대 수명을 놓고 국가별로 점을 찍는데 인구가 많은 국가는 물방울을 더 크게 넣는 식이다. 연도가 바뀌면 그때마다 물방울의 위치가 달라진다. 이처럼 어려운 정보를 보기 쉽게 만들어 전달하는 시각화 작업을 인포그래픽(Infographic)이라고 하는데, 앞으로 이 같은 인포그래픽이 많이 등장한다면 세상을 좀 더 정확하게 이해하는데 도움이 될 것이다.

이 책의 원고를 탈고한 시점에 제1 저자인 한스 로슬링이 세상을 떠났다. 하지만 그의 아들과 며느리인 올라 로슬링과 안나 로슬링 뢴룬드는 여전히 갭마인더재단을 함께 운영하면서 '사실 충실성'을 세상에 계속 전파해 나가고 있다.

(서평 : 김민주)

훔치고 싶은 문장
대규모 다국적기업과 금융 기업에 종사하는 서양인 대다수가 여전히 뿌리 깊은 낡고 왜곡된 세계관을 바탕으로 활동하려 한다. 그러나 세계를 정확히 이해하는 것이 점점 중요해지고 또한 점점 쉬워지고 있다.

함께 읽으면 좋은 책
『팩트체크』 JTBC 뉴스룸 팩트체크 제작팀 지음, 중앙북스, 2015년

9부. 정치 사회

95

유러피언 드림

아메리칸 드림의 몰락과 세계의 미래

제러미 리프킨 지음, 이원기 옮김, 민음사, 2005년
The European Dream: How Europe's Vision of the Future is Quietly Eclipsing
the American Dream, Jeremy Rifkin, Tarcher-Penguin, 2004

◆ ◆ ◆

유러피언 드림은 아메리칸 드림에 빗대어 새로 생겨난 유럽 공동체가 갖고 있는 '이상(理想)'이라고 할 수 있다. 민주 국가들끼리 평화롭게 공존할 수 있다는 유럽 연합(EU; European Union)의 이념은 고결하다. EU 덕분에 더 이상 유럽 대륙에서 전쟁은 등장하지 않을 것이다. 최근 브렉시트 등으로 다소 혼란을 겪고 있지만, EU가 지속된다면 생각과 인종이 다른 국가가 평화롭게 공존할 수 있는 좋은 본보기가 될 것이다. 남과 북 그리고 중국, 일본이 포함된 동북아에서도 이같이 일이 펼쳐지면 좋겠다.

우스개 소리로 이런 말이 있다. "아메리칸 드림은 갑작스러운 부의 횡재, 코리언 드림은 빠르게 변화하는 세계에서 앞자리 차지하기, 마지막으로 중국몽은 어쨌거나 돈 많이 벌기."

이 책의 저자 리프킨은 신세계의 퇴색한 아메리칸 드림과 오래된 대륙의 신선한 유러피언 드림을 비교한다. 아메리칸 드림은 개인의 자유, 문화적 동화, 부의 축적, 경제 성장과 무제한적 발전, 무한 경쟁과 무한 노력, 재산권과 개인의 복지, 애국주의를 강조한다. 이에 비해 유러피언 드림은 개인보다 공동체 내의 관계, 동화보다는 문화적 다양성, 부의 축적보다는 삶의 질, 무제한적인 발전보다는 환경을 염두에 둔 지속 가능한 발전, 무자비한 노력보다 심오한 놀이(deep play, 완전한 몰입을 통해 삶의 의미를 깨닫고 희열을 느낄 수 있는 활동), 재산권보다는 보편적인 인권과 자연의 권리, 일방적 무력행사보다는 다원적 협력 등을 강조한다.

리프킨은 아메리칸 드림으로는 더 이상 급변하는 미래 사회를 지탱할 수 없다고 말한다. 이제 아메리칸 드림을 뛰어넘는 새 비전이 필요한 시점이며 모두가 긴밀히 연결된 글로벌 세계에서 타인과의 관계를 중시하고, 삶의 질을 추구하는 유러피언 드림이야말로 미래의 새로운 비전이라고 평한다. 그런 점에서 유러피언 드림은 하나의 역사가 종식됨을 뜻하며 또 다른 역사의 시작을 의미한다.

유럽인들은 개인의 부보다 개인의 변혁을 더 중요하게 본다. 이 같은 관점은 부의 축적이 아니라 인간 정신의 고양에 초점을 맞추고 있다. 그래서 유러피언 드림은 영토보다는 인간적 공감대를 확장하고, 물질주의의 족쇄에 갇힌 인간성을 해방시키는 새로운 미래를 이끈다고 할 수 있다. 그런 의미에서 유럽 연합은 유럽인들의 꿈이 모여 탄생한 유일무이한 정치적 결정체다. 하지만 수백 년의 역사를 가진 민족 국가들이 서로의 국경을 열어 '더욱 긴밀한 연합'을 건설한다는 것은 오랫동안 당연시되어 온 국가의 주권을 위협하는 일이 될 수도 있다. 이에 대해 "더 많은 안전과 기회를 위해 국가의 주권 일부를 포기하는 것이 득이 되는가?" 이 질문을 오랫동안 고민하고 토론한 끝에 유럽인들은 "예스!"를 말함으로써 유럽 연합체가 탄생되었다.

하지만 이렇게 어렵게 성사된 EU가 최근 여러 가지 어려움을 겪고 있다. 영국이 EU를 탈퇴하는 '브렉시트(Brexit)'로 영국은 물론이고 유럽 전체가 몸살을 앓고 있는 실정이다. 게다가 유럽발 금융 위기는 늘 상존하고 있다. 그래서 어떤 사람은 문화와 인종이 다른 여러 나라가 하나의 통화를 쓰는 유럽식 경제는 끝났다고 말하기도 한다. 그러면서 억지로 유로 통화를 유지하는 것보다는 이전처럼 각자가 통화를 만들고 관리하는 것이 나을 것이라는 주장도 한다. 예를 들면 2007년부터 시작된 스페인과 그리스의 금융 위기도 이전과 같은 상황이었다면 자국 통화의 평가 절하를 통해 해결 가능한 상황이었겠지만 유럽 전체가 하나의 통화를 쓰다 보니 해당 국가만의 문제가 아닌 온 유럽이 몸살을 앓는 상황이 되었다고 보는 견해다.

이처럼 한 몸이 된 이후에 일어날 EU의 여러 문제점들에 대해 리프킨은 이런 견해를 밝히고 있다. "나는 유러피언 드림이 어려운 시련을 견딜 수 있을 정도로 강한지는 확신할 수 없다. 문화적 다양성과 평화 공존에 대한 유럽인의 의지가 미국이 겪은 9.11 테러나 스페인이 겪은 3.11 테러(마드리드 열차 폭탄 테러. 알 카에다 등 이슬람 과격단체의 소행으로 추정) 같은 참상을 견딜 수 있을 정도로 확고할까? 세계 경제가 깊은 장기 침체에 빠져 세계적인 공황 사태가 발생해도 유럽인들이 포괄성과 지속 가능한 개발의 원칙을 고수할 수 있을까? 사회 혼란과 거리 폭동이 발생해도 개방되어 있고 과정 지향적인 통치 체제를 계속 유지할 인내심을 갖고 있을까?

이런 것들은 유럽인들의 용기 그리고 그들이 가진 꿈의 활력과 생명력을 시험하는 어려운 문제다. 미국에 대해 누가 어떻게 생각하든 아메리칸 드림은 좋은 시절과 나쁜 시절의 모든 시험을 다 거쳤다. 미국인들은 얼마 전까지도 아무리 어려운 상황일지라도 아메리칸 드림에 대한 희망을 잃지 않았다. 유럽인들도 갓 태어난 유러피언 드림에 대해 똑같이 말할 수 있을까?

리프킨은 '새로운 유러피언 드림은 삶을 추구할 가치가 있게 해주는 꿈'이라며 EU의 영속성을 기대하고 있다. 우여곡절 속에서도 EU는 현재까지 잘 버티고 있다.

(서평 : 홍재화)

훔치고 싶은 문장

EU는 고귀한 과거를 기념하기 보다는 절대 과거를 되풀이하지 않도록 애써 왔다. (…) 그들은 다시는 서로 총을 들이대서는 안 된다는 생각에서 일치 단결해서 과거의 적대 감정을 뛰어 넘을 수 있는 정치적 매커니즘을 찾았다.

함께 읽으면 좋은 책

『세계는 평평하다』토머스 프리드먼 지음, 이건식 옮김, 21세기북스, 2013년
『세계화의 덫』한스 피터 마르틴 외 지음, 강수돌 옮김, 영림카디널, 2003년
『브렉시트를 대비하라』조명진 지음, 한국경제신문, 2016년

96

국가는 왜 실패하는가

대런 애쓰모글루/제임스 로빈슨 지음, 최완규 옮김, 시공사, 2012년
Why Nations Fail: The Origins of Power, Prosperity, and Poverty,
Daron Acemoglu/James A. Robinson, Currency, 2012

◆ ◆ ◆

"왜 어떤 국가는 성장하고, 어떤 국가는 쇠퇴할까?" 이 질문은 많은 학자들의 상상력과 호기심을 자극했다. 이 책의 저자인 대런 애쓰모글루와 제임스 로빈슨은 국가 성장의 비밀은 '제도'라고 했다. 포용적 제도를 가진 국가는 성공하고 착취적 제도를 버리지 못하는 국가는 실패한다는 것이다. 이 책을 통해 한 국가가 성공하기 위해서는 어떤 정책과 제도가 필요한지 확인해보자.

역사 속으로 사라져간 대부분의 국가들은 정치적, 경제적 권력을 독점한 엘리트 집단이 운영했던 착취적 국가였다. 지배 엘리트의 가장 큰 목적은 권력을 유지하는 것이고 사리사욕을 채우는 것이었다. 따라서 국가의 성장과 발전은 자신의 지위를 위협하지 않는 선까지만 허용되었고 새로운 실력자가 등장할 수 있는 제도는 운용하지를 않

왔다. 경쟁자들의 등장을 꺼려한 엘리트들은 '창조적 파괴'를 막고 사회 계층의 이동을 금지하는 등 경직된 사회를 만들었다. 이렇게 만들어진 착취적 제도는 악순환을 거듭하며 성공적인 국가가 되는 길에서 점점 멀어지는 결과를 낳았다.

역사 속으로 사라지지 않는 국가가 되려면 어떻게 해야 될까? 경제 성장을 이룬 대부분의 나라들은 '다원적 정치 제도'와 '포용적 경제 제도'를 구축했다. 정치적 다원주의는 군주와 소수의 엘리트 계층만이 아니라 일반 국민들까지 정치에 참여할 수 있는 체제로 정치 경제 엘리트를 견제할 수 있는 장치를 마련했다. 포용적 경제 제도는 시민들의 사유 재산을 보장하고 공정한 경쟁의 장을 조성하며 창조적 파괴를 이끌어내 등 새로운 기술 발전을 유도했다. 결과적으로 다원적 정치 제도와 포용적 경제 제도는 더 많은 사람들이 노력과 투자를 통해 더 큰 혁신과 성과를 얻어 낼 수 있는 동기를 마련했다.

그리고 이 두 제도는 상호 보완적이라고도 할 수 있다. 사유 재산이 인정되는 사회에서 사람들은 새로운 기술을 개발하고 사업을 확장하면서 창조적 파괴를 반복한다. 이렇게 등장한 기업과 사업가들은 새로운 엘리트가 되면서 정치를 보다 다원적으로 만든다. 그리고 이들은 다시 사업과 경제 성장에 유리한 정책을 만든다. 정치적 다원주의와 포용적 경제 제도는 이렇게 선순환되면서 국가 발전에 이바지하게 된다.

하지만 이런 제도는 저절로 만들어지지 않는다. 역사의 '결정적 분기점'에서 어떻게 대처하는지에 따라 기존의 제도가 포용적으로 변할 수도 있고 더 착취적이 될 수도 있기 때문이다. 기존의 정치 경제적 균형을 깨뜨리는 중대한 사건인 '결정적 분기점'의 대표적인 사례로 흑사병과 영국의 명예혁명, 그리고 아메리카 대륙의 발견이 있다.

먼저, 흑사병을 살펴보자. 흑사병의 창궐로 소작농과 노비의 인구가 크게 줄면서 중세 유럽의 노동력은 급감했다. 노동 시장에서 우위를 점한 소작농들은 임금 인상과 같은 제도적 변화를 요구하기 시작했다. 서유럽으로 대표되는 영국 왕실은 이런 변화를 막으려고 노력했지만 실패했고, 결과적으로 봉건적 노역이 자취를 감추고 포용적 노동 시장이 꿈틀하기 시작했다. 반대로, 동유럽은 같은 흑사병을 겪었지만 오히려 보다 착취적이 되었다. 흑사병으로 농노가 사라지자 동유럽의 영주들은 자신의 사유지를 더 확대하는 것으로 대응했고, 이렇게 되자 동유럽의 노동자들은 자유로워지기는커녕 오히려 자유를 더욱더 침해당하는 결과를 맞이했다. 그 결과 14세기까지만 해도 엇비슷했던 서유럽과 동유럽의 경제 사정은 1600년경이 되면서 극심하게 벌어지게 된다. 결과적으로 서유럽에서는 흑사병으로 인해 봉건 질서가 무너지고 그 자리에 시장 경제와 자유 경쟁이라는 포용적 경제 제도의 문화가 자리를 잡은 반면, 동유럽에서는 강제 노역이라는 상이한 결과를 낳게 된다.

이처럼 직은 제도적 치이는 결정적 분기전을 거치면서 역사의 진행 경로를 바꿀 수 있을 정도가 된다. 장거리 항해 무역 역시 역사의 또 다른 결정적 분기점이었지만 유럽과 아프리카 그리고 아시아는 서로 다르게 대응했다. 이미 경제적 포용 제도와 다원적 정치 제도가 확립된 서유럽은 대서양 항해를 통해 아메리카 대륙을 발견했고 식민지를 세울 수 있었다. 대서양 무역이 가능해지자 무역의 기회가 확대되었고 신흥 상인 세력이 부를 쌓기 시작하면서 정치와 상업이 더욱 역동적으로 변했다. 반면 다른 지역은 이 기회를 살리지 못했다. 해군 제독 정화를 앞세운 명나라는 나름대로 '대항해 시대'를 열었지만 당시 황제였던 영락제는 해외 무역이 정치적 불안정을 초래할 것으로 우려해 해외 무역은 물론이고 바다에 띄울 선박의 건조조차도 금지해 버렸다. 굳게 닫힌 문이 다시 활짝 열린 것은 아편 전쟁 이후에서나 가능했다. 마찬가지로 아프리카의 추장들은 노예무역을 자신의 수익 창출의 수단으로 활용해 자신들의 백성을 유럽 국가에다 팔아넘겼다.

그러면 민주주의 국가가 다원적 정치 제도를 뿌리내리게 했다고 생각해도 될까? 아니다. 불행히도 민주주의라고 해서 반드시 다원적인 것은 아니었다. 다원적 정치 제도가 결여된 민주주의는 다시 착취 제도로 회귀 되는 경우도 잦았다. 20세기 초반의 일본과 독일이 대표적이라고 할 수 있다. 한때는 영국보다도 부유했던 아르헨티나에서도 쿠데타가 잇달아 벌어졌으며 1970년대와 1980년대 경제적으로 성장하던 대한민국도 제도적으로는 민주주의였지만 다원적이지는 않았다. 이처럼 착취적 정부에서도 경제 성장이 가능했던 이유는 지배 엘리트들이 경제 성장을 정권의 정당성으로 활용했기 때문이라 할 수 있다. 경제가 성장한다고 해도 권위주의적 국가들이 자연스레 민주적인 국가로 변하지는 않는다.

그러면 어떻게 다원적이고 포용적인 제도를 구축한 국가를 만들 수 있을까? 이 질문에 대해 저자가 내놓은 답은 '정부를 견제할 수 있는 건전한 시민 사회의 힘'이라고 할 수 있다. 이 책의 후속작이라고 할 수 있는 『좁은 회랑』에서 이에 대해 잘 설명하고 있다. 정부와 시민 사회가 서로 건전하게 견제하고 경쟁할수록 정부는 '올바른' 방향으로 영향력을 발휘할 수 있다는 것이다.

성장에 필연이나 운명은 없다. 올바른 정책만으로 경제 성장을 기대할 수는 없다. 지리, 역사, 문화도 성장의 핵심 열쇠는 아니다. 저자들은 포용적 경제 제도와 다원적 정치 제도가 자리 잡은 나라만이 번성하고 그렇지 않은 나라는 쇠퇴한다고 일관되게 주장한다. 로마, 베네치아, 영국, 러시아, 중국, 일본과 마야 제국과 잉카 제국, 에스파냐, 식민지 시대의 콩고, 소련과 미국 등 다양한 역사적 사례를 들면서 자신의 주장을 입증하고 있다.

(서평 : 이엽)

훔치고 싶은 문장
이 흥미로운 지적 탐사는 모두 한 지점에서 만난다. 경제적 번영의 길로 가려면 무엇보다 포용적인 사회를 만들어야 한다. 제도를 만드는 것은 정치이고 정치는 사람이 하는 것이다. 결국 한 나라의 진정한 가치는 사람에서 찾아야 한다.

함께 읽으면 좋은 책
『왜 서양이 지배하는가』 이언 모리스 지음, 최파일 옮김, 글항아리, 2013년
『시빌라이제이션』 니얼 퍼거슨 지음, 구세희/김정희 옮김, 21세기북스, 2011년

『좁은 회랑』 대런 애쓰모글루/제임스 로빈슨 지음. 장경덕 옮김, 시공사, 2020년

97

미국의 세기는 끝났는가
중국은 미국을 따라잡을 수 없다

조지프 나이 지음, 이기동 옮김, 도서출판 프리뷰, 2015년
Is the American Century Over?, Joseph S. Nye Jr., Polity, 2015

◆ ◆ ◆

그레이엄 앨리슨은 『예정된 전쟁』에서 "미국과 중국 간에 전쟁이 일어날 가능성은 그냥 있기만 한 것이 아니라 생각하는 것보다 훨씬 더 높다"고 말했다. 두 나라가 투키디데스 함정에 빠졌기 때문이다. 비단 앨리슨뿐만 아니라 많은 사람들이 중국과 미국 사이의 패권 갈등을 가장 임박한 위험 요소로 꼽는다. 과연 중국이 미국을 추월하거나 동등한 입장에서 패권 전쟁을 할 수 있을까? 조지프 나이는 아직은 중국이 역부족이라고 주장한다.

언젠가부터 중국 경제가 미국을 추월할 것이라는 목소리가 높아지고 있다. 그리고 경제력 성승에 힘입은 중국의 군사력도 막강해지고 있다. 반면 미국의 영향력은 꾸준하게 감소하고 있는데, 특히 21세기 테러와의 전쟁과 글로벌 금융 위기 그리고 최근 코로나19 사태는 미국의 경제력과 자신감에 큰 상처를 입혔다. 애국주의와 미국 우선주

의를 외치는 트럼프가 대통령으로 당선되면서 미국은 '나만 살면 된다'고 말하는 자국주의가 더욱 뚜렷해졌다. 그렇다면, 미국은 쇠퇴하는 것인가? 이제는 중국의 세기인가?

하버드 대학교의 조지프 나이 교수는 단호하게 "아니!"라고 말한다. 국력은 '경제력, 군사력, 그리고 소프트 파워의 합'이라고 보는 그는 아직은 중국이 미국을 대체하기에는 역부족이라고 본다. 경제는 국력을 형성하는 단, 하나의 요소에 불과하기 때문에 경제를 기준으로 한 단선적인 국력 비교는 큰 의미가 없다는 주장이다. 그래도 '미국 vs 중국' 레퍼토리의 단골 주제가 경제인 만큼 우선 경제력부터 살펴보자.

중국의 경제 규모는 세계 2위지만 1인당 국민 소득은 아직 중진국 수준이다. 다른 선진국과 비교하여 기술력과 부가가치가 떨어지는 중국의 경제는 '크지만 선진적이지는 않다'고 보는 게 중론이다. 게다가 최근 중국의 경제 성장률은 계속 떨어지고 있어서 '중진국 함정'을 피할 수 있을지도 미지수로 보인다. 한마디로, 중국은 현재 제로섬 딜레마에 빠져 있다. 중국이 일당 체제를 유지하려면 꾸준한 경제 성장이 필수지만 만리 방화벽과 인공 지능 등으로 구축한 중국의 검열 체계는 정보와 아이디어의 자유로운 왕래를 막고 있다. 인터넷으로 모든 것이 촘촘하게 연결된 글로벌 경제에서 스스로를 차단한 중국으로부터 창조적 파괴와 혁신이 나올 수 있을까? 이 때문에 중국은 아직 '허술한 슈퍼 파워'라고 불리고 있다.

경제력에 이어 군사력도 살펴보자. 중국의 군사력은 아직 갈 길이 멀다. 국방비를 늘리고는 있지만 아직 기술력에서 미국과 상당한 차이가 있다. 저자는 "미국의 군사력은 중국과 비교할 때 10대 1로 우세하다"고 말한다. 더욱이 작전 실행 경험이 풍부한 미국과 비교하게 되면 중국의 군사적 경험은 아직 미약하기만 하다.

무엇보다 미국과 중국의 가장 큰 차이는 소프트 파워다. 소프트 파워는 다른 나라에게 호감을 줄 수 있는 문화적, 정치적 가치 그리고 대외 정책이 잘 어우러진 '매력'이라고 할 수 있다. 매력이 있는 나라는 다른 나라들로부터 국제 사회의 일원이라는 인정을 받는다. 하지만 중국의 소프트 파워는 '인지 부조화'로 인해 국제 사회의 불신을 초래하고 있다. 중국이 아프리카와 라틴아메리카 그리고 동남아시아에 퍼붓는 대규모 원조 중 일부는 독재 국가에도 제공되면서 오히려 부정적인 반응만 얻고 있다. 그리고 2008년 베이징 올림픽을 성공적으로 개최해 국제 사회에서 보여지는 이미지 개선 노력을 했지만 동시에 노벨평화상 후보인 류사오보를 투옥하면서 엄청난 반감을 얻기도 했다. 자신의 메시지를 자신의 발로 짓밟은 격이었다.

중국의 소프트파워 전략이 역효과를 내는 이유는 무엇 때문일까? 저자는 이를 '국가 주도의 소프트파워' 때문이라고 말한다. 시민 사회와 기업, 연구 기관 등 민간 사회에서 만들어지는 소프트 파워를 중국 정부가 받아늘이지 못하고 자국에 반대되는 목소리는 폭력적 방식으로 탄압하기 때문이다. 미국이나 유럽에서는 시민 사회가 정부의 잘못을 지적하고 시정을 요구하기도 하지만 일당 독재 국가인 중국에서는 불가능하다. 저자는 이런 이유를 들며 당분간 중국의 영향력은 제한적일 수밖에 없다고 말한다.

미국은 자유 민주주의, 시장 경제, 인권이라는 가치를 서로 공유하며 다른 민주주의 국가들로부터 인정을 받고 있지만 중국은 '시장 레닌주의'에 동조하는 소수의 권위주의적 국가들에게서만 호응을 얻고 있을 뿐이다. 오히려 다른 민주주의 국가들로부터는 반감을 사고 있다. 따라서 중국이 미국을 대체할 정도가 되기 위해서는 경제력과 군사력뿐만 아니라 국제 사회에서의 영향력 확보가 필수다. 하지만 중국 입장에서는 아직 쉽지 않은 도전이다. 미국의 진짜 힘은 중국에 비해 이런 점에서 우위에 있다고 볼 수 있다.

그리고 미국은 유럽, 일본, 인도 등의 주요 국가들뿐만 아니라 IMF나 WTO 등의 국제기구와도 좋은 관계를 유지하고 있다. 국제기구는 미국의 힘을 유지하는 또 다른 메커니즘이다. 지금의 국제 사회는 UN을 중심으로 무역(WTO), 금융(IMF, WB), 보건(WHO) 등 각 분야별로 국제기구가 규범을 만들고 운용하고 있다. 국제기구들이 만든 규칙은 보통 자유주의적 가치에 기반을 두고 있다. 중국도 국제기구에 들어감으로써 일부 개방되고 통합된 국제 질서의 혜택을 받고는 있다. 하지만 이는 다른 말로 하게 되면 미국이 중국 주도의 질서에 의해 국제 질서가 밀려나는 것이 아니라, 오히려 그 반대로 중국이 미국이 주도하는 국제 사회에 흡수되고 있는 것이라고 할 수 있다.

조지프 나이 교수는 중국이 최소 30년 동안은 미국의 패권에 도전하지 못할 것이라고 했다. 이는 그레이엄 앨리슨이 『예정된 전쟁』에서 한 말과는 상반된다.

중국과 미국은 투키디데스 함정에 빠져 서로를 견제하다 결국 무력 충돌을 하게 될 것인가? 아니면 조지프 나이 교수의 말처럼 '미국 쇠퇴론'은 잘못된 믿음이며 '중국의 부상'은 지나치게 과장된 우려일까? 그 결과가 궁금하지 않을 수 없다.

(서평 : 이엽)

훔치고 싶은 문장
종합적으로 결론을 내리자면, 21세기를 미국의 쇠퇴기로 규정하는 것은 부정확하고 사실을 호도하는 평가가 될 가능성이 높다.

함께 읽으면 좋은 책
『21세기 미국의 패권과 지정학』 피터 자이한 지음, 홍지수/정훈 옮김, 김앤김북스, 2018년
『강대국 국제정치의 비극』 존 미어셰이머 지음, 이춘근 옮김, 김앤김북스, 2017년
『야망의 시대』 에번 오스노스 지음, 고기탁 옮김, 열린책들, 2015년

| 98 |

아시아의 힘

조 스터드웰 지음, 김태훈 옮김, 프롬북스, 2016년
How Asia Works: Success and Failure in the World's Most Dynamic Region,
Joe Studwell, Grove Press, 2013

◆ ◆ ◆

동북아시아 국가들은 어떻게 전쟁의 폐허 속에서 기적과 같은 경제 성장을 이뤄냈을까? 경제 개발에 있어 현실은 이론과 어떻게 다를까? 왜 동북아시아 국가들은 성장을 한 반면 나머지 아시아 국가들의 경제 성장은 아직도 지지부진한 걸까? 무엇이 이들의 운명을 갈랐을까? 경제 성장의 '진짜 모습'을 보고 싶으면 경제학 서적을 덮고 이 책을 펼쳐야 한다.

동북아시아의 경제 성장은 2차 세계 대전 이후 가장 놀랄 만한 일이면서도 동시에 가장 미스터리한 일이기도 하다. 전쟁의 폐허가 채 가시지도 않은 동북아시아 국가들이 교과서에 나오는 경제학과는 상당히 거리가 먼 방식으로 경제 성장을 했기 때문이다.

저자인 스터드웰이 말하는 동북아시아 경제 성장의 방정식은 정

부 주도의 경제 개발이다. '수출 증대'라는 단 하나의 목표를 달성하기 위해 정부는 농경부터 제조업 그리고 금융까지 아우르는 거대한 정책을 유기적으로 운영하고 이 모든 단계에 직접 개입했다.

이 모든 것의 시작은 토지 개혁에서부터다. 개발 초기 단계에 있는 국가의 경우 인구의 75%가 농업에 종사하고 있기 때문에 동북아시아의 토지 개혁은 농지를 평등하게 농업 인구에게 분배해 소농지의 소유자들이 노동력과 잉여 자본을 생산량 극대화에 투자하도록 장려했다. 이때만큼은 금수저도 대지주도 없이 만인이 평등한 상황에서 열심히만 하면 더 많은 수확을 챙길 수 있는 시대였다. 이렇게 해서 농업 소출량이 극대화되면 농촌 지역에 여유 자본이 돌기 시작하고 이는 곧 저축의 증가, 다시 말해 재화와 서비스에 대한 수요로 이어졌다. 이는 자연스레 제조업 발전의 토대가 되었다.

제조업은 '부자 나라'로 가는 가장 확실한 길이었다. 제조업은 미숙련 노동자를 대규모로 채용한다는 점에서 어떤 산업보다도 중요했다. 특히 농촌 경제가 어려워지면서 대규모 인력이 도시로 몰려들기 시작했는데, 이들은 공장에 취직해 국가의 산업화를 이끌면서 스스로도 중산층이 되었고, 수출 증대라는 장기적 목적(국제 경쟁력 확보)을 달성하기 위해 정부와 기업과 유기체처럼 함께 움직였다. 정부는 기업들이 국제 경쟁 속에서도 수출을 잘할 수 있도록 당근(보조금, 시장 보호)과 채찍(검증과 시장 퇴출)을 번갈아 사용했는데, 저자는 정부의 이런 정책을 '수출 규율'이라고 불렀다. 이 분야의 챔피언은 한국이고, 박정희 대통령과 정주영 회장은 동북아시아 수출 규율의 완벽한 예시였다.

한국 정부는 국민들의 희생을 강요하면서까지 수출 기업들에게 파격적인 지원을 했다. 기업들은 매달 수출 실적을 정부에 보고했고, 기준치를 충족시킨 기업에게는 대규모 융자가 저리로 지급되었다. 현대자동차의 경우에서 보듯 정부는 기업이 장기간 수익을 내지 못하는 상황에서도 보조금 지급과 내수 시장 보호라는 장치를 두고 기업이 계속해서 버티며 학습할 수 있는 시간과 지원을 제공해주었다. 즉, 한국을 포함한 동북아시아 국가들은 엄격한 수출 규율을 중심으로 보호주의적 친 제조업 정책을 운영했다. 이처럼 한국을 포함해 동북아시아 국가들에 있어 경제 성장은 모두 수출로 통했다.

한국은 수출 규율에 복수 기업 간 경쟁을 추가했다. 한국 시장은 매우 작았지만, 중후장대 산업에서도 복수 기업이 사업을 할 수 있도록 허락해 경쟁을 유도했다. 이 과정에서 몇몇 재벌 기업들이 파산하는 경우도 있었지만 결국 삼성, 현대, LG와 같은 세계적인 기업들이 등장하기 시작했다. 반면 동남아시아의 대형 국영기업들은 자국 시장 안에서 정부 보조금으로 지대 추구에만 몰두했다. 이들은 외국 기업들과 합작 회사를 만들어 기술력 확보를 시도했지만, 결과적으로는 기술 의존도만 키웠다. 반대로 한국 기업들은 오랜 기간 손해를 감수하면서도 다국적 기업에 의존하지 않고 독자 기술 개발에 몰두해 결국은 국제 경쟁력을 확보하는 데 성공했다.

수출 증대라는 국가적 목표는 금융 산업에도 적용된다. 동북아시아 금융 산업의 공통점은 금융 산업이 늦게 개방되었다는 점과 산업 부문의 성장이 이뤄질 때까지 낮은 투자 성과를 받아들이며(이익을 유보하면서) 국가의 경제 정책을 지원했다는 점이다. '정책 금융'이라는 말이 나온 이유가 이 때문이다.

이런 정책적 목표를 달성하기 위해 정부는 금융 산업을 통제할 필요가 있었고 IMF나 세계은행이 권장한 금융 자유화에 저항했다. 반면 동남아시아 국가들은 금융 자유화를 서둘러 진행했지만 수출 규율이 부재한 상태에서 내수 시장에만 안주했고, 결과적으로 국영 기업들은 국가 경제에 아무런 기여를 하지 못했다. 경제 성장이 부진한 상황이 계속되다 보니 금융 기관들은 더 높은 이자 수익을 거둘 수 있는 부동산 개발과 주택 대출에만 집중했다. 결과적으로 동남아시아 금융 기관들은 산업화에 매진해야 할 시기에 실제로는 부동산 투자에 몰두한 셈이 되었다. 금융 기관의 입장에서는 합리적인 판단이었지만 국가적인 차원에서는 재정적 낭비였다. 반면 수출 규율을 엄격하게 적용한 동북아시아 국가들은 금융 산업을 개선하는 일을 미룬 채 수십 년 동안 산업 부문의 학습 곡선을 꾸준히 올리는 프로젝트에 자금을 투입했다. 결과는 모두가 아는 바 그대로다.

동북아시아 국가들이 성공했던 이유를 다시 정리해보면 공정한 토지 개혁과 유치산업 발전을 위한 정부 지원 및 시장 보호 그리고 금융 통제였다. 이 모든 것들은 정통적인 경제학에는 없는 이단적인 정책들이라고 할 수 있다. 그렇다면 동북아시아의 사례는 예외적 상황일까? 예외로 하기에는 그 성과가 너무나도 분명하다. 최근 중국도 비슷한 정책으로 성장하고 있다. 반면 정통 경제학을 받아들인 동남아시아 경제는 동북아시아에 비하면 여전히 제자리걸음이다.

이 책을 읽게 될 독자가 만약 아주 가난한 나라의 경제 고문이라면 IMF 권고를 따를 것인가 아니면 한국의 경험을 배우려고 할 것인가?

(서평 : 이엽)

훔치고 싶은 문장
실로 동북아시아가 유례없이 빠른 경제 개발을 이룰 수 있었던 이유는 금융 정책과 농업 정책 목표 및 산업 정책 목표를 긴밀하게 연계했기 때문이다.

함께 읽으면 좋은 책
『아세안의 시간』 박번순 지음, 지식의 날개, 2019년
『세계경제사』 로버트 앨런 지음, 이강국 옮김, 교유서가, 2017년

패권의 비밀

4차 산업 혁명 시대 패권의 향방을 보여주는 역작

김재유/김대륜 지음, 서울대학교출판문화원, 2017년

◆ ◆ ◆

경제적 패권과 지정학적 힘이 한 나라에 집중되었다가 어떻게 다른 나라로 옮겨가는가? 이 책은 인류 문명사 속에서 한 국가의 패권이 어떻게 형성되고 이전되는지를 알려주는 책이다. 스페인, 네덜란드, 영국, 미국으로 이어지는 서구 역사상 패권의 흐름과 그 동인을 정리한 역작이라고 할 수 있다.

한 시대를 풍미하던 제국이 쇠락하고 새로운 제국이 떠오르는 데에는 수많은 요인이 작용한다. 이 책의 두 저자는 농업 사회에서 상업 자본 축적으로 그리고 다시 산업화 이어지는 단선적인 사회 발전은 오류라고 지적했다. 각 사회마다 고유한 DNA가 있어서 그 성격에 따라 사회는 명멸할 것이라고 보았다.

이 책의 저자들은 패권을 이렇게 정의한다. 한 나라가 국제 관계에서 절대적 지위를 갖고 영향력을 행사하는 것. 그래서 이 대외적인 힘을 어떻게 효율적으로 사용해서 경제적 잉여를 만들어 내느냐가 패권국이 되느냐 그렇지 않느냐의 키가 된다고 말한다. 각 국가별로 그 내용을 요약해보자.

첫 번째는 스페인이다. 역사학자이자 사회학자인 미국의 파슨스는 대항해 시대를 이끈 스페인 제국을 인류 최초의 패권국이라고 했다. 스페인은 해상을 통해 아메리카와 아시아를 탐험하고 방대한 영토를 통치했다. 하지만 중앙집권적 통치를 할 능력이 없었기 때문에 정복지 대표에게 자율권을 부여하는 이른바 프랜차이즈식 제국을 운영했다. 저자들은 스페인을 상업 국가가 아닌 농업 제국이라고 보았다. 그 이유는 해외 진출의 목적이 기독교 선교 열정과 영토 확장에만 머물러 있다고 보았기 때문이다. 스페인은 양모나 농작물을 수출하고 공산품과 곡물을 수입했는데, 여기서 얻은 이익을 생산적으로 재투자하지도 않았다. 그리고 아메리카 식민지에 농작물을 수출하는 것도 가격 경쟁력을 갖추지 못해 다른 외국 상인들과의 경쟁에서 밀리기도 했다. 상황이 이렇다 보니 재정 상황도 악화되어 결국 카를 5세에 이르러서는 엄청난 부채를 지게 되고, 결국에는 지불 불능 상태에 빠지게 되었다. 결과적으로 말해 스페인은 자신들이 갖고 있는 광대한 영토와 자원과 자본 그리고 새로운 시장이라는 온갖 이점에도 불구하고 경제적 발전을 계속 이어가지 못했다. 그렇게 된 이유에는 여러가지 원인이 있겠지만 그들의 역량 부족 탓이 가장 크다. 당시

스페인 통치자들은 제국을 사유 재산처럼 생각했고, 제국의 확장도 치적을 드러내는 수단으로만 보았기 때문이다. 그러다 보니 영토가 확장됨에도 불구하고 오히려 생산은 체감되는 한계를 맞이할 수밖에 없었다.

반면, 네덜란드인들은 스페인식의 제국 통치를 거부하고 상업 발전의 길을 주도적으로 선택했다. 미래의 이익을 담보로 채권을 발행하는 등 다양한 금융 수단을 만들어내며 위험 부담을 무릅쓰면서도 높은 수익을 기대하는 기업가 정신을 발휘했다. 1602년에 설립된 네덜란드 동인도 회사는 근대적인 형태의 주식회사라 할 수 있는데 항해가 끝나면 이윤 배당과 원금 상환을 끝내던 관행을 바꿔 초기 자본을 10년간 묶어두는 방식으로 사업의 연속성을 보장하고 유한 책임제를 도입하여 투자자들의 위험을 덜어주었다. 네덜란드의 사례는 자본과 국가 권력이 성공적으로 결합한 최초의 모델이었다. 네덜란드는 17세기 전반기에 향료 무역을 독점하면서 황금기를 맞지만 오래가지는 못했다. 네덜란드가 이렇게 된 이유는 무엇일까? 네덜란드는 해외 농산물 수입과 향료 등 부가가치가 높은 상품을 중계 무역을 통해서 이윤을 남기는 상업 사회였지만 이렇게 벌어들인 막대한 자금을 생산적인 투자처에 넣지 못하고 부동산에 투자하거나 튤립이나 구근 등 부기 상품에 넣음으로써 스스로 거품 경제를 만들어 냈기 때문이다. 그리고 자신이 장악한 전 세계적인 네트워크에 자국의 제조업 상품을 공급하는데 게을렀다. 그러다 보니 확장성을 잃어버리게 되었고, 결국 빠르게 패권국의 지위를 내려놓을 수밖에 없었다.

영국은 어땠을까? 영국도 상업 사회였다. 하지만 영국의 정치 리더들은 양모와 같은 국내 생산품을 보호하고 제조업이 발전될 수 있도록 했고, 확대 재투자에서 확대 재생산 체제로 이행되는 정책을 마련했다. 정부는 원재료인 양모 수출을 금지하고 반대로 완제품인 모직물 수출은 장려하는 등 부가가치를 극대화하는 정책을 폈다. 그리고 16세기 유럽을 강타한 종교 갈등에서 한 발짝 물러나 있으면서 종교 탄압을 피해 피신하는 많은 신교도 상공업자들을 받아들여 그들의 자본과 기술을 활용하는 등 인적 자본을 중히 다루었다. 이처럼 상업을 통해 축적한 자본은 산업 사회로 넘어가면서 소득 증가와 수요 증가로 이어졌으며, 이는 기술 혁신을 통해 공급이 비약적으로 증가하고 새로운 신상품이 계속 나옴으로써 새로운 수요를 창조하는 선순환을 만들어 냈다. 이전의 상업 사회가 처음 하늘을 날아오른 무동력 글라이더였다면 산업 사회로의 전환은 동력기관인 엔진을 가진 비행기가 되는 격이었다. 이제 영국은 명실상부하게 자유 무역을 바탕으로 한 거대 제국이 되었고, 철도와 전신 등 선도적인 기술적 우위를 앞세워 전 세계적인 영향력을 키워나갔다. 유럽의 다른 열강과의 치열한 경쟁 속에서 자국의 산업을 보호하고 밖으로는 시장을 확보하는 영국 의회와 정부의 선택과 노력이 없었다면 이런 발전은 불가능했을 것이다. 하지만 이렇게 잘 나가던 영국도 곧 미국과 독일 같은 신흥 산업국들로부터 거센 추격을 당한다.

영국의 엘리트들은 원래 토지 소유자에서 출발했다. 그래서 새로운 산업 분야를 계속적으로 육성하기보다는 1차 산업 혁명에 만족하고, 이렇게 만들어진 제품을 식민지 시장에 수출하는 데에만 신경을 썼다. 게다가 나중에는 금융업과 서비스업에서 새로운 부를 누리게 되면서 기술 개발을 점점 등한시했다. 영국의 신사 자본가들은 직접 생산 활동에 관여하는 건 신사답지 못하다고 여겼고, 명문 사립고들은 산업이나 기술 문제와 동떨어져 있었다. 여기에 응용과학은 물론 자연 과학조차도 경시되면서 진취적인 기풍이 사라지고 점차 보수화되고 귀족화되면서 안정성을 추구하는 사회로 돌아섰다. 영국이 직물과 철강 등 1차 산업 혁명의 결과에만 의존하는 동안 미국과 독일은 석유, 가공식품, 전자 장비 등 2차 산업 혁명의 산물들을 속속들이 내놓으면서 새로운 수요를 대규모로 창출해 나가고 있었다. 이것이 결국 미국에게 패권을 넘겨주게 된 계기가 된다.

이제 마지막으로 현재 최고의 패권국인 미국을 살펴보자. 미국은 독립 전쟁 이후 북부에서는 대규모 자본 투자와 혁신이 이루어지면서 근대적인 기업들이 속속 등장하며 대량 생산과 대량 소비가 가능한 확대 재생산 체제를 완성했다. 그리고 북부에 비해 발전이 늦은 남부와 서부가 북부에서 생산된 각종 상품들을 소비해주는 일종의 식민지 같은 역할을 담당한다. 그래서 미국은 공격적인 해외 팽창 없이도 자국 내에서 충분한 발전을 이룰 수가 있었다. 그리고 패권이 안정화되려면 국내의 사회적 갈등이 최소화되고 국제 사회에서의 패권를 인정받는 설득과 동의의 과정이 필요한데, 그런 점에서 뉴딜 정책과 제2차 세계 대전은 미국을 새로운 패권 국가로 등장시키는 데 결정적 역할을 담당하게 된다.

영국과 달리 미국이 유럽과 일본 그리고 저개발국가의 산업화를 지원하고 국제 분업의 정착을 위해 노력했던 것은 사실 전 세계의 화합과 평화 때문만은 아니었다. 수직적인 국제 분업 구조에 따른 경제 발전의 최대 수혜국이 생산력과 기술 수준이 앞선 자신들임을 정확히 알고 있었기 때문에 자국의 확대 재생산 체제가 지속되도록 자유 무역과 국제 분업의 가치를 내세운 것 뿐이었다.

이처럼 이 책을 읽고 나면, 한 사회의 발전은 자신들이 만들어낸 잉여 자본을 어떻게 처리하느냐에 달려 있다는 것을 알게 된다. 그렇다면 우리는 지속적인 경제 성장을 위해 어떤 선택을 해야 하는 걸까? 우리는 지금까지의 경제 잉여를 어디에 쏟아야 하는 것일까? 이 질문에 대한 답이 우리의 미래라고 할 수 있다. 그런 점에서 이 책은 많은 시사점을 주는 책이다.

(서평 : 고현숙)

훔치고 싶은 문장

패권의 비밀이란 것도 바로 구조적 한계와 역사적 요인인 것을 감안한다면 이 상수와 변수를 동시에 고려하는 것이 필요하다. 결국 강대국의 흥망이 국가의 경제 체제의 속성에 달려있다는 점을 강조했다.

함께 읽으면 좋은 책

『대변동』재레드 다이아몬드 지음, 강주헌 옮김, 김영사, 2019년
『대국굴기』왕지아펑 등 지음, 양성희/김인지 옮김, 크레듀, 2007년

| 100 |

예정된 전쟁

미국과 중국의 패권 경쟁, 그리고 한반도의 운명

그레이엄 앨리슨 지음, 정혜윤 옮김, 세종서적, 2018년
Destined for War: Can America and China Escape Thucydides's Trap?,
Graham Allison, Houghton Mifflin Harcourt, 2017

◆ ◆ ◆

20세기는 미국의 세기였다. 하지만 21세기는 중국의 세기가 될 것이라는 예측이 나오고 있다. 중국의 성장은 멈출 기미가 없고, 미국은 지금의 자리에서 내려올 생각이 없다. 미중 무역 갈등을 시작으로 미국과 중국 간의 힘겨루기는 이미 현재 진행형이다. 21세기는 누구의 세기가 될 것인가? 현재의 갈등이 전쟁으로 번질 것인가? 저자 그레이엄 앨리슨은 "미국과 중국 사이의 전쟁 가능성은 지금 인식하고 있는 것보다 훨씬 더 높다"고 했다. 현실주의적 관점과 역사적 사례를 통해 21세기 패권 갈등을 쉽고 재미있게 풀어 쓴 책이다.

역사의 굽이굽이마다 패권국과 도전국이 있었다. 패권국은 도전국을 현재의 질서와 안정을 위협하는 세력으로 인식한다. 반면 자신의 '선의(善意)'를 확신하는 도전국은 패권국이 부당하게 자신을 간섭하고

위협한다고 믿으며 국제 질서에 불만을 갖는다. 서로를 믿지 못해 상대방을 잠재적 위협으로만 간주할 수밖에 없는 이런 전략적 딜레마를 우리는 '투키디데스의 함정(Thucydides Trap)'이라고 부른다.

투키디데스 함정의 유래는 지금으로부터 약 2500년 전으로 올라간다. 당시 그리스 세계의 쌍두마차였던 스파르타와 아테네는 지중해의 패권을 둘러싸고 전쟁을 벌였다. 아테네가 무역을 통해 성장하기 시작하자 자신들의 영향력이 잠식될까 두려워한 스파르타는 아테네의 힘이 더 강력해지기 전에 전쟁을 선포한다. 아테네는 오만했고 스파르타는 피해망상에 시달리면서 두 나라는 서로 피비린내 나는 싸움을 펼친다.

투키디데스의 함정은 그 이후로도 꾸준하게 역사 속에 등장한다. 저자는 지난 500년 동안 패권국과 신흥국이 서로 투키디데스 함정에 빠진 사례가 총 열여섯 번이었다고 한다. 이 중 열두 번이 실제 전쟁으로 이어졌다. 그리고 저자는 지금의 미중 패권 싸움을 열일곱 번째 사례로 보고 있다.

중국은 이미 GDP 규모로 세계 2위의 경제 대국이다. 미국보다 3배가량 빠르게 성장하면서 구매력 평가지수를 기반으로 한 GDP는 이미 2013년에 미국을 추월했다. 중국은 이미 전 세계에서 가장 큰 행위자가 되었다. 하지만 미국은 자신의 패권적 지위를 중국과 나눠 가질 생각이 없다. 반면 중국은 현재 서양이 아시아 세계에 들어오기 전 아시아에서 누렸던 지배적인 영향력을 다시 회복하기를 꿈꾸고 있다. 미국은 중국을 의심 섞인 눈초리로 바라보고 있으며, 중국은 자신의 평화적인 부상을 미국이 방해하고 있다고 주장하고 있다.

미국과 중국은 서로 원치 않는 전쟁으로 빨려 들어갈 것인가? 아니면 서로 피해갈 수 있을 것인가? 저자는 "공통의 가치를 공유하는 경쟁국에게 추월을 당하는 것과 가치가 현저히 다른 적수에게 추월당하는 것은 완전히 차원이 다른 문제다"라고 말한다. 미국은 민주주의가 모두에게 이롭다고 믿는다. 반면 중국이 꿈꾸는 세계는 미국적 가치가 제거된 세계다. 중국은 주변 국가들이 '자발적으로' 자신들을 '흠모'하고 있다고 믿고 있다. 따라서 중국 입장에서 인권, 민주주의, 자유주의와 같은 가치들은 따를 필요가 없는 것들로 생각한다. 오히려 중국을 차별하기 위해 만든 서양의 개념이라고 믿는다.

미국이 영국을 추월했을 때 영국은 자신들과 문화, 종교, 신념이 비슷한 미국을 마지못해 지켜봤다. 하지만 중국과 미국은 상황이 완전 다르다. 중국은 자유민주주의 국가가 아니라는 이유로 미국이 자신들을 인정하지 않을 것이며 미국의 모든 행동은 자신들을 고립, 억제, 분열, 방해하는 행위가 될 것으로 생각한다. 이처럼 미국과 중국은 서로 타협하거나 양보할 생각을 전혀 하지 않고 있다. 저자는 이 갈등을 '문명의 충돌'이라고 분석하면서 이렇게 상극인 두 국가가 서로 화합을 한다는 것은 무척 힘든 일이 될 것이라고 말한다.

다행히도 투키디데스의 함정에 빠진 모든 국가들이 전쟁을 벌인 것은 아니다. 패권 교체기에 전쟁을 피한 역사적 사례는 분명히 존재한다. 저자는 책의 말미에서 투키디데스의 함정을 피한 네 개의 사례를 분석하면서 평화를 위한 열두 개의 열쇠를 제시한다. 그중 저자가 가장 중요하다고 여긴 핵무기와 경제적 상호의존성에 대해 살펴보자.

강대국 간의 핵전쟁은 지구와 인류를 절멸시킬 수 있는 승자도 없고 패자도 없는 전쟁이 될 수 있다. 지도층을 포함해 수천만 명의 자국민이 죽게 될 수도 있다는 공포감은 전면전을 꺼리게 만든다. 이처럼 핵무기로 상대를 파괴하겠다는 행위는 곧 스스로 자멸을 선택하는 것과 마찬가지가 된다. 상호 확증 파괴이다.

핵전쟁의 위험이 상호 확증 파괴의 위험성을 낳았다면, 경제적 상호 의존성은 상호 확증적 경제 파괴라는 상황을 만들어 냈다. 미국은 중국의 가장 큰 수출 시장이며 중국은 미국의 가장 큰 채권국이다. 최근 미국과 중국 사이의 무역갈등이 일어나자 중국의 경제 성장률이 급격하게 하락하는 것만 봐도 알 수가 있다. 공산당의 존립 근거로 경제 성장을 중요하게 생각하는 중국 입장에서 미국과의 대립은 자신의 정당성을 훼손하는 일이 되는 셈이다. 이제 미국과 중국은 샴쌍둥이 같은 존재로 하나가 다치게 되면 다른 하나도 무사하지 못하게 된다.

물론 1차 세계대전 이전에도 무기의 발전과 경제적 상호 의존성 때문에 전쟁은 예방될 것이라는 낙관론이 있었다. 하지만 이런 낙관론은 희망 사항에 그쳤다. 이후 전쟁 당사국들이 짊어져야 했던 짐은 어마어마했다. 지금 비슷한 전쟁이 일어난다면 우리가 짊어져야 할 짐은 당시보다 몇 배나 더 될 것이다. 우리는 역사로부터 교훈을 얻을 수 있다. 과거의 사례는 우리가 현명한 판단을 할 수 있도록 도와주는 훌륭한 참고서 역할을 한다.

(서평 : 이엽)

훔치고 싶은 문장
미국과 중국 역시 두 가지 진실만 제대로 새긴다면, 전쟁을 피할 수 있다. 우선 (…) 수십 년 안에 미국과 중국 간에 전쟁이 일어날 가능성이 그냥 있기만 한 것이 아니라, 지금 인식하고 있는 것보다 훨씬 더 높다는 사실이다. (…) 두 번째로, 전쟁은 필연적이지 않다는 사실이다.

함께 읽으면 좋은 책
『문명의 충돌』 새뮤얼 헌팅턴 지음, 이희재 옮김, 2016년(개정판)
『중국의 미래』 데이비드 샴보 지음, 최지희 옮김, 2018년

부록 1

2000년 ~ 2020년 노벨 경제학상 수상자와 그들의 책

공통

『노벨 경제학 강의』윌리엄 브레이트 지음, 김민주 옮김, 미래의창, 2008년

『세상을 바꾼 경제학』야자와 사이언스 연구소 지음, 신은주 옮김, 김영사, 2013년

『대한민국이 묻고 노벨 경제학자가 답하다』한순구 지음, 교보문고, 2012년

『고장 난 경제에서 어떻게 살 것인가』로버트 솔로/재니스 머래이 지음, 이주만 옮김, 코리아

닷컴, 2015년

2000년 제임스 헤크먼, 대니얼 맥패든

2001년 조지 애커로프, 마이클 스펜스, 조지프 스티글리츠

『야성적 충동』조지 애커로프/로버트 쉴러 지음, 김태훈 옮김, 랜덤하우스코리아, 2009년

『피싱의 경제학』조지 애커로프/로버트 쉴러 지음, 조성숙 옮김, 알에이치코리아, 2016년

『아이덴티티 경제학』조지 애커로프/레이첼 크랜턴 지음, 안기순 옮김, 랜덤하우스코리아,

2010년

『불평등의 대가』조지프 스티글리츠 지음, 이순희 옮김, 열린책들, 2013년

『거대한 불평등』조지프 스티글리츠 지음, 이순희 옮김, 열린책들, 2017년

『유로』조지프 스티글리츠 지음, 박형준 옮김, 열린책들, 2017년

『세계화와 그 불만』조지프 스티글리츠 지음, 송철복 옮김, 세종연구원, 2020년(개정증보판)

『끝나지 않은 추락』조지프 스티글리츠 지음, 장경덕 옮김, ㅅㅣ세기북스, 2010년

2002년 대니얼 카너먼, 버넌 스미스

『생각에 관한 생각』대니얼 카너먼 지음, 이창신 옮김, 김영사, 2018년(개정판)

『행복의 과학』대니얼 카너먼 등 지음, 임종기 옮김, 아카넷, 2020년

2003년 로버트 앵글, 클라이드 그레인저

2004년 핀 쉬들란, 에드워드 프레스콧

2005년 로버트 아우만, 토머스 셸링
『갈등의 전략』토머스 셸링 지음, 이경남 옮김, 한국경제신문, 2013년
『미시동기와 거시행동』토머스 셸링 지음, 이한중 옮김, 21세기북스, 2009년

2006년 에드먼드 펠프스
『대번영의 조건』에드먼드 펠프스 지음, 이창근/홍대운 옮김, 열린책들, 2016년

2007년 레오니트 후르비치, 에릭 매스킨, 로저 마이어슨

2008년 폴 크루그먼
『폴 크루그먼의 지리경제학』폴 크루그먼 지음, 이윤 옮김, 창해, 2017년
『불황의 경제학』폴 크루그먼 지음, 안진환 옮김, 세종서적, 2015년(개정판)

2009년 엘리너 오스트롬, 올리버 윌리엄슨
『공유의 비극을 넘어』엘리너 오스트롬 지음, 윤홍근/안도경 옮김, 랜덤하우스, 2010년
『지식의 공유』엘리너 오스트롬/샬럿 헤스 지음, 김민주/송희령 옮김, 타임북스, 2010년

2010년 피터 다이아몬드, 데일 모텐슨, 크리스토퍼 피서라이즈

2011년 토머스 사전트, 크리스토퍼 심스

2012년 로이드 섀플리, 앨빈 로스

2013년 유진 파마, 라스 피터 핸슨, 로버트 쉴러
『비이성적 과열』로버트 쉴러 지음, 이강국 옮김, 알에이치코리아, 2014년
『버블 경제학』로버트 쉴러 지음, 정준희 옮김, 랜덤하우스코리아, 2009년
『새로운 금융시대』로버트 쉴러 지음, 노지양/조윤정 옮김, 알에이치코리아, 2013년

2014년 장 티롤

2015년 앵거스 디턴
『위대한 탈출』 앵거스 디턴 지음, 이현정/최윤희 옮김, 한국경제신문, 2015년(개정판)

2016년 올리버 하트, 벵트 홀름스트룀
『기업, 계약 그리고 금융구조』 올리버 하트 지음, 오철 옮김, 한국경제신문, 2017년

2017년 리처드 탈러
『넛지』 리처드 탈러/캐스 선스타인 지음, 안진환 옮김, 리더스북, 2018년(개정판)
『똑똑한 사람들의 멍청한 선택』 리처드 탈러 지음, 박세연 옮김, 리더스북, 2016년
『승자의 저주』 리처드 탈러 지음, 최정규/하승아 옮김, 이음, 2007년

2018년 윌리엄 노드하우스, 폴 로머
『기후카지노』 윌리엄 노드하우스 지음, 황성원 옮김, 한길사, 2017년

2019년 아비지트 배너지, 에스테르 뒤플로, 마이클 크레이머
『가난한 사람이 더 합리적이다』 아비지트 배너지/에스테르 뒤플로 지음, 이순희 옮김, 생각연구소, 2012년
『힘든 시대를 위한 경제학』 아비지트 배너지/에스테르 뒤플로 지음, 김승진 옮김, 생각의힘, 2020년

2020년 폴 밀그럼, 로버트 윌슨

* 노벨상 수상자 정보는 nobelprize.org 방문하면 더 자세하게 얻을 수 있다.

부록 2

싱커스50 재단이 선정한 경영 사상가

경영 사상의 오스카상, 경영학의 노벨상이라 불리기도 하는 싱커스50(Thinkers50)은 2001년부터 2019년까지 격년으로 발표되는 세계 최고의 경영 사상가 50명을 말한다. 이 경영 사상가 순위는 파이낸셜타임스에서 출간된 '경영 핸드북'의 공동 편집자인 스튜어트 크레이너와 데스 디어러브가 2001년에 설립한 싱커스50 재단에 의해 시작되었다. 아이디어의 독창성과 실용성, 영향력, 연구의 엄격성, 저술 활동, 강의 양식, 비즈니스 감각과 추종자들의 충성도, 영감을 부여하는 힘과 같은 10가지 기준으로 전 세계의 경영 사상가들을 평가한다.

리스트가 처음 만들어진 2001년과 중간에 해당하는 2011년 그리고 가장 최근 해인 2019년 경영 사상가 순위를 20위 까지만 정리해 옮겼다. 알고 있는 사상가 이름과 비교해서 보는 재미가 있다. 추가적인 리스트를 얻고 싶으면 싱커스50 재단 홈페이지(http://www.thinkers50.com)를 방문하면 된다.

2001년

1위. 피터 드러커
2위. 찰스 핸디
3위. 마이클 포터
4위. 게리 하멜
5위. 톰 피터스
6위. 잭 웰치
7위. 헨리 민츠버그
8위. C. K. 프라할라드
9위. 빌 게이츠
10위. 필립 코틀러
11위. 피터 센게

12위. 수만트라 고샬
13위. 워렌 베니스
14위. 로자베스 모스 칸터
15위. 로버트 카플란, 데이비드 노턴
16위. 니콜라스 네그로폰테
17위. 키엘 노드스트롬, 요나스 리더스트랄레
18위. 스티븐 코비
19위. 퍼시 바네빅
20위. 제리 포라스, 제임스 콜린스

2011년

1위. 클레이튼 크리스텐슨
2위. 김위찬, 르네 마보안
3위. 비제이 고빈다라잔
4위. 짐 콜린스
5위. 마이클 포터
6위. 로저 마틴
7위. 마셜 골드스미스
8위. 돈 탭스콧
9위. 말콤 글래드웰
10위. 실비아 앤 휴렛
11위. 니틴 노리아
12위. 게리 하멜
13위. 린다 힐
14위. 세스 고딘
15위. 테레사 애머빌
16위. 리타 맥그래스
17위. 리처드 루멜트
18위. 리처드 드아베니
19위. 제프리 페퍼
20위. 데이브 울리히

2019년

1위. 김위찬, 르네 마보안

2위. 로저 마틴

3위. 에미 에드몬슨

4위. 알렉산더 오스터발더, 이브 피그누어

5위. 리타 맥그라스

6위. 다니엘 핑크

7위. 리처드 아메니

8위. 에릭 브린욜프슨, 앤드루 매카피

9위. 스콧 앤서니

10위. 애덤 그란트

11위. 사이먼 시넥

12위. 에릭 리스

13위. 린다 그래튼

14위. 휘트니 존슨

15위. 장루이민

16위. 핼 그레거슨

17위. 리즈 와이즈만

18위. 헤르미니아 아바라

19위. 판카즈 게마와트

20위. 마틴 린드스트롬

부록 3

2013년 ~ 2020년 빌 게이츠 선정 올해의 책

마이크로소프트의 설립자 빌 게이츠는 해마다 읽어야 할 책을 추천해주는 것으로 유명하다. 연말쯤 발표하는 올해의 책(2013년부터)이 있고, 여름 휴가 때 읽을 도서(2015년부터)라고 해서 연중에 발표하는 것이 있다. **이 중 2020년 현재 국내에 출간된 도서들만 정리해보았다.** 경제경영서 뿐만 아니라 문학이나 과학, 역사 등의 책들도 포함하고 있다. gatesnotes.com을 방문하면 더 많은 정보를 얻을 수 있다.

2013년
『THE BOX 더 박스』마크 레빈슨 지음, 이경식 옮김, 청림출판, 2017년(개정판)
『역사를 만든 위대한 아이디어』윌리엄 로젠 지음, 엄자현 옮김, 21세기북스, 2011년
『어제까지의 세계』재레드 다이아몬드 지음, 강주헌 옮김, 김영사, 2013년

2014년
『경영의 모험』존 브룩스 지음, 이충호 옮김, 쌤앤파커스, 2015년
『21세기 자본』토마 피케티 지음, 장경덕 옮김, 글항아리, 2014년
『아시아의 힘』조 스터드웰 지음, 김태훈 옮김, 프롬북스, 2016년

2015년
『랜들 먼로의 친절한 과학 그림책』랜들 먼로 지음, 조은영 옮김, 시공사, 2017년
『마인드셋』캐롤 드웩 지음, 김준수 옮김, 스몰빅라이프, 2017년
『큐큐 웃픈 내 인생』앨리 브로시 지음, 신지윤 옮김, 21세기북스, 2014년
『현실, 그 가슴 뛰는 마법』리처드 도킨스 지음, 김명남 옮김, 김영사, 2012년
『위험한 과학책』랜들 먼로 지음, 이지연 옮김, 시공사, 2015년
『면역에 관하여』율라 비스 지음, 김명남 옮김, 열린책들, 2016년
『새빨간 거짓말, 통계』대럴 허프 지음, 박영훈 옮김, 더불어책, 2004년

2016년

『끈이론』데이비드 포스터 월리스 지음, 노승영 옮김, 알마, 2019년

『슈독』필 나이트 지음, 안세민 옮김, 사회평론, 2016년

『유전자의 내밀한 역사』싯다르타 무케르지 지음, 이한음 옮김, 까치, 2017년

『강한 리더라는 신화』아치 브라운 지음, 홍지영 옮김, 사계절, 2017년

『세븐이브스 1,2,3』닐 타운 스티븐슨 지음, 성귀수 옮김, 북레시피, 2018년

『틀리지 않는 법』조던 엘렌버그 지음, 김명남 옮김, 열린책들, 2016년

『바이털 퀘스천』닉 레인 지음, 김정은 옮김, 까치, 2016년

『경쟁력』미카타니 료이치/미카타니 히로시 지음, 박홍경 옮김, 사회평론, 2016년

『사피엔스』유발 하라리 지음, 조현욱 옮김, 김영사, 2015년

2017년

『우리가 했던 최선의 선택』티 부이 지음, 정재윤 옮김, 내인생의책, 2018년

『쫓겨난 사람들』매튜 데스몬드 지음, 황성원 옮김, 동녘, 2016년

『동조자 1,2』비엣 타인 응우옌 지음, 김희용 옮김, 민음사, 2018년

『태어난 게 범죄』트레버 노아 지음, 김준수 옮김, 부키, 2020년

『살아 있는 자를 수선하기』마일리스 드 케랑갈 지음, 정혜용 옮김, 열린책들, 2017년

『힐빌리의 노래』J. D. 밴스 지음, 김보람 옮김, 흐름출판, 2017년

『호모 데우스』유발 하라리 지음, 김명주 옮김, 김영사, 2017년

『지미 카터』지미 카터 지음, 최광민 옮김, 지식의날개, 2018년

2018년

『배움의 발견』타라 웨스트오버 지음, 김희정 옮김, 열린책들, 2020년

『배드 블러드』존 캐리루 지음, 박아린 옮김, 와이즈베리, 2019년

『21세기를 위한 21가지 제언』유발 하라리 지음, 전병근 옮김, 김영사, 2018년

『헤드스페이스』폴 키드웰 지음, 김성환 옮김, 파우제, 2017년

『레오나르도 다빈치』월터 아이작슨 지음, 신봉아 옮김, 아르테, 2019년

『모든 일에는 이유가 있어』케이트 보울러 지음, 이지혜 옮김, 포이에마, 2019년

『바르도의 링컨』조지 손더스 지음, 정영목 옮김, 문학동네, 2018년

『팩트풀니스』한스 로슬링 등 지음, 이창신 옮김, 김영사, 2019년

2019년

『미국식 결혼』 타야리 존스 지음, 민은영 옮김, 문학동네, 2020년

『우리는 왜 잠을 자야 할까』 매슈 워커 지음, 이한음 옮김, 열린책들, 2019년

『대변동 위기, 선택, 변화』 재레드 다이아몬드 지음, 강주헌 옮김, 김영사 2019년

『모스크바의 신사』 에이모 토울스 지음, 서창렬 옮김, 현대문학, 2018년

『자본주의의 미래』 폴 콜리어 지음, 김홍식 옮김, 까치, 2020년

2020년

『늦깎이 천재들의 비밀』 데이비드 엡스타인 지음, 이한음 옮김, 열린책들, 2020년

『클라우드 아틀라스 1,2』 데이비드 미첼 지음, 송은주 옮김, 문학동네, 2010년

『디즈니만이 하는 것』 로버트 아이거 지음, 안진환 옮김, 쌤앤파커스, 2020년

『힘든 시대를 위한 좋은 경제학』 아비지트 배너지/에스테르 뒤플로 지음, 김승진 옮김, 생각
의힘, 2020년

경제경영서 읽는 습관
한 권으로 읽는 비즈니스 명저 100

초판 1쇄 발행	2021년 2월 1일
초판 3쇄 발행	2023년 8월 1일
지은이	김민주, 구자룡, 한근태, 고현숙, 허보희, 홍재화, 이엽
펴낸이	김옥정
만든이	이승현
디자인	스튜디오진진
펴낸곳	좋은습관연구소
주소	경기도 고양시 후곡로 60, 303-1005
출판신고	2019년 8월 21일 제 2019-000141
이메일	lsh01065105107@gmail.com
ISBN	979-11-971769-5-1 (13320)

   당신의 이야기, 당신의 비즈니스, 당신의 연구를 습관으로 정리해보세요.
   좋은습관연구소에서는 '좋은 습관'을 가진 분들의 원고를 기다리고 있습니다.
   메일로 문의해주세요.

네이버/페이스북/유튜브 검색창에 '좋은습관연구소'를 검색하세요.